UTB 2501

Eine Arbeitsgemeinschaft der Verlage

Beltz Verlag Weinheim · Basel
Böhlau Verlag Köln · Weimar · Wien
Verlag Barbara Budrich Opladen · Farmington Hills
facultas.wuv Wien
Wilhelm Fink München
A. Francke Verlag Tübingen und Basel
Haupt Verlag Bern · Stuttgart · Wien
Julius Klinkhardt Verlagsbuchhandlung Bad Heilbrunn
Lucius & Lucius Verlagsgesellschaft Stuttgart
Mohr Siebeck Tübingen
C. F. Müller Verlag Heidelberg
Orell Füssli Verlag Zürich
Verlag Recht und Wirtschaft Frankfurt am Main
Ernst Reinhardt Verlag München · Basel
Ferdinand Schöningh Paderborn · München · Wien · Zürich
Eugen Ulmer Verlag Stuttgart
UVK Verlagsgesellschaft Konstanz
Vandenhoeck & Ruprecht Göttingen
vdf Hochschulverlag AG an der ETH Zürich

Werner Früh

Inhaltsanalyse

Theorie und Praxis

6., überarbeitete Auflage

UVK Verlagsgesellschaft mbH

Bibliografische Information der Deutschen Nationalbibliothek
Die Deutsche Nationalbibliothek verzeichnet diese Publikation in der
Deutschen Nationalbibliografie; detaillierte bibliografische Daten sind
im Internet über http://dnb.d-nb.de abrufbar.

ISBN 978-3-8252-2501-8

© UVK Verlagsgesellschaft mbH, Konstanz 2007

Einbandgestaltung: Atelier Reichert, Stuttgart
Einbandfoto: Annette Maucher, Konstanz
Druck: Ebner & Spiegel, Ulm

UVK Verlagsgesellschaft mbH
Schützenstr. 24 · 78462 Konstanz
Tel. 07531-9053-0 · Fax 07531-9053-98
www.uvk.de

Inhalt

Erster Teil: Theorie der Inhaltsanalyse

Zweiter Teil: Praxis der Inhaltsanalyse

Vorwort

Theoretische Ausführungen über die Methode der Inhaltsanalyse gibt es zwar nicht gerade im Überfluss, aber doch in so großer Zahl, dass man keine weitere hinzufügen muss. Obwohl nicht jede Veröffentlichung zu diesem Thema empfehlenswert ist, bleiben doch eine Reihe Arbeiten von hohem Niveau. Nahezu zahllos sind dagegen die praktisch durchgeführten inhaltsanalytischen Projekte und ihre Zahl steigt ständig an. (MOCHMANN & IMMER 1978; MERTEN & RUHRMANN 1982; SCHROTT & LANOUE 1994). Nur ein kleiner Teil davon ist veröffentlicht, und noch weniger Inhaltsanalysen sind so dokumentiert, dass man auch die Logik des zugrunde liegenden Forschungsprozesses bzw. die entscheidungsrelevanten theoretischen Implikationen leicht nachvollziehen kann.

Dem Anfänger fällt es deshalb schwer, in der vorliegenden Literatur eine theoretisch fundierte Anleitung für eigene inhaltsanalytische Arbeiten zu finden. Er steht vor den Problemen: Wie sind die teilweise sehr differenzierten theoretischen Ausführungen in die Praxis umzusetzen? Was ist wichtig, was nur marginal? Und umgekehrt: Warum ging man bei konkreten inhaltsanalytischen Projekten gerade so und nicht anders vor? Wie kam man zu diesem oder jenem Kategoriensystem, welche wissenschaftlichen Prämissen waren forschungsleitend?

Im vorliegenden Band sollen deshalb Theorie und Praxis der Inhaltsanalyse eng miteinander verschränkt werden. Dabei konzentriere ich mich auf die wesentlichen Aspekte des Verfahrens, um so dem Anfänger die Orientierung zu erleichtern und seine Aufmerksamkeit auf zentrale Prämissen und Qualitätsstandards der Methode zu lenken. Es wird also bewusst auf Details und Vollständigkeit verzichtet zugunsten einer didaktisch hoffentlich hilfreichen Klarheit und Pointierung.

Der Verschränkung von Theorie und Praxis ist durch den Aufbau des Buches Rechnung getragen, der sich vom Abstrakten hin zum Konkreten entwickelt. Zuerst werden die erkenntnistheoretischen Grundlagen des empirischen Vorgehens skizziert und dann die Inhaltsanalyse in dieses Paradigma eingeordnet. Dabei führen wir schon eine Reihe veranschaulichender Beispiele an, die im folgenden Kapitel, das den inhaltsanalytischen Forschungsprozess beschreibt, verstärkt zur konkreten Darstellung dienen. Schließlich steht im zweiten Hauptteil der Praxisbezug ganz im Vordergrund, wenn anhand eines konkreten Themas die einzelnen Forschungsschritte der Inhaltsanalyse detailliert demonstriert werden. Dabei wurde jetzt umgekehrt darauf geachtet, dass an den entscheidenden Punkten ein Rückbezug zur Theorie explizit formuliert ist.

Neben der theoretisch fundierten, praktischen Anleitung zur Durchführung von Inhaltsanalysen verfolgt dieses Buch noch ein zweites Ziel. Die Inhaltsanalyse hat sich seit Jahrzehnten gegen eine breite Front von Vorurteilen und Ablehnung seitens länger etablierter Wissenschaften und deren Methoden zu behaupten. Die Diskussion zwischen Vertretern einer geisteswissenschaftlichen Forschungstradition und solchen sozialwissenschaftlicher Herkunft hat bereits zu Beginn der fünfziger Jahre einen Höhepunkt in der bekannten Kontroverse zwischen BERELSON (1952) und KRACAUER (1952) erreicht. Seither scheinen nur die Personen gewechselt zu haben, die den Streit führen. Wir meinen, dass diese Diskussion bis heute mit viel Voreingenommenheit und mancher Unkenntnis wechselseitig befrachtet ist.

In vielen Punkten, wo die Inhaltsanalyse meist als vordergründige, »technokratische« Konkurrenzmethode für traditionsreichere und bewährte Methoden verdächtigt wird, ist sie oft gar keine echte Konkurrenz, sondern eine Alternative mit etwas anderem Anspruch. Und wo sie tatsächlich konkurriert, will sie von einem bestimmten wissenschaftlichen Standpunkt einen Fortschritt bringen. Um das zu erkennen, muss man freilich die jeweils anderen Verfahren in ihren einfachen wie auch elaborierten Varianten kennen, um nicht nur Vorurteile zu reproduzieren. Deshalb wird in diesem Buch auf zentrale Kritikpunkte noch einmal eingegangen. Dies soll vornehmlich dadurch geschehen, dass die Argumente aus der konkreten Darstellung der Verfahren abgeleitet werden. Wir wollen uns bemühen, Gemeinsamkeiten wie Unterschiede auch am Beispiel zu zeigen, nicht nur zu behaupten. Damit hoffen wir, die Diskussion ein wenig zu versachlichen und wechselseitige Einsichten zu fördern.

Dies scheint gerade jetzt zu einem Zeitpunkt dringend geboten, wo manche Inhaltsanalytiker unversehens versucht sind, einen eigentümlichen »Rollentausch« vorzunehmen. Mussten sie sich bisher gegenüber pauschalisierenden Vorwürfen wie »Fliegenbeinzählerei« oder »quantifizierender Methodenakrobatik« verteidigen, so besteht jetzt die Gefahr, dass sie dieselben Argumente nun gegenüber der immer häufiger angewandten computerunterstützten Inhaltsanalyse vorbringen. Nur wenn man die theoretischen Grundlagen kennt und auch einige praktische Erfahrung mit den einzelnen Verfahren besitzt, kann man erkennen, wo die jeweiligen Stärken und Schwächen liegen und dass die einzelnen Methoden durchaus nicht in jeder Hinsicht als einander substituierende Konkurrenz gelten können. Zu hoffen ist, dass zwischen Vertretern der »konventionellen« und der »elektronischen« Inhaltsanalyse eine ähnlich langwierige Kontroverse wie zwischen »qualitativ« orientierten Hermeneutikern und »quantifizierend« vorgehenden Inhaltsanalytikern vermieden werden kann. Wenn dieses Buch durch eine leicht fassliche

Darstellung der Grundlagen und Anwendungen »konventioneller« Inhaltsanalysen durch ausführliche Querverweise zu den anderen Verfahren auch nur einen kleinen Beitrag dazu leisten kann, hat es auch sein zweites Ziel erreicht.

Leipzig, im Februar 2007   Werner Früh

Nutzungsempfehlungen

Die Anforderungen und Erwartungen der Leserinnen und Leser dieses Buches können ganz verschieden sein: Manche wollen nur in einem kurzen Überblick erfahren, was eine Inhaltsanalyse überhaupt ist, das heißt ein methodisches Grundverständnis erlangen (Variante A), andere möchten nicht nur auswendig lernen, welche Merkmale eine Inhaltsanalyse besitzt, sondern auch etwas ausführlichere Erklärungen und Begründungen erfahren (Variante B). Das Ziel ist in beiden Fällen eine Bewertungskompetenz, die allerdings nach ihrem Anspruchsniveau sehr unterschiedlich ausgeprägt ist. Sie erlaubt in Variante A eine Inhaltsanalyse zu definieren, von anderen Textanalyseverfahren zu unterscheiden und ihre Merkmale und Ergebnisse hinsichtlich relevanter Gütekriterien zu bewerten. In Variante B kommt erstens ein fundierteres Verstehen dieser Merkmale und Gütekriterien hinzu als auch die Kenntnis, wie diese Merkmale und Gütekriterien im Forschungsprozess gezielt hervorgebracht bzw. beeinflusst werden können.

Neben den genannten beiden Lesergruppen gibt es einen weiteren großen Anwenderkreis, der für sich selbst die Kompetenz zur Durchführung einer eigenen Inhaltsanalyse erwerben möchte. Auch hier lässt der vorliegende Band zwei Nutzungsvarianten zu, die sich am Anspruchsniveau orientieren. In Seminaren, wo in einem kleinen Projekt nur einmal ausprobiert werden soll, wie man bei der Inhaltsanalyse praktisch vorgeht, wird es genügen, neben theoretischen Grundkenntnissen sich auch in praktischer Hinsicht zunächst auf das Grundmodell der Inhaltsanalyse zu beschränken (Variante C). Möchte man jedoch anspruchsvollere inhaltsanalytische Projekte angehen, sollte man sich sinnvollerweise auch mit komplexeren Varianten vertraut machen (Variante D).

Daraus ergeben sich folgende Lektüreempfehlungen:

Variante A (Beurteilungskompetenz / wenig): Einleitung, Teil I, Kapitel 1 und 2
Variante B (Beurteilungskompetenz / viel):   Einleitung, Teil I, Kapitel 1 bis 4
Variante C (Anwendungskompetenz / wenig) Einleitung, Teil I, Kapitel 1 und 2;
Teil II, Kapitel 1
Variante D (Anwendungskompetenz / viel): ganzes Buch

Zur Lernkontrolle sind nach jedem Hauptkapitel einige Übungsfragen aufgeführt.

Einleitung

Inhaltsanalysen werden schon seit mindestens 100 Jahren durchgeführt. Vermutlich kann man gar nicht mehr genau feststellen, wer die erste wann in Angriff genommen hat. SCHULZ (1989, 34) lässt die Inhaltsanalyse mit einer Textanalyse beginnen, die schwedische Kleriker bereits Mitte des 18. Jahrhunderts durchführten. Sie wollten durch die Untersuchung pietistischer Kirchenlieder feststellen, ob diese neue Bewegung die kirchlichen Glaubensvorschriften befolgte. SILBERMANN (1974) beginnt erst um 1900 mit Freuds Traumdeutungen, und MERTEN (1995) lässt die erste der fünf historischen Entwicklungsphasen gar mit der Entstehung der Menschheit beginnen. Wir halten ein solches historisches Interesse in unserem Zusammenhang für zweitrangig. Wesentlich ist die Entwicklung der Inhaltsanalyse zu einer wichtigen und eigenständigen wissenschaftlichen Methode.

Diese Entwicklung setzte kurz nach der Jahrhundertwende ein und erreichte einen ersten Höhepunkt in der Zeit um den Zweiten Weltkrieg. Sie ging einher bzw. wurde getragen von drei anderen Trends: Einer positivistisch-behavioristischen Denktradition, der Entfaltung der empirischen Sozialwissenschaften und der zunehmend massenhaften Verbreitung symbolischen Materials durch Kriegspropaganda und die Expansion des Medienangebots (Auflagensteigerungen bei der Presse, Einführung von Film, Hörfunk und dem Fernsehen in den U.S.A.).

In Deutschland sind hier Namen zu nennen wie STOKLOSSA (1910) und GROTH (1915), aber auch Max WEBER, der auf dem ersten deutschen Soziologentag 1910 eine groß angelegte inhaltsanalytische Längsschnittuntersuchung vorschlug, die zeigen sollte, »...wie sich denn der Inhalt der Zeitungen in quantitativer Hinsicht verschoben hat im Laufe der letzten Generation...«. Wegbereiter einer Methode, die Aussagen in großen Mengen angemessen nach positivistischen Wissenschaftsstandards[1] analysieren kann, waren dann in den U.S.A. vor allem P.F. LAZARSFELD im Office of Radio Research bzw. später im Bureau of Applied Social Research und H.D. LASSWELL in der Experimental Division for the Study of Wartime Communication und dem Hoover Institute.

Unter Lasswells Leitung wurden die berühmten Projekte »World Attention Survey«[2] und »RADIR« (Revolution and the Development of International Rela-

---

1   Die positivistischen Wissenschaftsstandards orientieren sich bekanntermaßen an den »exakten« Naturwissenschaften und deren Methoden.
2   H.D. LASSWELL: World attention survey. Public Opinion Quarterly 5 (1941), 456-462.

tions)[3] durchgeführt. Sie sollten Aufschluss darüber geben, wie sich verschiedene politisch-ideologische Konzepte in der internationalen Zeitungsberichterstattung manifestieren.

Nach dem Zweiten Weltkrieg setzte man sich in den U.S.A. dann auch verstärkt mit den theoretischen Grundlagen der Methode auseinander. Im Jahre 1955 fand an der Universität von Illinois die so genannte »Allerton House Conference« statt. Es war ein Arbeitstreffen der namhaftesten Inhaltsanalytiker, bei dem man sich auch Gedanken darüber machte, wie die Methode einem größeren Kreis von Wissenschaftlern bekannt und nahegebracht werden könnte. Dies geschah vermutlich noch unter dem direkten Eindruck, den die heftige Reaktion »qualitativ« orientierter Forscher auf BERELSONS Buch »Content Analysis in Communications Research« hervorrief, in dem der Autor 1952 eine bis heute vielzitierte Grundlegung der Methode lieferte. Die Inhaltsanalyse war bis dahin von der behavioristischen Denktradition eindeutig geprägt und musste sich nun mit der allgemein einsetzenden Kritik gegenüber dem Behaviorismus ebenfalls vor dem Vorwurf der Vordergründigkeit rechtfertigen. Dies setzte voraus, dass man seitens der Inhaltsanalytiker zunächst die theoretischen Grundlagen eingehend reflektierte und eine Bestandsaufnahme bisheriger Forschungen vornahm, um die Brauchbarkeit des Verfahrens abschätzen zu können. Die Ergebnisse der »Allerton House Conference« hat de Sola POOL (1959) in dem Reader »Trends in Content Analysis« veröffentlicht.

Die Entwicklung der Methode nahm dann einen stürmischen Verlauf. BARCUS (1959) gibt an, dass allein in den Jahren 1950 bis 1959 mehr Publikationen über Inhaltsanalysen erschienen sind als in dem halben Jahrhundert zuvor zusammengenommen. Zu Beginn der sechziger Jahre wurde dann in Havard unter dem maßgeblichen Einfluss von Ph.J. STONE und seinen Mitarbeitern auch die Entwicklung der maschinellen Inhaltsanalyse vorangetrieben. (STONE, DUNPHY, SMITH & OGILVIE 1966)

Schließlich fand 1967 die vorerst letzte große internationale Konferenz über die Probleme der Inhaltsanalyse statt. Mehr als 400 Wissenschaftler versammelten sich an der Universität von Pennsylvania (Philadelphia, U.S.A.), um erneut eine Bestandsaufnahme der inhaltsanalytischen Forschung vorzunehmen, die theoretischen wie methodologischen Grundlagen des Verfahrens zu erörtern und Perspektiven für die Weiterentwicklung der Methode aufzuzeigen. Ein besonderes Anliegen dieser sog. »Annenberg School Conference« war es außerdem, die Inhaltsanalyse als universelle Methode in Wissenschaften auch außerhalb von

---

3 H.D. Lasswell, D. Lerner & I.de Sola Pool (1952): The comparative study of symbols. An introduction. Stanford.

Kommunikationsforschung, Soziologie und Politologie fest zu etablieren. Die Ergebnisse sind in einem Sammelband erschienen, den GERBNER, HOLSTI, KRIPPENDORFF, PAISLEY & STONE (1969) herausgaben.

Seither hat sich innerhalb der Sozialwissenschaften das methodische Forschungsinteresse teilweise auch auf die elektronische bzw. computerunterstützte Inhaltsanalyse verlagert. Im Bereich der »konventionellen« bzw. »coderbasierten« Inhaltsanalyse gab es international in der letzten drei Jahrzehnten nicht nur eine stetig wachsende Anwendungshäufigkeit, sondern auch eine verstärkte Auseinandersetzung mit der Methode, wie eine Analyse einschlägiger Fachzeitschriften zeigt (vgl. Riffe, Lacy & Facio 1998). Auf theoretischem Gebiet hatte dies dennoch keine tiefgreifenden Neuorientierungen zur Folge, um so mehr Forschritte wurden jedoch in der praktischen Leistungsoptimierung erzielt. In Deutschland war dieser Trend zunächst etwas verhaltener; erst seit der Jahrtausendwende ist die Inhaltsanalyse als zentrale Methode der Kommunikations- und Medienwissenschaft vor allem in diesem Fach wieder stärker in den Vordergrund des Interesses gerückt. Zu einzelnen Themenaspekten theoretischer wie anwendungspraktischer Art finden auf nationaler Ebene in unregelmäßigen Abständen Tagungen statt, wie z.B. im September 2000, als sich die DGPuK-Fachgruppe »Methoden der Publizistik und Kommunikationswissenschaft« mit der Inhaltsanalyse beschäftigte (WIRTH & LAUF (Hrsg. 2001). Man kann deshalb erwarten, dass nach der weitgehenden »Funkstille« in den Jahren zuvor vor allem im Grundlagenbereich einige nach wie vor ungeklärte (bzw. kontrovers diskutierte) Punkte einer Lösung näher gebracht werden. Vielleicht lassen sich auch parallele Diskussionsstränge in Kommunikations- und Medienwissenschaft, Semiotik, Linguistik und Sprachpsychologie, die aus verschiedenen Perspektiven das Problem der Bedeutung von Symbolen bzw. der Bedeutungsrekonstruktion behandeln, zusammenführen. Es scheint nun an der Zeit, diese Erkenntnisse als fruchtbringende Impulse in die Theorie der Inhaltsanalyse aufzunehmen.

Die Bedeutung der Inhaltsanalyse als wissenschaftliche Forschungsmethode muss unter zwei Gesichtspunkten gesehen werden. Einerseits wird sie in den Sozialwissenschaften im Vergleich zu Befragung und Experiment immer noch relativ selten eingesetzt. Andererseits weisen bereits LISCH & KRIZ (1978, 31) mit Recht darauf hin, dass Befragungen im Grunde selbst implizite Inhaltsanalysen sind. Bei sog. »offenen Fragen« werden die frei formulierten Antworten inhaltsanalytisch ausgewertet, und bei »geschlossenen Fragen« gibt der Forscher seine inhaltsanalytischen Kategorien in Form von Antwortmöglichkeiten bereits vor, so dass »der Anteil der Inhaltsanalyse im Forschungsprozess nur vorweggenommen wird«. (LISCH & KRIZ 1978, 31) Indem der Interviewer eine Antwortvorgabe ankreuzt, führt er bereits eine »Feldverschlüsselung«, d.h. eine implizite Inhaltsanalyse der Antworten durch. Dasselbe gilt für systematische Beobachtungsverfahren.

Allerdings gerät man nach dieser Argumentation rasch in Gefahr, alle empirischen Techniken zur Datengewinnung der Inhaltsanalyse zu subsumieren. Auch die Methode der Beobachtung unter Verwendung eines Beobachtungsbogens, die Untersuchung von Gruppendiskussionen z.b. mit Hilfe der »Interaction Process Analysis« von BALES (1950) oder die Registrierung der Reaktionen von Versuchspersonen in Test und Experiment sind in diesem Sinne Inhaltsanalysen. Doch selbst wenn man den Begriff »Inhaltsanalyse« auf die Beschreibung von konservierten, material gespeicherten Kommunikationsvorgängen beschränkt, zeichnet sich doch eine sehr viel weitreichendere Bedeutung der Methode ab, als dies in gelegentlich erstellten Statistiken (z.b. MOCHMANN & IMMER 1979; RIFFE & FREITAG 1997) zum Ausdruck kommt.

Die Anwendungsgebiete der Inhaltsanalyse verteilen sich auf viele Wissenschaftsdisziplinen. In der Psychologie benutzt man inhaltsanalytische Verfahren etwa zur Auswertung von Testprotokollen (vgl. etwa ATKINSON 1958), in der Psychiatrie zur Analyse von Patienteninterviews und Traumberichten. Soziologie und Sozialpsychologie haben vor allem die Sprachstatistik und Readability-Forschung als eigenständige Anwendungsgebiete der Inhaltsanalyse hervorgebracht. Bereits um die Jahrhundertwende erschien Kaedings »Häufigkeitswörterbuch der deutschen Sprache«. Später gab es weitere Rangwörterbücher, etwa von THORNDIKE (1944), in Deutschland von MEIER (1964), WÄNGLER (1963) und ROSENGREN (1972), die Angaben über die Auftretenshäufigkeit der einzelnen Wörter in fließenden Texten machen.

Diese inhaltsanalytisch gewonnenen Daten bildeten dann zum Teil die Grundlage für die Verständlichkeitsformeln der Readability-Forscher wie z.B. FLESCH (1948) oder FARR, JENKINS & PATERSON (1951). Es besteht nämlich eine klare Beziehung zwischen der Schwierigkeit eines Wortes und der Häufigkeit seines Auftretens. Auch in Linguistik und Literaturwissenschaft hat die Inhaltsanalyse Eingang gefunden (vgl. z.B. SCHMIDT 1975; TITZMANN 1977)[4], obwohl die Autoren offenbar vermeiden, die Bezeichnung »Inhaltsanalyse« zu verwenden.

Aus dem Bereich der Massenkommunikation kommen traditionell die meisten Inhaltsanalysen. Ja man kann die Inhaltsanalyse sogar als die Methode der Kommunikations- und Medienwissenschaft bezeichnen, da sich insbesondere in die-

---

4   Gemeint ist hier allerdings nicht die linguistische Methode der Semanalyse oder Semantischen Konstituentenanalyse, die in der einschlägigen Literatur ebenfalls unter dem Begriff »Inhaltsanalyse« verwendet wird. Diese Methode trägt denselben Namen, arbeitet jedoch anders und wird auch aus einem anderen Erkenntnisinteresse heraus eingesetzt als die hier gemeinte, aus einer soziologischen Forschungstradition stammende Methode.

sem Fach ihre spezifische Fortentwicklung und Ausdifferenzierung vollzog. Den oben schon erwähnten Pionierarbeiten von Lasswell und Lazarsfeld sind bis heute teilweise bedeutende Arbeiten in so großer Zahl gefolgt, dass man sie hier nicht einmal auszugsweise nennen kann. (siehe z.B. SILBERMANN 1962; HOLSTI 1969; WERSIG 1968; MERTEN 1995) Das Forschungsinteresse reicht dabei von Strukturbeschreibungen des Medienangebots über Kommunikatorstudien bis zu Wirkungsanalysen[5]

Es ließen sich noch Anwendungsbeispiele aus einer ganzen Reihe anderer Wissenschaften und Wissenschaftszweige aufführen. Wir denken dabei insbesondere an Semiotik, Informationstheorie, Ethnologie und Geisteswissenschaften. Da es uns hier aber nicht um Vollständigkeit geht, wollen wir es bei dieser Auswahl bewenden lassen. Es sollte lediglich deutlich werden, dass die Inhaltsanalyse eine Methode mit sehr vielseitigen Anwendungsmöglichkeiten ist und in ihrer Bedeutung gegenüber anderen empirischen Verfahren eher zu niedrig eingeschätzt wird. Vielleicht liegt das auch daran, dass Lesen, Erkennen und Verstehen so geläufige Aktivitäten in unserem Leben sind, dass man glaubt, einer Methode nicht allzu viel Aufmerksamkeit schenken zu müssen, die diese alltäglichen Vorgänge »nur« systematisch nachvollzieht.

---

5 Die Problematik solcher »erweiterter Aussagenanalysen«, wie MALETZKE (1972, 64 ff.) diese Ansätze nennt, wird später noch zu behandeln sein.

Erster Teil

Theorie der Inhaltsanalyse

1. Die empirisch-wissenschaftliche Vorgehensweise

Die Inhaltsanalyse ist eine empirische Methode. Deshalb wollen wir zunächst ganz allgemein das Paradigma der empirisch-wissenschaftlichen Vorgehensweise beschreiben und dann die Inhaltsanalyse dort einordnen. Empirische Wissenschaft ist die systematische, intersubjektiv nachprüfbare Sammlung, Kontrolle und Kritik von Erfahrungen. Ausgangspunkt der Forschung bildet eine Frage, Vorstellung oder Vermutung über reale Sachverhalte, also etwas Gedachtes, ein Begriff bzw. ein Problem. Es folgt der Versuch einer theoretischen Erklärung in Form von Hypothesen oder Theorien. Im dritten Schritt sind dann diese theoretischen Erklärungsversuche durch den Einsatz bestimmter Methoden zu überprüfen, indem sie an konkreten, erfahrbaren Sachverhalten getestet werden. Diese konkreten Sachverhalte sind nicht immer die mit dem theoretischen Begriff bzw. der Vorstellung gemeinten Korrelate in der Realität selbst, sondern meist nur ihre sinnlich wahrnehmbaren Symptome bzw. Indikatoren.

Der Forscher ordnet seine Erfahrungswelt durch Begriffe und interpretiert sie nach seinem eigenen Vorverständnis. Wie jeder Mensch trägt auch er ein kollektiv wie subjektiv geprägtes kognitives Realitätsmodell im Bewusstsein, eine umfassende Vorstellung von seiner Umwelt. Dieses kognitive Realitätsmodell muss nicht unbedingt mit der objektiven Wirklichkeitsstruktur übereinstimmen; es ist ein strukturierter Komplex von Vorstellungen, die Realität nicht unmittelbar abbilden, sondern uns nur ermöglichen, angemessen zu handeln. Gemeint ist damit die Tatsache, dass wir unsere Umwelt absichtsvoll und verkürzt (selektiv) strukturieren, indem wir alle Erfahrungen auf wenige, uns wesentlich erscheinende Begriffe und Zusammenhänge reduzieren. Als weiteres Produkt unseres Geistes projizieren wir schließlich in dieses verkürzte Modell einen Sinn. Das kognitive Realitätsmodell simuliert somit lediglich Realitätsbeziehungen; es reagiert zwar auf reale Gegebenheiten, aber es besteht nicht aus realen Objekten, sondern aus Vorstellungen und folgt nicht notwendig und ausschließlich den Gesetzen der Realität, sondern denen unseres Geistes.

Entgegen dem Alltagsverständnis geht es auch gar nicht darum, die Realität in unserem Bewusstsein möglichst »wirklichkeitsgetreu« (»wahr«) abzubilden, sondern ein brauchbares Begriffsinstrumentarium zu schaffen, damit wir uns in unserer Umwelt angemessen zurechtfinden[6]. Beurteilungskriterium ist demnach nicht »richtig – falsch«, sondern »*brauchbar* – *unbrauchbar*« (wobei »brauchbar« manchmal auch mit »richtig« / »wahr« identisch sein kann).

Aus diesen erkenntnistheoretischen Vorüberlegungen lassen sich eine Reihe von Schlussfolgerungen in bezug auf den empirischen Forschungsprozess allgemein und die Inhaltsanalyse speziell ableiten: Um die Brauchbarkeit unserer Vorstellungen und Hypothesen zu überprüfen, konfrontieren wir sie mit der Realität. Unmittelbar kann dies nur im Rahmen individueller Primärerfahrung durch die subjektive Deutung von Erlebnissen und Wahrnehmungen geschehen. Das Individuum selbst entscheidet in einem intrapersonalen kognitiven Akt, wann es ein Ereignis als einsichtig und klar empfindet, wann eine subjektiv plausible Erklärung ausreicht. Nichts davon muss nach außen erkennbar oder dokumentiert, kein Entscheidungskriterium genannt oder gar geprüft sein.

Die systematische, offengelegte und damit kritisierbare Vorgehensweise der empirischen Wissenschaft verlangt dagegen, dass sowohl die Vorstellungen des Forschers als auch der anvisierte Realitätsausschnitt in eine dritte Modalität, nämlich die empirischer Daten überführt werden, wobei dieser Prozess offen zu legen ist. Nur so ist es möglich, dass sich Sachverhalte von völlig verschiedener Beschaffenheit wie unsere Vorstellungs- und die Objektwelt intersubjektiv nachvollziehbar miteinander vergleichen lassen.

Dies ist die erste Schlussfolgerung aus den erkenntnistheoretischen Vorüberlegungen; die zweite schließt sich unmittelbar daran an: Alltagserfahrung gibt sich

---

6 Sicherlich wäre eine wirklichkeitsgetreue Abbildung zugleich auch ein brauchbares Realitätsmodell; es ist auch nicht auszuschließen, dass wir in vielen Punkten tatsächlich wirklichkeitsgetreue Vorstellungen haben. Mit letztendlicher Sicherheit überprüfbar ist diese »Wahrheit« der Vorstellungen jedoch nie wegen der prinzipiell subjektiven Vermitteltheit unserer Erfahrungen: Überprüfbar ist immer nur die Brauchbarkeit unseres kognitiven Realitätsmodells, und wir nehmen irgendwann an, dass häufig Bewährtes auch der Realität entspricht. – Die Brauchbarkeit unserer Realitätsvorstellungen misst sich an deren Eignung, zielorientiertes Handeln zu fundieren, Fakten, Hinweise und Kriterien bereitzustellen, die ein uns angemessen erscheinendes Verhalten in Situationen gewährleisten, die wir als einander äquivalent betrachten. Ein brauchbares Realitätsmodell soll Orientierung und Planung in einem Maße ermöglichen, wie wir es für notwendig und nützlich halten. Unschärfen sind einkalkuliert und differieren individuell: Was der eine als brauchbar akzeptiert, ist dem anderen viel zu unpräzise. Die Brauchbarkeit misst sich demnach am Anspruch an die Präzision, mit der das kognitive Realitätsmodell Orientierung und Verhaltensprognosen ermöglichen soll. Wissenschaftliche Ansprüche tendieren außerdem dazu, die Komplexität der Erklärungsmodelle zu steigern, so dass ein beobachteter Sachverhalt mit möglichst vielen anderen Sachverhalten in Beziehung gesetzt werden kann. Je stimmiger und vielschichtiger die internen Relationen eines Realitätsmodells sind und je präziser damit Orientierungen und Verhaltensprognosen möglich sind, desto brauchbarer ist es im wissenschaftlichen Sinne.- Unberührt bleibt dabei freilich der zweite oben genannte Aspekt, dass Vorstellungen prinzipiell eine andere Modalität besitzen als die Realität.

mit subjektiv plausibel erscheinenden ad hoc-Erklärungen zufrieden oder kann sogar momentan unerklärbare Phänomene einfach ignorieren bzw. auf eine Erklärung verzichten, ohne dass dies für sie einem Mangel bzw. einer Funktionsbeeinträchtigung gleichkäme.

Beispiel: Einer jungen Dame gelingt es nicht, ein Namensschild an ihrer Wohnungstür anzuschrauben. Beobachter erklären sich diesen Sachverhalt einfach damit, dass es sich eben um eine Frau handelt, und Frauen haben es bekanntlich nicht gelernt, mit Handwerkszeug umzugehen. In Wahrheit war das Gewinde überdreht, so dass die Schraube gar keinen Halt finden konnte.

Diese Alltagserfahrung steht im Gegensatz zur empirisch wissenschaftlichen Erfahrung, weil sie im Grunde mehr über das erkennende und urteilende Subjekt bzw. dessen Urteilskriterien aussagt als über den betrachteten Gegenstand. Empirisch wissenschaftliche Erfahrung muss vom analysierenden Subjekt losgelöst werden.[7] Sie schlägt zunächst nur eine plausible Erklärung vor, die dann durch eine stichhaltige »Gegenprobe an der Realität« zu überprüfen ist. Dazu gehört nicht nur der Nachweis eines bestimmten Sachverhalts, sondern auch die Prüfung möglicher Alternativerklärungen.

Der kritische Punkt besteht nun in der unüberwindbaren Schwierigkeit, dass auch der Forscher bei seiner »Gegenprobe« keinen unvermittelten, »objektiven« Zugang zur Realität hat. Er macht sich nicht nur eine mehr oder weniger subjektiv gefärbte Realitätsvorstellung, sondern wählt und vertritt auch eine ganz bestimmte Zugangsmöglichkeit. Sie drückt sich darin aus, ganz bestimmte Erfahrungen auf ganz bestimmte Weise zu gewinnen; er selbst wählt neben dem Forschungsgegenstand auch die anzuwendende Methode. Das Textmaterial etwa bei der Inhaltsanalyse »zerfällt« nicht »von sich aus« in bestimmte Kategorien, sondern der Forscher[8] nimmt selbst Gliederung und Ordnung vor. Selbstverständlich wird er nicht völlig absurde Interpretationsweisen normativ vorgeben, sondern sich an seinen eigenen Erfahrungen und Kenntnissen über den Gegenstand sowie bereits vorliegenden

---

7   Dies darf jedoch nicht missverstanden werden im Sinne einer objektiv-neutralen Vorgehensweise. Vom Subjekt lösen heißt lediglich, den Erkenntnisprozess zu systematisieren und offenzulegen. Objektiv im wissenschaftlichen Sinne meint, eine unbestritten subjektiv beeinflusste Perspektive kommunizierbar, nachvollziehbar und kritisierbar zu machen. Eine Entscheidung im Sinne von »richtig« oder »falsch« ist damit nicht verbunden. Dies ist der Objektivitätsbegriff des »Kritischen Rationalismus«, als dessen Hauptvertreter K. R. Popper und in Deutschland H. Albert gelten. Andere Auffassungen von Objektivität werden von phänomenologisch orientierten Hermeneutikern, von Marxisten und von Repräsentanten der sog. »Frankfurter Schule« vertreten.

8   Mit »Forscher« ist hier nicht unbedingt eine einzelne Person gemeint, sondern vielmehr die Rolle und Funktion derer, die wissenschaftliche Textanalyse betreiben. Es kann sich dabei im konkreten Fall durchaus auch um Teams, z.B. das Forscher-Codierer-Team handeln.

Forschungsergebnissen orientieren. Prinzipiell bleibt ihm dabei jedoch ein relativ großer Spielraum. Wesentlich für den Forschungsprozess ist nun, dass er die gewählte Perspektive, seine Vorstellungen und Vorgehensweise detailliert offenlegt, damit sie auch von Dritten bei der schon erwähnten »Gegenprobe an der Realität« auf ihre Brauchbarkeit hin überprüft werden können.

Diese Transformation, also die Verbindung vom kognitiven Realitätsmodell zur Realität leisten Methoden, indem sie Daten produzieren, die zu beiden Ebenen in einem systematischen Bezug stehen. Dies wird dadurch ermöglicht, dass die Forschungsfrage den interessierenden Realitätsausschnitt theoretisch (kognitiv) beschreibt, dessen Indikatoren durch Methoden abgebildet werden um sie mit der Realität zu konfrontieren. Das Ergebnis lässt dann den Schluss zu, ob die Vorstellungen von der Realität zutreffend bzw. brauchbar waren. Die Datenebene ist so die vermittelnde Instanz, die eine systematische und nachprüfbare Konfrontation der Vorstellungswelt mit der Objektwelt durch den Einsatz von Methoden ermöglicht. Die empirischen Methoden etablieren eine explizite Metaebene in Form von Datenstrukturen mit einem systematischen und offengelegten Bezug sowohl zum anvisierten theoretischen Konstrukt (Begriff; Vorstellung; Theorie) als auch zur Wirklichkeit. »Objektiv« wird der wissenschaftliche Forschungsprozess nicht durch den Verzicht des Forschers auf bewusste Manipulation, sondern durch strikte Offenlegung seiner Datengewinnung und -verarbeitung und die Unabhängigkeit der Methode von ihren Anwendern. (Intersubjektivität)

Der Empiriker arbeitet also immer auf drei Ebenen. Ausgangspunkt ist eine Vorstellung auf der Theorie-, Begriffs- oder Konstruktebene mit einem Bezug zur Realität; dieser Bezug wird durch den Einsatz bestimmter Methoden überprüft, indem konkrete, erfahrbare Sachverhalte (Indikatoren), die das theoretische Konstrukt auf der Objektebene anzeigen, systematisch beobachtet und registriert werden. Das Ergebnis sind die empirischen Daten, die dritte Ebene, auf der sich der Forscher bewegt.

Formal ausgedrückt wird ein realer Wirklichkeitsausschnitt, bestehend aus Objekten und Relationen in ein strukturiertes Vorstellungsbild (mentales Relativ, z.B. eine Theorie oder Hypothese) übersetzt und dieses wiederum in ein Datenmodell aus Objekt- und Relationsindikatoren überführt (formales, meist numerisches Relativ). (Abb. 1) Es liegt auf der Hand, dass man nur dann brauchbare Ergebnisse gewinnt, wenn erstens das mentale Modell den Wirklichkeitsausschnitt der Forschungsfrage angemessen abbildet und zweitens das Datenmodell (oder numerische Relativ) wiederum das mentale Modell (Theorie, Hypothese etc.) angemessen beschreibt. Dies alles verbirgt sich hinter der schlichten Aussage, dass wir sowohl gültige Theorien als auch gültige empirische Ergebnisse benötigen, um brauchbare (wahre) Aussagen über die Realität zu treffen.

Abb. 1: Modell der empirischen Vorgehensweise

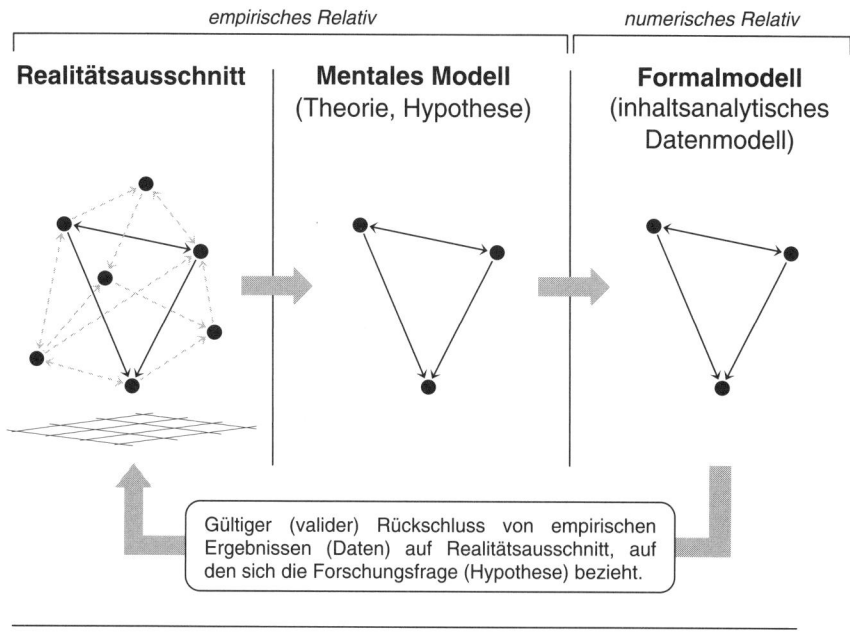

Legende

➡ Abgeleitet aus / Abbildung in anderer Modalität

● Sachverhalte / Konstrukte / Merkmale

⇄ Relationen, Bezüge / kausale, transaktionale etc. Einflüsse

Wenn die Inhaltsanalyse zum Einsatz kommt, geht es meist nur noch um den zweiten Schritt, die Übersetzung eines (vorerst als gültig vorausgesetzten) mentalen Modells (Forschungsfrage) in ein formales Datenmodell. Wollte man z.B. die schlichte Frage untersuchen, ob die BILD-Zeitung mehr umgangssprachliche Ausdrücke und Bilder enthält als die Süddeutsche Zeitung (Theorie/Hypothese), dann würde dieses mentale Modell erstens aus zwei Objekten, nämlich a) umgangssprachlichen Ausdrücken und b) Bildern) sowie zwei Relationen bestehen, nämlich (a) und (b) sind jeweils in Zeitung A »mehr« vorhanden als in Zeitung B. Wir müssen also Daten erheben, die beide Objektklassen so erfassen, damit dieses quantitative Verhältnis abgebildet wird. Entschieden werden muss dann noch, ob diese mehr-weniger-Relationen durch absolute Häufigkeiten (Anzahl der Bilder und umgangssprachlichen Ausdrücke), relative Häufigkeiten (Anteil der beiden Merkmale am Gesamtumfang der jeweiligen Zeitungsausgabe, z.B. Anzahl Bilder pro Seite) oder durch ein Flächenmaß abgebildet werden sollen.

In diesem Beispiel war die Übersetzung der Bedeutungsrelationen einfach, weil sie bereits im mentalen Modell (Forschungsfrage, Hypothese) quantitativen Charakter hatten, sodass sie sich leicht durch quantitative Indikatoren im Datenmodell abbilden ließen (Häufigkeiten, Flächenmaße etc.). Schwieriger wird es, wenn es sich um qualitative Relationen handelt, für die erst eine gültige formale Repräsentation gefunden werden muss. So könnte man z.B. untersuchen wollen, ob das Thema »Umweltschutz« in den letzten Jahrzehnten in der Presseberichterstattung an Bedeutung zugenommen hat. Wie wir später noch zeigen werden, lässt sich die Relation »Bedeutungszunahme« nicht einfach durch das Abzählen bestimmter Indikatoren (z.B. des Begriffs »Umweltschutz«) ermitteln, weil eine häufigere Themennennung ja auch bedeuten kann, dass Umweltschutz stärker in die Kritik gerät und abgelehnt wird. Hier soll zunächst der Hinweis genügen, dass die adäquate und vollständige Übersetzung der Bedeutungsstruktur des theoretischen (mentalen) Modells in ein formales Modell das entscheidende Kriterium für die Güte der gesamten Inhaltsanalyse darstellt. Alle Entscheidungen, die während der Entwicklungsphase getroffen werden, orientieren sich immer an der Frage: Was ist in der Theorie oder Forschungsfrage gemeint, und dient meine Entscheidung dazu, diesen Vorstellungsinhalt angemessen abzubilden?

Oder auf den einfacheren Kernsatz gebracht: Alle folgenden Arbeitsschritte, von der Auswahl der Stichprobe bis zur Art, Anzahl und Definition der Kategorien, müssen explizit und schlüssig aus der Forschungsfrage abgeleitet sein. Daraus folgt für die Praxis, dass gleich mehrere laienhafte Vorstellungen aufgegeben werden müssen: Eine Inhaltsanalyse beginnt erstens nicht mit dem »Ausdenken« von Kategorien und noch weniger mit der Auflistung von Indikatoren, zweitens können die Arbeitsschritte nicht unabhängig voneinander vollzogen werden, d.h. Kategorien werden niemals vom Forscher »ausgedacht« oder »aufgestellt« sondern immer abgeleitet. Für jede Kategorie muss drittens angegeben werden, welches Konstrukt oder welche Relation der Forschungsfrage sie abbildet. *Die Entwicklung, Durchführung und Interpretation einer Inhaltsanalyse ist ein einziger, lückenloser Argumentationszusammenhang.* Wenn dieses Grundprinzip verstanden ist, muss eigentlich nur noch das »Handwerkszeug« erlernt werden.

Übungsfragen

1. Worin besteht der Unterschied zwischen alltäglicher und wissenschaftlicher Erfahrung?
2. Erläutern Sie den Begriff »systematisch« hinsichtlich der Inhaltsanalyse.
3. Was ist mit dem Satz gemeint: »Der Empiriker arbeitet immer auf drei Ebenen«?
4. Erläutern Sie die Begriffe »interessierender Realitätsausschnitt«, »mentales Modell/Theorie« und »Formalmodell/Datenmodell«.
5. Was meint »Gegenprobe an der Realität«? Was erreicht man damit?
6. Was verbirgt sich hinter der Aussage, dass wir nicht nur gültige Theorien sondern auch gültige empirische Ergebnisse benötigen um wahre Aussagen über die Realität zu treffen?
7. Erläutern Sie den Satz: »Die Entwicklung, Durchführung und Interpretation einer Inhaltsanalyse ist ein einziger, lückenloser Argumentationszusammenhang.«

2. Die Inhaltsanalyse als empirische Methode

2.1 Definition

Die Inhaltsanalyse ist eine empirische Methode zur systematischen, intersubjektiv nach-vollziehbaren Beschreibung inhaltlicher und formaler Merkmale von Mitteilungen, meist mit dem Ziel einer darauf gestützten interpretativen Inferenz auf mitteilungsex-terne Sachverhalte.

Diese Definition verzichtet bewusst auf Begriffe wie »manifest«, »objektiv« und »quantitativ«, wie sie die schon »klassische« Definition BERELSONS von 1952[9] enthält. Sie sind sicherlich nicht falsch, aber sie haben in der Vergangenheit oft mehr Verwirrung gestiftet als zur Klärung beigetragen; außerdem sind die damit angesprochenen Kriterien mit einer etwas modifizierten Bedeutung auch in der hier vorgeschlagenen Definition enthalten.[10] Im Folgenden werden nun die drei zentralen Definitionsbestandteile »empirische Methode«, »systematisch« und »in-tersubjektiv nachvollziehbar« analysiert und dabei auch ausführlich der Vorgang des Messens erläutert.

Der Begriff **»empirische Methode«** bezeichnet die Art und Weise, in der die Inhaltsanalyse zu wissenschaftlichen Erkenntnissen führt bzw. die Modalität des Zugangs zur Realität. Empirisch ist das Vorgehen dann, wenn das durch die For-schungsfrage (Konstruktebene) bezeichnete Erkenntnisobjekt ein wahrnehmbares bzw. intersubjektiv identifizierbares Korrelat in der Realität besitzt. Dies darf nicht missverstanden werden im Sinne einer konkreten Existenz der Erkenntnisobjekte. Zum Beispiel Werte und Normen oder gesellschaftliche »Schichten« und »Klas-sen« sind keine realen Objekte, sondern Konstrukte, die sich freilich anhand be-obachtbarer Merkmale erkennen und unterscheiden lassen. Die empirische Vorge-hensweise verlangt also lediglich nach prinzipiell wahrnehmbaren Korrelaten bzw. Indikatoren für ihre Erkenntnisobjekte.

Wenn wir hier von »beobachtbar« und »wahrnehmbar« sprechen, so gilt hier-für nicht die behavioristische Einschränkung einer primärsinnlichen Erkenntnis

---

9 »Content Analysis is a research technique for the objektive, systematic, and quantitative descripti-on of the manifest content of communication.« (BERELSON 1952, 18)

10 Im Grunde sind auch die beiden zugeschriebenen Merkmale »systematisch« und »intersubjektiv nachvollziehbar« redundant und damit verzichtbar, weil sie heute als allgemein anerkannte Wis-senschaftsstandards gelten und somit auch für die Inhaltsanalyse unbestritten sind.

(sehen, riechen, hören, tasten). Vielmehr sind auch innerpsychische Vorgänge, Erlebnisse und Vorstellungen in unserem Sinne wahrnehmbare Korrelate, sofern es gelingt, sie systematisch zu objektivieren. Dies kann etwa dadurch geschehen, dass diese Vorstellungen, Erlebnisse, Empfindungen usw. von der befragten Person selbst nach vorgegebenen Kriterien in ein allgemein verständliches Zeichensystem codiert werden (z.b. mündlicher/schriftlicher Bericht, Beantwortung von Fragen usw.). Die Antworten der Befragten stellen dann Indikatoren für ihre Gedanken, Meinungen, Wissen usw. dar. »Beobachtbar« bzw. »wahrnehmbar« bezeichnen lediglich die prinzipielle Möglichkeit, einen gemeinten Sachverhalt intersubjektiv zu reproduzieren, indem angegebene Operationen erneut durchgeführt werden. Die beobachteten empirischen Sachverhalte werden registriert bzw. in Daten überführt. Die Methode bestimmt dabei die Art der Daten. Man kann etwa autoritäre Einstellungen von Journalisten erforschen, indem man ihr Verhalten beobachtet, sie interviewt oder ihre Artikel analysiert. Als Daten erhält man so entweder Beobachtungsprotokolle, Interviewantworten oder inhaltsanalytische Codierungen.

Vom Begriff der Methode zu unterscheiden sind die Begriffe »empirisches Messinstrument« und »empirische Erhebungstechniken«. Sie bezeichnen die konkreten Mittel (Beobachtungsschema, Fragebogen, Kategoriensystem mit Codieranweisungen usw.), mit Hilfe derer die Beobachtungen in Daten überführt werden. Die Methode der Inhaltsanalyse umfasst eine Vielzahl verschiedener Messinstrumente, die jedoch alle dieselbe Art des Zugangs zur Realität wählen und alle denselben Datentypus produzieren. Gelegentlich werden diese Messinstrumente bzw. Erhebungstechniken auch als »Methoden im engeren Sinn« bezeichnet.

Der Empiriebegriff *im hier gemeinten Sinne* beinhaltet den Vorgang des **Messens**. Damit sollen empirische Verfahren keinesfalls grundsätzlich auf den Messvorgang reduziert werden. Selbstverständlich ist jeder beliebige singuläre Wahrnehmungsakt (z.B.: »Es regnet«, »die Opposition hat im Bundestag eine Gesetzesvorlage eingebracht«; »das Klaviersolo hatte keine Dynamik« etc.) ebenfalls empirischer Natur. Wissenschaftlichen Ansprüchen genügt er jedoch erst, wenn nachprüfbare Kriterien angegeben werden, die den Wahrnehmungsvorgang (im Prinzip) reproduzierbar machen. Dies wird in der Definition durch seine nähere Bestimmung als **systematische** und **intersubjektiv nachvollziehbare** Methode gekennzeichnet. Wegen seiner zentralen Bedeutung wollen wir im folgenden zunächst auf den Begriff des Messens näher eingehen und ihn von der Definition einfacher Wahrnehmungs- und Beschreibungsvorgänge abgrenzen. Nach vorherrschender Auffassung bedeutet Messen »...die Zuordnung von Zahlensymbolen zu Objekten oder Ereignissen nach Regeln.« (STEVENS 1951, 22) Danach heißt messen auch quantifizieren. Doch ist dieses Zitat in einem Punkt etwas missverständlich. STEVENS spricht im weiteren Zusammenhang meist nur von *quantifizierenden* Symbolen. Ob die Quantifizierung also durch Zahlen, Worte (größer, schwerer, älter usw.) oder andere Symbole ausgedrückt wird, ist beliebig. Allerdings kann man behaupten, dass in den weitaus meisten Fällen, in denen gemessen wird, eine Quantifizierung durch Zahlen erfolgt. Entscheidend für die Richtigkeit einer Gleichsetzung von messen und quantifizieren ist also die Tatsache, wie weit man den Begriff des Quantifizierens definitorisch fasst.

Quantifiziert werden nicht die Objekte selbst, sondern nur ihre Eigenschaften, die der Erfahrung zugänglich sind. »Ein Mensch« oder »ein Baum« sind nicht messbar, sondern beispielsweise nur deren Größe, Gewicht, Alter, Intelligenz, Mut, Konzentrationsfähigkeit etc. Es werden somit Merkmale von der Ganzheit wahrgenommener Phänomene analytisch »abgelöst«. Jedes Objekt (z.B. Person A, Text X etc.) hat hinsichtlich des betrachteten Merkmals eine spezifische Ausprägung (z.B. 19 Jahre), so dass die Objekte bezüglich dieses Merkmals in einer bestimmten Relation stehen (z.B. jünger; doppelt so alt etc.).

Den wahrgenommenen Merkmalen sind nun gemäß der oben zitierten Definition Zahlen zuzuordnen. Wie bereits erläutert, lassen sich dazu auch beliebige andere quantifizierende Symbole verwenden (wir hätten statt »19 Jahre« auch »Jugendliche« benutzen können), jedoch gibt es zwei wesentliche Gründe, weshalb wir im Folgenden *für unseren Zusammenhang* davon ausgehen, dass die Quantifizierung in Zahlen dargestellt wird: Erstens ist von allen formalen Systemen das numerische zweifellos das leistungsfähigste und verbreitetste; zweitens ist die Inhaltsanalyse eine Methode, die traditionellerweise nicht Einzeltexte, sondern Text*mengen* analysiert; und drittens muss, wie wir gleich sehen werden, quantifizieren nicht immer zählen bedeuten, sondern es können auch einfache ordinale Beziehungen (z.B. mehr-weniger) durch Zahlen korrekt ausgedrückt werden, wenn man angemessen mit ihnen umgeht. In der Inhaltsanalyse ist also ein numerisches Element enthalten, mit dem man sich theoretisch und forschungspraktisch auseinander setzen muss.

Wir wollen für unsere weiteren Ausführungen also messen und quantifizieren synonym verwenden und uns mit den Problemen näher beschäftigen, die eine numerische Abbildung von Relationen mit sich bringt. Dabei ist zunächst sicherzustellen, dass die numerischen die empirischen Relationen in angemessener Weise abbilden. Wie oben bereits ausgeführt (vgl. Abb.1) besteht die *Grundidee darin, dass eine Bedeutungsstruktur in eine Formalstruktur transformiert wird.* Die Bedeutungsstruktur ist der in der Forschungsfrage formulierte Vorstellungsinhalt (Konstruktebene), die Formalstruktur ist das mittels der Inhaltsanalyse erstellte Datenmodell (Gesamtheit der nach Kategorien geordneten Codierungen). Die

Inhaltsanalyse ist dann gelungen, wenn die Formalstruktur (Datenmodell) exakt die in der Forschungsfrage gemeinte Bedeutungsstruktur abbildet. (Daraus folgt übrigens, dass mit jeder Veränderung der Forschungsfrage auch das Datenmodell der Inhaltsanalyse angepasst werden muss. Dies ist der Grund dafür, weshalb für die eigene Forschungsarbeit nur dann Kategoriensysteme aus anderen Projekten direkt übernommen werden können, wenn auch die Forschungsfrage identisch ist.) Da die Verwendung des numerischen Systems zur Abbildung immer die Beschreibung von Relationen einschließt (z.B. ist 2 eben doppelt so viel wie 1; oder die Begriffe »größer«, »mehr« usw. bezeichnen direkt auf verbale Art numerisch abbildbare Beziehungen), beinhaltet jede Messung notwendigerweise auch die Darstellung von Relationen. Übersetzt man die oben in Abb.1 beschriebenen Abbildungsrelationen in eine numerische Begrifflichkeit, dann heißt das: Die Relationen zwischen den beobachteten Merkmalen müssen den Relationen zwischen den Zahlen entsprechen. Das empirisch-quantifizierend erstellte Datenmodell soll dem analysierten Ausschnitt des Realitätsmodells (bzw. der daraus abgeleiteten Bedeutungsstruktur der Forschungsfrage) homomorph sein. Das bedeutet, dass jedem Element unserer empirischen Wahrnehmung mindestens ein Element der numerischen Daten entsprechen muss und darüber hinaus die empirischen Relationen zwischen den Elementen in den numerischen Relationen ebenso genau abzubilden sind. Die umgekehrte (isomorphe) Abbildungsbeziehung ist jedoch nicht gefordert. »Messen« kann man deshalb auch formal definieren als »Abbildung eines empirischen Relativs (oder einer Struktur) in ein numerisches Relativ«. (vgl. ORTH 1974, 17) Das numerische Relativ (Datenmodell) steht also stellvertretend für ein empirisches Relativ (untersuchter Ausschnitt des Realitätsmodells): Es repräsentiert dieses. (siehe oben Abb.1) *Diese Grundidee wird sich nun wie ein roter Faden als Orientierung und Prüfgröße sowohl durch die gesamte Entwicklungsphase des Kategoriensystems als auch durch Codierung, Auswertung und Interpretation ziehen, weil damit ständig der Nachweis für die Validität (Gültigkeit) der Inhaltsanalyse diskutiert und belegt wird.*

Während die Tatsache einer numerischen Repräsentation (Quantifizierung) als Definitionsbestandteil des Messens zu sehen ist, stellt die Homomorphie beider Strukturen eine Anforderung dar, deren Erfüllung es nachzuweisen gilt. Seit SUPPES & ZINNES (1963) wird diese grundlegende Anforderung an jede empirische Messung als »**Repräsentationsproblem**« bezeichnet. Es ist unmittelbar evident, dass mit der Quantifizierung von Objektmerkmalen nicht automatisch alle Zahlenrelationen relevant und sämtliche mathematischen Operationen möglich sind, denn die numerischen Kennziffern repräsentieren empirische, »qualitative« Strukturen, und man kann diese Zahlen deshalb nicht abstrakt, d.h. losgelöst von dieser qualitativen Repräsentation sehen. Kein Empiriker kann »blindlings drauflos rechnen«, sobald er nur Zahlen vor sich sieht. Die Homomorphie[11] zwischen Realitätsmodell und Datenmodell ist fast immer nur partiell und schränkt somit die zulässigen mathematischen Rechenoperationen mit den numerischen Werten ein. Die Tatsache, dass z.B. die Intelligenz zweier Personen messbar ist und numerisch als IQ etwa jeweils mit 100 angegeben werden kann, schließt nicht notwendig ein, dass beide zusammengenommen doppelt so viel Intelligenz besäßen (IQ = 200) als eine von ihnen allein. Dieselbe mathematische Operation der Addition ist aber hinsichtlich des Körpergewichts beider Personen möglich.

Nun können diese Abbildungsrelationen in zwei Richtungen abweichen: Wenig problematisch ist es, wenn – wie im Beispiel »Intelligenz« - das Datenmodell einen Informationsüberschuss enthält, d.h. die Zahlen besitzen neben relevanten auch irrelevante Eigenschaften, denen auf der Konstruktseite keine Bedeutung entspricht. In einem solchen Fall muss der Forscher nur aufpassen, dass er seine Ergebnisse nicht überinterpretiert, also Befunde berechnet und behauptet, die in seinen Zahlen gar nicht enthalten sind. Problematischer ist es, wenn umgekehrt in der Forschungsfrage Bedeutungen enthalten sind, welche durch die Zahlen des Datenmodells nicht angemessen repräsentiert werden. Das heißt, die Abbildungsrelation ist nicht homomorph und damit auch nicht valide. In diesem Fall muss der Forscher entweder nach weiteren Indikatoren suchen oder die erfassten Indikatoren informationshaltiger messen. In der Regel geschieht dies durch aufwändigere Codierungen, durch die ein höheres Skalenniveau der Daten erreicht wird. Wir demonstrieren dies unten noch am Beispiel »Bedeutungszunahme des Themas Umweltschutz«

Um die Güte dieser Abbildungsbeziehungen zu beschreiben, muss deshalb häufig eine Messtheorie formuliert werden, die angibt, welche Zahlenrelationen des Datenmodells sinnvollerweise als homomorphe Repräsentation eines empirischen Relativs, d.h. der zu beschreibenden Bedeutungsrelationen des Forschungsgegenstands gelten können; und sie begründet diese Entsprechung. Die Messtheorie bestimmt und erläutert, welche Zahlenrelationen relevant (gültig) sind und warum dies sinnvollerweise bei der konkret gemessenen Eigenschaft so ist (siehe Zahlen 100 und 200 bezüglich Intelligenz und Körpergewicht). Meist genügt hier eine

---

11 Gelegentlich wird in diesem Zusammenhang auch von »Isomorphieprinzip« gesprochen. Isomorphie würde eine umkehrbare Abbildungsfunktion zwischen empirischer Struktur und numerischer Datenstruktur fordern. Wie Orth jedoch plausibel an einem Beispiel erläutert, genügt eine einseitige, also homomorphe Abbildungsfunktion. Will man die Länge von Brettern messen – so Orths Beispiel – dann muss jeder möglichen Brettlänge eine reelle Zahl zugeordnet werden können. Nicht notwendig muss jedoch jeder reellen Zahl eine Brettlänge entsprechen. (ORTH 1974, 17)

Plausibilitätsargumentation: Es bedarf keiner umfassenden Begründung, weshalb das Gewicht zweier Personen die Summe ihrer Einzelgewichte ist. Oft ist jedoch bei weniger offensichtlichen Sachverhalten auch eine empirische Evaluation der Messtheorie notwendig. Wenn ich dem Hauptaufmacher einer Zeitung die Zahl 2 als Aufmerksamkeitswert zuordne und allen anderen Artikeln den Aufmerksamkeitswert 1, dann darf ich die Zahlenwerte nur dann addieren, wenn empirisch nachgewiesen ist, dass die Aufmerksamkeit, die ein Hauptaufmacher auslöst, tatsächlich genau doppelt so groß ist wie die der anderen Artikel. Nur dann lässt sich z.B. behaupten, die Aufmerksamkeit bei 3 Hauptaufmachern entspräche der Aufmerksamkeit bei 6 anderen Artikeln. Ohne diesen Nachweis muss die Messtheorie auf dem nächst niedrigeren Messniveau zumindest plausibel begründen, dass Hauptaufmacher einen vergleichsweise höheren Aufmerksamkeitswert besitzen. Dann definiert die Zuordnung der Zahlen 1 und 2 aber nur ein Rangverhältnis der beiden Artikelklassen, das heißt in diesem Falle ist messtheoretisch nur die numerische Eigenschaft gültig, dass 2 mehr ist als 1. Daraus folgt, dass man dann auch lediglich Häufigkeiten der Rangstufen bestimmen, nicht jedoch beide Werte addieren kann.[12] Auf diesem Wege lassen sich verschiedene Skalentypen unterscheiden, die unterschiedliche Messniveaus repräsentieren. Bevor wir auf die dabei jeweils zulässigen statistischen Auswertungsverfahren näher eingehen, sollen die wichtigsten Skalentypen vorgestellt werden.

Das niedrigste Messniveau repräsentiert die **Nominalskala**[13]. Sie kommt durch einen einfachen Klassifikationsakt zustande, also z.B. durch eine Einteilung in männliche und weibliche Personen oder eine Unterteilung von Presseerzeugnissen in Zeitungen und Zeitschriften. Das nächst höhere Messniveau stellt die Ordinal- oder Rangskala dar. Hier stehen die Messwerte in einem Verhältnis der Über-/Unterordnung, der Vor-/Nachzeitigkeit, des Mehr/Weniger oder Besser/Schlechter usw. Als Beispiel einer Ordinalskala lässt sich das Urteil von Juroren bei einer Schönheitskonkurrenz anführen. Die **Intervallskala** definiert zusätzlich zu den Rangpositionen auch die Differenzen zwischen den Messwerten. Dies ist etwa bei

---

12 Den Sportinteressenten wird sicherlich der »Medaillenspiegel« bekannt sein, der anlässlich Olympischer Spiele von den Sportjournalisten erstellt wird. Die teilnehmenden Nationen werden gemäß der errungenen Medaillen in eine Rangfolge gebracht. Dabei dient korrekterweise als erstes Ordnungskriterium die Zahl der Goldmedaillen, als zweites die Zahl der Silbermedaillen usw. Eine Nation mit 4 errungenen Goldmedaillen und nur 2 Silbermedaillen wird also immer noch vor einer Nation mit 3 Goldmedaillen und 15 Silbermedaillen rangieren. Dies ist deshalb korrekt, weil bisher in keiner Messtheorie begründet werden kann, weshalb z.B. 2 Silbermedaillen einer Goldmedaille entsprechen sollen oder vielleicht auch ein Verhältnis 10:1 bestehen sollte.

13 Wir orientieren uns hier zunächst an Skalentypologien, wie sie in einschlägigen Lehrbüchern zur Messtheorie aufgeführt sind. Vgl. dazu aber unsere einschränkenden Bemerkungen zur Nominalskala weiter unten in diesem Kapitel.

Thermometerskalen der Fall, die bei uns üblicherweise in Grad Celsius messen. Der Skalentyp des nächst höheren Messniveaus ist die **Verhältnis- oder Ratioskala**. Während bei der Intervallskala die Wahl eines Nullpunktes und der Maßeinheiten willkürlich ist bzw. freisteht, hat die Verhältnisskala einen natürlichen Nullpunkt, aber keine vorab festgelegte, natürliche Maßeinheit. Beispiel: Längenmaße, Zeitmaße usw. Schließlich sei noch die **absolute Skala** genannt, die neben einem absoluten Nullpunkt auch absolut definierte Maßeinheiten besitzt. Beispiel wäre hier das Zählen von Dingen, d.h. die Feststellung von Häufigkeiten.

Man muss also das gewählte Messniveau beachten, auf dem man seine Daten erhoben hat. Der jeweilige Skalentyp (bzw. das Skalenniveau) definiert nämlich die zulässigen statistischen Auswertungsverfahren, die man auf die Daten anwenden kann. Im Folgenden wollen wir eine Tabelle präsentieren, in der ORTH für jeden Skalentypus die zulässigen statistischen Auswertungsverfahren aufführt. Die Tabelle ist hierarchisch aufgebaut. Die angegebenen statistischen Kennwerte und Verfahren sind jeweils auch für alle höheren Messniveaus zulässig, nicht jedoch für die niedrigeren. Varianzen können beispielsweise nicht nur für Daten einer Intervallskala, sondern auch für die einer Verhältnisskala errechnet werden, nicht jedoch für nominal und ordinal skalierte Daten. (siehe Tab. 1, S. 34)

Bis hierher ist festzuhalten: Beim Messen wird ein empirisches Relativ, d.h. ein beobachteter Realitätsausschnitt (Bedeutungsstruktur, Konstrukt), in ein numerisches Relativ (Datenstruktur) überführt. Dieses numerische Relativ soll das empirische Relativ homomorph abbilden. Es muss also analoge Elemente und Relationen aufweisen. Diese Anforderung an das Messen wird als Repräsentationsproblem bezeichnet. (vgl. Abb. 1) Den Nachweis seiner Lösung liefert eine Messtheorie, die die Homomorphie beider Systeme begründet und ihre Grenzen definiert. Das mit Hilfe numerischer Symbole (nicht unbedingt, aber meistens Zahlen) erstellte formale Datenmodell muss also in diesem Sinne *brauchbar* sein, um qualitative Eigenschaften der untersuchten Objekte angemessen abzubilden. Auswertungsarbeiten mit den numerischen Daten haben sich zunächst zu orientieren an qualitativen Eigenschaften (Sinn, Bedeutung) der empirischen Strukturen, die sie abbilden und außerdem am Messniveau, das sie repräsentieren. Wichtig in unserem weiteren Zusammenhang sind vor allem die beiden Bedingungen, dass das Messen erstens zu numerischen Daten führt, die zweitens untereinander Relationen aufweisen. Dies ist noch weiter zu erläutern.

Neben dem Repräsentationsproblem nennen SUPPES & ZINNES (1963) das **Problem der Eindeutigkeit beim Messen.** Sie beziehen sich dabei auf die Typologie der Skalen, wie sie von STEVENS (1951, 19 ff.) vorgeschlagen wurde. Wie oben schon erläutert, führt die Zuordnung von numerischen Symbolen zu Ob-

Tab. 1:
Zulässige statistische Verfahren für Daten auf den wichtigsten Skalentypen[14]

Skalentyp	Mittelwerte	Variabilitätsmaße	Korrelationsmaße	Signifikanztests
Nominalskala	Modus	Informaionsgehalt H	Kontingenzkoeffizient C, tetrachorischer Koeffizient, Phi-Koeffizient, Transformation T	χ^2-Test, Cochrans Q-Test, McNemar-Test
Ordinalskala	Median	Centile	Rangkorrelationskoeffizienten: Spearmans Rho, Kendalls Tau, Konkordanzkoeffizient W	Vorzeichen-Test, Mann-Whitney-U-Test, Kolmogorow-Smirnow-Test, Rangvarianzanalysen: Friedman, Kruskal & Wallis
Intervallskala	arithmetischer Mittelwert	Standardabweichung, Varianz	Produkt-Moment-Korrelationskoeffizient r, Korrelationsverhältnis, Regressionskoeffizient	t-Test, F-Test
Verhältnisskala	geometrischer Mittelwert, harmonischer Mittelwert	Variationskoeffizient		

jektmerkmalen nach bestimmten Regeln je nach Art der Zuordnungsregeln zu Skalen unterschiedlicher Präzision bzw. Eindeutigkeit. Kriterium der Eindeutigkeit ist nach Stevens bzw. Suppes & Zinnes die Art der mathematischen Transformationen (Rechenoperationen), die den betreffenden Skalentypus invariant lassen. Invariant heißt, dass durch die fragliche Rechenoperation die numerische Repräsentation der betreffenden Realitätsstruktur unverändert bleibt. Die Länge eines Tisches A kann mit 1.50 m, die Länge eines Tisches B mit 3.00 m gemessen werden. Tisch B ist doppelt so lang als Tisch A. Addiere ich zu beiden Maßen eine konstante Zahl 2 (= fragliche Transformation), dann ist Tisch B immer noch als

---

14 Vgl. ORTH 1974, 32.

der längere ausgewiesen, aber ihre Längenrelation verändert sich (5 ist nicht das Doppelte von 3.50). Demgegenüber kann ich beide Maßzahlen mit jeweils derselben Zahl multiplizieren oder dividieren, ohne die Längenrelation zu verändern: Maßzahl B bleibt immer doppelt so groß wie Maßzahl A.

Im Folgenden soll auf die **Nominalskala** noch etwas näher eingegangen werden, weil Inhaltsanalysen sehr häufig kategoriale Daten, also Daten auf Nominalskalenniveau erheben und es bei diesem Skalentypus strittig ist, ob man es überhaupt noch mit Messung zu tun hat.[15] Die Nominalskala ist, wie oben erwähnt, die unpräziseste Skala. Messen auf Nominalskalenniveau heißt nichts weiter als klassifizieren. Bei einer Transformation bleibt nur die eindeutige Zuordnung von Zahlen zu Dingen invariant. Wie Orth dazu bemerkt (ORTH 1974, 25), könnten die Zahlen hier im Grunde auch durch beliebige andere Symbole ersetzt werden, weil sie lediglich als Namen für die Dinge fungieren. Damit ist der Vorgang des »Messens« auf Nominalskalenniveau im Prinzip identisch mit jeder einfachen Wahrnehmung. Wenn wir z.B. einen Baum wahrnehmen, dann aktivieren wir kognitiv die Vorstellung unseres gelernten Bedeutungsschemas BAUM und ordnen ihr gemäß ebenfalls gelernter Sprachregeln das sprachliche Zeichen *Baum* zu.

Die Frage, um die es hier geht, heißt: Ist diese elementare, nach konventionellen Sprachregeln ablaufende Klassifizierung auf Nominalskalenniveau bereits Messung? Man könnte einwenden, dass im angeführten Beispiel zwar Regeln (nämlich Sprachnormen) beachtet, aber keine Zahlen zugeordnet werden, sondern das sprachliche Zeichen *Baum*. Insofern erfolgte hier auch keine Messung, weil dabei definitionsgemäß ein empirisches Relativ in ein numerisches Relativ überführt, also quantifiziert werden muss.

Man kann jedoch auch den Standpunkt vertreten, jeder Klassifizierung und damit auch jeder Wahrnehmung liege eine implizite Quantifizierung zugrunde, weil man dem Tatbestand: »Klasse X kommt vor« die Zahl 1, dem Tatbestand: »Klasse Y kommt nicht vor« Null zuordnen kann. Damit wäre aber erstens der gelegentlich vorgebrachte Einwand gerechtfertigt, dass in diesem Sinne alles Messung und der Begriff damit inhaltsleer sei (vgl. RITSERT 1975, 26); zweitens ist einzuwenden, dass die Quantifizierung noch gar nicht bei der Klassenbildung erfolgt, sondern erst nachträglich aufgesetzt wird. Für die Klassifizierung selbst hätte man auch jedes andere Symbolsystem verwenden, also bei den sprachlichen Bezeichnungen bleiben können. Erst wenn man sagt, Klasse X kommt einmal vor, Klasse Y sechsmal und Klasse Z nicht (nullmal) oder Klasse X ist größer, intensiver, älter, wirksamer etc. als Klasse Y, transferiert man seine nominal/kategorialen Wahrneh-

---

15 Selbst Stevens, der diesen Skalentyp einführte, bezeichnete es als Geschmackssache, bei der Nominalskala von Messung zu sprechen.

mungen in ein numerisches Relativ: man zählt bzw. stellt explizit Relationen und Häufigkeiten von äquivalenten Wahrnehmungen fest. Damit hat man aber bereits das Niveau der Nominalskala verlassen und mindestens eine Ordinal- oder Rangskala erstellt.[16] Indem nämlich Klasse Y am häufigsten, Klasse Z am seltensten (bzw. gar nicht) vorkommen, wurden die nominalen Klassen nach der Häufigkeit ihres Vorkommens in eine Rangordnung gebracht. Damit vertreten wir hier die Ansicht, dass eine singuläre Klassifizierung auf Nominalskalen-Niveau noch keine Messung ist, wohl aber eine relationale Beschreibung und Häufigkeitsauszählung nominaler, d.h. qualitativ verschiedener Kategorien bzw. Klassen.

Diese Bestimmung hat Folgen für die Inhaltsanalyse. Als empirische Methode muss sie in jedem Fall messen, d.h. regelgeleitete Beobachtungen mit Hilfe eines numerischen Zeichensystems systematisch registrieren. Andernfalls könnte sie keine Daten mit intersubjektiv klar nachvollziehbarer Bedeutung generieren. In den meisten Fällen vollzieht sie jedoch nur eine kategoriale Zuordnung von äquivalenten Merkmalen zu Kategorien, operiert also bei der Datenerhebung auf Nominalskalenniveau, was nach unserer Definition keine Messung ist.

Nun bleibt die Inhaltsanalyse nicht bei einer einfachen kategorialen Beschreibung des analysierten Textmaterials stehen. Im einfachsten Falle zählt sie zumindest Häufigkeiten der klassifizierten Textmerkmale, d.h. sie erfasst numerische Relationen. Wenn man z.B. einem Text eine »innere Dynamik« zuschreibt, dann ist das noch keine Messung; wenn aber ein Text als dynamischer beurteilt wird als ein anderer oder zum Textende hin ein Ansteigen der Dynamik festgestellt wird, dann liegt bereits eine Messung vor. Zwei Texte bzw. Textanfang und Textende wurden dabei nämlich hinsichtlich des Merkmals »Dynamik« in eine numerische Ordnungsrelation (größer – kleiner) gebracht. Ebenso verhält es sich, wenn ich in einem Text viele, (z.B. 25) dynamische Elemente feststelle, in einem anderen Text jedoch nur wenige (z.B. vier). Hier wurden einfache Häufigkeiten nominaler Daten ermittelt und damit bereits gemessen.[17] Allerdings sind in unseren

---

16 Wenn das Erkenntnisinteresse allein auf die Häufigkeitsverteilung zielt und man daraus keine weiteren Schlüsse ableitet, hat man sogar das Niveau einer absoluten Skala erreicht.

17 Daraus ergibt sich, dass viele Textinterpreten im Grunde bereits messen, ohne ihre Tätigkeit selbst so bezeichnen zu wollen. Meistens werden beim Interpretieren nämlich nicht nur Assoziationen und Feststellungen aneinander gereiht, sondern Textstrukturen, Bezüge, Relationen, Gewichtungen und dergleichen von Textelementen analysiert. Insofern wird hier ein quantifizierendes Relativ auf Ordinalskalenniveau erstellt, also gemessen. Einschränkend sei allerdings auf zwei weitere Bedingungen hingewiesen, die jedoch nicht allein für das Messen, sondern für jede Forschung gelten und heute wohl auch in allen hier angesprochenen Wissenschaften akzeptiert sind. Gemeint sind die Prämissen der Objektivität und der Systematik: Von Messung kann man erst dann sprechen, wenn Maßstab und Messverfahren offengelegt sind und auf das angegebene Textmaterial in gleicher Weise angewandt wurden.

Beispielen die Beobachtungsregeln nicht explizit formuliert, so dass der zugrunde liegende Maßstab und das verwendete Messverfahren unkenntlich bleiben. Dieser Mangel ließe sich jedoch leicht beheben. Einfache Textbeschreibungen, bei denen lediglich subjektive Eindrücke paraphrasiert und aneinander gereiht werden, sind ebenso wie einfache Wahrnehmungsvorgänge also noch keine Messung und damit auch keine Inhaltsanalysen. Selbst wenn man solchen Eindrücken (z.B.: »Text hat innere Dynamik«) nachträglich den Zahlenwert 1 (Merkmal kommt vor) zuordnen würde, erhielte man keine Messung. Man hätte eine Pseudo-Quantifizierung vorgenommen, weil die Zuordnung von Zahlen hier lediglich eine Namensgebung ist. Man hätte auch Buchstaben oder Kreuze als Markierung wählen können. Auch wenn die Beurteilungskriterien völlig offengelegt sind, fehlt die Abbildung der empirischen Wahrnehmung in numerischen Relationen - eine unverzichtbare Bedingung des Messens. Wenn die zugeordneten numerischen Ausdrücke wie etwa 2 und 10 nicht wenigstens ein *Größer-kleiner* oder *Mehr-weniger-Verhältnis* anzeigen, dann hätte man auch einfach *A* und *B* oder *Haus* und *Stuhl* sagen können. Messen ist – so hatten wir oben definiert – die Abbildung eines empirischen Relativs in ein numerisches Relativ. Daraus folgt: Indem die Inhaltsanalyse misst, erfasst sie nicht nur unverbundene Mengen von Textmerkmalen, sondern immer **empirische Strukturen**, die sie als **numerische Strukturen** abbildet. Eine nominale Klassifizierung erzeugt zwar bereits eine Struktur (auf der Basis von Ähnlichkeits-Unähnlichkeitsbeziehungen von Elementen), numerischen Charakter bekommt sie aber erst dadurch, dass die numerischen, quantitativen Eigenschaften des verwendeten Zahlensystems bei der Abbildung benutzt werden, also bestimmte Relationen des Zahlensystems (z.B. 2 ist größer als 1) in die Darstellung eingehen. Obwohl weniger offensichtlich, gilt dies selbst für ganz einfache, offene Strukturbeschreibungen (z.B. welche Merkmale besitzt das Fernsehprogramm X?). Quantifiziert wird, weil es sich in der Regel um einen (ggf. impliziten) Strukturvergleich bzw. eine Strukturüberprüfung (pattern check) handelt: Eine theoretisch abgeleitete Soll-Größe (mentales Modell / Theorie: »Ein Fernsehprogramm sollte die 14 Merkmale a-n besitzen«) wird mit einer Ist-Größe (inhaltsanalytisches Datenmodell: »Fernsehprogramm X enthält nur die 7 Merkmale b-h«) verglichen. Quantifizierende Schlussfolgerung: Fernsehprogramm X enthält weniger als die erforderlichen Merkmale (ordinal) oder es enthält nur die Hälfte der geforderten Eigenschaften (intervall).[18]

---

18 Die völlig offene Fragestellung »Welche Merkmale besitzt das Fernsehprogramm X« ließe sich nur dadurch beantworten, dass bei der empiriegeleiteten Kategorienbildung die relevanten Merkmale exploriert und dann systematisch erfasst werden. Dabei entstehen jedoch zwei Probleme. Im Grunde ist meine Forschungsfrage bereits nach der empiriegeleiteten Kategorienbildung beantwortet. Warum sollte ich dann bei einem einzigen Programm als Untersuchungsmaterial überhaupt noch

Wir können nun zu unserer provokativen Ausgangsfrage zurückkehren und zusammenfassend feststellen: Es ist richtig, dass die Inhaltsanalyse bei der Datenerhebung zunächst auf Nominalskalenniveau operiert. Beim Codieren werden sukzessiv bestimmten Textmerkmalen Kennziffern für Kategorien zugeordnet, die lediglich als Namen dieser Kategorien fungieren. Bis hierher haben wir es also in der Regel nur mit systematischen Beobachtungen zu tun, einer notwendigen Vorbedingung des Messens. Alle Messkriterien sind erst dann erfüllt, wenn anschließend im Auswertungsschritt z.b. Häufigkeiten der Codierungen je Kategorie ausgezählt werden. Diese einfachste Bedingung ist bei Inhaltsanalysen fast immer gegeben, weil sie als traditionell sozialwissenschaftliche Methode in der Regel keine Aussagen über den Einzeltext, sondern über Textmengen machen will. Dazu müssen notwendigerweise mindestens Häufigkeiten ermittelt, d.h. gleichartige Beobachtungen an allen Texten gezählt werden.

Die voranstehenden Ausführungen machen deutlich, dass die Inhaltsanalyse zwar quantifizierend vorgeht, die quantitative Analyse dabei aber immer der qualitativen Analyse folgt und beide deshalb keinen sinnvollen Gegensatz bilden können. Jede Beobachtung bzw. Identifizierung eines inhaltlichen Textmerkmals ist zunächst ein »qualitativer« Analyseakt, dessen zählend-quantifizierende Weiterverarbeitung diesen Charakter nicht aufhebt. Insofern ist auch die Bezeichnung »quantitative« Inhaltsanalyse irreführend und deshalb abzulehnen. Sie behauptet nämlich implizit eine Scheinalternative zu »qualitativen« Analyseverfahren , wo im Grunde nur eine quantifizierende Ergänzung vorliegt.

Von der einfachen Frequenzanalyse qualitativer Daten zu unterscheiden sind gewichtende Quantifizierungen von Einzelbeobachtungen. Dies wäre etwa der Fall, wenn die Ausdrücke *»gefährdet die Gesundheit«* bzw. *»ist lebensgefährdend«* auf der Intensitätsdimension positioniert werden und der zweite Ausdruck als doppelt so starke Gefährdung (Wert 2 auf der Intensitätsskala) eingestuft wird als der erste (Wert 1). Erstens wird eine solche Gewichtung nur dann zulässig sein,

---

eine Inhaltsanalyse durchführen? Untersuche ich jedoch mehrere Programme, entstehen Häufigkeiten der Merkmale, d.h. es wird automatisch quantifiziert. Das zweite Problem: Vermutlich wird man bei der empiriegeleiteten Kategorienbildung entweder gar keine oder aber viel zu viele Merkmale finden. Ein Fernsehprogramm lässt sich nach Tausenden von Merkmalen beschreiben. Man wird also eine Theorie benötigen, welche die für das eigene Erkenntnisinteresse relevanten Merkmale definiert und damit auswählt. Damit ist aber wieder, wie beim pattern check, ein Erwartungswert festgelegt, sodass inhaltsanalytisch geprüft werden kann ob, wie oft und bei welchen Programmen die relevanten Merkmale auftreten bzw. fehlen – was wiederum Messung ist. Auch Deskription ist Selektion, was Auswahlkriterien erfordert. Wenn das eigene Erkenntnisinteresse noch nicht klar genug bewusst ist, kann man es durch Literaturstudium, eine kleine explorative Vorstudie oder andere Maßnahmen, die wir später noch beschreiben werden, so weit präzisieren, dass ein systematisches und quantifizierendes Vorgehen möglich wird..

wenn die Intensitätsrelation beider Ausdrücke plausibel begründet oder empirisch belegt werden kann. Zweitens muss die Inhaltsanalyse durchaus nicht Einzelbeobachtungen in der angegebenen Art und Weise gewichten, so dass diese Form der Quantifizierung kein Definitionskriterium sein kann. Wenn die Inhaltsanalyse als quantifizierende Methode bezeichnet wird, dann ist das meistens nur im zuerst genannten Sinne gemeint, nämlich dass die Häufigkeit »qualitativer« Merkmale an einer Vielzahl von Texten ermittelt, das heißt gezählt wird. Insofern ist sie also in der Regel zwar eine quantifizierende Methode, die aber die »qualitative« Analyse voraussetzt.[19] Außerdem stellt die Häufigkeitsauszählung oder Frequenzanalyse nur ein Mindest-Kriterium dar, das die Verwendung komplexerer Quantifizierungsverfahren auf höherem Skalenniveau nicht ausschließt. Hier wollen wir insbesondere darlegen, dass bei der Inhaltsanalyse zwar quantifiziert wird, dabei aber nicht völlig willkürlich und losgelöst vom Gegenstand und seiner Bedeutung vorgegangen werden kann. Vielmehr sind die »qualitativen« Textstrukturen angemessen in eine numerische Struktur zu überführen, wobei die Angemessenheit zu begründen ist. Um diesen Formalisierungsprozess jederzeit nachvollziehen und kritisieren zu können, muss die zugrundeliegende Messtheorie dokumentiert sein. Das Formalisierungsproblem ist ein zentraler Gesichtspunkt der Gültigkeit (Validität) jeder Inhaltsanalyse, dem man auch die gebührende Beachtung schenken sollte, um Artefakte[20] zu vermeiden. In keinem Fall möchten wir aber die Ansicht vertreten, so genannte »qualitative« Eigenschaften von Objekten ließen sich prinzipiell nicht formalisieren und damit nicht quantitativ abbilden.

Bisher setzten wir uns mit dem Begriff »empirische Methode« und seinen Implikationen für die Inhaltsanalyse auseinander. Insbesondere sind wir dabei auf die Problematik des Messens und Quantifizierens eingegangen. Nun kommen wir zu den beiden anderen Kriterien der oben vorgeschlagenen Definition der Inhaltsanalyse. Es wurde darin weiter die Forderung nach **Systematik** genannt. Sie richtet sich einerseits auf eine klar strukturierte Vorgehensweise beim Umsetzen der Forschungsaufgabe in eine konkrete Forschungsstrategie und andererseits auf deren konsequente, durchgängig invariante Anwendung auf das Untersuchungsmaterial.

---

19 Ergänzend sei gesagt, dass sich die Häufigkeitsauszählung nicht immer auf Textmengen beziehen muss, sondern auch innerhalb eines einzigen Textes Merkmalsverteilungen auf diese Art ermittelt werden können. Hier wird man jedoch nur ungern auf diesem recht einfachen Niveau der Frequenzanalyse allein arbeiten wollen. Um den Stellenwert der analysierten Elemente im konkreten Kontext präziser zu erfassen, wird man wohl auch Quantifizierungen in Form von Intensitätsbestimmungen, Bewertungen und Über-/Unterordnungen ermitteln.

20 Ein Artefakt ist ein irrtümlich angenommener Befund, der nur durch Bedingungen der verwendeten Methode zustande kam. Bei einem Artefakt generiert die Methode also eine eigene Datenstruktur, die dann irrtümlich als inhaltliche Struktur der analysierten Objekte interpretiert wird.

Zur Umsetzung in konkrete Forschungsoperationen gehören die Formulierung empirisch prüfbarer Hypothesen, die Festlegung des relevanten Untersuchungsmaterials, der Analyse-, Codier- und Messeinheiten, die Entwicklung des Kategoriensystems mit Definitionen und allgemeinen Codieranweisungen sowie die Überprüfung von Validität und Reliabilität.

Die dritte in der Definition enthaltene Forderung nach der Offenlegung des Verfahrens ist ein ganz zentrales Qualitätskriterium jeder Inhaltsanalyse, das ein Bestandteil der »Objektivität« darstellt. Die Methode soll vom analysierenden Subjekt abgelöst werden, d.h. die Ergebnisse müssen **intersubjektiv nachvollziehbar** und damit auch reproduzierbar, kommunizierbar und kritisierbar sein. Jede Inhaltsanalyse, die diesem Qualitätskriterium nicht genügen kann, ist ohne jede Aussagekraft und damit irrelevant. Wenn nicht durch eine detaillierte Kenntnis der Methode oder gar eine Replikation der ganzen Untersuchung nachprüfbar ist, wie der Forscher zu seinen Daten gelangt ist und was die Ergebnisse eigentlich genau bedeuten, dann unterscheidet sich die Inhaltsanalyse nicht mehr prinzipiell von intuitiv-subjektiven Textinterpretationen, und man muss sich fragen, weshalb dann überhaupt ein solcher Aufwand getrieben wurde.[21]

Die Inhaltsanalyse beschreibt Merkmale von Mitteilungen unter ganz bestimmter Perspektive. An diesem prinzipiell deskriptiven Charakter ändert sich auch dadurch nichts, dass die Deskription selbstverständlich theorie- bzw. hypothesengeleitet ist, so dass ggf. inhaltliche Schlussfolgerungen erklärender Art gezogen wer-

---

21 Allerdings ist gerade diese Forderung meist der kritische Punkt in der Praxis. Sehr viele Inhaltsanalytiker erkennen zwar den Anspruch an, schrecken letztlich dann aber doch vor der oft immensen Arbeit zurück, die z.b. eine detaillierte Definition aller Kategorien und Dokumentation aller getroffenen Regelungen bzw. Entscheidungen erfordert. Nicht selten entstehen bei sorgfältiger und konsequenter Vorgehensweise Codebücher von mehreren hundert Seiten Umfang. – Viele Forscher glauben vielleicht auch, dass die Bedeutung einzelner Kategorien, die ihnen selbst völlig klar ist, auch anderen einsichtig sein müsse, so dass Definitionen überflüssig wären. Jedenfalls findet man in der Praxis oft noch so genannte »Inhaltsanalysen«, zu denen lediglich das Kategoriensystem, d.h. nur die schlichte Benennung der Kategorien dokumentiert ist. Um es ganz klar zu sagen: Dies sind in der Regel keine Inhaltsanalysen. – Sicherlich gibt es auch hier Ausnahmen. Eigennamen beispielsweise sind als Kategorien nicht definitionsbedürftig, weil hier keine Klassifizierung differierender Bedeutungen erfolgt. Werden dann mehrere Eigennamen zu einer Kategorie zusammengefasst, stellt ihre Aufzählung bereits eine vollständige Listendefinition dar. Was hier noch recht einleuchtend ist, wird etwa bei einer Kategorie »Bauwerke« schon zweifelhafter. Ist ihr Bedeutungsgehalt völlig klar, oder ist auch sie definitionsbedürftig? Liest man einmal folgende Begriffsliste, so dürfte die Antwort naheliegen: *Haus, Siegessäule, Stadion, Festzelt, Gartenmauer, Brücke, Gehweg, Spielplatz* ... Die Tatsache, dass alle Begriffe zweifellos als Bezeichnungen für Bauwerke gelten können (wenn man nur das Kriterium »gebaut« anwendet), dennoch aber Zweifel aufkommen, ob ein Forscher nicht doch einige davon unter einem bestimmten Erkenntnisinteresse mit gutem Grund ausgeklammert haben könnte, zeigt, dass selbst so simple und vordergründig klare Kategorien wie »Bauwerke« doch definitionsbedürftig sind.

den können. Selbst wenn man nur ganz banale formale Textmerkmale registriert, wie etwa Satzlängen, geschieht das niemals um ihrer selbst willen, sondern immer aus einem bestimmten Erkenntnisinteresse heraus. So möchte man vielleicht aus der Satzlänge Schlussfolgerungen über die Verständlichkeit eines Textes ziehen oder die Hypothese prüfen, dass ein bestimmter Autor komplexere Satzkonstruktionen verwendet als ein anderer. In beiden Fällen ist das gemessene deskriptive Merkmal »Satzlänge« nur ein Indikator für einen anderen, gemeinten Sachverhalt. Dennoch beschreibt die Inhaltsanalyse lediglich die Texte hinsichtlich ihrer Satzlängen. Man muss also Mitteilungen so beschreiben, dass man daraus Schlüsse im Sinne der gestellten Forschungsfrage ziehen kann. Insofern ist die Inhaltsanalyse einerseits deskriptiv, andererseits aber nur sinnvoll, wenn die Beschreibung so angelegt ist, dass sie anschließend inhaltlich interpretierbar ist.

2.2 Gegenstand und Erkenntnisinteresse

Bevor wir die inhaltsanalytische Vorgehensweise näher beschreiben, soll zunächst geklärt werden, womit sie sich befasst und welcher Art die Information ist, die sie liefert. Wer als Forscher ein bestimmtes Forschungsproblem angehen will, muss zunächst prüfen, welche Methode die angemessenste ist und ob es überhaupt auf empirischem Wege gelöst werden kann. So lässt sich zum Beispiel die Problemstellung: »Ist Kernenergie die beste Energie für die Zukunft?« zumindest in dieser Form empirisch nicht prüfen; und bei einer Problemstellung: »Wie denkt die Bevölkerung Deutschlands über einen zukünftigen Kanzler XY?« wäre die Inhaltsanalyse sicherlich nicht die angemessene Methode. Man würde hier viel besser eine Bevölkerungsumfrage durchführen. In welchen Fällen nun ist die Inhaltsanalyse als Forschungsmethode angemessen? Wann bietet sie Vorteile gegenüber anderen Methoden? Als Antwort lassen sich sechs Punkte nennen:

1. Die Inhaltsanalyse erlaubt Aussagen über Kommunikatoren und Rezipienten, die nicht bzw. nicht mehr erreichbar sind.[22]
2. Der Forscher ist nicht auf die Kooperation von Versuchspersonen angewiesen.
3. Der Faktor Zeit spielt für die Untersuchung eine untergeordnete Rolle; man ist

---

22 Wie später noch erörtert wird, sind inhaltsanalytisch gewonnene Daten meist von eingeschränkter Aussagekraft, wenn darauf Wirkungsaussagen oder diagnostische Aussagen über den Kommunikator aufgebaut werden sollen. Dennoch erreichen solche Aussagen oft einen recht hohen Grad der Plausibilität. Dessen ungeachtet liegt hier jedoch der Fall vor, dass gar kein anderes Analyseverfahren zur Verfügung steht. Die Inhaltsanalyse ist also angemessen, weil sie hier die einzige Methode ist, um derartige Problemstellungen überhaupt wissenschaftlich zu bearbeiten.

in der Regel nicht an bestimmte Termine zur Datenerhebung und Datenanalyse gebunden.

4. Es tritt keine Veränderung des Untersuchungsobjekts durch die Untersuchung auf.
5. Die Untersuchung ist beliebig reproduzierbar oder mit einem modifizierten Analyseinstrument am selben Gegenstand wiederholbar.
6. Inhaltsanalysen sind meist billiger als andere Datenerhebungsmethoden.

Der pragmatische Sinn jeder Inhaltsanalyse besteht letztlich darin, unter einer bestimmten forschungsleitenden Perspektive Komplexität zu reduzieren. Textmengen werden hinsichtlich theoretisch interessierender Merkmale klassifizierend beschrieben. Bei dieser Reduktion von Komplexität geht notwendig Information verloren: Einmal durch die Ausblendung von Mitteilungsmerkmalen, die die untersuchten Texte zwar besitzen, im Zusammenhang mit der vorliegenden Forschungsfrage aber nicht interessieren; zum anderen tritt ein Informationsverlust durch die Klassifikation der analysierten Mitteilungsmerkmale ein. Nach angegebenen Kriterien werden je einige von ihnen als untereinander ähnlich betrachtet und einer bestimmten Merkmalsklasse bzw. einem Merkmalstypus zugeordnet, den man bei der Inhaltsanalyse »Kategorie« nennt. Die originären Bedeutungsdifferenzen der einheitlich in einer Kategorie zusammengefassten Mitteilungsmerkmale bleiben unberücksichtigt.

Dieser Informationsverlust ist jedoch nicht als Nachteil zu sehen; vielmehr bildet er die Voraussetzung für einen Informationsgewinn, der auf anderem Wege nicht zu erzielen wäre. Die bewusst eingeschränkte Perspektive lässt größere strukturelle Zusammenhänge erkennen und stellt Vergleiche auf eine systematische Grundlage. Wird jeder Text in seiner je einmaligen Beschaffenheit gewürdigt, sind Bezüge zu einer größeren Zahl anderer Texte kaum noch herzustellen. Die Klassifizierung ist eine informationsreduzierende Gruppierung von Einzelphänomenen anhand eines gemeinsamen analytischen Merkmals – es sei denn, alle Einzelphänomene (z.B. Textpassagen) werden ohne explizite Klassifizierung zu einer Gesamtschau einfach aneinander gereiht. Dies ist jedoch bei mehr als zwei Texten kaum noch zu leisten, will man nicht auf die Systematik bei der Analyse verzichten und nur willkürlich einige »treffende« Beispiele für den Vergleich auswählen. Strikt regelgeleitetes Klassifizieren heißt messen und quantifizieren. Beides sind Bedingungen dafür, dass größere Datenmengen mit Hilfe statistischer Verfahren weiterverarbeitet werden können. Wo die intellektuellen Fähigkeiten des Einzelnen nicht mehr ausreichen, um komplexe logische Operationen mit den Daten zu vollziehen und die Gedächtniskapazität des Forschers zu klein ist, um die großen Datenmengen gleichzeitig präsent zu haben, erschließen statistische Auswertungsverfahren mit Hilfe von Computern neue und sichere Erkenntnismöglichkeiten.

Der Inhaltsanalyse geht es neben der rein formalen Beschreibung von Mitteilungen in der Regel um die wissenschaftliche Analyse von Kommunikationsvorgängen anhand von Aussage und Medium. Die Mitteilungen (Texte, Bilder, Musikstücke etc.) und die benutzten Medien (Schrift, Sprachlaute, Töne einschließlich der technischen Mittel zu ihrer Konservierung, Vervielfältigung und Verbreitung wie etwa Buch, Zeitung, Hörfunk, Fernsehen, CD, DVD etc.) sind nur das Untersuchungsmaterial. Der eigentliche Untersuchungsgegenstand der Inhaltsanalyse ist meist der sich in der Mitteilung manifestierende Kommunikationsvorgang, entweder in Bezug auf den Kommunikator (»was hat der Autor gemeint?«) oder in Bezug auf die Rezipienten (»wie wird man die Mitteilung interpretieren?«). Anhand des einfachen Kommunikationsmodells lassen sich diese verschiedenen Perspektiven folgendermaßen veranschaulichen:

Abb. 2: Einfaches Kommunikationsmodell

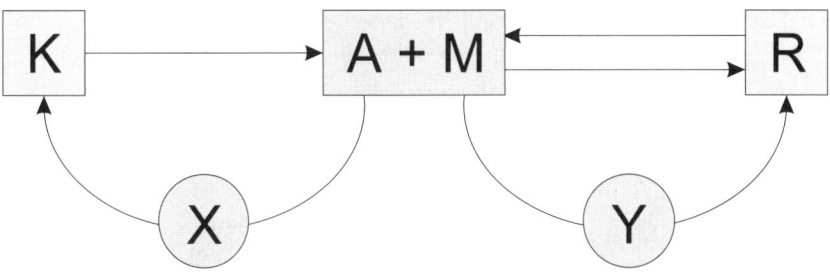

Ein Kommunikator (K) will sich mit einem Rezipienten (R) verständigen. Da Bewusstseinsinhalte nicht direkt transferierbar sind, encodiert er seine Mitteilungs- und Wirkungsabsichten in konventionalisierte Zeichensysteme, die mit Hilfe eines materialen Mediums den Rezipienten erreichen. Das am häufigsten verwendete Zeichensystem ist sicherlich die Sprache, die als inhaltsanalytisches Forschungsobjekt meist über das Medium schriftlich fixierter Texte in Büchern, Zeitungen, Zeitschriften etc. konserviert und transportiert wird. Diese materialen, sinnlich wahrnehmbaren Zeichenkomplexe sind die Vorgaben, die der Rezipient benutzt, um aufgrund seiner Sprachkompetenz seinerseits eine Bedeutung zu rekonstruieren, von der er annimmt, dass sie der Kommunikator in der Mitteilung ausdrücken wollte. Er projiziert also nach seinem Vorverständnis Bedeutung in den transferierten Zeichenkomplex.

In derselben Situation ist der Inhaltsanalytiker: Auch er hat nur die materiale Zeichengestalt, die sinnlich wahrnehmbare Manifestation bestimmter Bedeutungen vor sich. Seine Aufgabe ist es, sie so zu beschreiben, dass die darin verschlüsselten Bedeutungen erfasst werden. Oft sind bei dieser Bedeutungsrekonstruktion Rückschlüsse auf die Mitteilungsabsichten des Kommunikators (Beziehung: → X → im Schaubild) oder auf Verstehensprozesse beim Rezipienten (Beziehung: → Y → im Schaubild) geplant. Daneben gibt es noch die Möglichkeit, ganz unabhängig von Inhalten und deren Interpretationsweisen, Mitteilungen anhand rein formaler Merkmale zu beschreiben. Entsprechend dieser verschiedenen Perspektiven und Erkenntnisinteressen, lässt sich eine Systematik inhaltsanalytischer Ansätze erstellen. Man kann formal-deskriptive von diagnostischen und prognostischen Ansätzen unterscheiden.

Der **formal-deskriptive Ansatz** beschreibt Mitteilungen anhand rein äußerlicher, nicht-inhaltlicher Merkmale. Erkenntnisinteresse könnte hier beispielsweise die Erstellung von Texttypologien sein, die sich an formalen Texteigenschaften orientieren. Die »reine« Deskription im Sinne einer interesselosen, allein durch die Beschaffenheit des Objekts vorgegebenen Beschreibung gibt es jedoch nicht, da jeder Kategorienbildung schon implizite Hypothesen zugrunde liegen.

Der **diagnostische Ansatz** will etwas über die Entstehungsbedingungen, also über die Beziehung Kommunikator – Mitteilung aussagen. Hier geht es etwa um die Beantwortung der Frage, was der Autor mitteilen, welche Wirkungen er erzielen wollte, welche Eigenschaften, Fähigkeiten, Kenntnisse er besitzt oder welche subjektiven und kollektiven Wertvorstellungen er in den Text projiziert haben mag. Dabei muss es sich nicht unbedingt um eine einzelne Person handeln, sondern es kann auch Autorenteams (z.B. Zeitungsredaktionen) betreffen. Einen solchen interpretativen Schluss von Mitteilungsmerkmalen auf externe Sachverhalte nennt man *Inferenz*.

Prognostische Ansätze schließlich versuchen, von Mitteilungsmerkmalen auf deren Wirkungen beim Rezipienten zu schließen. Auch hierbei handelt es sich also um eine interpretative Inferenz. Ganz allgemein steht hinter einer solchen Perspektive die Frage: Wie wird der Leser / Hörer / Zuschauer die Mitteilung verstehen? Wie wird er auf sie reagieren? Die gesamte Verständlichkeits- und Wirkungsforschung in der Kommunikationswissenschaft, aber auch pragmatische Ansätze in der Semiotik oder pragmalinguistische Arbeiten in den Sprachwissenschaften vertreten diese Perspektive bei der Analyse von Mitteilungen, Zeichen bzw. Texten.

Die Aussagekraft solcher inhaltsanalytisch fundierter **Inferenzen** auf Kommunikatorabsichten und Wirkungen ist begrenzt. Um einen stringenten Beweischarakter zu erlangen, müssen sie sich zusätzlich zu den inhaltsanalytischen Befunden auf externe, nicht inhaltsanalytisch gewonnene Kriterien stützen: Mit Hilfe der Inhaltsanalyse allein lassen sich im strikten Sinne weder Wirkungen von Mitteilungen noch Eigenschaften und Absichten von Kommunikatoren nachweisen. Dazu müssen zusätzliche Informationen über Kommunikatoren und Rezipienten vorliegen. Insbesondere gilt dies bei einer sog. »instrumentellen Sprachverwendung« (s. GEORGE 1959). Nicht immer meint der Autor das, was er wörtlich sagt. Leicht einsichtig ist dies etwa bei Verfassern von Werbetexten, Drehbuchautoren oder Schlagertextern. Solche Aussagen werden rein instrumentell zur Erreichung eines bestimmten Zweckes verfasst, und von ihrem Inhalt lässt sich deshalb kaum mit hinreichender Sicherheit auf irgendwelche intellektuellen Fähigkeiten, Meinungen oder Charaktereigenschaften der Autoren schließen. Bei nicht-instrumenteller Sprachverwendung ist dies zwar leichter möglich, aber noch immer nicht völlg gewiss. Möglich ist dies, weil die allgemein bekannten Sprachkonventionen und weitere Anhaltspunkte aus dem Kontext eine bestimmte Interpretation mit großer Gewissheit nahelegen.

Da der Inhaltsanalytiker aber weder die Meinungen und Mitteilungsabsichten des Kommunikators noch die Verstehensweisen und Reaktionen des Publikums direkt ermittelt, sondern nur über Texte indirekt erschließt, geht er streng genommen von seinem eigenen Verständnis der Mitteilungen aus, wobei er allerdings ein »allgemeines Sprachverständnis« voraussetzen kann. Er und seine Codierer und Codiererinnen beschreiben die Mitteilungen in Zeitungen, Hörfunkbeiträgen, Fernsehsendungen etc. so, wie sie einem Rezipienten evident erscheinen. Da es hier – je nach Gegenstand – kleine oder große Unterschiede geben kann, muss der Forscher die Interpretationsweisen durch Definitionen und Codierregeln begrenzen und offen legen. Es ergibt sich also durch die verbleibenden Interpretationsvarianzen im Codiererteam eine begrenzte und kontrollierte Streuung, welche an der Abweichung des Reliabilitätskoeffizienten vom Maximalwert 1,0 ersichtlich ist. Der Inhaltsanalytiker beschreibt nur Merkmale von Textmengen aus der von ihm gewählten Perspektive, die darauf aufbauenden diagnostischen und prognostischen Inferenzen sind lediglich Interpretationen mit teilweise hoher Plausibilität. Da im Unterschied zu dieser Auffassung in der Literatur Inferenzen geradezu zum »Wesenskern« der Inhaltsanalyse gemacht werden, der Beweischarakter besitzt, soll diese Frage noch etwas eingehender erörtert werden.

Wir vertreten die Ansicht, dass fast alle Inhaltsanalysen zunächst auf einem (meist impliziten) prognostischen Ansatz basieren, da sich Forscher und Codierer bei der Beschäftigung mit Texten automatisch in einer Rezipientenrolle befinden – aber nicht der eines »typischen« Rezipienten. Um dies zu begründen, müssen wir die Strategie der Inhaltsanalyse noch einmal kurz skizzieren.

Der Forscher hat eine Vorstellung von einem gemeinten Sachverhalt, den er mit Hilfe der Inhaltsanalyse empirisch untersuchen möchte. Er glaubt, diesen Sachverhalt nach bestimmten Kriterien klassifizieren zu können und steht nun vor der Aufgabe, Merkmale konkreter Mitteilungen auf die in der Forschungsfrage enthaltenen theoretischen Konstrukte beziehen zu müssen. Er wird also eine Vielzahl variierender Mitteilungsaspekte im Hinblick auf seine Klassifizierungsvorstellungen bzw. die Bedeutung der intendierten theoretischen Konstrukte als ähnlich betrachten wollen. Dabei hat er sich mit dem konkreten Textmaterial intensiv auseinander zu setzen und in der Regel auch die Codierer in diesen Prozess mit einzubeziehen. Er muss, etwas vereinfacht, seine theoretischen Konstrukte operationalisieren, muss per Definition möglichst weitgehend festlegen, welche Mitteilungsaspekte wie interpretiert werden sollen.[23] Dabei entscheidet er in der

---

[23] Dass diese operationale Definition selten erschöpfend, d.h. völlig determinierend sein kann und deshalb immer noch Interpretationsspielräume offenhält, wird an anderer Stelle (vgl. Kap. 1.3.4) ausführlich dargestellt. Hier sei nur ein Punkt deutlich hervorgehoben: Die Bedeutungsrekonstruktion bei der Inhaltsanalyse kann und will in der Regel nicht den Anspruch erheben, repräsentativ für das Spektrum aller Interpretationsweisen eines potenziellen Publikums zu sein. Dennoch trifft aber der Vorwurf nicht zu, der Forscher würde »Durchschnittsbedeutungen« normativ durchsetzen und das Sprachverständnis der Codierer dadurch systematisch unterdrücken. Es bleibt jedoch selbst dann, wenn die Codierer – wie dies durchaus üblich ist – an der Formulierung operationaler Codierregeln beteiligt sind, der Tatbestand bestehen, dass wenige Personen einen Interpretationsrahmen festlegen. Dieser wird beim Codiervorgang durch jeden einzelnen Codierer ausgefüllt, wobei er selbst aufgrund seines subjektiven Sprach- und Textverständnisses entscheidet, ob eine konkrete Äußerung in den festgelegten Interpretationsrahmen passt. Dieser Interpretationsrahmen ist in der Regel als Bedeutungsraum konzipiert, nicht als exklusive und obligatorische Indikatorenliste auf der Ebene formaler Zeichenträger (»black marks on white«). Insofern ist das subjektive Sprachverständnis der Codierer niemals völlig ausgeschaltet, sie sind also keine »Codierroboter«, sondern Menschen, die Texte *verstehen* und deren *Bedeutung* verschlüsseln. Allerdings haben sie sich auf einen Interpretationsrahmen geeinigt, d.h. sie haben festgelegt, welche inhaltlichen Sachverhalte durch die Bedeutung einer Kategorie noch gedeckt sein sollen und wie *sicher* der einzelne Codierer bei deren Identifikation sein muss. Oftmals sind Texte so formuliert, dass sie mehrere Interpretationsweisen zulassen. Wenn bei einer konkreten Textstelle einem Codierer eine bestimmte Interpretation aufgrund seines subjektiven Sprachverständnisses recht eindeutig nahe zu liegen scheint und er dieses Textverständnis anhand einiger nachvollziehbarer Kriterien hinlänglich belegen kann, dann wird ihn kein vernünftiger Forscher zwingen, hier eine andere Zuordnung vorzunehmen, obwohl er selbst die Textstelle anders verstehen würde. Ambiguitäten wird es im Text je nach Textsorte immer in verschieden großem Ausmaß geben. Zwischen den Codierern in jedem Falle 100 Prozent Übereinstimmung zu erwarten, wäre unrealistisch und dem Untersuchungsgegenstand auch unangemessen. Operationale Definitionen sollen deshalb in der Regel nur Interpretationsspielräume eingrenzen und die Zuordnung von konkreten Textstellen zu Kategorien möglichst weitgehend offenlegen. Pointiert (und deshalb etwas unpräzise) formuliert: Der Forscher definiert seine Klassifizierungsvorstellungen in Form von Kategorienbedeutungen, die Codierer identifizieren sie am konkreten Textmaterial nach ihrem eigenen Sprachverständnis. Beide Vorgänge haben sich an den Wissenschaftsstandards der Systematik und Objektivität (d.i. Offenlegung) zu orientieren.

Regel selbst aufgrund seiner eigenen Erfahrung bzw. seines eigenen Sprachverständnisses und dem seiner Codierer intuitiv, welche sprachlichen Äußerungen einen bestimmten Sachverhalt bezeichnen. Dies gilt – wie gesagt – für all jene Fälle, wo die Analyse auf Inhalte bzw. Bedeutungen zielt und nicht nur formale Merkmale der materialen Zeichengestalten (z.B. Satzlängen, Häufigkeit bestimmter Wortformen, Zahl der Abschnitte etc.) beschreiben will.

De facto geht das Forscher/Codierer-Team also bei der Untersuchung von Textbedeutungen zunächst von *seiner eigenen Interpretation* aus, macht *sein* Verständnis der Mitteilung per Definition obligatorisch für die Analyse. An dieser prinzipiellen Rezipientenperspektive ändert sich auch dadurch nichts, dass das Analytiker-Team sicherlich nicht immer den typischen Rezipienten (was immer man darunter auch verstehen mag) in einer ebenso typischen Rezipientensituation repräsentieren kann: Fest steht, dass der Forscher eine von ihm wesentlich mitbestimmte Interpretationsweise verbindlich macht und nicht etwa »objektiv« Mitteilungen beschreibt, wenn man diesen Begriff umgangssprachlich im Sinne von wahr, neutral, absolut, unbeeinflusst o.ä. versteht.

Selbstverständlich kann auch er versuchen, sich in die Rolle des Autors zu versetzen und überlegen, was dieser wohl gemeint haben könnte. Ebenso ist es möglich, dass er die Interpretationsweise des anvisierten Publikums (Zielgruppe) zu rekonstruieren versucht und seine operationalen Kategoriendefinitionen entsprechend fasst. Hat er dafür aber keine zusätzlichen Informationen, dann bleiben diese Rekonstruktionen fremder Interpretationsweisen streng genommen doch Hypothesen, die freilich in manchen Fällen von recht großer Plausibilität sein mögen, da die Regeln des Sprachsystems und mehr oder weniger eindeutige Bedeutungskonventionen bestimmte Interpretationen oft recht deutlich nahe legen. Es ist sicherlich möglich, durch ein Netz mehr oder weniger eindeutiger Anhaltspunkte im Text ein relativ hohes Plausibilitätsniveau für den Schluss von inhaltsanalytischen Daten auf Wirkungen wie das Textverständnis oder Mitteilungsabsichten des Kommunikators zu ziehen. Zudem kann der Autor vielleicht explizit formulieren, was er bewirken will, oder Form und Aufmachung der Mitteilung geben recht eindeutige Hinweise. Vorsicht ist jedoch auch hier geboten: Meint der Autor tatsächlich das, was er sagt, oder benutzt er diese vordergründig eindeutigen Aussagen nur als Kommunikationsstrategie, um verdeckt ganz andere Ziele zu verfolgen?

Noch viel vorsichtiger muss man sein, wenn man auf Plausibilitätsebene Wirkungsaussagen aus inhaltsanalytischen Daten ableiten will. Bestes Beispiel dafür ist die langjährige Diskussion um Gewaltdarstellungen in Massenmedien und deren Folgen. War und ist man heute teilweise fest davon überzeugt, dass Gewaltdarstellungen, die der Inhaltsanalytiker als solche definiert, auch vom Publikum als solche aufgefasst werden und dass sie darüber hinaus direkt die Vorstellungen und Handlungen in gleicher Richtung beeinflussen, so werden längst auch ganz andere Hypothesen vertreten (GUNTER 1985; FRÜH 2001c). Man stellte fest, dass Gewaltdarstellungen sowohl abschreckend als auch immunisierend wirken können, dass sie statt Aggressionen auch Angst hervorrufen oder dazu führen können, dass Rezipienten bestimmte Formen subtiler Gewaltanwendung überhaupt erst erkennen.

Würde man eine solche Fragestellung also allein inhaltsanalytisch untersuchen, dann wären alle Inferenzen – trotz teils gegensätzlicher Art - möglich, obwohl sie von exakt denselben inhaltsanalytischen Daten ausgehen. Ob eine davon möglicherweise zutreffend, die anderen falsch sind, lässt sich nicht an den inhaltsanalytischen Ergebnissen überprüfen, sondern an Außenkriterien (z.B. Ergebnisse experimenteller Wirkungsstudien). Dies belegt, dass die Wirkungsaussagen auch nicht allein aus der Inhaltsanalyse abgeleitet waren, sondern vielmehr aus verschiedenartigen übergeordneten Theorien der Medienwirkung, innerhalb derer die inhaltsanalytischen Ergebnisse nur ein beschreibendes Datum darstellten. Es erhält dann Beweischarakter, wenn nicht nur die inhaltsanalytischen Daten, sondern auch die Inferenztheorie (hier: Wirkung von Mediengewalt) gültig ist.

Die Ausführungen dieses Abschnitts kann man in einem Kernsatz zusammenfassen, den man sich immer wieder vergegenwärtigen sollte: *Wird ein stringenter Beweischarakter der Daten angestrebt, dann sind aus inhaltsanalytischen Befunden allein weder direkte Wirkungsaussagen noch Aussagen über die Mitteilungs- oder Wirkungsabsichten des Autors abzuleiten.* Solche Aussagen sind nur mit Hilfe externer Zusatzinformationen möglich: Wenn ich als Forscher sicher weiß, wie das Publikum auf bestimmte Mitteilungsmerkmale reagiert, dann kann ich diese Merkmale gemäß der Interpretationsweise des Publikums inhaltsanalytisch erfassen. Zum Glück ist das bei sprachlichen Mitteilungen wegen ihres hohen Konventionalisierungsgrades in relativ großem Umfang möglich, während es z.B. bei Bildinformationen sehr viel größere Probleme bereitet. Wenn jedoch die unklaren Bedeutungen in ihrer Wirkungspotenz zuvor in gesonderten Studien evaluiert wurden, lassen sich die inhaltsanalytischen Daten nun in diesem Wirkungszusammenhang interpretieren. In allen anderen Fällen bleiben solche Wirkungsinterpretationen (d.h. prognostische Inferenzen) mehr oder weniger plausible Hypothesen. In der Regel liegen solche externen Informationen jedoch nicht vor, *so dass Inhaltsanalysen entweder formal-deskriptive oder prognostische Ansätze sind, bei denen der Forscher seine eigene, offengelegte Interpretationsweise zugrunde legt.*

Angesichts einer derart eingeschränkten Aussagekraft inhaltsanalytischer Daten könnte man leicht resignierend fragen, wozu die Inhaltsanalyse dann überhaupt noch nützlich sein kann. Dem ist Folgendes zu entgegnen: Erstens ist die Argumentation auch bei anderen Methoden wie Befragung und Beobachtung oder auch bei der hermeneutischen Textauslegung auf Plausibilitäten und Wahrscheinlichkeiten aufgebaut, so dass dies keine spezifische Restriktion der Inhaltsanalyse ist. Zweitens können jederzeit Evaluationsstudien durchgeführt werden, um solche externen Kriterien zu bestimmen. (vgl. etwa FLESCH 1948; FRÜH 1980, FRÜH 1994; FRÜH 2001c) Drittens wird die Inhaltsanalyse ja oft gerade dort angewandt, wo sich andere Methoden zur direkten Erfassung von Kommunikatorabsichten bzw. Publikumsreaktionen nicht einsetzen lassen, weil die Zielpersonen nur schwer oder auch gar nicht mehr erreichbar sind. Viertens setzt jede Wirkungsanalyse und jede Analyse formulierter Kommunikatorabsichten zunächst die Beschreibung dessen voraus, was als Ursache aller Ergebnisse dieser Kommunikationsbeziehungen vorliegt. Wenn man keine näheren Angaben über eine Mitteilung macht, kann man z.B. auch nicht sinnvoll ihre Wirkungen spezifizieren. Wer eine Wirkung feststellt, will in der Regel wohl auch wissen, was gewirkt hat. Fünftens, wird ein großer Teil der Inhaltsanalysen ohne Inferenzabsichten allein zur Beschreibung und Strukturierung des Medienangebots bzw. zum Vergleich bestimmter Inhaltsstrukturen durchgeführt. Das heißt nicht, dass Deskriptionen völlig interessen- und zweckfrei sein müssten, sondern nur, dass die strukturierend-beschreibende Analyse und nicht die Inferenz das primäre Forschungsziel ist. Sechstens schließlich, und das ist der wichtigste Punkt, ist nur ein Teil der Textbedeutungen davon stark betroffen, weil sich aufgrund der übereinstimmenden Sprachverwendung die Interpretation des Forschers mit der von Kommunikator und Rezipienten weitgehend decken wird.

2.3 Vergleich mit anderen Textanalyseverfahren

Die Inhaltsanalyse hat es als sozialwissenschaftliche Methode mit Mengen von Mitteilungen zu tun, mit Zeichen und Zeichenkomplexen, die zu Kommunikationszwecken erzeugt werden. Mit Mitteilungen beschäftigen sich verschiedene Wissenschaften. Neben der Sprach- und Literaturwissenschaft sind das auch Soziologie, Psychologie, Medizin, Physik und andere. Unterschiede bestehen jeweils in den gewählten »Perspektiven« und Zielsetzungen: Dasselbe Objekt »Sprache« wird aus einem ganz bestimmten Erkenntnisinteresse heraus jeweils nur hinsichtlich spezifischer Merkmale und Funktionen analysiert. Auch die Inhaltsanalyse zerlegt ein komplexes Phänomen in Teilaspekte, abstrahiert unterscheidbare Elemente von einer Ganzheit, um diese Elemente hinterher dann wieder nach Maßgabe des erkenntnisleitenden Forschungsinteresses zu Ganzheiten zusammenzusetzen. Ihre Zielsetzung ist es also, auf diesem Wege von der Abstraktion zur Komplexion neue, kommunikationswissenschaftlich relevante Informationen zu generieren. Neben der hier zunächst ausgesparten Frage nach ihrer Vorgehensweise müssten die oben angesprochenen Fragen nun konkreter heißen: Welche Mitteilungsmerkmale können Gegenstand der Inhaltsanalyse sein, und welcher Art sind die Informationen, die mit ihrer Hilfe gewonnen werden?

Bei der Art der erfassten Merkmale ist als ganz grobe und sehr allgemeine Unterscheidung geläufig, Inhalt und Form von Mitteilungen zu trennen. Die Erfassung formaler Merkmale wie etwa Text- und Satzlängen, Wortfrequenzen oder die Verwendung bestimmter Schrifttypen ist trivial und braucht nicht weiter erörtert zu werden. Problematischer ist die weit häufigere Codierung von Kommunikationsinhalten. Was bedeutet »Inhalt« bei der Inhaltsanalyse, und wie erfasst sie ihn? Um die Kriterien anschaulicher beschreiben zu können, wollen wir sie einem anderen Analyseverfahren sprachlicher Mitteilungen gegenüberstellen, der hermeneutischen Textinterpretation.

2.3.1 Hermeneutische Textinterpretation

Hermeneutik war zunächst eine kodifizierte Kunstlehre der Bibelexegese, die in der Renaissance auch auf die Interpretation griechischer Texte übertragen wurde. Die humanistisch-philologischen Gelehrten, teilweise auch von protestantischer Seite, richteten sich gegen das Primat dogmatischer und allegorischer Interpretation, die als werkfremd und deshalb unangemessen aufgefasst wurden. Seit dem 19. Jh. hat sie sich zu einer universellen Theorie des Umgangs mit historisch-gesellschaftlichen Gegenständen allgemein, insbesondere aber künstlerisch-literarischer Art entwickelt. Da es nach HABERMAS (1971) verschiedenartige Strömungen gibt, fällt es schwer, die Grundprämissen aufzuzählen. Eine werkimmanente Position vertritt die Ansicht, dass in den Kultur-, anders als in den Naturwissenschaften, der Erkenntnisgegenstand nicht zum Objekt gemacht werden könne. Vielmehr müsse man sich auf den Gegenstand einlassen, seine entstehungsbedingten Bedeutungsstrukturen nachvollziehen, um ihn zu verstehen. Eine werkübergreifende Position unterstellt dagegen, dass neben der werkimmanenten Interpretation auch Hintergrundwissen wie die Biografie des Autors, geistes- und literaturgeschichtliche Bezüge, zeitgeschichtliche bzw. gesellschaftliche Einflüsse etc. eine entscheidende Rolle für das angemessene Verstehen eines Werkes spielen.

Beide Positionen bedienen sich in der Auseinandersetzung mit dem Werk derselben Technik. Man unterscheidet beschreibende, deutende und wertende Aussagen. Zunächst wird der Text inhaltlich und formal beschrieben. Nach der kompletten Lektüre wird ein Eindruck formuliert, der dann anhand bestätigender Textstellen oder Textbezüge belegt werden muss. Aus diesen Erkenntnissen lassen sich dann in verschiedener Weise Schlussfolgerungen ziehen, die eine Bewertung und Einordnung des Werks erlauben. Die textübergreifende Vorgehensweise zieht dabei weitere Informationen heran, sofern sie die Interpretationsweise zusätzlich stützen können.

In den letzten beiden Jahrzehnten hat die Diskussion um die Postmoderne zu einer dritten hermeneutischen Position geführt. Die Idee eines einheitlichen Sinnes, der sich aus einer Verschmelzung historischer und gegenwärtiger Verstehenshorizonte ergibt, wird in Frage gestellt. Die Methode der Dekonstruktion von J. Derrida (vgl. THOLEN 1999) verfolgt nicht mehr das Ziel, den Text als einheitlichen, monozentristischen Sinnzusammenhang zu beschreiben. Vielmehr sollen vielschichtige Strukturen herausgearbeitet werden, die zwar vernetzt sein können, aber jeweils eigenständige Sinnzentren aufweisen. Konkret bedeutet dies die Abkehr vom Bemühen um eine einzige angemessene Interpretation. Das Sinnverstehen kann aus verschiedenen historischen, gesellschaftlichen oder anderen Perspektiven jeweils einen eigenständigen »richtigen« bzw. angemessenen Sinn enthalten.

Aus dieser Kurzcharakterisierung lassen sich für unseren Zusammenhang einige wichtige Erkenntnisse gewinnen. Erstens konzentriert sich die Hermeneutik auf einzelne Texte, deren originärer Sinngehalt in allen relevanten Merkmalen herausgearbeitet werden soll. Es geht also um einen bestimmten Text als Ganzes. Verstehen als persönliches Einlassen auf den Text ist dabei unabdingbare Voraussetzung. Das bedeutet, dass die Methode für eine große Zahl von Texten nicht geeignet ist. Einige hundert oder tausend Texte können nur durch Weiterverarbeitung einzelner Interpretationen mittels anderer Methoden erreicht werden, weil solche Textmengen in aller Regel keinen eigenständigen Sinngehalt haben.

Zweitens ist eine besondere Art der Systematik erkennbar. Ein erster, ganzheitlicher Eindruck wird durch die Suche bestätigender textimmanenter oder textexterner Fakten belegt. Die Stichhaltigkeit der vorgeschlagenen Interpretationsweise ist diskursiv zu begründen, d.h. es werden Argumente und mögliche Gegenargumente gegeneinander abgewogen. Dabei können, müssen aber nicht, die der Interpretation zugrundegelegten Kriterien definiert und offen gelegt werden. Es ist möglich, für bestimmte Textpassagen die einen, für andere Textstellen andere Kriterien zugrunde zu legen, wenn deren Angemessenheit bzw. Sinnhaftigkeit plausibel begründet werden kann. In begrenztem Umfang ist es sogar möglich, inkonsistente Merkmale zu ignorieren, wenn sie insgesamt als unerheblich erscheinen. Dies ist legitim, weil die hermeneutische Textinterpretation ja nur die Stimmigkeit eines subjektiven Eindrucks bei der Rezeption dokumentieren will (bzw. bei der Dekonstruktionsmethode die Stimmigkeit mehrerer perspektivisch stimmiger Interpretationsweisen).

Drittens sind Beschreibung, Interpretation und Wertung miteinander verschränkt, eines ergibt sich aus dem anderen. Und viertens ist die Analyse nach der Auseinandersetzung mit dem Text abgeschlossen, d.h. das Ergebnis liegt nach der Textinterpretation für den untersuchten Text vor.

2.3.2 Inhaltsanalyse

Auch die Inhaltsanalyse beschäftigt sich mit Textbedeutungen, aber nicht als »Kunstlehre«, sondern als transparentes, »objektives« Verfahren. Noch immer ist das behavioristische Vorurteil weit verbreitet, die Inhaltsanalyse müsse sich diese »Objektivität« durch eine gravierende Einschränkung erkaufen: Sie könne nur erfassen, »was tatsächlich dastehe«. Deshalb würden auch nur Wörter ausgezählt. Es mag vielleicht erstaunen, dass der erste Satz sogar zutrifft, der zweite jedoch falsch ist. Die Inhaltsanalyse kann tatsächlich nur das erfassen, was dasteht. Aber im Unterschied zum Vorurteil können das auch Umschreibungen und eindeutige Hinweise auf die gemeinte Bedeutung sein. Was als Bedeutung gemeint ist, wird in einer klaren Definition festgelegt. Der Codierer sucht dann die Texte darauf ab, ob die gemeinte Bedeutung irgendwo direkt oder indirekt zum Ausdruck gebracht wurde, also »dasteht«. Die Frage ist nun, wann steht sie da, wie weit darf der Codierer die Textinformationen interpretieren? Diese Kompetenz wird bei der Codiererschulung geübt und später im Reliabilitätstest überprüft.

Beginnen wir mit einem Textbeispiel:
(1) Mehrere tausend Atomgegner besetzten das Gelände bei Gorleben, auf dem jetzt mit Probebohrungen für die geplante Atommüll-Deponie begonnen werden soll. Mit Tränengas, Wasserwerfern, Schlagstöcken, Planierraupen und einem ganzen Pulk gepanzerter Fahrzeuge rückte ein Massenaufgebot von Polizei und Grenzschutz an. Sie postierten sich zunächst entlang der Linie, an der die Absperrzäune standen. Auf Kommando stürmten sie dann von allen Seiten auf die Demonstranten zu und knüppelten sie innerhalb kurzer Zeit nieder. Einige (Atomgegner) mussten sofort ins Krankenhaus eingeliefert werden.

Angenommen, ein Inhaltsanalytiker habe die Hypothese, in Presseberichten zum Thema »Kernkraft« seien Hinweise auf Gewaltanwendungen häufiger geworden als noch anfangs der siebziger Jahre. Er wird sich deshalb vergleichbares Pressematerial beschaffen, etwa von 1970/71 und von 1980/81, um darin alle Berichte zum Thema »Kernkraft« zu sammeln. Nehmen wir weiter an, unser Beispieltext (1) sei einer dieser ausgewählten Presseberichte. An ihm interessierte als Auswahlkriterium zunächst nur das Thema »Kernkraft« und für die weitere Analyse der Inhaltsaspekt »Gewalt«. Damit ist das **Selektionsinteresse** der Inhaltsanalyse bezeichnet.

Wörtlich taucht der Begriff »Gewalt« im Text (1) nicht auf. Dennoch ist nach intuitivem Sprachverständnis klar, dass hier offenbar von Gewalt die Rede ist, was sich etwa in einem Begriff wie »niederknüppeln« manifestiert. »Gewalt« ist offensichtlich als analytische Abstraktion zu verstehen, bei der einzelne semantische Merkmale konkreter sprachlicher Äußerungen vom Text abstrahiert werden. »Niederknüppeln« hätte – neben anderen semantischen Merkmalen wie etwa »handeln«, »schlagen«, »Waffe benutzend« usw. – auch den Bedeutungsaspekt »Gewalt«. Damit ist das inhaltsanalytische **Abstraktionsinteresse** bezeichnet: Es werden an den ausgewählten Texteinheiten theoretische Konstrukte gemessen, die diese nur als eine semantische Komponente neben anderen repräsentieren. Das semantische Merkmal wird vom Bedeutungskomplex des konkreten sprachlichen Ausdrucks abstrahiert; nur selten ist das zu messende theoretische Konstrukt explizit im Text genannt, so dass der analytische Abstraktionsschritt entfällt.

Nun handelt in Text (1) gleich der erste Satz von einer Besetzung des Bohrgeländes. Ist damit ebenfalls das theoretische Konstrukt »Gewalt« angesprochen, d.h. repräsentiert auch diese Äußerung das semantische Merkmal »Gewalt«? Unser Inhaltsanalytiker wird hier sein theoretisches Konstrukt definieren müssen. Vielleicht legt er die Bedeutung von »Gewalt« fest auf

> »vorsätzliche Beschädigung von Sachen und deren widerrechtliche Beschlagnahmung sowie die physische Schädigung (Körperverletzung) von Personen bzw. die widerrechtliche Einschränkung von deren Bewegungs- und Handlungsfreiheit«.

Unvoreingenommen könnte man jetzt sagen, »Besetzung« bezeichne ganz klar eine widerrechtliche Beschlagnahmung von Sachen (nämlich des Bohrgeländes) und außerdem eine Einschränkung der Handlungsfreiheit von Behörden und den Arbeitern des Bohrtrupps. Damit sei die semantische Komponente »Gewalt« nach Maßgabe ihrer Definition im Ausdruck »Besetzung des Bohrgeländes« nachgewiesen. Ganz so einfach ist die Sache aber nicht: Zunächst ist ungeklärt, ob es sich tatsächlich um eine »widerrechtliche« Beschlagnahmung handelt, ob also ein Verbot bestand. Zweitens nennt diese Äußerung direkt nichts, was die Einschränkung der Handlungsfreiheit von Behörden und Bohrtrupp bezeichnen würde. Man kann nur **schlussfolgern**, dass die Behörden bzw. die Arbeiter durch die Besetzung gehindert werden, die Bohrungen fortzuführen. Das semantische

Merkmal »Gewalt« ist hier also nicht völlig »explizit« oder »evident« in dem Begriff »Besetzung« enthalten (wie dies etwa bei »niederknüppeln« der Fall ist), sondern kann nur erschlossen werden: Das Konstrukt »Gewalt« stellt bereits eine »tiefere« semantische Implikation des Begriffs »Besetzung« dar. In unserem Beispiel ist diese Implikation noch relativ plausibel. Nehmen wir jedoch den 3. Satz aus Text (1): »Sie postierten sich zunächst entlang der Linie, an der die Absperrzäune standen«. Wurde mit dem »postierten sich« die Bewegungsfreiheit der Demonstranten eingeschränkt, nach der Definition also Gewalt angewendet? Wurde mit »entlang der Linie, an der die Absperrzäune standen«, eine Beschädigung von Sachen und damit ebenfalls »Gewalt« beschrieben? Es ist jedenfalls kaum plausibel, dass die Zäune von Behörden oder Polizei beseitigt wurden, um die Demonstranten auf das Gelände zu lassen.

Man kann diese Ableitungen und Schlussfolgerungen auch noch in andere Richtungen vorantreiben: Der Abriss von Zäunen setzt deren vorherigen Bau voraus (logische Implikation); durch den Bau dieser Zäune wurde von den Behörden bekundet, dass sie den Zugang zum Bohrgelände verweigern – ja wenn man die Vorgeschichte kennt, weiß man sogar, dass die Zäune besonders stabil ausgeführt waren, um den befürchteten Übergriffen von Atomgegnern standzuhalten. Sie hatten also nicht nur eine symbolische (Verbot des Zugangs), sondern auch eine physische (Abwehr von Übergriffen) Schutzfunktion. Damit bedeutet das Eindringen der Demonstranten sowohl eine widerrechtliche Handlung als auch eine Beschädigung von Sachen. Außerdem wurden die semantischen Merkmale »markieren/begrenzen« und »schützen« genannt.

Das zuletzt genannte Beispiel geht im Grunde schon über den Rahmen semantischer Implikationen hinaus. Es werden Zusatzinformationen benutzt, Vorwissen aktiviert, um Bedeutungszusammenhänge zu rekonstruieren. (In der Linguistik »Inferenzen« genannt). Wer nicht weiß, wer Herkules war, kann diesen Satz nicht verstehen: »Ein Herkules unter den Mittelklassewagen«. Wer nicht weiß, dass dem Politiker XY planwirtschaftliche Tendenzen vorgeworfen werden, kann folgende Äußerung nicht als Reaktion und Rechtfertigung identifizieren: »XY betont die Bedeutung eines funktionierenden Marktmechanismus«.

Die Frage, um die es hier geht, heißt: Sind dies alles noch Bedeutungsaspekte unserer Beispielsätze; gehört das noch zu ihrem Inhalt? Es ist wohl offensichtlich, dass die Schlussfolgerungen in unseren Beispielen immer mehr Interpretationsschritte notwendig machten und sich teilweise auf Zusatzinformationen stützten. Man kann sagen, dass bei unserer Darstellung die Interpretationen zunächst noch recht nahe lagen, die Evidenz der semantischen Implikationen dann aber mehr und mehr abnahm. In den beiden Aussagen »gewalttätige Polizisten« und »Besetzung des Bohrgeländes« ist das semantische Merkmal »Gewalt« unmittelbar oder (bei entsprechender Definition von »Gewalt«) durch eine völlig evidente, einfache Abstraktionsleistung feststellbar. In den Beispielen »postieren sich« und »entlang der Linie, an der die Absperrzäune standen«, ist die semantische Implikation »Gewalt« schon weniger evident, aber im Rahmen dieses Kontextes doch noch ziemlich plausibel. Die Interpretation der letztgenannten Beispiele ist dagegen viel weniger naheliegend. Dies haben wir an der Äußerung demonstriert: »entlang der Linie, an der die Absperrzäune standen ...« Man kann daraus schließen, dass diese Zäune nicht mehr existieren, aber da sie offensichtlich einmal existierten, auch notwendig gebaut worden sein müssen; also enthält diese Äußerung auch das semantische Merkmal »gebaut«. Eine solche Schlussfolgerung ist zwar logisch schlüssig, aber unter kommunikativem Gesichtspunkt nicht sehr evident. Diese Bedeutungskomponente mag zwar zur Äußerung gehören, sie lässt sich jedoch nur über mehrere oder in diesem Kontext nicht sehr naheliegende Schlussfolgerungen erschließen. Um ein weiteres Beispiel zu nennen: In der Äußerung »Die Mutter ging einkaufen« ist das semantische Merkmal »Kind« für das Wort »Mutter« nicht sehr evident. Dagegen liegt diese semantische Implikation im folgenden Kontext schon näher: »Zunächst interessierte sie sich wenig für solche Dinge, aber als Mutter waren sie plötzlich sehr wichtig für sie«. Im Gegensatz zum ersten Beispiel ist die Frau hier in ihrer Rolle als Mutter angesprochen, die eine Beziehung zum Kind einschließt.

Die Evidenz der semantischen Implikationen kann also in unterschiedlichen Kontexten differieren. Wie naheliegend der Inhalt ist, der von einer konkreten Äußerung abstrahiert wird, variiert kontinuierlich gemäß seiner kommunikativen Verwendung und entsprechenden Prädispositionen des Lesers / Codierers. Je nach Vorwissen, Einstellung, Geläufigkeit oder aktuellen Erlebnissen sind bestimmte inhaltliche Assoziationen der einen Person naheliegender als einer anderen. Dennoch geben kommunikativer Kontext und Konventionalität der Sprache Rahmenbedingungen vor, so dass die Evidenz von Bedeutungen nicht beliebig variiert. Deshalb können wir aus heuristischen Gründen drei Evidenzklassen vorschlagen, wobei die Grenzen aus den erwähnten Gründen nicht immer ganz klar zu ziehen sind:

(1) **Semantische Implikation 1. Ordnung; z.B.**
»Besetzung des Bohrgeländes« – Bedeutungsaspekt: »Gewalt«. Dem Bohrtrupp wird der Zugang verwehrt und die Fortsetzung der Arbeit verhindert.

(2) **Semantische Implikation 2. Ordnung; z.B.**
»Polizisten postieren sich entlang der Linie, an der die Absperrzäune standen.« – Bedeutungsaspekt: »Gewalt«; Zäune wurden vermutlich von den Demonstranten (siehe Kontext) gewaltsam niedergerissen.

(3) **Semantische Implikation 3. Ordnung; z.B.**
»... entlang der Linie, an der die Absperrzäune standen«. – Bedeutungsaspekte: »gebaut«.
Zäune sind Bauwerke, deshalb müssen sie einmal gebaut worden sein.

Betonen möchten wir noch einmal den oben schon angesprochenen heuristischen Charakter dieser Klasseneinteilung. Ein völlig objektives, systematisches Kriterium der Evidenz und ihrer Unterteilung gibt es nicht. Während für eine Person mit entsprechendem Vorwissen, einer bestimmten Einstellung und sprachlichen Sozialisation bei einem gegebenen Text eine konkrete Bedeutung völlig evident ist und spontan assoziiert wird, liegt sie einer anderen Person mit anderen Prädispositionen weniger nahe. Demzufolge wäre ein und dieselbe Textstelle von beiden Personen unterschiedlichen Evidenzklassen zuzuordnen. Dennoch meinen wir, dass Kontext und Gemeinsamkeiten der sprachlichen Sozialisation bestimmte Interpretationsweisen nahelegen, so dass man durchaus intersubjektiv recht eindeutig evidente von entlegenen semantischen Implikationen unterscheiden kann. Dies gibt dem Inhaltsanalytiker die Möglichkeit, allzu »konstruierte« und idiosynkratische Bedeutungsaspekte aus seiner Analyse entweder auszuschließen oder analytisch von evidenteren Inhalten zu trennen. Freilich ist dies auch ein Punkt, an dem das subjektive Sprachverständnis verschiedener Codierer in begrenztem Umfang in die Analyse eingebracht wird. Wie evident eine konkrete Textstelle für einen Codierer ist, entscheidet er selbst aufgrund seiner eigenen Prädispositionen. In Randbereichen der Bedeutungsevidenz wird dieselbe Textstelle deshalb von einem Codierer legitimerweise codiert, von einem anderen übergangen werden.

Wir beschrieben bisher die Tatsache, dass sprachliche Zeichen Bedeutungen unterschiedlicher Evidenz repräsentieren. Es sind mehr oder weniger naheliegende Abstraktionen erforderlich, um sie zu erschließen. Die kommunikative Verwendung von Sprachzeichen hebt bestimmte Bedeutungsaspekte hervor, so dass sie als semantische Implikationen der Äußerung beim Lesen näherliegen als andere. Man kann unter diesem kommunikativen Blickwinkel eine andere Klassifikation vornehmen. Die beschriebene Bedeutungsevidenz, also der Abstraktionsgrad sowie die Zahl und Plausibilität der schlussfolgernden Interpretationsschritte, lassen sich dabei auf jede der folgenden Bedeutungsklassen anwenden. Wir fügen also keine weiteren Bedeutungsdimensionen hinzu, sondern klassifizieren nach einem anderen, dem kommunikativen Gesichtspunkt.

Die Inhaltsanalyse hat es mit kommunikativ verwendeten Codes zu tun. Es liegt in diesem Zusammenhang deshalb nahe, die Inhalte, auf die sie sich bezieht, auch unter diesem Aspekt zu systematisieren. Wir wollen zwei Bedeutungsdimensionen vorschlagen, den kommunikativen Fokus und die kommunikative Funktion.

Kommunikativer Fokus

Jede Äußerung transportiert mehrere Informationen, wobei in der Regel auf einer das Schwergewicht liegt.

Beispiel (1): »Nach dem Polizeieinsatz mussten einige Demonstranten sofort ins Krankenhaus eingeliefert werden.«

Beispiel (2): »Mit Hilfe von Brechstangen, Drahtscheren und Leitern durchbrachen die Demonstranten den Zaun zum Bohrgelände.

Die Hauptaussage des ersten Satzes betrifft die Folgen des Polizeieinsatzes, Beispiel (2) handelt primär vom Eindringen der Demonstranten auf das Bohrgelände und der Art und Weise ihres Vorgehens. Daneben geht es im ersten Satz aber auch um Polizei und Krankenhäuser, und Satz (2) informiert am Rande auch über das Bohrgelände und dessen Umzäunung. Wir wollen die unter kommunikativem Aspekt dominierende Information einer Äußerung »Hauptaussage« nennen und untergeordnete Informationen als »Nebenaussagen« zusammenfassen. Diese Unterscheidung lässt sich fast noch problemloser an komplexeren Mitteilungen wie etwa Sinnabschnitten oder Texten demonstrieren: Es gibt in der Regel ein Hauptthema und eine Reihe von Unterthemen.

Kommunikative Funktion

Neben der gewichtenden Unterscheidung nach dem kommunikativen Fokus lassen sich Mitteilungen auch nach ihrer kommunikativen bzw. pragmalinguistischen Funktion differenzieren. Wir wollen aus heuristischen Gründen auch hier nur zwei Typen vorschlagen:

1) Die Mitteilung als Information;
2) die Mitteilung als Handlung.

Diese einfache Klassifizierung subsumiert den größten Teil des Unterschiedes, der meist mit dem Gegensatzpaar explizit – implizit charakterisiert wird. Im allgemeinen Sprachgebrauch würde man unterscheiden zwischen dem, was »tatsächlich gesagt« wird und dem, was »gemeint« ist. Solche umgangssprachlichen Begriffsgegensätze bezeichnen sicherlich z.T. das, was wir oben schon als Bedeutungsevidenz bzw. semantische Implikation und als kommunikativen Fokus beschrieben. Insbesondere dürfte damit aber eine Bedeutungsdifferenz angesprochen sein, die sich aus der Funktion sprachlicher Äußerungen im Kommunikationszusammenhang ergibt. Im konkreten Interaktionszusammenhang ist das, was die Kommunikationspartner als Inhalt ihrer Mitteilung explizit formulieren, von dem abzuheben, »was sie damit tun«.[24]

Beispiel (3): »Das Leben in der Großstadt ist sehr teuer.«

Explizit wird hier über die Lebenshaltungskosten in Großstädten informiert, implizit aber auch eine Warnung ausgesprochen. Der Autor sagt nicht nur etwas, sondern er tut damit auch etwas: Er warnt seinen Kommunikationspartner, den Leser.

Beispiel (4): »Ohne Angabe von Gründen hat die New Yorker Polizei Dutzende demonstrierender Atomkraftgegner festgenommen und in total überfüllten Gefängniszellen eingesperrt.«

Der Autor informiert hier nicht nur über einen Sachverhalt, sondern vollzieht außerdem den Sprechakt der Kritik. Auch »informieren« ist eine verbale Handlung. Die kommunikative Funktion »Information« meint aber nicht diesen Sprechakt. Es besteht ein Unterschied zwischen dem formulierten Inhalt und der erkennbaren Absicht des Autors, mit einer Äußerung informieren zu wollen.

Auch im folgenden Beispiel wird mit der Äußerung eine verbale Handlung vollzogen. Im Unterschied zum ersten Satz regelt dieser Sprechakt aber nicht die Interaktionsbeziehung zwischen Autor und Leser, sondern zwischen dargestellten Personen im Text:

Beispiel (5): »Der zuerst hereinkommende Herr (A) gab der hinter ihm stehenden Person (B) ein Papier mit dem Auftrag, es zur Sekretärin zu bringen.«

Person A richtet an Person B eine Aufforderung, die diese befolgt. Person A ist offensichtlich weisungsbefugt, bzw. es besteht ein Herrschaftsverhältnis zwischen

---

24 Diese Perspektive stammt aus der sog. »Sprechakttheorie«, einer pragmalinguistischen Forschungsrichtung, als deren Begründer J.L. Austin und J.R. Searle gelten. Vgl AUSTIN (1962); SEARLE (1971). Die zugrunde liegende analytische Überlegung ist aber bereits älter. Im »Organonmodell« BÜHLERs (1934) wird schon zwischen Kundgabe-, Appell- und Darstellungsfunktion der Sprache unterschieden. Im Zusammenhang mit der Inhaltsanalyse hat MAHL (1959) dem Repräsentationsmodell ein Instrumentalmodell der Sprache gegenübergestellt. Während beim Repräsentationsmodell angenommen wird, Eigenschaften des Kommunikators zeigten sich in Charakteristiken der Mitteilung, geht das Instrumentalmodell davon aus, dass Sprache als Mittel zur Erreichung bestimmter Ziele benutzt wird, i.S. der Sprechakttheorie also damit Handlungen vollzogen werden wie etwa erfreuen, beleidigen, warnen, fordern usw. Zur handlungstheoretischen Begründungen und den einer empirischen Indikatoren von Sprechakten vgl. z.B. WUNDERLICH (1972) oder KUMMER (1972), die eine Untscheidung von Illokutionen und Perlokutionen in Frage stellen.

ihnen. Letzterer Sachverhalt ist in unserer Terminologie eine semantische Implikation, während die Tatsache, dass dargestellte Personen mit ihren Äußerungen und Verhaltensweisen untereinander implizite Informationen stiften (hier: auffordern, eine Weisung erteilen), als Sprechakt betrachtet werden muss. Im Gegensatz zum ersten Beispielsatz bezieht sich dieser Sprechakt aber nicht auf die erste Kommunikationsebene Autor - Leser, sondern auf die *dargestellten* Interaktionen. Analog zu unserer Klassifizierung des kommunikativen Fokus unterscheiden wir deshalb zwischen Sprechakten der Haupt- und Nebenaussagen. Grafisch lassen sich die Ausprägungen der beiden kommunikativen Bedeutungsdimensionen als Vierfelder-Matrix darstellen:

Abb. 3: Bedeutungsaspekte von Mitteilungen

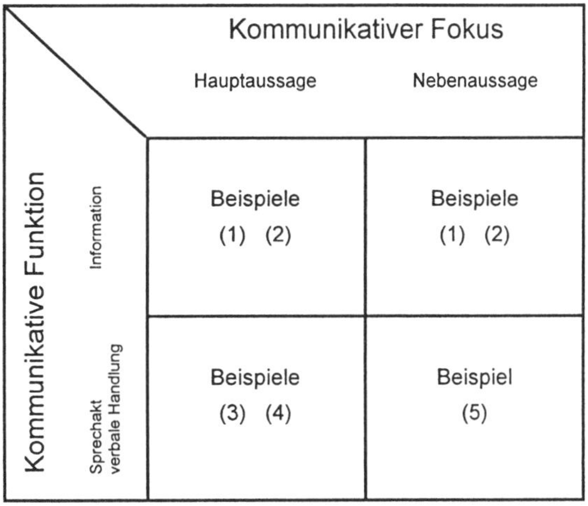

Welche der angeführten Inhaltsaspekte *Bedeutungsevidenz, kommunikativer Fokus* und *kommunikative Funktion* können nun Gegenstand der Inhaltsanalyse sein? Im Prinzip lassen sich alle Inhalte erfassen, sofern sie so exakt definiert werden können, dass sie beliebige Codierer unabhängig voneinander erkennen und denselben Kategorien zuordnen. Die Inhaltsanalyse gibt als Rahmenbedingung eine bestimmte Interpretationsweise vor, die offengelegt (objektiv), d.h. nachvollziehbar und systematisch sein soll.[25] Insofern ist ihr Gegenstand beschränkt auf solche

---

25 Sicherlich ist dies eine ideale Zielvorstellung. Wie an mehreren Stellen schon ausführlich erläutert, bleibt dem Codierer bei der Identifikation von Textelementen ein gewisser Interpretationsspielraum erhalten. Die operationale Definition der Kategorien determiniert in der Regel nicht vollstän-

Inhalte, die nicht nur von einer einzelnen Person, sondern auch von anderen nach den vorgegebenen Definitionen erkannt werden können. Daraus ergibt sich, dass »tiefere« bzw. nicht sehr evidente semantische Implikationen sich nur mit großer Vorsicht in Inhaltsanalysen einbeziehen lassen, weil hier zunehmend subjektive Prädispositionen des Codierers wie Vorwissen, Geläufigkeit bestimmter Assoziationen, Einstellungen etc. eine Rolle spielen. Sicherlich kann man auch hier versuchen, mit großem Aufwand annähernd alle zulässigen Zusatzinformationen und Schlussfolgerungen festzulegen; in der Regel dürfte dies bei semantischen Implikationen 3. Ordnung aber nur in unbefriedigendem Ausmaß gelingen. Man wird sich deshalb inhaltsanalytisch eher auf die Inhalte konzentrieren, die wir als semantische Implikationen 1. und 2. Ordnung bezeichneten, weil sie eine relativ evidente Mitteilungsabsicht des Kommunikators bzw. ein hinreichend plausibles Verstehen beim Publikum kennzeichnen.

Dies bedeutet nicht notwendig eine Einschränkung. Die Inhaltsanalyse ist wissenschaftshistorisch gesehen eine sozialwissenschaftliche Methode, die insbesondere die Bedeutungen bzw. Inhalte von Kommunikationsvorgängen beschreiben soll. Selbst die Verwendung als rein formal-deskriptives Instrument, etwa bei der Häufigkeitsauszählung einzelner Worte, Wortklassen oder Satzbaupläne, geschah sehr oft mit direktem Bezug auf eine kommunikationsrelevante Fragestellung: Wortstatistiken als Grundlage für Lesbarkeits-(Readability-) Formeln, relativer Anteil von Verben und Adjektiven als »Aktivitätsindex«, einer Anmutungsqualität oder affektiven Textwirkung, Häufigkeiten von Personenbezeichnungen als Indikator für »Human-interest« oder den Nachrichtenfaktor »Personalisierung« etc. Selbst bei der formal-deskriptiven Beschreibung steht also oft ein kommunikationsbezogenes Forschungsinteresse im Hintergrund; es dominiert eindeutig bei der weitaus häufigeren Analyse von Kommunikationsinhalten.

---

dig die Zuordnung von konkreten Textstellen zu Kategorien. Einerseits ist es möglich, dass der Kontext mehrere Interpretationsweisen zulässt (Polysemien, Disambiguitäten), andererseits kann dem einen Codierer eine Interpretationsweise aufgrund seiner spezifischen Prädispositionen völlig einleuchtend sein, wo sie einem anderen Codierer spontan gar nicht in den Sinn käme und er sie deshalb als unwahrscheinliche bzw. drittrangige Bedeutungsimplikation ignoriert. Reliabilitätstests zeigen, dass die Codierer fast nie völlig in ihren Codierungen übereinstimmen. Wenn man die eben erläuterten Randbedingungen als legitime Variationen der Bedeutungsrekonstruktion betrachtet, so muss es das Ziel der Inhaltsanalyse sein, diesen Interpretationsspielraum zu kontrollieren und nur nicht-legitime Einflüsse auszuschalten. Eine Kontrolle durch Offenlegung erreicht man z.B. dadurch, dass man jeden Codierer zu jeder Kategorie einige Textstellen/Indikatoren beispielhaft notieren lässt; außerdem gibt jeder Reliabilitätskoeffizient quantitativ den Umfang der Variation an. Vorausgesetzt ist dabei jedoch, dass nicht-legitime Einflüsse schon minimiert wurden; gemeint sind damit z.B. Irrtümer der Codierer wegen Müdigkeit und mangelnder Sorgfalt oder falsch verstandener Kategoriendefinitionen.

Zu den Kommunikationsinhalten wollen wir nicht nur die Einzelinformation eines konkreten Kommunikationsvorgangs auf der Ebene des Einzeltextes zählen, sondern auch kollektive Kommunikationsmerkmale wie etwa kulturelle Wertvorstellungen, die sich in einer bestimmten Gruppe von Dokumenten einer Gesellschaft manifestieren oder Stoffauswahl und Themen, die die Literatur einer Zeitepoche charakterisieren. Dies sind Merkmale globaler Kommunikationsvorgänge, deren Inhalte sich freilich nicht am Einzeldokument als manifeste Mitteilungsabsicht des Autors oder als bewusst durch den Rezipienten realisierte Bedeutung festmachen lassen. Es sind latente Kommunikationsstrukturen eines Kollektivs, die sich erst an einem größeren Textkorpus zeigen.

Man kann damit behaupten, dass die Inhaltsanalyse zwar geeignet ist, prinzipiell alle Mitteilungsmerkmale zu erfassen, die sich intersubjektiv hinlänglich klar bestimmen lassen, dass sie sich als kommunikationswissenschaftliche Methode aber auf kommunikationsrelevante Merkmale konzentriert. Dies gilt insbesondere dann, wenn sie nicht eine rein formal-deskriptive, sondern eine Analyse von Bedeutungen oder Inhalten liefern will. Die sozialwissenschaftliche Inhaltsanalyse grenzt ihren Hauptanwendungsbereich also »freiwillig« auf kommunikationsrelevante Mitteilungsmerkmale ein, obwohl sie prinzipiell durchaus dazu geeignet ist, auch kommunikationsirrelevante formale und inhaltliche Textmerkmale zu erfassen.

Wir sagten oben, dass sich semantische Implikationen 3. Ordnung nur mit sehr großem Aufwand inhaltsanalytisch erfassen lassen, machten aber auch deutlich, dass die kommunikative Verwendung von Ausdrücken die verständigungsrelevanten semantischen Merkmale betont. Damit werden die gemeinten Bedeutungen evidenter und so inhaltsanalytisch leichter messbar. Sobald Bedeutungen also kommunikativ eine Rolle spielen, sind sie keine semantischen Implikationen 3. Ordnung mehr. Semantische Implikationen 3. Ordnung sind – so kann man jetzt argumentieren – unter kommunikativem Aspekt weitgehend irrelevant und können bei der Inhaltsanalyse ausgeblendet bleiben, ohne dass dadurch ein Informationsverlust entstünde.

Anders verhält es sich mit den beiden pragmatischen Dimensionen *kommunikativer Fokus* und *kommunikative Funktion*. Hier müssen inhaltsanalytisch sowohl Haupt- und Nebenaussage einer Mitteilung als auch ihr Informations- und Handlungsaspekt erfasst werden, weil es sich in jedem Falle um kommunikationsrelevante Mitteilungsmerkmale handelt. Wie wir noch zeigen werden, ist dies bei sorgfältiger Vorgehensweise auch möglich. Allerdings sollte man sich als Inhaltsanalytiker der unterschiedlichen Qualität (Information vs. Sprechakt) und verschiedenen Gewichtung (Haupt- vs. Nebenaussage) gemeinsam codierter Inhalte immer bewusst bleiben, um dann, wenn es die theoretische Problemstellung fordert, den einen oder anderen Inhaltsaspekt gezielt auszuklammern oder bei der Analyse getrennt zu erfassen. *Gegenstand der Inhaltsanalyse können also prinzipiell alle Inhaltsaspekte sein, sofern sie sich explizit definieren lassen. Als kommunikationswissenschaftliche Methode interessiert sich die Inhaltsanalyse aber insbesondere für die kommunikativ relevanten Inhalte.*

Das Problem einer operationalen Unterscheidung der einzelnen Bedeutungsklassen lässt sich wohl nur pragmatisch lösen, indem möglichst viele konkrete Beispiele bzw. Indikatoren (»Listendefinitionen«) die gemeinten Interpretationsweisen verdeutlichen, durch Grenzfälle die Übergänge markiert werden. In intensiven Schulungen sind die Codierer dann mit diesen Unterscheidungskriterien vertraut zu machen.

Kommen wir nun zum spezifischen Erkenntnisinteresse der Inhaltsanalyse. Dazu wollen wir zu unserem ersten Beispiel zurückkehren, in dem ein Inhaltsanalytiker die Hypothese prüfen wollte, in Presseberichten zum Thema »Kernkraft« seien 1980/81 Hinweise auf Gewaltanwendungen häufiger geworden als noch zu Anfang der siebziger Jahre. Er hat sich das Pressematerial aus beiden Zeiträumen beschafft und alle Äußerungen codiert, die nach seiner Definition »Gewalt« ausdrücken. Wenn er sich dabei an die oben vorgeschlagene Definition hielt, dann hat er in seiner Kategorie »Gewalt« so unterschiedliche Sachverhalte zusammengefasst wie »Zäune niederreißen« (Beschädigung von Sachen); »Demonstranten niederknüppeln« (Körperverletzung); »Besetzung« (Einschränkung der Handlungsfreiheit) etc.

Damit ist neben den oben schon erwähnten Selektions- und Abstraktionsinteressen als dritter Punkt das Klassifikationsinteresse der Inhaltsanalyse beschrieben. Sie fasst in der Regel verschiedene theoretische Kriterien zu einem komplexeren Konstrukt zusammen; in unserem Beispiel sind »Körperverletzung«, »Beschädigung von Sachen«, »Einschränkung der Handlungsfreiheit« usw. unter dem Konstrukt »Gewalt« subsumiert.

Neben diesem theoretischen, kriterienbezogenen Klassifikationsinteresse, das sich auf die verschiedenen Bedeutungsaspekte des untersuchten Konstrukts bezieht, gibt es auch noch eine empirie- bzw. objektbezogene Klassenbildung, die sich auf analoge Erscheinungsformen (z.B. synonyme Formulierungen) jeweils derselben Bedeutungsaspekte bezieht. Mengen konkreter Äußerungen werden hinsichtlich ihrer Bedeutung als äquivalent betrachtet, so dass sie sich derselben Kategorie zuordnen lassen. Der Tatbestand einer Körperverletzung beispielsweise lässt sich in einer Vielzahl von Äußerungen auf immer etwas andere Weise formulieren, alle werden sie jedoch als Indikator für Körperverletzung angesehen und der Kategorie »Gewalt« zugeordnet.

Unser Inhaltsanalytiker hat also sein Pressematerial im Hinblick auf das Thema »Kernkraft« und die Kategorie »Gewalt« verschlüsselt und will nun seine beiden Zeiträume miteinander vergleichen. Nur so kann er feststellen, ob das Thema »Gewalt« im späteren Zeitraum eine größere Rolle spielt als früher. Um eine sinnvolle Grundlage für einen solchen Vergleich zu erhalten, kann er z.B. für beide Zeiträume die Zahl der »Gewalt«-Nennungen pro Artikel oder pro 100 Artikel errechnen. Angenommen, er kommt so zu einem Wert von 1.8 »Gewalt«-Nennungen pro Artikel für 1970/71 und 2.1 für 1980/81. Ob die Differenz von 0.3 im Sinne der Hypothese interpretierbar ist, lässt sich mit Hilfe statistischer Verfahren prüfen. Bei vermutlich mehreren tausend analysierten Artikeln mit noch viel mehr Codierungen von »Gewalt« dürfte die Differenz tatsächlich eine geringe Zunahme des Themas »Gewalt« anzeigen.

Doch damit gibt sich unser Inhaltsanalytiker nicht zufrieden. Er sucht nach Erklärungen für seinen Befund. Es könnte ja sein, dass in der Presse z.B. eine Polarisierung stattfand und nur bestimmte Zeitungsorgane ganz massiv Gewaltdarstellungen in den Vordergrund ihrer Berichterstattung stellten, während andere Medien nicht anders als 1970/71 berichteten. Weiter könnte es sein, dass sich die von Bürgern ausgeübte Gewalt quantitativ nicht veränderte, während die berichtete Gewaltanwendung staatlicher Organe überproportional zunahm. Selbstverständlich sind solche Analysen nur möglich, wenn neben der Kategorie »Gewalt« auch Medium und Gewaltanwender codiert werden.

Dieser Einwand zeigt einerseits, dass die Inhaltsanalyse eine gezielte Suchstrategie ist; man muss bereits vor der Analyse ziemlich genau wissen, wonach man suchen will, weil sonst am Ende wichtige Daten fehlen, um eine bestimmte Fragestellung zu überprüfen. Andererseits wird deutlich, dass Datenerhebung (Codierung), Analyse (statistische Auswertung) und Interpretation getrennte Arbeitsgänge sind, die jeweils nur ganz spezifische Informationen liefern.

Bei der Datenerhebung werden die komplexen Inhalte des Untersuchungsmaterials kontrolliert und systematisch auf die Information reduziert, die nach Maßgabe der wissenschaftlichen Fragestellung interessiert. Die Datenanalyse generiert dann Informationen, die sich am einzelnen Text oft nicht erkennen lassen, sondern erst als Strukturmerkmale größerer Textmengen zutage treten. Solche sog. Aggregatdaten sind etwa Mittelwerte, Korrelations- und Diskriminationsmaße, Häufigkeitsverteilungen und andere statistische Kennzahlen, die sich auf viele Texte gleichzeitig beziehen. Die Texte werden unter einem übergeordneten Gesichtspunkt als Einheit betrachtet und die Merkmale dieser »Makrogestalten« ermittelt. Gemeint sind etwa Merkmale der Textsorte »Pressekommentar«, der Berichterstattung eines bestimmten Mediums oder Zeitraums. Die Eigenschaften dieser aggregierten Einheiten sind nicht identisch mit den Merkmalen der Einzeltexte, aus denen sie gewonnen wurden. Zu betonen ist hier, dass die inhaltsanalytisch interessierenden Informationen oft gar nicht unmittelbar bei der Textbearbeitung (Codierung) erfasst werden, wie dies bei anderen Textanalysen der Fall ist; die wesentlichen Erkenntnisse stammen hier aus der statistischen Datenanalyse; sie werden erst *nach* der Konfrontation mit den konkreten Texten generiert.

Mit der Bereitstellung statistischer Informationen auf Aggregatebene ist die Inhaltsanalyse beendet. Es folgt die Interpretation der Ergebnisse. Sie werden spekulativ in größere Zusammenhänge eingeordnet, in deren Rahmen gedeutet, um daraus dann Schlussfolgerungen zu ziehen und diese zu bewerten. Der Phantasie sind dabei kaum Grenzen gesetzt, denn die Stichhaltigkeit der Interpretation ist anhand der vorliegenden Ergebnisse und der Dokumentation der Methode überprüfbar. Ohnehin betreffen unangemessene Schlussfolgerungen und Deutungen nicht mehr die Methode, sondern die Intelligenz des Interpreten. Was hier deutlich werden sollte, ist nur die Tatsache, dass bei der Inhaltsanalyse die Arbeitsschritte der Datenerhebung, Auswertung und Interpretation strikt zu trennen sind und auf jeder Stufe Informationen eigener Art anfallen. Erkenntnisinteresse der Inhaltsanalyse ist es, über den Einzeltext hinausgehende Informationen struktureller Art zu erhalten. Obwohl die Inhaltsanalyse durchaus auch linguistisch relevante Daten erheben kann, beschränkt sie in ihrer sozialwissenschaftlichen Version ihr Erkenntnisinteresse in der Regel auf solche konkreten Bedeutungen, die Gegenstand von Kommunikationsvorgängen sind.[26]

2.3.3 Vergleich der Textanalyseverfahren

Jede der beiden dargestellten Methoden beschreibt Mitteilungen (»Texte«). Entsprechend dem jeweils zugrundeliegenden Erkenntnisinteresse entwickeln die Verfahren ihre volle Leistungsfähigkeit bei unterschiedlichen Schwerpunkten. So will die hermeneutische Interpretation meist den Sinn »verschlüsselter« und vielschichtiger Botschaften deuten, wie dies insbesondere beim literarischen und ästhetischen Gehalt von Kunstwerken oder historischen und kulturfremden Dokumenten wie etwa der Bibel der Fall ist. Sie stützt sich in einem ersten Schritt weitgehend auf Intuition, die in aller Regel jedoch nur vor dem Hintergrund eines

---

26 Es sei noch einmal betont, dass dies ein wissenschaftshistorisches Argument ist. Die Inhaltsanalyse muss durchaus keine sozialwissenschaftliche Methode sein. Werden bestimmte wissenschaftstheoretische Standards berücksichtigt, sind auch literaturwissenschaftliche und linguistische Textanalysen »Inhaltsanalysen«, selbst wenn sie von ihren Anwendern nicht so genannt werden. Nicht der Anwendungsbereich definiert eine Methode, sondern die ihr zugrundeliegenden Prämissen.

angemessenen Kenntnisstandes ergiebig ist. Im zweiten Schritt ist dieser vorläufige Interpretationsentwurf dann anhand bestätigender textimmanenter und / oder textexterner Fakten zu belegen bzw. plausibel zu begründen. Dabei kann ein einheitlicher und kohärenter Textsinn unterstellt werden, den die ältere Hermeneutik aufzudecken versucht, oder aber eine Vielfalt sinnhafter Interpretationsweisen, die auch Brüche und Inkonsistenzen als aussagekräftige Merkmale aufzudecken versuchen. Gegenstand der interpretierenden Analyse ist aber erstens immer der einzelne Text (oder eine kleine Zahl einzelner Texte) und zweitens der Text als kohärente oder fraktionierte Einheit, dessen Sinngehalt(e) auf allen Ebenen, von der grammatikalisch-stilistischen über die semantische und pragmatische bis ggf. zur ästhetischen, es zu deuten gilt. Die Systematik folgt den Kriterien Angemessenheit und Plausibilität, d.h. die Interpretationskriterien können im Verlauf der Deutung wechseln. Beschreibung, Deutung und Wertung erfolgen simultan und sind demgemäß miteinander verschränkt, beeinflussen sich also wechselseitig. Ziel der hermeneutischen Interpretation ist es, den historisch, autobiografisch, soziologisch oder in anderer Weise geprägten Text zu verstehen und dessen Sinngehalt vor dem aktuellen zeitgeschichtlichen und/oder persönlichen Hintergrund zu deuten. Die aus dem Einzeltext und seinen Entstehungsbedingungen generierten Interpretationskriterien machen die hermeneutische Textinterpretation zu einer originären Fallanalyse, die dem jeweiligen Text vor dem Hintergrund der aktuellen Interpretationsbedingungen optimal gerecht werden, die Befunde sich dadurch aber nicht generalisieren lassen.

Die Inhaltsanalyse beschäftigt sich dagegen mit Merkmalen von Textmengen. Dabei wirkt die Forschungsfrage als Selektionskriterium. Nicht alle, sondern nur die im Hinblick auf die jeweilige Problemstellung relevanten Kommunikationsinhalte der einzelnen Texte sollen erfasst werden. Die resultierenden Befunde machen dabei ebenfalls in der Regel keine Aussagen über einzelne Texte, sondern über Strukturmerkmale von definierten Textmengen. Inhaltsanalytische Ergebnisse sind fast immer Aggregatdaten mit einem eigenen, nicht im Einzeltext enthaltenen Informationsgehalt. Beschreibung, Interpretation und Wertung der Befunde sind notwendigerweise getrennte Arbeitsschritte. Das Ergebnis ist nach der Analyse der Einzeltexte noch nicht ersichtlich, weil es sich nicht auf den einzelnen Text bezieht. Die Systematik der Vorgehensweise verwendet eine Reihe definierter und offen gelegter Kriterien, die invariant auf alle Texte und Textstellen angewandt werden. Diese Invarianz der Analysekriterien und deren Anwendung auf das gesamte Textmaterial ist eine wichtige Voraussetzung für die Interpretationsfähigkeit der Merkmalshäufigkeiten bzw. deren Verteilung. Nur wenn jedes interessierende Textelement an jeder beliebigen Stelle des Untersuchungsmaterials dieselbe Chance hatte, erfasst zu werden, kann man ein unterschiedlich häufiges Auftreten verschiedenartiger Textelemente inhaltlich interpretieren. Eine angemessene Textauswahl zusätzlich vorausgesetzt, lassen sich auf diesem Wege die Befunde dann auch generalisierten.

Das unterschiedliche Erkenntnisinteresse beider Textanalyseverfahren und daraus resultierend ihr verschiedener Gegenstand machen deutlich, dass diese Methoden allenfalls in Teilbereichen miteinander konkurrieren. Das gilt auch für weitere Textanalysemethoden wie etwa die linguistische (textsemantische) Textanalyse. Jede hat ihre spezifische Leistungsfähigkeit und ist bei einem ihr adäquaten Forschungsinteresse den anderen Methoden überlegen. Sicherlich hat man auch in den Literaturwissenschaften längst versucht, Objektivität und Systematik bei der Textanalyse als wissenschaftliche Prämissen durchzusetzen. Von der »kontrollierten Introspektion« Husserls bis zur »mathematischen Poetik« und der »objektiven Hermeneutik« Oevermanns reichen solche Versuche. Entwickelt wurden dabei Methoden, die oft mit großem Aufwand verschiedenen fachspezifischen Erkenntnisinteressen und wissenschaftstheoretischen Standards gerecht werden. Ob man solche »Mischverfahren« letztlich Interpretationen, Text- oder Inhaltsanalysen nennen will, ist nur eine Frage der Nomenklatur.

Wir versuchten hier, die Grundlagen beider Methoden in idealtypischer Form darzustellen, um vor allem auch zu zeigen, dass Diskussionen darüber, welches Verfahren generell besser sei, am eigentlichen Problem vorbeireden. Im Kern geht es immer nur darum, ob bestimmte wissenschaftliche Prämissen wie Objektivität und Systematik akzeptiert bzw. wie sie interpretiert werden, und ob man diesen Standards mit seinem methodischen Instrumentarium gerecht werden kann, ohne dabei wesentliche Aspekte der gestellten Forschungsfrage zu verfehlen. Derjenige, der auf Objektivität und Systematik zugunsten der Validität verzichten will, macht es sich ebenso zu leicht wie derjenige, der diese beiden Standards über alles stellt und dabei bewusst riskiert, nur teilweise das zu erfassen, was er eigentlich erfassen will. Beide gehen unwissenschaftlich vor: der erste, weil er Ergebnisse produziert, die nur für ihn selbst eine gewisse Information besitzen, der zweite, weil er behauptet, etwas erfasst zu haben, was vielleicht gerade in wesentlichen Aspekten seiner Analyse entgangen ist. Wir meinen, dass die Inhaltsanalyse bei korrekter Anwendung Möglichkeiten eröffnet, beide Ziele miteinander zu verbinden, also bestimmte Forschungsgegenstände angemessen (valide) zu erfassen, ohne dabei auf Objektivität und Systematik zu verzichten.

2.4 Zur »Qualitativ-quantitativ-Debatte«

Häufig wird eine Unterscheidung in »qualitative« und »quantitative« Inhaltsanalysen vorgenommen. Wie oben bereits mehrfach erläutert, ist eine solche Bezeichnung zumindest irreführend für eine Methode, die zwei qualitative Analyseschritte durch einen quantifizierenden verbindet. Da außerdem auch die sog. »qualitativen« Inhaltsanalysen regelmäßig aus Quantitäten inhaltliche Schlüsse ziehen, lehnen wir diese unzutreffend dichotomisierenden Bezeichnungen ab. Dennoch kann nicht geleugnet werden, dass es Unterschiede zwischen diversen inhaltsanalytischen Ansätzen gibt. Deshalb erscheint es angebracht, auf die bereits mehrfach angesprochene »Qualitativ-quantitativ-Kontroverse« und die in diesem Kontext geprägten Begriffe »quantitative« und »qualitative Inhaltsanalyse« einzugehen. Es dürfte bereits ersichtlich geworden sein, dass wir jeden Versuch einer weiteren Polarisierung beider Positionen als Entwicklung in die falsche Richtung betrachten. Jedenfalls in Bezug auf die Inhaltsanalyse ist eine strikte Kontrastierung qualitativer und quantitativer Vorgehensweisen sogar theoretisch wie praktisch gegenstandslos. In der empirischen Sozialforschung geht es immer um inhaltliche Fragestellungen, um »Probleme« im ganz allgemeinen Sinne, die in der erwähnten Terminologie als »qualitative« Sachverhalte gelten müssen. Methodisch stellt sich deshalb auch stets nur die Frage, auf welchem Weg man am angemessensten zu diesen »qualitativen« Erkenntnissen gelangt. Dabei können qualifizierende und quantifizierende Aspekte in verschiedenen Phasen des Forschungsprozesses mit unterschiedlichem Stellenwert einfließen, fast immer wird es aber eine Kombination beider Vorgehensweisen sein. Man vergisst zu leicht, dass man z.B. auch bei der Interpretation eines einzelnen Leitfadengesprächs kaum umhin kommt, zu quantifizieren: »Die Zielperson X hält offenbar die ungünstige Arbeitszeitregelung für das derzeit dringlichste Problem an ihrem Arbeitsplatz, weil sie mehrfach betont hat, ihr seien sowohl privat (Betreuung ihres Kindes) als auch beruflich mit ihrem Chef dadurch schon häufig Probleme entstanden.« Hier schließt der »qualitative« Interpret aus der Häufigkeit und Intensität der Äußerungen, dass es sich um das dringlichste Problem der Zielperson handelt. Er misst also auf Ordinalskalenniveau (Dimension: Dringlichkeit / Wichtigkeit), wobei Quantitäten und Intensitäten als Indikatoren benutzt werden. Umgekehrt ist es auch für Vertreter der sog. »quantitativen« Forschung sinnvoll, wenn sie sich immer wieder selbst vergegenwärtigen, dass sie es niemals – wie etwa ein Mathematiker – mit Quantitäten »an sich« zu tun haben, sondern immer mit der *Bedeutung* von Quantitäten. Häufig wird dieser Sachverhalt zwar verkannt und man bemüht sich durch die Formulierung von Extrempositionen um möglichst scharfe Abgrenzung, aber es gibt auch Versuche, die Leistungsfähigkeit der Inhaltsanalyse fort zu entwickeln, indem man qualitative und quantitative Aspekte verbindet. Wir wollen uns deshalb in diesem Kapitel hauptsächlich mit Philipp Mayring auseinander setzen, dessen Buch »Qualitative Inhaltsanalyse« (MAYRING 1993) als Dokument einer etwas moderaten »qualitativen« Position gelten kann. Damit vergleiche ich meine Position, die ich zwar selbst nicht als »quantitative« sehe, aber in der Fachöffentlichkeit so eingeordnet wird.

Quantifizierung

Mayring geht unter der Überschrift »Was ist qualitative Analyse?« explizit auf eine Reihe von Unterschieden zur »quantitativen« Inhaltsanalyse ein (MAYRING, 16 ff.), sieht seinen Methodenvorschlag also als Gegensatz zu einer »quantitativen« Inhaltsanalyse. Zunächst bezieht er sich auf das Problem des Messens und unterscheidet verschiedene Mess- bzw. Skalenniveaus. »Darauf aufbauend kann man nun unterscheiden, dass alle Analysen, die auf nominalskalierten Messungen basieren als qualitative Analysen gelten, und solche, die auf ordinal-, intervall- oder ratio-skalierten Messungen basieren als quantitative Analysen gelten. Damit ist nun nicht ausgeschlossen, dass in qualitativen Analysen auch quantitative Begriffe auftauchen. So lassen sich Häufigkeiten der Ausprägungen, typische Konfigurationen, Cluster bei nominalskalierten Variablen untersuchen. Auch statistische Operationen wie Signifikanztests sind mit nominalskalierten Daten möglich.« (S.17)

In der Sache stimmen wir aus der Sicht des sog. »quantitativen« Forschers überein (s. Kap.I, 2.1). Mayring unterläuft jedoch ein Denkfehler, auf den er in allgemeiner Form noch wenige Zeilen zuvor als Zitat Stegmüllers hingewiesen hat. Durch Metrisierung werden qualitative bzw. klassifikatorische Begriffe auf den Prozess des Zählens zurückgeführt, so dass sie zu quantitativen Begriffen werden. (STEGMÜLLER 1970, 44 ff. und 98 ff.) Konkret: Wenn von nominal skalierten (»qualitativen«) Daten Häufigkeiten ausgezählt werden, dann mutieren sie automatisch zu ratio-skalierten (»quantitativen«) Daten. Auch jeder Signifikanztest rechnet nicht etwa mit Begriffen, sondern mit Zahlen, d.h. es hat auch hier zuvor eine Metrisierung stattgefunden, die die zunächst »qualitative« zu einer »quantitativen« Analyse werden lässt. Damit muss Mayring entweder diesen Verarbeitungsschritt wieder zurücknehmen, oder er hat nach seiner eigenen Definition eine »quantitative« Inhaltsanalyse beschrieben, die er nur »qualitativ« nennt. Damit bestätigt er in einem etwas modifizierten Sinn Stegmüller, der in dem Begriffspaar »qualitativ-quantitativ« keinen Unterschied in der Realität, sondern nur einen in der Sprache sieht (STEGMÜLLER 1970, 16). Mayring nennt dann drei weitere Unterscheidungsmerkmale die inhaltlich jedoch so eng miteinander verbunden sind, dass wir sie gemeinsam besprechen wollen:

Verstehen oder Erklären?

»Der qualitativ-verstehende Ansatz ›versteht‹ sich (...) dahingehend, Gegenstände, Zusammenhänge und Prozesse nicht nur analysieren zu können, sondern sich in sie hineinzuversetzen, sie nachzuerleben oder sie zumindest nacherlebend sich vorzustellen.(...) Qualitative Wissenschaft als verstehende will also am Einmaligen, am Individuellen ansetzen, quantitative Wissenschaft als erklärende will an allgemeinen Prinzipien, an Gesetzen oder gesetzähnlichen Aussagen ansetzen. Erstere versteht sich eher als induktiv, zweitere eher als deduktiv.« (S.17 f.)

Komplexität oder Variablenisolation?

»Eines der Hauptschlagworte qualitativer Analyse ist, die volle Komplexität ihrer Gegenstände erfassen zu wollen, während quantitative Analyse ihren Gegenstand zerstückele, atomisiere, in einzelne Variablen zerteile und ihm auf diese Art seine eigentliche Bedeutung nehme.« (S.18)

Einzelfall oder repräsentative Stichprobe?

»Sucht man nach einer Beschreibung des Einzelnen (ideographische Wissenschaft nach Windelband 1950) oder sucht man nach einer Formulierung des Allgemeinen (nomothetische Wissenschaft nach Windelband 1950)? Einzelfallanalysen werden aus dem Lager quantitativer Wissenschaft immer wieder mit dem Argument mangelnder Verallgemeinerbarkeit abgeblockt. (...) Einzelfälle lieferten nur zufälliges Material. Dass es doch sehr gute Möglichkeiten der Verallgemeinerung von Material aus Einzelfällen gibt, zeigt hingegen Heinze u.a.« (S.18)

Die Einzelfallorientierung ist tatsächlich eine häufig von Vertretern der »qualitativen« Forschung akzentuierte Eigenschaft ihrer wissenschaftlichen Vorgehensweise. Dabei wird »Fall« in der Argumentation meist mit »Individuum« gleichgesetzt, dann aber ohne Begründung auf andere Fälle übertragen, d.h. die vorgebrachten Argumente müssten auch für jede andere Art von Fällen gelten. Wir haben es hier z.B. mit Texten zu tun. Das Verstehende »sich Hineinversetzen« und »Nacherleben« ist zunächst essenziell für jede Rezeption und damit keine Besonderheit einer »qualitativen« Auseinandersetzung. Sinnvoll wird dieses Argument erst im Zusammenhang mit dem zweiten, das eine Zerstückelung und Atomisierung des

Einzelfalles durch Variablenisolation anprangert. Es ist offenbar eine Aussage über den Einzelfall geplant und diesen will man möglichst umfassend in seiner Individualität beschreiben, um daraus Ansatzpunkte zu gewinnen, nach denen man die einzelnen Beobachtungen am individuellen Fall in einen aus der Sicht des Untersuchungsobjekts und aus der Sicht des Forschers sinnvollen Zusammenhang bringen kann. Auch dies ist, nebenbei bemerkt, letztlich eine (doppelseitige) »Erklärung« der jeweiligen Individualität (also ein »quantitatives« Merkmal), aber wichtiger erscheint uns das Ziel der Einzelfallerklärung.

Beginnen wir mit der elementarsten Voraussetzung, der im o.g. Zitat erwähnten Merkmalsabstraktion und der darauf bezogenen Variablenbildung. Mayring verweist selbst auf die in der Literatur vorgebrachten Gegenargumente, nach denen über Gegenstände immer nur in Begriffen und Aspekten gesprochen werden kann. (Vgl. auch FRÜH 1994; FRÜH 2001a) Ich brauche dieses Argument also nur zu vertiefen. Niemand kann zu keinem Zeitpunkt einen Menschen oder einen Text in seiner Ganzheit wahrnehmen und verstehen. Der Fokus des Bewusstseins wandert. Es werden immer nur sukzessiv einzelne Merkmale wahrgenommen oder kognitiv vergegenwärtigt, die von der Ganzheit des Objekts abstrahiert werden: Größe, Gesichtsausdruck, Stimme, Gesten, Kleidung, Aussagen und Handlungen etc. von Menschen; ich kann nach ihrem Geburtsdatum, Ausbildungsgang, Lebensverhältnissen, Charakter oder ihrer Vorliebe für Süßigkeiten und Horrorfilme fragen. Das alles sind Merkmale, die erstens Abstraktionen von der Ganzheit sind und die zweitens nicht den ganzen Menschen beschreiben sondern nur eine nach subjektiven Kriterien getroffene Auswahl darstellen. Hat man nun z.B. bei der Lebensgeschichte einer Person für unterschiedliche Zeitabschnitte mehrere Daten für die einzelnen Merkmale, dann entstehen zwangsläufig Variablen mit mehreren Ausprägungen. Also kann das der gemeinte Unterschied offenbar auch nicht sein.

Prüfen wir deshalb, ob der Unterschied vielleicht in der Anzahl der Variablen liegt, qualitative Studien also komplexer sind. Es gibt quantitative Untersuchungen mit mehreren Tausend Variablen (z.B. FRÜH 1994) und qualitative Studien, die sich auf wenige Merkmale konzentrieren, so dass dies auch nicht das gemeinte Kriterium sein kann. Korrekt ist aber, dass quantitative Forschung an allen untersuchten Fällen immer dieselben Variablen erhebt, während qualitative Forschung hier fallbezogen flexibel operiert. Darüber hinaus beachtet sie immer (die quantitative Forschung nur optional, wenn es die Fragestellung erfordert) einen größeren Komplex sowohl individueller, also auch kontextueller und situativer Merkmale. Diese fallbezogene, flexible Komplexität der Beschreibungsmerkmale kann also eines der Unterscheidungsmerkmale sein, die in den drei Kriterien zwar in dieser akzentuierten Art nicht explizit genannt, aber wahrscheinlich gemeint sind.

Machen wir also einen konkreten Anwendungsversuch: Angenommen mich interessierte als Soziologe, ob sich das Durchschnittsalter der Deutschen in den letzten zehn Jahren verändert hat. Muss ich mir nun die kompletten Lebensbiographien von 80 Millionen Menschen anhören, um mein Forschungsproblem zu lösen? Muss ich als Inhaltsanalytiker Tausende von Fernsehsendungen und Zeitungsartikel nach allen fallbezogen relevanten Inhalten und formalen Aspekten flexibel interpretieren, nur um herauszufinden, ob in den letzten 25 Jahren zunehmend ökonomische Argumente in nicht-ökonomischen Kontexten auftauchen? Ich denke, die Beispiele sind drastisch genug gewählt, um das Groteske der Argumentation aufzuzeigen, wenn man sie als *generelle* methodische Dogmen unterstellt. Wahrscheinlich wird der qualitative Forscher auch sofort einwenden, dass er sowieso nicht so viele Fälle untersuchen würde sondern nur einige typische, von denen man auf die Gesamtheit schließen kann. Aber was sind nun typische Fälle, wenn man das Durchschnittsalter der Deutschen wissen möchte? Und mit der Antwort auf dieses Problem sind wir dann endlich am Ziel. Der qualitative Forscher wird sagen, dass ihn das Durchschnittsalter oder quantitativ beschriebene Argumentationstendenzen überhaupt nicht interessierten. Ihm sei es viel wichtiger, einige aussagekräftige Fälle in allen Details zu beschreiben, um daraus dann informationsreiche Erkenntnisse zu gewinnen, wie eine solche Entwicklung überhaupt zustande kommen konnte.

Zuerst müssen wir hier einmal festhalten, dass alle zuvor genannten und in der Qualitativ-quantitativ-Debatte sehr hoch gehandelten Argumente offenbar nur sekundärer Natur waren. Letztlich geht es darum, dass man sich für andere Fragestellungen interessiert, für die qualitative Methoden leistungsfähiger sind. Das ist völlig legitim. Es erstaunt dann nur, wieso unterschiedliche Forschungsinteressen als Methodenkontroverse gesehen werden. Kontrovers kann es erst dann werden, wenn für die jeweiligen Forschungsinteressen nicht die angemessenen Methoden eingesetzt werden. Um auch dies möglichst konkret zu diskutieren, wollen wir uns auf das letzte noch nicht angesprochene Kriterium beziehen, das Mayring oben nannte. Wenn wir einmal annehmen, ich wollte die oben als Beispiel genannten ökonomischen Argumentationstendenzen untersuchen und suche mir als qualitativer Forscher eine ganze Reihe von Artikeln aus »Die Zeit« und einige signifikante Sendungen aus ARD und RTL aus, in denen ich diese gegenstandsfremden ökonomischen Denkweisen gut aufzeigen kann. Diese fallbezogene Interpretation ist möglicherweise sehr ertragreich und anschaulich. Wird auf dieser Grundlage jedoch behauptet, das intellektualimperialistische Vordringen ökonomischer Denkweisen in der deutschen Medienberichterstattung der letzten 25 Jahre belegt zu haben, ist dies schlicht falsch.

Generalisierung

Damit sind wir bei der Bedeutung bestimmter Auswahlverfahren. Wenn man von einzelnen Beobachtungen auf eine größere Gesamtheit schließen will, müssen die einzelnen Beobachtungen repräsentativ für die jeweilige Gesamtheit (und nur diese) sein. Bereits David Hume hat darauf hingewiesen, dass es kein logisches Argument gibt, nach dem man von einer gegenwärtigen Beobachtung auf zukünftige Beobachtungen oder analog auch nicht beobachtete Fälle schließen könne. Es gibt nur einen statistischen »Beweis«, der sich mathematisch und empirisch stützen lässt. Da das Generalisierungsproblem meist nur in Bezug auf die Fallzahlen diskutiert wird, sei hier angemerkt, dass das Auswahlverfahren dabei mindestens ebenso wichtig ist. Mit anderen Worten: Wenn die qualitative Forschung auf der Grundlage präzise beschriebener Einzelfälle Generalisierungen vornimmt, dann sind dies durchaus plausible Spekulationen. Wird ihnen allerdings ein generalisierender Beleg- oder Beweischarakter zugeschrieben, dann ist dies schlicht falsch, wie sich statistisch leicht belegen lässt.

Induktion und Deduktion: Die Offenheit der Vorgehensweise

In der wissenschaftstheoretischen Literatur wird zwischen einer induktiven und einer deduktiven Vorgehensweise im Forschungsprozess unterschieden. Bei der Induktion wird von empirischen Beobachtungen auf theoretische Konzepte geschlossen, während bei der Deduktion umgekehrt von theoretischen Konzepten auf Beobachtungsaussagen geschlossen wird. Dazu wurde in der Literatur eine umfangreiche und kontroverse Diskussion geführt, die wir hier nicht vollständig nachvollziehen müssen. Lediglich die These von der Theoriebeladenheit jeder Beobachtung (POPPER 1974: 85ff.) ist hier relevant. Wenn mit Hilfe von Beobachtungen Aussagen über allgemeine theoretische Sätze schlüssig sein sollen, müssen sie unabhängig sein. Da aber jede Beobachtung nur als interpretiertes, also »theoriegetränktes« Sinnesdatum bewusst wird, ist die Argumentation teilweise zirkulär (vgl. dazu auch FRÜH 2001:16 ff.). Wenn im Prinzip interpretierte Beobachtungen (empirische Theorien) an der Realität überprüft werden, um daraus besser gesicherte Interpretationen der Realität (empirische Theorien) zu gewinnen, dann gibt es die reine Induktion, die einer maximalen Offenheit und Ungewissheit entspricht, also nicht. »Theorie« in irgend einer Form ist bei jeder menschlichen Wahrnehmung, und damit auch bei der Inhaltsanalyse, immer vorhanden. Vielmehr wird eine methodische Vorgehensweise nahegelegt, die neben der obligatorischen Deduktion auch eine offene explorative Strategie enthält.

Deshalb wurde von mir bereits 1981 in der ersten Auflage dieses Buches vorgeschlagen, beide Elemente zu kombinieren, indem eine theoriegeleitete (Deduktion) und eine empiriegeleitete (Induktion) Kategorienbildung gemeinsam angewandt werden. Die Endungen »-geleitet« sind Relativierungen, die andeuten, dass es sich infolge der transaktionalen Verknüpfung jeweils nur um eine schwerpunktmäßige, nicht jedoch um eine »reine« Vorgehensweise handeln kann. Manche Inhaltsanalysen gehen von einer sehr dezidierten, in Hypothesen formulierten theoretischen Position aus, die am Textmaterial überprüft werden soll (»quantitative Inhaltsanalyse«), andere haben zunächst nur Textmaterial und interessieren sich dafür, welche interpretierbaren Merkmale es besitzen könnte (»qualitative Inhaltsanalyse«). Ich halte eine solche Kontrastierung für wenig sinnvoll, denn in nahezu jeder Inhaltsanalyse muss man beides tun. Je nachdem welche Position überwiegt, ist lediglich die theoriegeleitete oder aber die empiriegeleitete Kategorienbildung stärker zu gewichten.

Zu diesem Zweck schlage ich vor (s. Kap. II, 1.2.2), nach der Ableitung der Hauptkategorien aus der Forschungsfrage, die weitere Ausdifferenzierung in Unterkategorien und zusätzliche Hypothesen durch die Arbeitsschritte:

1. *Selektion / Reduktion,*
2. *Bündelung,*
3. *Generalisierung / Abstraktion und*
4. *Rückbezug auf Theorie zu erreichen.*

Eine noch stärker formalisierte Vorgehensweise bei gleichzeitig größtmöglicher Offenheit stellt die »Basiswissengeleitete offene Kategorienfindung« (BoK) dar. (FRÜH 2001b) Beim Fehlen spezifischer Hypothesen benutzt sie allgemeines Basiswissen über den Gegenstand, um zunächst offen mögliche Kategorien und ggf. Hypothesen zu explorieren, die anschließend dann wieder die bekannten Arbeitsschritte einer Inhaltsanalyse durchlaufen. Diese Möglichkeit könnte dazu verleiten, generell möglichst offen ein Kategoriensystem zu entwickeln. Die BoK ist aber nur als Kombination von Induktion und Deduktion sinnvoll anwendbar (was aus erkenntnistheoretischer Sicht ohnehin unvermeidbar ist). Eine sehr offene Vorgehensweise findet immer nur das, was in den Texten vorhanden ist, niemals das, was in den Texten vorhanden sein sollte bzw. sein könnte. Sehr viele wissenschaftliche (und alltägliche) Problemstellungen enthalten aber einen Vergleich zwischen einem Soll- und einem Ist-Zustand. Zum Beispiel könnte man von Fernsehsendungen ggf. erwarten, dass in ihnen bestimmte ethische Grundwerte vermittelt werden. Entwickelt man das Kategoriensystem nur empiriegeleitet, findet man möglicherweise keine entsprechenden Kategorien und sucht dann auch nicht nach den betreffenden Inhalten im Programm. Damit wird auch kein Nachweis geführt werden können, dass ethische Grundüberzeugungen im Fernsehen nicht vermittelt würden, denn dafür müssten für beide Seiten Daten erhoben werden (ggf. auch »Merkmal kommt nicht vor«!). Die empiriegeleitete Kategorienbildung kann allein für den Ist-Zustand Kategorien generieren und Daten erheben, die Soll-Kategorien stammen immer aus der Theorie.

Ich versuchte zu zeigen, dass »qualitative Inhaltsanalysen« bei genauem Hinsehen sehr viele »quantitative« Elemente enthalten und umgekehrt. Deshalb plädiere ich seit 1981 für eine Kombination der deduktiven (die als Prototyp der »quantitativen« Inhaltsanalyse gilt) und der induktiven Vorgehensweise (die als Prototyp der »qualitativen« Vorgehensweise gilt). Ich bin auch noch nach über 25 Jahren fest davon überzeugt, dass nur eine sinnvolle, die jeweiligen methodischen Stärken nutzende Verbindung beider Sichtweisen und Strategien zu einer validen und ertragreichen Methodenentwicklung bei der Inhaltsanalyse führen kann. Entgegen den Zuschreibungen von außen verstehe ich die von mir vorgeschlagene Form der Inhaltsanalyse deshalb auch als quantitativ-qualitative Methode.

Übungsfragen

1. Welche der folgenden Forschungsfragen lassen sich inhaltsanalytisch beantworten?
   a) »Ist Kernenergie die beste Energie für die Zukunft?«
   b) »Wie denkt die Bevölkerung Deutschlands über einen zukünftigen Kanzler XY?«
   c) Berichtet das Fernsehen ausführlicher über aktuelle Themen als Tageszeitungen?
2. Nennen und erläutern Sie die Definition der Inhaltsanalyse nach Früh.
3. Wie heißt die Definition von Inhaltsanalyse bei Früh? Vergleichen Sie diese mit der Definition Berelsons.
4. Erläutern Sie den Begriff des Messens.
5. Was sind nominalskalierte Daten und warum liegen diese bei einer Inhaltsanalyse sehr häufig vor? Nennen Sie ein Beispiel, welches Textmerkmal man mit einer Nominalskala erfassen könnte?
6. Welche Vorteile bietet die IA gegenüber anderen Methoden?
7. Erläutern Sie den Satz: Der Sinn jeder Inhaltsanalyse besteht letztlich darin, unter einer bestimmten forschungsleitenden Perspektive Komplexität zu reduzieren.
8. Erläutern und bewerten Sie die Tatsache, dass bei der Kategorisierung von Inhalten Bedeutungsnuancen verloren gehen.
9. Beschreiben und erläutern Sie den Begriff der inhaltsanalytischen Inferenz. Nennen Sie verschiedene Arten der Inferenz.
10. Was versteht man bei der Inhaltsanalyse unter Operationalisierung? Beschreiben Sie den Begriff und erläutern Sie ihn an einem Beispiel.
11. Worin unterscheiden sich hermeneutische Textinterpretation und Inhaltsanalyse?
12. Beschreiben und kommentieren Sie die Bezeichnungen quantitative und qualitative Inhaltsanalyse.
13. Kommentieren Sie die Behauptung, die Inhaltsanalyse könne nur erfassen, was dastehe. Gehen Sie dabei auch auf die Definition und Erfassung sog. »impliziter« oder »latenter« Textbedeutungen ein.
14. Wozu werden sog. Implikationen 1. bis 3. Ordnung vorgeschlagen?

3. Die Inhaltsanalyse als Forschungsprozess

3.1 Forschungsfrage und Hypothesen

Wie jeder empirischen Untersuchung geht auch der Inhaltsanalyse die Klärung des Bezugs zwischen Objekt- und Konstruktebene voraus: Was will der Forscher wissen; welche Aspekte der Realität interessieren ihn überhaupt? Die theoretische Eingrenzung dessen, was auf der Objektebene, der »Realität«, wissenschaftlich zu untersuchen ist, drückt sich zunächst in der Forschungsfrage aus. Wissenschaft als problemlösendes Verhalten erfordert Ressourcen verschiedenster Art, die sinnvoll eingesetzt werden sollten. Deshalb ist die Forschungsfrage hinsichtlich ihrer Relevanz zu begründen. Niemand wird auf die Idee kommen, »einfach mal« herausfinden zu wollen, wie viele publizierte Texte eine Überschrift besitzen oder wie viele Kommata durchschnittlich in einem Zeitungtext enthalten sind. Jede Forschung beantwortet eine Frage, die in Bezug auf die zu gewinnende Erkenntnis eine konkrete Handlungs- oder Planungsgrundlage liefert oder aber ein theoretisches Problem löst. Das müssen nicht immer weltbewegende Probleme sein, aber man sollte wissen, wozu die wissenschaftliche Untersuchung taugen soll, d.h. es muss in irgend einer Weise bedeutsames Wissen sein. Äußerungen wie »Ich will das untersuchen, weil es mich einfach interessiert« zeugen eigentlich nur von mangelnder Selbstreflexion des »Forschers«. Das erkennt man dann sehr schnell, wenn die Ergebnisse interpretiert werden. Da wird die erwähnte Anzahl der Kommata in Zeitungtexten plötzlich auf die Wortzahl bezogen und gefolgert, dass Zeitung A mit mehr Kommata pro hundert Worten die komplexeren Satzstrukturen habe und deshalb auch die Themen anspruchsvoller behandle; und im übernächsten Satz wird dann anspruchsvoll sogleich mit informationsreich gleichgesetzt. Solche unzulässigen Überinterpretationen sind in der Regel nur möglich, wenn man sich sein Erkenntnisinteresse eben nicht von Anfang an klar gemacht hat; ansonsten hätte man nämlich eine andere Untersuchung mit besseren, aussagekräftigeren Indikatoren durchgeführt.

Allerdings kann sich dieses Erkenntnisinteresse sehr konkret auf ein ganz bestimmtes Wissensdefizit beziehen (z.B.: »Kommen im Fernsehprogramm von RTL mehr Gewaltszenen vor als im Programm des ZDF?«) oder aber sehr allgemein auf ein nur grob umgrenztes Thema (z.B.: »Worin unterscheiden sich die Medienangebote, die von Frauen genutzt werden von jenen, die von Männern genutzt werden?«). Die Forschungsfrage kann also sowohl ein offenes als auch ein vordefiniertes Entdeckungspotenzial beschreiben. Ist das Entdeckungspotenzial definierbar, wird es in einzelne prüfbare Behauptungen bzw. Hypothesen übersetzt. Dies ist der Regelfall bei der Inhaltsanalyse und soll später noch ausführlich beschrieben werden. Zunächst wollen wir uns jedoch kurz mit dem auch sehr häufigen Fall beschäftigen, bei dem eine offene Fragestellung vorliegt.

Die Systematik der Inhaltsanalyse fordert, dass alle interessierenden Textelemente dieselbe Chance haben müssen, erfasst zu werden. Dies ist eine unabdingbare Voraussetzung für jede inhaltliche Bedeutungsinterpretation ihrer Häufigkeitsverteilungen. Deshalb ist die Inhaltsanalyse auch als **Suchstrategie** konzipiert, bei der von Anfang an klar sein muss, wonach gesucht werden soll. Bei einer offenen Fragestellung ist dies nun gerade nicht klar, sondern es wird erst nach Auffälligkeiten, Regelmäßigkeiten, interessanten Aspekten oder sonstigen in irgend einem Sinn wissenschaftlich »brauchbaren« Merkmalen gesucht. Ein solches Bewusstsein entwickelt sich erst sukzessiv und retrospektiv während der Beschäftigung mit dem Textmaterial, und deshalb entsteht bezüglich der Systematik ein Problem. Um dies zu vermeiden, können zwei Strategien verfolgt werden.

Die erste Strategie besteht darin, eine Explorationsphase der Inhaltsanalyse vorzuschalten. Ein repräsentativer Querschnitt des Untersuchungsmaterials wird nach möglicherweise interessanten Merkmalen untersucht. Dabei sollten idealerweise mehrere Forscher mit etwas unterschiedlichen Interessen und Sichtweisen involviert sein, um ein möglichst breites Merkmalsspektrum zu erfassen (»Triangulation«). Man kann zusätzlich auch noch die Strategie der Kontrastierung anwenden. Wenn z.B. die Berichterstattung der Frankfurter Allgemeinen Zeitung als vorbildlich dargestellt wird und ich herausfinden will, woran das liegt, dann muss ich irgendwelche Besonderheiten herausfinden. Zu dem zuvor beschriebenen explorativen Scanning kann ich deshalb nicht nur die FAZ selbst, sondern auch Zeitungen heranziehen, die sich nach allgemeiner Auffassung sowohl sehr stark als auch nur in Feinheiten von der FAZ unterscheiden, wie z.B. BILD und Süddeutsche Zeitung. Durch systematisches »vergleichendes Durchprobieren« vieler mutmaßlicher Unterschiede und Gemeinsamkeiten kann man dann eine Liste von Merkmalen bzw. Merkmalsausprägungen erstellen, die vermutlich das Berichterstattungsprofil der FAZ in originärer Weise prägen. Diese mehr oder weniger intuitiv gewonnenen und im Team wechselseitig bestätigten Eindrücke können nun als Hypothesen formuliert und in eine Inhaltsanalyse eingebracht werden.

Die zweite Strategie geht systematischer vor und erweitert die empiriegeleitete Kategorienbildung. Es gibt selten völlig offene Fragestellungen. Meist weiß oder vermutet man zumindest in allgemeiner Form etwas über seinen Gegenstand.

Selbst als Kolumbus über den Atlantik ins völlig Ungewisse fuhr, hatte er allgemeines theoretisches Vorwissen, obwohl er keinerlei spezifisch, also auch nur rudimentär strukturierte Vorstellungen darüber gehabt haben kann, was ihn am Ende seiner Reise tatsächlich erwarten wird. Vermutlich zog er aber allgemein die Möglichkeiten in Erwägung, entweder über den Rand der Erde in den Schlund der Hölle zu fallen, nichts als Wasser vorzufinden oder auf Land, nämlich Indien zu stoßen. Welche Möglichkeit eintreffen würde war ungewiss. Wir wissen in allgemeiner Form meist schon etwas mehr über unseren Gegenstand als Kolumbus. Und dieses allgemeine Hintergrundwissen wollen wir uns bei der theoriegeleiteten Kategorienbildung als vorläufige Substitution präziserer gegenstandsbezogener Theorien zu nutze machen. (Eine formal weiter ausgearbeitete Form dieser Vorgehensweise stellt die »Basiswissengeleitete offene Kategorienfindung« dar; Früh 2001).

In unserem Beispiel wissen wir etwa, was die FAZ ist und welche allgemeinen Merkmale die Zeitungsberichterstattung hat. Deshalb können wir auch schon ohne Exploration allgemeine Kategorien entwickeln, die zunächst als grobe Such- und Vergleichskriterien dienen. So z.B. Umfang, Themenvielfalt, Aufmachung, Sprach- und Argumentationsstil, Komplexität der Themenbehandlung etc. Wir wissen aber noch nicht, ob alle diese Kriterien zur Charakterisierung der FAZ-Beichterstattung taugen. Deshalb werden diese allgemeinen Kriterien bei der empiriegeleiteten Kategorienbildung einer Selektions- und Präzisierungsprüfung unterzogen. Sie werden mit einem repräsentativen Querschnitt des Untersuchungsmaterials konfrontiert, und anhand der dabei gewonnenen Erkenntnisse können einige als irrelevant ausgeschlossen, andere präzisiert und daraus schließlich Kategorien und ggf. Hypothesen formuliert werden. Sie präzisieren dann auch rückwirkend die Forschungsfrage, so dass man dann noch einmal zwei Arbeitsschritte zurückgehen und die Inhaltsanalyse mit der nunmehr geschlossenen Fragestellung als hypothesengeleitete Suchstrategie beginnen bzw. fortsetzen kann. Der Hypothesenkatalog übersetzt die allgemeine Forschungsfrage in einzelne, prüfbare Behauptungen.

Forschungsfrage:

»Unter welchen Bedingungen reagiert die örtliche Tagespresse auf Aktionen von Bürgerinitiativen?«

Diese Forschungsfrage lässt folgende Hypothesen zu:

H.1:   Über Versammlungen, Beschlüsse und Resolutionen berichtet die Presse nicht. *Zusatzhypothese*: Sie berichtet auch dann nicht darüber, wenn Protokolle darüber der Tageszeitung zugeleitet werden.
H.2:   Über öffentliche Aktionen der Bürgerinitiativen mit Demonstrationscharakter (Kundgebungen, Hearings, Protestdemonstrationen etc.) wird umfassend berichtet.
usw. (weitere Hypothesen)

Hypothesen sind intersubjektiv prüfbare Feststellungen. Problemstellungen (Forschungsfragen), wie hier in Frageform formuliert, nennt man auch »offene Hypothesen«, als Behauptung formulierte Problemstellungen »geschlossene Hypothesen«. Unsere Hypothesen 1 und 2 sind demnach geschlossene Hypothesen.

Sind beide Fragen *empirische Prüfbarkeit* und *Angemessenheit* zugunsten einer inhaltsanalytischen Vorgehensweise ausgefallen, dann müssen im nächsten Arbeitsschritt die theoretisch bzw. kognitiv in der Problemstellung anvisierten Konstrukte in Datenformat überführt werden. Man identifiziert und definiert sie zu diesem Zweck zunächst mit Hilfe der so genannten *»dimensionalen Analyse«*: Alle zur Beschreibung benutzten bedeutungtragenden Begriffe (also keine logischen Formatoren wie z.B. »in«, »zu«, »auf«, »und«) werden aus den Hypothesen extrahiert und einzeln erläutert bzw. definiert. Kommen bei dieser Erläuterung erneut erklärungsbedürftige Begriffe vor, müssen sie ihrerseits wieder definiert werden. Theoretisch gesehen entsteht so der bekannte unendliche Regress von Definitionen, weil sich ein Begriff niemals durch sich selbst erklären lässt und ein neu eingeführtes Definiens seinerseits wieder erklärungsbedürftig ist. In der Praxis ist es jedoch so, dass sich die gemeinte Bedeutung durch ein sich stetig verdichtendes Netz von Umschreibungen immer klarer hervorhebt und außerdem auf späteren Definitionsstufen Begriffe mit zunehmend evidenter, allgemeingültiger Bedeutung verwendet werden sollen. Hinzu kommt, dass der Definitionsprozess hier noch nicht abgeschlossen ist.
Merksatz: Die aus den Hypothesen extrahierten Dimensionen gehen als globale inhaltliche Klassifizierungsvorgaben (»Hauptkategorien«) in das Kategoriensystem ein.

Bei der ausführlichen Kategoriendefinition bildet die Definition der theoretischen Konstrukte dann lediglich die Bedeutungsgrundlage; sie bestimmt die inhaltliche Zielrichtung der jeweiligen Kategorie. Neben der Überführung der theoretischen Konstrukte in Datenformat muss auch die Art der zu erhebenden Daten und deren Bedeutungsgehalt geklärt werden. Hier ist ebenfalls definitorisch festzulegen, welche Daten benötigt werden, um Schlüsse im Sinne der Hypothese ziehen zu können. Dadurch entsteht ein Formalisierungsproblem derart, dass die Datenstruktur sowohl das theoretische Konstrukt als auch die gemessenen Objekte quantitativ angemessen abbilden muss (siehe oben). Es gilt, eine gültige (valide) Messtheorie zu formulieren.[29] So wäre etwa anzugeben, wie aus den zu erhebenden Daten eine schlüssige Interpretation abgeleitet werden kann. Wenn dazu Häufigkeiten allein nicht ausreichen, sind Vorkehrungen zu treffen, dass sich die Daten auch mit komplexeren statistischen Verfahren wie etwa Korrelations- oder Clusteranalysen weiterverarbeiten lassen. Es könnte mir als Forscher z.B. plausibel erscheinen, dass eine größere Häufigkeit codierter positiver gegenüber negativer Bewertungen ein gutes, ein umgekehrtes quantitatives Verhältnis ein schlechtes Urteil über ein Objekt ausdrücken sollen. Alternativ dazu ließen sich die Bewertungen aber auch gewichten, so dass zusätzlich zur Häufigkeit auch die Stärke der Bewertung das Qualitätskriterium wäre. Man müsste dann die Bewertungsdimension auf einer Skala anordnen und genau angeben, wie darauf starke und schwache, positive und negative Bewertungen und deren Häufigkeiten zueinander in Beziehung gesetzt werden.

Es sind also **Kategorientypus** und **Skalenniveau** festzulegen – Arbeitsschritte, die in der Praxis erst im Zusammenhang mit der Entwicklung des Kategoriensystems anfallen. Aus diesem Grunde soll die theoretische Systematik hier zugunsten einer praxisorientierten Darstellung durchbrochen und die Struktur der Daten erst im nächsten Kapitel detailliert behandelt werden.

Hier ist nur noch auf einen Punkt ausdrücklich hinzuweisen. Wenn wir oben sagten, es sei definitorisch festzulegen, welche Daten benötigt werden, um Schlüsse im Sinne der Hypothesen ziehen zu können, so betrifft dies nicht allein die Merkmalsdimensionen der Problemstellung sowie die Wahl von Kategorientypus und Skalenniveau. Es ist auch sicherzustellen, dass die Hypothese – methodisch gesehen – mit gleicher Chance zurückgewiesen wie (vorläufig) akzeptiert werden kann. Dies ist der zweite Aspekt der Prüfbarkeit von Hypothesen neben der oben angesprochenen prinzipiellen empirischen Zugänglichkeit des theoretischen Konstrukts.

Angenommen die Hypothese lautet: »Die Presse berichtet im Zusammenhang mit Anti-Atomkraft-Demonstrationen fast ausschließlich über Gewaltanwen-

---

29 Siehe dazu auch die Ausführungen in Kap. 1.2.1.

dungen, Aggressionen und spektakuläre Aktionen.« Eine Inhaltsanalyse, die hier nur ein Kategoriensystem mit den Kategorien »Gewaltanwendungen«, »andere Aggressionen« und »spektakuläre Aktionen« verwenden würde, käme einer Manipulation gleich. Jedenfalls ließe sich die genannte Hypothese damit korrekterweise nicht prüfen, weil das Kategoriensystem nicht die Möglichkeit offenhält, das Gegenteil nachzuweisen. Andere Inhaltsaspekte, die nicht von Gewaltanwendungen, Aggressionen und spektakulären Aktionen berichten, werden ja überhaupt nicht erfasst. Deshalb kann man – wie immer das Ergebnis auch ausfallen mag - niemals behaupten, diese Aspekte seien überbetont. Die erhobenen Daten müssen auch in diesem Sinne eine wahre Prüfung der Hypothese zulassen und nicht nur bestätigende Informationen auswählen.

Bisher beschrieben wir die Umsetzung einer theoretischen Fragestellung in konkrete inhaltsanalytische Forschungsoperationen noch sehr allgemein und abstrakt. Es wurde aber bereits deutlich, dass die ursprünglich als Einheit behandelte Problemstellung in der Regel einen komplexen Bedeutungsgehalt bezeichnet, der mit Hilfe eines mehr oder weniger differenzierten Kategoriensystems klassifizierend erfasst werden soll. Es gliedert den komplexen Forschungsgegenstand in inhaltlich abgrenzbare Teilaspekte. Es gilt nun zu klären, was ein Klassifikationsschema im Rahmen des empirischen Forschungsprozesses ist, welcher Stellenwert ihm im Bezugsfeld zwischen Begriffs- und Datenebene zukommt, welche methodischen Anforderungen an es zu stellen sind und wie man dazu gelangt.

3.2 Kategoriensystem

Die Inhaltsanalyse befasst sich mit Kommunikationsinhalten, die durch die Forschungsfrage eingegrenzt sind. Sie bezieht sich außerdem auf Analyseeinheiten, an denen diese Kommunikationsinhalte gemessen werden. Die Forschungsfrage könnte beispielsweise lauten: »Wie berichtete die deutsche Tagespresse über das Unglück im US-Kernkraftwerk Harrisburg am Tage nach dem Ereignis?« Als **Analyseeinheiten** wären einzelne Artikel oder auch ganze Zeitungsausgaben möglich. Entscheidend ist, auf welche kleinste Einheit man später seine Interpretation beziehen will (oder auf die Aggregation welcher kleinsten Einheiten).

Die Analyseeinheiten interessieren aber nur hinsichtlich ihrer Information über das Thema. Alle sonstigen Informationen sind irrelevant.[30] Den Gegenstand der

---

30 Einschränkend sei schon hier betont, dass diese »sonstigen Textinformationen« in die Analyse nur insofern nicht eingehen, als sie später als inhaltlich identifizierbare Sachverhalte aus den Daten nicht mehr rekonstruierbar sind. Wohl dienten sie aber dazu, die Bedeutung der codierten Merkmale als Kontextinformation mitzubestimmen. (Näheres siehe unten)

Untersuchung bilden also nur bestimmte Merkmale wesentlich komplexerer Kommunikationszusammenhänge. Diese Untersuchungsgegenstände stellen in der Regel mehr oder weniger komplexe Sachverhalte dar. Sie werden bei der Inhaltsanalyse in Dimensionen aufgelöst, die dann als Hauptkategorien das Grobraster der inhaltsanalytischen Klassifikation bilden. Bei unserem Beispiel müsste zunächst die Forschungsfrage erläutert und auf dieser Grundlage die Hypothesen präzisiert werden, woraus sich dann die Dimensionen oder Hauptkategorien ableiten ließen. Man stellt sich also die Frage: Wie könnte die Presse über das Kraftwerksunglück berichten? Ohne sich auch nur einen Text anzusehen könnte man z.B. folgende Aspekte erwarten:

1)   Beschreibung des Defekts und seiner Ursachen
2)   Beschreibung der Maßnahmen zur Beseitigung des Defekts
3)   Folgen des Unfalls
4)   Hintergründe und Voraussetzungen des Ereignisses.

Jede dieser Dimensionen lässt sich ihrerseits wieder fast beliebig weit ausdifferenzieren, z.B. Nr. 3: *Folgen des Unfalls*:

3a)   Umweltgefährdung
3b)   Gesundheitsschäden der Bevölkerung
3c)   Todesfälle
3d)   Wirtschaftliche Konsequenzen
3e)   Politische Konsequenzen
usw.

Wenn dieses Berichterstattungsspektrum geprüft werden soll, müssen mindestens die Kriterien 1 – 4 als eigenständige Kategorien erfasst werden. Die Unteraspekte 3a – 3e (bzw.3nn) müssen ebenfalls erfasst werden, aber man kann wählen, ob man sie einzeln als eigenständige Unterkategorien oder aber undifferenziert in der Hauptkategorie 3 zusammenfasst.

In welchem Umfang und nach welchen Kriterien diese Ausdifferenzierung durchgeführt werden soll, hängt vom Erkenntnisinteresse des Forschers ab, das in den Erläuterungen zur Forschungsfrage ausgeführt sein sollte. Ausdifferenzierungen, aus denen sich keine (im Rahmen der Forschungsfrage) interessanten Schlussfolgerungen ergeben, sind nur überflüssiger Ballast. Also sollte man sich immer fragen, was man mit diesen Ausdifferenzierungen später eigentlich anfangen kann und will. Nur für die Beantwortung der Forschungsfrage relevante und aussagekräftige Ausdifferenzierungen gehen in die Inhaltsanalyse ein.

Die in Forschungsfrage und Hypothesen enthaltenen Dimensionen (und ggf. Teildimensionen) stellen also die inhaltsanalytischen Kategorien dar, die als Klassifikationskriterien bei der Datenerhebung dienen.[31] Am Text gemessen werden deren Ausprägungen: Im einfachsten Falle stellt man fest, ob eine Kategorie auf eine Codiereinheit im Text zutrifft (in ihr vorkommt) oder nicht. Hier kann die Kategorie nur zwei Ausprägungen annehmen (kommt vor/kommt nicht vor). Man spricht deshalb von einer dichotomen Variablen.

Eine andere Möglichkeit besteht, wie oben bereits erwähnt, darin, einzelne Kategorien differenzierter zu skalieren, so dass dieselbe Teildimension mehrere graduell abgestufte Ausprägungen annehmen kann, z.B.:

3b) Gesundheitsschäden der Bevölkerung:
1) schwere
2) weniger schwere
3) leichte
4) keine

Es ist also das schon im letzten Kapitel angesprochene **Skalenniveau** der erforderlichen Daten festzulegen: Nominalskaliert, wenn reine Häufigkeitsauszählungen genügen, ordinal- oder intervallskaliert, wenn verschiedene Ausprägungen derselben Kategorie interessieren und höhere statistische Verfahren bei der Auswertung verwandt werden sollen.

Neben dem Skalenniveau – so wird aus dem eben Gesagten deutlich – ist auch ein der Problemstellung angemessener **Kategorientypus** zu wählen. Interessiert die Frage, ob z.B. die Kernkraftproblematik in letzter Zeit mehr in den Vordergrund der Presseberichterstattung gerückt ist, so wird man die Themenstruktur der Presseberichterstattung über einen gewissen Zeitraum messen. Immer, wenn das Thema »Kernkraft«, ganz gleichgültig in welcher Form und in welchem Zusammenhang, angesprochen ist, wird es erfasst. Will man dagegen wissen, ob sich die in der Presse geäußerte Einstellung zur Kernkraft vielleicht zunehmend verschlechtert hat, dann reicht ein Typus von Kategoriensystem, der nur die Thematisierung misst, nicht aus. Hier müssen zusätzlich Einstellungen und Bewertungen erfasst und u.U. nach ihrer Intensität skaliert werden. Die Kategorien haben also eine »Richtung« und verschiedene Intensitäten. Es ist jetzt ein Unterschied, ob eine Äußerung pro oder contra Kernkraft Stellung nimmt, ob sie sehr heftig oder gemäßigter gegen Kernkraft opponiert.

---

31 Bei einem relativ globalen bzw. undifferenzierten Erkenntnisinteresse können natürlich auch die einzelnen Dimensionen als Kategorien verwendet werden. Die Differenziertheit der Analyse ist durch die Methode nicht festgelegt, sondern orientiert sich an der untersuchten Problemstellung.

Man kann sogar noch weitergehen und die konkreten Argumente erfassen wollen, die zum Thema »Kernkraft« vorgebracht wurden. Hier interessiert besonders, welche Kriterien, Begründungen und Standpunkte vorgetragen wurden und welche Verbindungen zu anderen Problembereichen bestehen. Eine nachträgliche Gruppierung eines Teils der Argumente in pro und contra ist in diesem Zusammenhang dann nur ein Teilproblem unter anderen.

Es ist leicht einzusehen, dass die Kategoriensystemtypen in der hier genannten Reihenfolge zunehmend höhere Anforderungen an die Codierer stellen. Argumente bestehen oft aus mehreren Behauptungen und Schlussfolgerungen. Sie alle bilden für die Codierung einzelne Indikatoren, die gleichzeitig und in einer bestimmten Konstellation vorkommen müssen, bevor das Argument codiert werden darf.

Beispiel:

Kategorie: Kooperation der Opposition im Bundestag ist Voraussetzung für ausreichende Information durch die Regierung.

Äußerung: »Die Opposition schließt sich mit ihrer Weigerung, einen Vertreter mit nach Warschau zu schicken, selbst von der intensiven Mitwirkung und Information aus.« (sagt Regierungssprecher XY)

In diesem Argument sind als unverzichtbare Indikatoren zwei Fakten und eine Verknüpfungsstrategie enthalten; es müssen nämlich:
a) eine Kooperation der Opposition angesprochen sein;
b) die Information der Opposition durch die Regierung genannt sein;
c) die Kooperation als Bedingung für die Information angeführt sein.
Nur eine Äußerung, die gleichzeitig für alle drei Kriterien einen Indikator enthält, darf als Argument codiert werden. Erfasste das Kategoriensystem lediglich die Themenstruktur, so würde ein einziger Indikator ausreichen.

Die vorgestellten Kategorientypen lassen sich im Prinzip ohne weiteres in einem einzigen Kategoriensystem kombinieren. Probleme könnten dabei allerdings durch eine mangelhafte Trennschärfe der Kategorien entstehen, da eine allgemeine bzw. abstrakt definierte Kategorie immer einige spezifischere bzw. konkretere Kategorien einschließt: Ein konkret erfasstes Kernkraft-Argument kann z.B. zugleich eine positive Stellungnahme sein und ist in jedem Falle eine Thematisierung der Kernkraft-Frage.

Aus den Erläuterungen geht hervor, dass sich der **Thematisierungstyp** am einfachsten durchführen lässt, gefolgt im Schwierigkeitsgrad vom Pro/Kontra- oder **Bewertungstyp** und schließlich dem konkreten **Argumentationstyp**. Einschränkend sei hier allerdings bemerkt, dass sich diese Hierarchie auf die Komplexität der Kategorien und die intellektuellen Anforderungen an die Codierer bezieht. Dem Forscher bereitet nämlich der relativ abstrakte Bewertungstypus sicherlich ebenso große Schwierigkeiten wie der konkrete Argumentationstypus. Sie sind aber anderer Art. Beim Bewertungstypus muss erstens weniger die Konzentrations- als vielmehr die Abstraktionsleistung beim Codierer kontrolliert werden, und zweitens sind Bewertungen einstellungsrelevant, so dass subjektive Codiereinflüsse die Ergebnisse hier stärker verzerren können.

Da es von der gegebenen Problemstellung abhängt, für welchen Kategorientypus und welche Skalierung man sich entscheidet, liegt es in Anbetracht der aufgezeigten Schwierigkeiten nahe, immer den jeweils einfachst-möglichen Typus zu wählen. Unnötig komplexe Kategoriensysteme sind immer schlechte Messinstrumente, weil sie störanfälliger sind und so unnötigerweise die Verlässlichkeit des Codiervorgangs beeinträchtigen. Das Kategoriensystem soll gerade so anspruchsvoll und komplex sein, dass es die in der Problemstellung formulierten theoretischen Konstrukte angemessen auf der Objektebene erfasst und in eine adäquate Datenstruktur übersetzt. Wie oben erwähnt, soll diese Datenstruktur die Relationen auf der Objektebene (Texte) homomorph simulieren. Das errichtete »Datenmodell« muss brauchbar sein zur Darstellung des untersuchten Sachverhalts auf der Objektebene.[32]

Ein Forschungsgegenstand, d.h. der mit der Forschungsfrage gemeinte Kommunikationsinhalt ist erst dann analytisch adäquat beschrieben, wenn alle relevanten Dimensionen erfasst sind und jede davon durch die untergeordneten Teildimensionen vollständig repräsentiert ist. Ob dieses Validitätsziel erreichbar ist, entscheidet sich zwar bei der theorie- und empiriegeleiteten Kategorienbildung, aber abschließend beurteilen lässt es ich erst nach Ende der Studie, weil natürlich auch während der Codierung und den verschiedenen Auswertungsschritten Maßnahmen getroffen werden können, welche die Validität beeinträchtigen. Ob aber überhaupt eine Chance für eine valide Datenerhebung besteht, entscheidet sich während der Kategorienbildung. Die theoriegeleitete Kategorienbildung sichert die Vollständigkeit bezüglich Forschungsfrage und Hypothesen (einschließlich deren nominaler Definition), die empiriegeleitete Kategorienbildung (einschließlich der operationalen Definitionen) hinsichtlich des Untersuchungsmaterials (s. Abb.1). Wie fein oder grob das Klassifikationsraster gewählt wird, ist vorerst unerheblich; wesentlich ist nur, dass das in der Forschungsfrage vorgegebene Kommunikationsmerkmal sowohl auf Begriffsebene als auch auf der Ebene des Datenmaterials vollständig erfasst wurde. Dann spricht man von einem **erschöpfenden**

---

32 Dies ist ein Gültigkeitsproblem, an dem sich alle Maßnahmen im Forschungsprozess orientieren. Zur nachträglichen Kontrolle gibt es verschiedene Kriterien, wie etwa Kriteriums-, Konstrukt-, Prognose- oder Face-Validity. Auf Gültigkeits-Kontrollkriterien werden wir später noch eingehen.

Kategoriensystem.[33] Bei einem sog. »hierarchischen Kategoriensystem« mit Ober- und Unterkategorien liegt **Vollständigkeit** der Haupt- bzw. Oberkategorie vor, wenn die Summe aller Unterkategorien den Bedeutungsgehalt der betreffenden Hauptkategorie vollständig repräsentieren. Außerdem müssen die Unterkategorien alle auf der selben logischen (z.B. Allgemeinheitsgrad) und sachlichen Ebene liegen, die durch den Bedeutungsgehalt der jeweiligen Oberkategorie vorgegeben ist (**Eindimensionalität**).

Jede Kategorie sollte einen eindeutigen, klar abgrenzbaren Bedeutungsgehalt repräsentieren. Dadurch ist gewährleistet, dass das Kategoriensystem den spezifischen Informationsgehalt der Kategorien bei der Datenerhebung bewahrt. Würden sich zwei Kategorien in ihrem Bedeutungsgehalt stark überschneiden, dann wäre am Datenmaterial nicht mehr ersichtlich, ob die fraglichen Inhalte Kategorie A oder Kategorie B zugeschlagen oder gar unkontrolliert auf beide verteilt wurden. Die Aussagekraft beider Kategorien und ihrer Codierungen wäre somit stark beeinträchtigt. Hier spricht man von der **Trennschärfe** inhaltsanalytischer Kategoriensysteme.

Unter den Bedingungen der Vollständigkeit und Trennschärfe können Kategoriensysteme als mehrdimensionale Bedeutungsräume gedacht werden, die das komplexe Forschungsobjekt beschreiben. Jede Teilmenge von Texten lässt sich in diesem mehrdimensionalen Bedeutungsraum eindeutig lokalisieren. Formal ausgedrückt ist dies Ziel und Ergebnis jeder Inhaltsanalyse. Das Kategoriensystem begrenzt und strukturiert einen Bedeutungsraum, in den die Untersuchungsobjekte eingeordnet werden.

Ein angemessenes Kategoriensystem im Sinne einer hinsichtlich Theorie und Textmaterial vollständigen Segmentierungs- und Klassifizierungsstrategie sichert jedoch noch keine gute, d.h. im Ergebnis valide Inhaltsanalyse. In unserem Modell (s. oben Abb. 1) behandelten wir bisher lediglich die potenziellen Beziehungen zwischen Begriffs- und Datenebene einerseits sowie zwischen Objekt- und Datenebene andererseits. Mindestens ebenso wichtig ist deren Umsetzung, die Frage nämlich, wie die Daten zustande kommen. Auf welche konkreten Textmerkmale beziehen sich die Kategorien und wie eindeutig und transparent werden die gemeinten Bedeutungen aufgefunden/interpretiert und in Daten überführt? Im Blickpunkt des Interesses stehen hier die operationale Definition der Kategorien und der Vorgang des Codierens.

---

33 Ein erschöpfendes Kategoriensystem stellt die Mindestanforderung dar. Wenn das Kategoriensystem dagegen mehr misst, als die Problemstellung fordert, so bedeutet dies zunächst noch keine Qualitätseinbuße, sondern ist eine Frage der Ökonomie. Allerdings kann (muss nicht unbedingt!) die Verlässlichkeit der Codierung bei extensiver Ausweitung der Kategorienzahl in der Regel sinken. Dadurch ist die Qualität der relevanten Kategorien indirekt doch beeinträchtigt.

3.3   Operationale Definition und Indikatoren

Die operationale Definition macht den Codierungsprozess explizit. Sie nennt die empirisch fassbaren Entsprechungen zu den Kategorien auf der Objektebene (Texte bzw. Mitteilungen) und gibt die Regeln an, nach denen die Objektmerkmale in Daten überführt werden.[34] Nicht Texte bzw. Objektmerkmale, sondern die Codierungen, d.h. die *registrierten* Objektmerkmale, bilden die Daten.

Empirische Äquivalente für nicht direkt sinnlich wahrnehmbare Sachverhalte nennt man Indikatoren. Das theoretische Konstrukt »Angst«[35] beispielsweise ist inhaltsanalytisch unmittelbar identifizierbar, wenn im Text explizit das Wort »Angst« steht. Wie sich an unserem Beispiel über das Reaktorunglück in Harrisburg aber leicht demonstrieren lässt, gibt es auch indirekte Bezeichnungen bzw. Indikatoren für Angst: Fluchtartiges Verlassen der Stadt, Massenandrang zu ärztlichen Untersuchungen, Bericht über weinende, aufgeregte und verstörte Menschen usw.

Analog zu den Kategorien sollten auch Indikatoren exklusiv bzw. trennscharf und vollständig sein im Hinblick auf den Bedeutungsgehalt, den sie auf der Objektebene anzeigen sollen (Abbildung 4a). Gemeint ist damit erstens die Forderung, nur den anvisierten Bedeutungsgehalt und nicht auch noch einen anderen zu repräsentieren (Abbildung 4b). Zweitens sollen die Indikatoren den Bedeutungsgehalt vollständig abdecken, d.h. keine Äußerungen unberücksichtigt lassen, die inhaltlich in die Kategorie gehören (Abbildung 4c).

Als wesentlicher Bestandteil der operationalen Definition werden im Anschluss an die verbale Umschreibung des Bedeutungsgehalts jeder Kategorie (nominale Definition, s.o.) Indikatoren aufgezählt, die auf der Objektseite (Text) die Bedeutung einer Kategorie anzeigen. Da selten alle Indikatoren bekannt und außerdem viele nicht völlig eindeutig sind, ergänzen sich der theoretische und operationale Defitnitionsanteil jeder Kategorie: Die theoretische Umschreibung der Bedeutung legt die Interpretationsweise mehrdeutiger Indikatoren weitgehend fest und bestimmt den semantischen Rahmen für weitere, nicht explizit genannte Indikatoren. Der operationale Anteil kann so in Form einer verkürzten Listendefinition formuliert sein, die von den Codierern aufgrund ihrer Sprachkompetenz im Sinne der theoretischen Definitionsvorgabe ergänzt und analog auf das Textmaterial angewandt werden kann.

---

34 Kerlinger definiert in ähnlicher Weise: »Eine operationale Definition ist eine Definition, die einer Variablen eine bestimmte Bedeutung zuweist, indem sie die Tätigkeiten oder ›Operationen‹ spezifiziert, die notwendig sind, um die Variable zu messen.« F.N. Kerlinger, Grundlagen der Sozialwissenschaften, Bd.1. Weinheim, Basel 1975, S. 78 (orig.: Foundations of behavioral research, 1964).

35 Genauer: Eine Formulierung mit dem Bedeutungsgehalt »Angst«.

Abb. 4: Bezug der Indikatoren zum theoretischen Konstruk*t*

a) Optimaler Bezug: vollständig, exklusiv, trennscharf

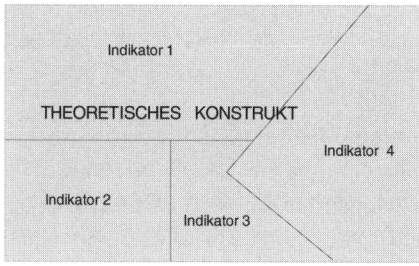

b) Suboptimaler Bezug: Vollständig, trennscharf, aber nicht exklusiv

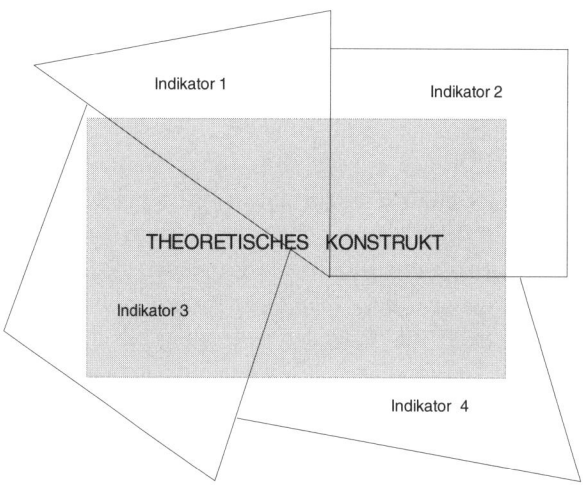

c) Suboptimaler Bezug: Trennscharf, exklusiv, aber nicht vollständig

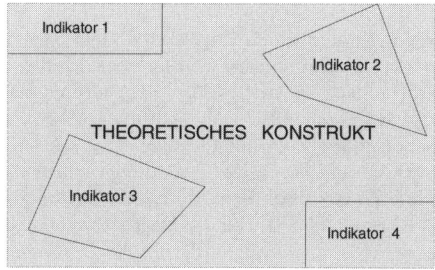

Beispiel: Kategorie »Ölpreise«

»Äußerungen, in denen explizit die Preise für Mineralöl und Mineralölprodukte angesprochen sind, sofern diese Mineralölprodukte Energieträger sind. Gemeint sind nur die Preise für das Produkt selbst, gleichgültig, ob beim Erzeuger, Händler oder Verbraucher. Z.B.: Ölpreise, Preise für Erdöl, Benzinpreis; Heizkosten; Preis je Barrel Öl am Rotterdamer Markt; Iranöl kostet jetzt XY Dollar je Tonne usw.

Das »usw.« ist keine unverbindliche Floskel, sondern fordert den Codierer auf, die hier abgebrochene Indikatorenliste im Sinne der voran stehenden theoretischen Bedeutungsexplikation zu ergänzen. Er weiß etwa, dass weder die Preise für Speiseöl noch für Ölsuche, Ölförderung, den Öltransport oder die Ölverarbeitung gemeint sind; auch nicht Preise für Kunststoffe oder pharmazeutische Erzeugnisse, die ja auch Mineralölprodukte sein können. Außerdem weiß er, dass die in der Liste genannten Indikatoren »Ölpreise« und »Heizkosten« nur dann zu codieren sind, wenn sie sich klar auf den vorgegebenen Bedeutungsgehalt »Mineralöl« beziehen.

Die Forderung nach Vollständigkeit der Indikatoren ist also so zu verstehen, dass die Kategoriendefinition geeignet sein muss, alle in der konkreten Mitteilung empirisch vorfindbaren Indikatoren aufgrund der Sprachkompetenz des Codierers zu identifizieren. Es handelt sich um eine *semantische Vollständigkeit*, die durchaus noch inhaltliche Analogieschlüsse fordert. Nicht verlangt wird also eine vollständige Indikatorenliste auf der Ebene der formalen Zeichenträger, eine Aufzählung aller denkbaren formalen Realisierungen des gemeinten Bedeutungsgehaltes. In linguistischen Begriffen ausgedrückt wäre Vollständigkeit hinsichtlich aller Text- bzw. Satztiefenstrukturen gefordert, die den Bedeutungsgehalt einer Kategorie bezeichnen, nicht jedoch Vollständigkeit hinsichtlich aller daraus ableitbaren Text- bzw. Satzoberflächenstrukturen.

Bei der Kategoriendefinition wird so durch Auflistung einer Reihe formaler Indikatoren (»Ankerbeispiele«) die Zuordnung von Bedeutungen zu Textmerkmalen offengelegt und kontrolliert; dennoch bleibt in der Regel immer ein Interpretationsanteil[36] erhalten. Er wird realisiert durch die Sprachkompetenz des Codierers,

---

36 Zur Erklärung dieses Terminus wollen wir im Vorgriff auf die folgenden Ausführungen schon hier ein erläuterndes Beispiel bringen. Man kann bei sprachlichen Zeichen zwischen der formalen Zeichengestalt und der Zeichenbedeutung unterscheiden. Eine formale Definition zielt auf die Zeichengestalt, eine semantische Definition auf deren Bedeutung. Sehen wir uns folgende Beispiele an: »Während meiner Kindheit besaßen meine Eltern zunächst einen Spitz, später eine Dogge.« »Spitz ragten die beiden abgebrochenen Pfähle hervor«. Angenommen, wir hätten eine inhaltsanalytische Kategorie ›Hunde‹, die einmal formal durch eine Liste formaler Zeichengestalten als Indikatoren definiert wäre; (Hund, Hunde, Hundes, Dogge, Schäferhund, Spitz, Dackel ...); zum zweiten hätten wir eine semantische Definition, die auf die Zeichenbedeutung zielt (»Alle Bezeichnungen für Hunde, wie z.B. Hund, Dogge, Spitz, Dackel usw.«). Bei der formalen Definition

d.h. durch eine strikt regelgeleitete Analogiebildung zu den definitorisch bezeichneten Bedeutungen und verkürzt aufgelisteten Inhalten (»Ankerbeispiele«) identifiziert der Codierer alle nicht aufgelisteten Indikatoren bzw. Zeichengestalten, wenn
sie nach seinem Sprachverständnis die vorgegebene Bedeutung besitzen.
*Die Interpretationsleistung des Codierers soll nicht völlig unterdrückt, sondern nur im
Sinne der vorgegebenen Definitionen eingeschränkt und kontrolliert werden.* Die beste
Möglichkeit einer solchen Eingrenzung und Kontrolle besteht – wie oben dargelegt – sicherlich darin, möglichst viele formale Zeichengestalten als Indikatoren
aufzulisten; da diese in konkreten Texten aber selten völlig exklusiv und eindeutig
sind, liegt es letztlich doch in der sprachverstehenden Entscheidung des Codierers, wann die angegebenen Zeichengestalten »echte« Indikatoren sind und wann
sie eine andere Bedeutung tragen. Insofern ist es – um Fehlverschlüsselungen bei
Homonymen und sog. »Pro-Formen«[37] zu vermeiden auch gar nicht wünschenswert, auf die Interpretationsleistung des Codierers ganz zu verzichten. Um die
Systematik bei der Analyse zu gewährleisten und das Vorgehen transparent (intersubjektiv nachvollziehbar) zu machen, müssen die Grenzen, innerhalb derer die
Codierer auf ihr *individuelles* Sprachverständnis zurückgreifen dürfen, hinlänglich
geklärt sein. Wie groß dieser Rahmen tatsächlich ist und ob er eingehalten wird,
lässt sich anhand des Reliabilitätstests beurteilen.

Neben der Identifizierung aller relevanten Indikatoren müssen bei der Operationalisierung auch Codierregeln bestimmt werden. Sie geben u.a. an, wie die gefundenen Indikatoren in Datenformat zu überführen sind. Eine Codierregel definiert beispielsweise die Analyse-, eine andere die Codiereinheiten. In einem Satz
können mehrere Indikatoren für dieselbe Kategorie enthalten sein. Es stellt sich
dann die Frage, ob einmal oder mehrmals codiert werden muss. Hier ein Beispiel
mit der Kategorie »Ölpreise«:

Beispiel: »Die Preise für Heizöl sind schneller gestiegen als die Benzinpreise.«

In diesem Satz sind zwei Indikatoren für unsere Kategorie enthalten, nämlich
»Heizöl« und »Benzin«, jeweils in Verbindung mit dem Begriff »Preise«. Die Frage, ob in solchen Fällen ein- oder zweimal codiert werden muss, lässt sich nicht

---

würden beide Beispielsätze codiert, weil in beiden das formale Zeichen ›Spitz‹ vorkommt. Die
semantische Definition würde Satz 2 korrekterweise ausschließen, weil dort das Zeichen ›Spitz‹
nicht in der Bedeutung ›Hunderasse‹ verwendet ist.
37   »Pro-Form« bezeichnet alle Wortformen, die im Text für einen anderen Ausdruck stehen können.
In den meisten Fällen handelt es sich dabei um Pronomina und synonyme Substantive. Die er-
setzten Ausdrücke ebenso wie ihre Substitute können auch Wortgruppen oder ganze Textteile sein.
– Vgl. dazu etwa: KALLMEYER 1974, Bd.1, S. 244 ff.

allgemeingültig beantworten. Weder das eine noch das andere ist unbedingt richtig oder falsch. Vielmehr gibt es für beide Vorgehensweisen Argumente, die dafür bzw. dagegen sprechen. Man kann sagen, der Beispielsatz behandelt insgesamt das Thema »Ölpreise« und ist deshalb nur einmal zu codieren. Man könnte aber auch argumentieren, in dem Satz seien zwei unterschiedliche, semantisch vollständige und voneinander abgrenzbare Aussagen zum Thema enthalten, nämlich:

a) »Die Preise für Heizöl sind sehr schnell gestiegen«;
b) »die Preise für Benzin sind weniger schnell gestiegen«.

Da jede Kategorie immer verschiedene Teilaspekte ein und desselben Sachverhalts unter einem gemeinsamen Oberbegriff zusammenfasst, müsste hier zweimal dieselbe Kategorie codiert werden. Bei dieser Überlegung wären dann Doppelcodierungen ausgeschlossen, die sich auf synonyme Indikatoren im selben Satz beziehen.

Beispiel: »Die OPEC-Staaten haben eine Erhöhung der Ölpreise beschlossen, und zwar wird die Tonne Rohöl nun vier bis sieben Dollar teurer«.

Hier sind zwar ebenfalls zwei Indikatoren für »Ölpreise« enthalten, aber beide mit derselben Bedeutung »die Ölpreise steigen«, so dass nur einmal codiert wird. Ein anderes Argument geht jedoch davon aus, dass eine mehrmalige Umschreibung desselben Sachverhalts darauf schließen lässt, dass der Autor seiner Äußerung besonderen Nachdruck verleihen wollte. Deshalb sollten auch synonyme Äußerungen im selben Satz zweimal codiert werden, damit sich diese höhere Intensitätsstufe auch angemessen in der Häufigkeitsstruktur der Daten abbildet. Welche Position man hier auch vertritt, sie wird sich in der Datenstruktur und damit in den Ergebnissen deutlich niederschlagen. Grundsätzlich kann innerhalb desselben Kategoriensystems aber nur eine einheitliche Definition benutzt werden. Bei der Konzeption der Inhaltsanalyse drückt sich eine solche Entscheidung in der Wahl von Codiereinheiten und der Art ihrer Definition aus.

Codiereinheiten lassen sich entweder auf **formal-syntaktischer** oder **inhaltlich-semantischer** Ebene definieren. Man kann z.B. als formale Codiereinheiten einzelne Schlüsselbegriffe festsetzen wie »Ball«. Codiert wird immer dann, wenn das formale Zeichen »Ball« im Text erscheint:

Beispiel 1:   »XY schoss den Ball direkt unter die Querlatte ins Netz«.
Beispiel 2:   »Auf dem Ball war die Prominenz aus Politik und Wirtschaft fast vollständig erschienen«.

Ist als Kategorie nur der im zweiten Beispiel angesprochene Sachverhalt gemeint, dann wäre Beispiel 1 eine Fehlcodierung. Dieser Gefahr entgeht man, wenn man die Schlüsselbegriffe semantisch definiert: »Codiert wird der Begriff *Ball*, wenn er mit der Bedeutung *gesellschaftliches Ereignis* auftaucht«. Oder wenn die Kategorie noch andere gesellschaftliche Ereignisse erfassen soll: »Begriffe, mit denen festliche gesellschaftliche Ereignisse wie z.B. Bälle, Empfänge, Parties usw. angesprochen sind«.

Hier werden also keine formalen Zeichen, sondern Bedeutungen codiert. Auch bei dieser Vorgehensweise kann es durchaus Probleme geben, wenn man sie blind ohne weitere Vorkehrungen als Codierregel anwendet.

Beispiel: »Der Ball war sicherlich ein großer Erfolg, denn alle Gäste äußerten sich sehr anerkennend vor allem über den gut durchorganisierten Ablauf des Festes, seine gekonnte und reibungslose Durchführung.«

In diesem Beispielsatz sind drei Begriffe mit der Bedeutung »Ball im Sinne festliches Ereignis« enthalten, nämlich »Ball«, »Fest(es)« und das Pronomen »seine«, so dass dieselbe Kategorie dreimal codiert werden müsste. Wenn man als Indikatoren nicht nur Stichworte zählen,[38] sondern Äußerungen, sinnvolle Aussagen zu einem Sachverhalt erfassen und außerdem Doppelcodierungen synonymer Äußerungen ausschließen will (natürlich nur bei einer entsprechenden theoretischen Position; siehe oben), dann muss man geeignete Vorkehrungen gegen solche Fehlcodierungen treffen.

Eine Möglichkeit besteht darin, die formal definierte Codiereinheit »Wort« größer zu wählen, sie also auf Satzgröße zu erweitern. Jede angesprochene Kategorie wird dann pro Satz nur einmal vergeben, gleichgültig, wie viele Indikatoren für sie darin vorkommen. In dem Beispielsatz käme man so zu *einer* Nennung der Kategorie »Ball im Sinne festliches Ereignis«, obwohl *drei* Indikatoren für sie in dem Satz enthalten sind.

Nun kann man den Beispielsatz in mindestens drei semantisch eigenständige Äußerungen zerlegen, die wir »Basisaussagen« nennen wollen:

1)   »Der Ball war ein großer Erfolg«;
2)   »Alle Gäste äußerten sich sehr anerkennend über den gut durchorganisierten Ablauf des Festes«;
3)   »(Alle Gäste äußerten sich sehr anerkennend über) seine gekonnte und reibungslose Durchführung«.

---

38 Auch dies kann unter bestimmten Voraussetzungen legitim sein, weil für die statistischen Aussagen der Inhaltsanalyse insbesondere die Häufigkeitsrelationen der einzelnen Kategorien wichtig sind, nicht so sehr ihre absolute Besetzung. Darauf können wir hier jedoch nicht näher eingehen. Vgl. dazu: W. Früh, 1984.

Die Basisaussagen 2) und 3) sind synonym. Entsprechend unserer Absicht, jede semantisch eigenständige Aussage zu einem Sachverhalt zu erfassen, synonyme Äußerungen jedoch auszuschließen, wären in unserem Beispielsatz zwei Codierungen korrekt, nämlich für die Basisaussage 1) und die beiden synonymen Basisaussagen 2) und 3).

Ein solches Ergebnis ist durch zwei Maßnahmen zu erreichen: Erstens wird als Codiereinheit die Basisaussage gewählt, d.h. die Codiereinheit wird semantisch definiert und gegenüber dem einzelnen Begriff vergrößert. Zweitens ist eine Codieranweisung zu formulieren, die Doppelcodierungen aufeinander folgender, synonymer Basisaussagen ausschließt.

Noch deutlicher wird der Unterschied zwischen formaler und semantischer Codiereinheit auf der nächst komplexeren Stufe. Das ist auf formaler Ebene der Abschnitt, auf semantischer Ebene die Sinneinheit. Eine Sinneinheit kann man als zusammenhängende Textpassage definieren, in der zum selben Gegenstand etwas ausgesagt wird. Solange das Subjekt der Aussagen identisch bleibt und gleichzeitig Indikator für die betreffende Kategorie ist, zählen alle Äußerungen als eine Codiereinheit, d.h. die Kategorie wird nur einmal vergeben. Man kann auch weniger streng definieren und noch einen intervenierenden Satz mit anderem Subjekt zulassen, der die Sinneinheit nicht unterbrechen soll. Es ist leicht einzusehen, dass sich solche semantischen Sinneinheiten in vielen Fällen nicht mit der formalen Einheit »Abschnitt« decken werden.

Der Nachteil formaler Definitionen liegt darin, dass sich die formale Präsentation von Mitteilungen sowie stilistische Eigenheiten des Autors im Ergebnis systematisch niederschlagen. Schreibt ein Autor etwa viele kurze Sätze, ein anderer dagegen lange Satzperioden, dann ist die Anzahl der Codiereinheiten bei angenommen gleicher Textmenge und gleichem Inhalt verschieden. Dasselbe gilt für die Zahl der Abschnitte, die z.B. bei Artikeln in Boulevardzeitungen deutlich größer ist als bei Artikeln in überregionalen Abonnementzeitungen.

Der Vorteil formal definierter Codiereinheiten liegt in ihrer hohen Verlässlichkeit und leichten Anwendbarkeit. Man braucht keinen großen Definitionsaufwand zu betreiben, und die Codierer können dennoch ohne Schwierigkeiten die einzelnen Codiereinheiten leicht, schnell und sicher identifizieren. Dadurch ist es ihnen möglich, sich stärker auf die Suche und Prüfung von Indikatoren zu konzentrieren. Bei der semantischen Definition ist die Codiereinheit schwieriger zu identifizieren und nicht so eindeutig abgrenzbar, so dass die Übereinstimmung zwischen verschiedenen Codierern geringer sein dürfte. Damit ist bei semantischer Definition die Gefahr systematischer Codierereinflüsse auf die Ergebnisse gegeben.

Abschließend sei zu diesem Sachverhalt betont, dass diese möglichen intervenierenden Einflüsse in beiden Fällen, der formalen wie der semantischen Vorgehensweise, nur dann zu Fehlern führen, wenn sie systematischer Art sind. Ist man sich der möglichen Störquellen bewusst, kann man sie in der Regel leicht neutralisieren, indem man sicherstellt, dass sie über das ganze Untersuchungsmaterial gleichmäßig streuen.

Neben der Codiereinheit sind im Rahmen der operationalen Definition in manchen Fällen auch Kontext- und Messeinheit zu bestimmen. Bei semantischer Definition der Codiereinheiten muss der Codierer die Bedeutung der Indikatoren rekonstruieren. Dies kann er oft nur dann mit hinreichender Sicherheit, wenn er noch andere, im Text voran stehende oder nachfolgende Informationen heranzieht. Um ihm einerseits diese Möglichkeit zu geben, andererseits aber allzu extensive Assoziationen und Schlussfolgerungen einzugrenzen, kann man **Kontexteinheiten** festlegen. Der Codierer darf dann nur die innerhalb dieser Kontexteinheit enthaltenen Informationen zur »Monosemierung« (s.u.) seiner Indikatoren benutzen.

Man sollte auch Kontexteinheiten in der beschriebenen Art formal oder semantisch bestimmen. Die formale Definition könnte sich auf Abschnitte oder eine begrenzte Zahl von Sätzen beziehen. Auf semantischer Ebene würde sich entweder die oben beschriebene Sinneinheit anbieten oder aber eine Regel, die festlegt, dass die zur »Monosemierung« benutzte Zusatzinformation in einem grammatikalischen Bezug zum Indikator stehen muss. Dieser Bezug wäre dann im Einzelnen noch genauer zu bestimmen.

Von den Codiereinheiten zu unterscheiden sind die **Analyseeinheiten,** auch wenn beide bei der Inhaltsanalyse häufig zusammen fallen. Während die Codiereinheit die Bezugsgröße der Codierung im Text angibt, auf die das Kategoriensystem je einmal anzuwenden ist, definiert die Analyseeinheit die Größe, über die in der Studie eine Aussage getroffen werden soll (den »Fall« im Analysejargon). Wenn ich das Hauptthema von Zeitungsartikeln codiere, weil mich die Themenstruktur der Beiträge interessiert, dann codiere ich pro Artikel einmal; also ist die Codiereinheit der Artikel. Bei der Auswertung sage ich dann, xy% der Artikel behandelten Thema A, yz% Thema B etc.; also ist die Analyseeinheit der Artikel, d.h. Analyseeinheit und Codiereinheit sind hier identisch. Interessieren mich dagegen Tendenzen der Berichterstattung hinsichtlich der Bewertung bestimmter politischer Parteien, dann kann ich z.B. wertende Aussagen über Parteien als Codiereinheit wählen. Codiert wird so oft, wie wertende Aussagen im Text vorkommen. Mich interessiert jedoch die Texttendenz, weshalb ich die Anzahl der codierten Wertungen pro Text so verrechnen und gewichten muss, dass daraus die

Artikeltendenz abgeleitet werden kann. In der Auswertung werde ich dann ermitteln, welcher Anteil aller Artikel die eine und welcher andere Anteil eine andere Tendenz hatte. Hier fallen also Codier- und Analyseeinheit auseinander, weshalb es auch nicht immer richtig ist, wenn beide Begriffe synonym verwendet werden. Bei der Entwicklung der Methode ist deshalb durch Kennziffern Rechnung zu tragen, dass bei abweichenden Codiereinheiten diese auf die Analyseeinheiten eindeutig bezogen und ggf. aggregiert werden können.

Messeinheiten sind in der Regel nur dann zu berücksichtigen, wenn die Inhaltsanalyse auf formale Texteigenschaften zielt. Will man etwa in Tageszeitungen den Umfang der Berichterstattung in einzelnen Sparten messen, so muss man angeben, ob man die Zahl der Seiten zählen, die bedruckten Flächen nach Quadratzentimetern ausmessen oder die Spaltenlängen in Zentimetern angeben will. In der überwiegenden Zahl aller Inhaltsanalysen ist die Messeinheit aber ganz einfach ein nummerierter Zähler für die Häufigkeit, mit der die Codiereinheiten im Untersuchungsmaterial vorkommen. Bei skalierten Kategorien mit mehreren Ausprägungsstufen werden diese Zähler dann noch mit den entsprechenden Punktwerten bzw. Gewichten verrechnet, so dass ggf. eine starke Bewertung doppelt (Gewicht 2), eine schwache Bewertung nur einfach zählt (Gewicht 1).

Alle diese Regelungen haben das Ziel, den Bezug zwischen Objekt- und Datenebene operational zu bestimmen, d.h. dem Codierer Kriterien für die Zuordnung von Codes (d.h. numerischen Kennziffern) zu konkreten Textmerkmalen an die Hand zu geben. Codierregeln haben dabei nicht nur die Funktion sicherzustellen, dass die Indikatoren eindeutig definiert und alle aufgefunden werden können. Sie bilden auch eine wesentliche Voraussetzung dafür, dass alle Codierer das Kategoriensystem sowohl untereinander einheitlich als auch in Bezug auf das ganze Untersuchungsmaterial invariant anwenden können. Die operationale Definition muss sicherstellen, dass alle Texte unter dem gleichen Gesichtspunkt analysiert werden, alle Codiereinheiten dieselbe Chance haben, codiert zu werden und ihre Zuordnung zu einzelnen, alternativen Kategorien über die ganze Untersuchung und bei allen Codierern in gleicher Weise vorgenommen wurde.

Damit sind wir beim dritten zentralen Kriterium für die Relation zwischen Objekt- und Datenebene angelangt, der **Systematik** des Verfahrens. Sie drückt sich insbesondere in der *Invarianz der Codierregeln* aus. Nur wenn sichergestellt ist, dass sich das Messinstrument im Laufe der Untersuchung nicht geändert hat, kann den produzierten Daten eine präzise Bedeutung beigemessen werden. Alle Analyseeinheiten müssen nach absolut gleichen Regeln analysiert und in Datenformat überführt worden sein, weil die Methode sehr stark bedeutungsrelevant ist. So käme man zu glatten Fehlinterpretationen, wenn man z.B. die Kategorie »Gewalt« im ersten Teil der Untersuchung ausschließlich als offensiv-aggressive Verhaltensweise definiert, im zweiten Teil aber auch präventive und defensive Gewalt (Verteidigung, Notwehr) mit einbeziehen würde; einen ähnlichen Artefakt produzierte man, wenn anfangs Abschnitte, später Sätze als Codiereinheiten gewählt würden. In beiden Fällen könnte eine höhere Anzahl von Codierungen zum Untersuchungsende hin inhaltlich nicht interpretiert werden, weil diese Veränderung ja auch durch die Änderung des Instruments zustande gekommen sein kann.

Dem wichtigen Qualitätskriterium der Systematik dient auch der weitgehend *standardisierte Untersuchungsablauf* einer Inhaltsanalyse. Die teils ineinander greifenden Arbeitsschritte lassen sich analytisch trennen und in eine Reihenfolge bringen. Um die Komplexität zu reduzieren, wollen wir aber zwei Ebenen unterscheiden: Die eine beschreibt den Forschungsablauf entlang der Forschungslogik, mit der die gewählte Forschungsfrage bzw. das von außen gestellte wissenschaftliche Problem gelöst werden soll. Die Inhaltsanalyse hat im Rahmen dieser Forschungskonzeption eine bestimmte Funktion, die sie manchmal alleine erfüllt, häufig aber auch gemeinsam mit anderen Methoden und Forschungsstrategien wie Befragung oder Experiment. Entsprechend bezieht sich die Systematik dann auch auf die Vorgehensweise bei der Stichprobenbildung oder die Bildung von Versuchs- und Kontrollgruppen. Die zweite Ebene beschreibt dann die konkreten methodischen Arbeitsschritte bei der Durchführung der Inhaltsanalyse. In der konkreten Forschungsarbeit sind beide Ebenen immer ineinander verzahnt.

Erste Ebene: Inhaltsanalyse als Forschungsstrategie: Logik und Güte der Beweisführung.
Die Kernelemente der Forschungsstrategie sind die Kriterien Validität und Logik der Beweisführung. Wie oben bereits dargelegt (vgl. Abb.1), besteht die Grundidee darin, einen Realitätsausschnitt zunächst theoretisch präzise zu beschreiben, d.h. in ein mentales Modell zu überführen. Es enthält einen oder mehrere ungeklärte Aspekte, die in der Forschungsfrage bzw. den Hypothesen beschrieben sind. Dieses mentale theoretische Modell soll dann in ein adäquates Datenmodell (Formalstruktur) überführt werden, um auf dieser Ebene das Forschungsproblem zu lösen. Ist das inhaltsanalytisch erstellte Datenmodell valide, kann diese Lösung dann auch wieder im Rückschluss auf die realen Probleme übertragen werden. Diese großen logischen Schritte sollen an einem kleinen Beispiel kurz konkretisiert werden. Als zusätzliche Gliederung benutzen wir die in der empirischen Sozialforschung mittlerweile eingeführten Begriffe: Entdeckungs-, Begründungs- und Verwertungszusammenhang.

ENTDECKUNGSZUSAMMENHANG: Nehmen wir an, es interessiere die Frage, ob das Thema »Umweltschutz« zwischen 1970 und 1980 in der deutschen Presseberichterstattung an Bedeutung zugenommen habe. Dies wollen wir inhaltsanalytisch untersuchen. Man formuliert deshalb zunächst eine Hypothese, die durch die Inhaltsanalyse zu bestätigen oder zu widerlegen ist:

H_1:   Das Thema »Umweltschutz« hat zwischen 1970 und 1980 in der deutschen Presseberichterstattung an Bedeutung zugenommen.

Diese Hypothese enthält nun eine Annahme über die Realität (die konkrete Presseberichterstattung), welche Elemente enthält, die zueinander in Beziehung stehen. D.h. wir befinden uns jetzt auf der Konstruktebene, die unsere Vermutungen über die Realität enthält. (siehe Abb.1) Die dimensionale Analyse ergibt, dass die Bedeutungsstruktur aus den Elementen bzw. Begriffen »Thema Umweltschutz« und »Bedeutung des Themas« sowie der Relation »Zunahme der Bedeutung« besteht. Dies soll sich in der deutschen Presseberichterstattung im Zeitraum von 1970 bis 1980 zugetragen haben (Randbedingungen).

BEGRÜNDUNGSZUSAMMENHANG: Der Forscher hat nun die Aufgabe, eine Inhaltsanalyse zu konzipieren, mit der er diese Bedeutungsstruktur in eine adäquate Datenstruktur transformieren kann. Dazu sind mehrere Arbeitsschritte erforderlich:

1.   Erläuterung der Forschungsfrage: Warum ist sie interessant, warum erwarte ich diesen Zusammenhang?
2.   Gibt es dazu bereits Forschungsliteratur, auf der aufgebaut werden kann oder deren Ergebnisse angezweifelt werden können, also widerlegbar erscheinen?
3.   Definition der in der Hypothese enthaltenen Begriffe. (Konstrukte und Stichprobe)
4.   Beweislogik: Wann soll die Hypothese als bestätigt / widerlegt gelten?

Zu jedem der vier Punkte wäre viel zu erläutern, wir wollen hier aber nur beispielhaft einige Hinweise geben. Zu 1: Das Umweltschutzthema hat sich vermutlich erst dann so richtig in der Öffentlichkeit durchgesetzt, als sich deren Befürworter anfangs der 1970er-Jahre als politische Partei etablierten. Zu 2: Uns sind Bevölkerungsumfragen, aber keine Inhaltsanalysen der Presseberichterstattung bekannt. Allerdings wurde in der Presse die Meinung vertreten, Umweltschutz sei ein »Luxusthema«, das durch die beiden Ölkrisen 1973 und 1978 von elementareren Themen wie Energieknappheit und Arbeitslosigkeit marginalisiert worden sei. Dies wollen wir widerlegen (was weitere Hypothesen erfordert; hier ausgeblendet). Zu 3 und 4: Die Hypothese gilt als bestätigt, wenn der Indikator

für die Bedeutsamkeit des Themas signifikant positiv mit der Zeitachse korreliert (je später der Zeitpunkt, desto höher die Bedeutsamkeit). Die Messpunkte werden kontinuierlich in Monatsintervallen gesetzt (systematische Zufallsauswahl um die Linearität zu betonen; eine hinreichend große »reine« Zufallsauswahl, welche die Themenentwicklung abbildet, wäre aber auch möglich). Als Stichprobe sollen nur Tages- und Wochenzeitungen mit aktuellem Inhalt untersucht werden, wobei aus jedem Monat der Dekade ein Stichtag nach Zufall ausgewählt wird (d.h. 120 Messpunkte). Offen ist jetzt noch die zentrale Frage, was die Begriffe, die Relation und die Randbedingungen genau bedeuten und wie sie operationalisiert werden. Es muss explizit erläutert werden, was unter »Umweltschutz«, »Presseberichterstattung« und »Bedeutungszunahme« zu verstehen sei. Daraus resultiert das Prüfkriterium für die Hypothese, das theoretisch und empirisch nachweisbar sein muss. Beginnen wir mit dem Begriff **»Thema Umweltschutz«.** Nach Recherchen in der Fachliteratur finden wir verschiedene Definitionen wie z.B.:
a) Zusammenfassender Begriff für alle Maßnahmen, die dem Schutz und Erhalt des Ökosystems und Klimas der Erde dienen.
b) Umweltschutz bezeichnet den Schutz der Umwelt vor störenden Einflüssen oder Beeinträchtigungen, wie beispielsweise Umweltverschmutzung, Lärm, globaler Erwärmung und Flächenversiegelung bzw. Flächenverbrauch. Ausgangspunkt des Umweltschutzes ist die Erhaltung des Lebensumfelds der Menschen und ihrer Gesundheit. Dies schließt auch den Schutz der die Menschen umgebenden Natur in einem gewissen Umfang mit ein.

Für Auswahl und Bewertung der verschiedenen Varianten spielt neben der Seriosität und Wissenschaftlichkeit der Quelle auch die Präzision der Formulierung eine wichtige Rolle. Variante a) ist zu allgemein, weil Sie nun selbst klären müssen, was alles zum Ökosystem der Erde gehört, welche Maßnahmen tatsächlich dem Schutz des Klimas dienen etc. Version b) ist zwar ausführlicher, aber ebenso unpräzise. Lärm, Flächenverbrauch, Verschmutzung usw. gibt es immer, aber ab wann handelt es sich um »störende Einflüsse« oder »Beeinträchtigungen«? Finden wir keine präziseren Definitionen, so werden wir wohl mit einer »Arbeitsdefinition« beginnen und sie im vorgegebenen Bedeutungsrahmen durch weitere Recherchen sowie im Zuge der empiriegeleiteten Kategorienbildung Schritt für Schritt präzisieren. Wir formulieren also die **Arbeitsdefinition:**
Umweltschutz bezeichnet alle Maßnahmen, die der Erhaltung des Lebensumfeldes und der Lebensbedingungen der Menschen dienen.

Im nächsten Schritt ist die Relation **»Bedeutungszunahme«** zu definieren. Dies ist kein feststehender Begriff, in Lexika und Datenbanken finden sich dazu entweder keine Einträge oder solche mit unterschiedlichen Bedeutungen. Der Forscher muss nun auf der Grundlage dieses Materials selbst prüfen, welche Bedeutungsaspekte für die eigene Forschungsfrage relevant und aussagekräftig sind. So könnte er »Bedeutungszunahme« entweder in dem Sinne verstehen, dass das Thema als immer wichtiger betrachtet wird und an Ansehen und Wertschätzung gewonnen hat oder aber in dem anderen Sinne, dass es im Zeitverlauf immer häufiger diskutiert und immer stärker öffentlich beachtet wird. Bei der letztgenannten Definition würde eine einfache Themenfrequenzanalyse ausreichen, welche die Themennennungen erfasst. Für die erste Definition würde dies aber nicht ausreichen, weil das Thema auch deshalb häufiger genannt worden sein könnte, weil es zunehmend stärker in die Kritik geriet. Dies wäre dann sicher keine Zunahme an Wertschätzung, wie es die Definition verlangt, sondern eine Störgröße, welche die Übereinstimmung der Datenstruktur mit der Bedeutungsstruktur (Validität) beeinträchtigen würde. Selbstverständlich kann der Forscher beide Definitionsvarianten auch zu einer einzigen umfassenden Definition von Bedeutung bzw. Bedeutungszunahme integrieren. Dann wird er aber den Indikator Themenhäufigkeit durch weitere Indikatoren ergänzen müssen. Etwa durch die Häufigkeit und Intensität expliziter Qualifizierungen des Themas im Sinne von »bedeutend«, »wichtig« usw. Weiter die Zahl und Prominenz der Personen / Institutionen, die sich mit dem Thema befassen. Schließlich könnte der Forscher noch als alternativen oder zusätzlichen Indikator die Zahl anderer Themen verwenden, mit denen das Thema »Umweltschutz« in Verbindung gebracht wird oder gar im Sinne einer Güterabwägung in Konkurrenz tritt. Je mehr Bereiche tangiert werden oder gar Einschränkungen zugunsten des Umweltschutzes hinnehmen müssen – so die Überlegung –, desto bedeutender ist das Thema Umweltschutz. Weitere Indikatoren sind denkbar oder könnten ggf. später im Rahmen der empiriegeleiteten Kategorienbildung aus einer repräsentativen Stichprobe des Untersuchungsmaterials eruiert werden.

Damit sind die Prüfkriterien, anhand derer die Forschungsfrage beantwortet werden soll, genannt (üblicherweise in »Je-desto-Formulierungen«). In der ersten Definitionsvariante hatte das Konstrukt »Bedeutungszunahme« nur einen Indikator, nämlich die Veränderung der Themenhäufigkeit, in der zweiten wird das Konstrukt durch mehrere Indikatoren repräsentiert (siehe Anzahl der Je-desto-Formulierungen). Damit ist die oben noch vage Formulierung zu Punkt 4: »Beweislogik« präzisiert.

Nun ist ein Kategoriensystem zu entwickeln, das die gemeinten Sachverhalte im konkreten Textmaterial erfasst. Es muss so angelegt sein, dass theoretisch gesehen die Hypothese mit gleicher Chance zurückgewiesen wie (vorläufig) verifiziert werden kann. Art und Differenziertheit des Kategoriensystems leiten sich aus dem theoretischen Forschungsinteresse ab. Dazu kann der Forscher auf die Je-desto-Formulierungen zurückgreifen. Wenn dort steht »Je häufiger das Thema genannt wird, desto bedeutsamer ist es«, dann muss er also eine Kategorie vorsehen, in der er registriert, wie häufig das Thema im Zeitverlauf vorkommt. Wenn dort zusätzlich steht:»Je häufiger das Thema Umweltschutz als wichtig bzw. bedeutsam genannt oder seine Beachtung gefordert bzw. beschrieben wird, desto bedeutsamer ist es«, dann weiß der Forscher, dass er in diesem Sinne positive Themendarstellungen in einer Kategorie erfassen muss, weil er sonst die Frage nicht beantworten könnte. Auf diese Art wird er mindestens so viele Kategorien erhalten wie Indikatoren vorliegen – und das noch, bevor das Textmaterial überhaupt gesichtet wurde, also allein aus der Forschungsfrage abgeleitet (theoriegeleitete Kategorienbildung). Diese Hauptkategorien können anschließend anhand einer Stichprobe des Textmaterials ausdifferenziert und die Definitionen präzisiert bzw. ergänzt werden (empiriegeleitete Kategorienbildung). Es folgt eine Probecodierung mit einer weiteren Textstichprobe und schließlich der Reliabilitätstest (Beschreibung siehe Kap. 1.3.1-1.3.3), in dem die Verlässlichkeit und Unabhängigkeit (Objektivität) der Inhaltsanalyse von der analysierenden Person nachgewiesen werden. Fällt das Testergebnis zufrieden stellend aus, kann mit der eigentlichen Codierung begonnen werden. Die »Rohdaten« werden dann mit Hilfe statistischer Verfahren analysiert und dokumentiert.

VERWERTUNGSZUSAMMENHANG: Die Forschungsarbeit wird mit einem Projektbericht abgeschlossen, in dem zunächst die Vorgehensweise beschrieben und begründet wird. Die Ergebnisse werden dann im Kontext des Erkenntniszusammenhangs, d.h. vor dem Problemhintergrund und dem Forschungsstand diskutiert. Daraus werden ggf. Konsequenzen für die Verbesserung einer Theorie abgeleitet oder Handlungsanweisungen bzw. -empfehlungen zur Verbesserung, Vermeidung oder Beibehaltung des beschriebenen Zustandes oder der nachgewiesenen Entwicklung formuliert.

Zweite Ebene: Inhaltsanalyse als Methode.
Da wir beide Ebenen nur der Übersichtlichkeit wegen analytisch trennten, sie im konkreten Forschungsablauf aber immer ineinander greifen, sind in der folgenden Darstellung die methodenspezifischen inhaltsanalytischen Arbeitsschritte in das forschungslogische Grundmuster eingebettet. Schließlich ist es ihre Aufgabe, diese forschungslogischen Anforderungen am konkreten Untersuchungsmaterial umzusetzen. Den in dieser Weise ergänzten Forschungsablauf zeigt *Abbildung 5.*

Abb. 5: Standardisierter Untersuchungsablauf der Inhaltsanalyse

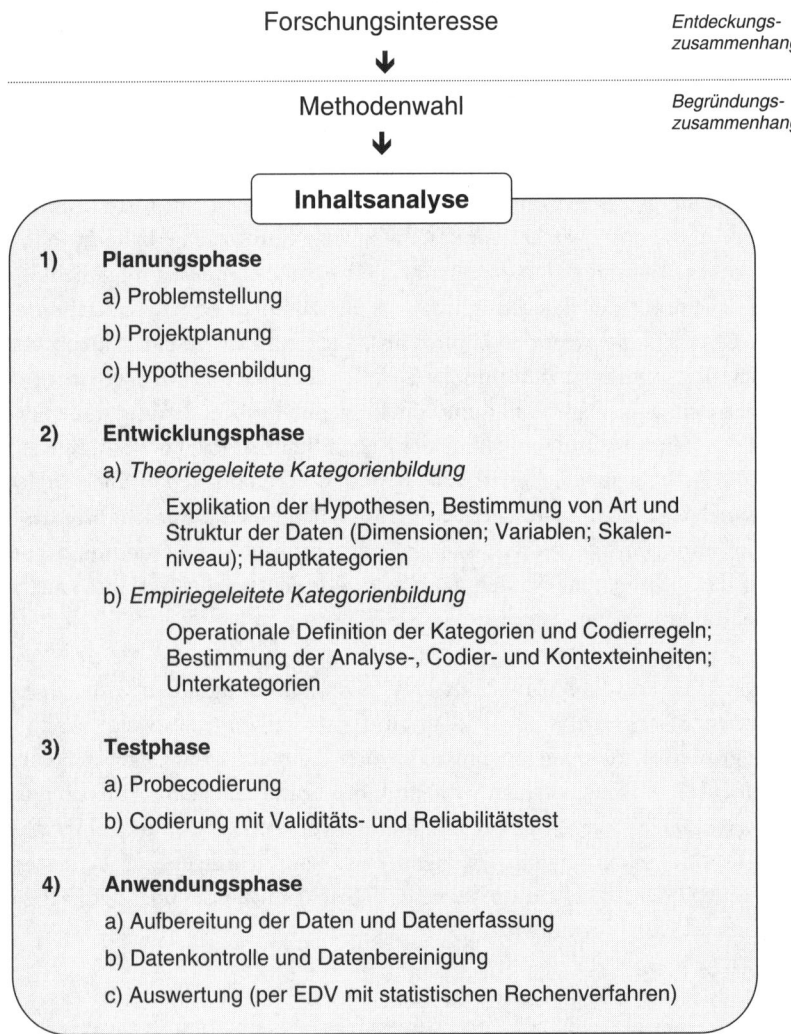

Forschungsinteresse   *Entdeckungs-*
          ↓   *zusammenhang*

Methodenwahl   *Begründungs-*
          ↓   *zusammenhang*

Inhaltsanalyse

1) Planungsphase

a) Problemstellung

b) Projektplanung

c) Hypothesenbildung

2) Entwicklungsphase

a) *Theoriegeleitete Kategorienbildung*

Explikation der Hypothesen, Bestimmung von Art und Struktur der Daten (Dimensionen; Variablen; Skalenniveau); Hauptkategorien

b) *Empiriegeleitete Kategorienbildung*

Operationale Definition der Kategorien und Codierregeln; Bestimmung der Analyse-, Codier- und Kontexteinheiten; Unterkategorien

3) Testphase

a) Probecodierung

b) Codierung mit Validitäts- und Reliabilitätstest

4) Anwendungsphase

a) Aufbereitung der Daten und Datenerfassung

b) Datenkontrolle und Datenbereinigung

c) Auswertung (per EDV mit statistischen Rechenverfahren)

↓   *Verwertungs-*
             zusammenhang

Interpretation und Bericht
(ggf. mit Inferenzen auf Kommunikator und / oder Rezipient).

Publikationen, Vorträge, Weiterverwendung in der Wissenschaft.

Anwendung der Ergebnisse in Politik, Wirtschaft etc.

Die konkreten inhaltsanalytischen Arbeitsschritte werden im zweiten Teil des Buches (Praxis der Inhaltsanalyse) ausführlich anhand von Beispielen beschrieben, weshalb wir uns hier auf den Forschungsablauf konzentrieren wollen. Die Reihenfolge der dargestellten Arbeitsschritte ist als Leitfaden zu verstehen. Oft ist es in der Praxis notwendig, zu einem fortgeschrittenen Zeitpunkt des Untersuchungsablaufs wieder auf vorhergegangene Stufen zurückzugehen, sie zu modifizieren und zu ergänzen. Da die empiriegeleitete Kategorienbildung nur anhand einer Stichprobe des Textmaterials erfolgt, ist trotz sorgfältiger Vorgehensweise nie ganz auszuschließen, dass selbst bei der Codiererschulung noch ein wichtiger Aspekt auftauchen kann, der unbedingt in das Kategoriensystem übernommen werden soll. Dies wird zwar bei sorgfältiger Vorgehensweise kaum vorkommen, wenn es aber passiert, muss richtig reagiert werden. Auf keinen Fall während der Codierung einfach das Kategoriensystem ändern, weil dann die Vorgehensweise nicht mehr systematisch ist. Die Folge wäre, dass die gewonnenen Daten nicht mehr vergleichbar sind, weil sie mit unterschiedlichen Instrumenten erhoben wurden. Es gibt dann nur einen korrekten Weg: Man muss wieder zurück gehen, die Mängel beseitigen und von dieser Stufe aus erneut alle Arbeitsschritte vollziehen.

Umgekehrt kann gelegentlich auch ein Vorgriff notwendig sein. Die präzise Definition von Hypothesen beispielsweise präjudiziert gelegentlich schon die Auswahl des Untersuchungsmaterials. Außerdem muss immer eine direkte Rückkoppelung aller Arbeitsschritte zur Problemstellung gewährleistet sein.

Bisher formulierten wir Ansprüche, Forderungen an das Instrument »Inhaltsanalyse«, denen es genügen muss, wenn es als wissenschaftliche Methode gelten will. Neben der Offenlegung des Verfahrens sind es insbesondere die drei Kriterien: Vollständigkeit und Trennschärfe von Kategorien und Indikatoren sowie Invarianz der Codierregeln bzw. Systematik. Weshalb diese drei zuletzt genannten Forderungen Schwierigkeiten bereiten und nur durch spezielle Vorkehrungen hinlänglich zu erfüllen sind, soll nunmehr etwas ausführlicher besprochen werden. Berührt ist hier das Gültigkeitsproblem, die prinzipielle Frage, ob mit der Inhaltsanalyse überhaupt das gemessen werden kann, was gemessen werden soll.[39]

---

39 Das hier angesprochene Problem wurde oben auf mehr formaler Ebene auch schon bei der Definition des Messens behandelt. In der dort benutzten Terminologie geht es um das Repräsentationsproblem und die Frage, ob überhaupt eine stichhaltige Messtheorie formuliert werden kann. Ist es möglich, dass das spezifische Erkenntnisobjekt ›Text‹ und seine Bedeutung als »empirisches Relativ« überhaupt in ein »numerisches Relativ« abgebildet werden kann? Und wenn ja, welche Besonderheiten des Gegenstandes und des Verfahrens sind bei diesem Vorgang zu beachten?

3.4 Stichprobe

Die Inhaltsanalyse argumentiert auf Aggregatebene, d.h. sie benutzt die Beschreibung einzelner Texte nur als Zwischenschritt, um Merkmale von Textmengen zu beschreiben. Das Kategoriensystem muss z.b. nicht nur die Umweltschutzdiskussion in Zeitungsbeiträgen valide und vollständig beschreiben, sondern die Summe dieser Beschreibungen muss auch die Umweltschutzdiskussion in der gesamten deutschen Presse angemessen abbilden (sofern dies die Forschungsfrage fordert). Dazu ist es erforderlich, von den Merkmalen der Texte valide und verlässlich auf die Merkmale von Textmengen zu schließen. Am unproblematischsten gelingt dies, wenn alle Elemente der Textmenge codiert werden, in unserem Beispiel also die Beiträge der »gesamten deutschen Presse«. Es gibt durchaus einige Fragestellungen, bei denen das gesamte Textmaterial, über das eine Aussage getroffen werden soll, untersucht werden kann. So könnte man z.b. bei der Frage »Wie bewertet die deutsche Tagespresse die TV-Debatte der beiden Kanzlerkandidaten bei der Bundestagswahl xy unmittelbar nach dem Ereignis?« sämtliche Tageszeitungen der folgenden ein bis zwei Tage analysieren. Dies wäre eine Vollerhebung, da spätere Berichte nicht mehr als unmittelbare Reaktionen gelten können. Meist beziehen sich die Forschungsfragen jedoch auf so große Gegenstandsbereiche, dass aus den anfallenden umfangreichen Materialmengen allein schon wegen des Aufwandes nur eine begrenzte Teilmenge untersucht werden kann. Damit stellt sich noch viel nachdrücklicher das Problem, wie von den Merkmalen dieser kleinen Auswahl sicher auf die Merkmale aller Elemente, auf die sich die Forschungsfrage bezieht (**Grundgesamtheit / GG**), geschlossen werden kann. Der Repräsentationsschluss wird durch bestimmte Anforderungen an das Auswahlverfahren ermöglicht. Eine Auswahl, deren Regeln vorab festgelegt wurden, nennt man »Stichprobe«. Die Regeln können auf dem Zufallsprinzip beruhen (Zufallsstichproben; random samples) oder anderen, vom Forscher selbst festgelegten Prinzipien folgen (willkürliche bzw. bewusste Auswahl/Stichprobe).

Bei **willkürlichen Stichproben** liegt die Auswahl der Elemente im Ermessen des Forschers; er kann »auf's Gratewohl« das auswählen, was ihm sinnvoll erscheint oder gerade erreichbar ist. Das können z.B. die gerade anwesenden Teilnehmer eines Seminars an der Universität, die Kinder des Kindergartens, den die eigene Tochter gerade besucht oder die Tageszeitungen und Zeitschriften, die in Familie und Bekanntenkreis leicht zugänglich sind, sein. Solche willkürlichen ad hoc-Stichproben sind grundsätzlich nicht verallgemeinerungsfähig und damit weitgehend unbrauchbar. Man kann sie allenfalls für explorative Zwecke benutzen oder die Aussage auf genau den untersuchten Kindergarten, die analysierten Zeitungen etc. begrenzen.

Ähnliches gilt für **bewusste Auswahlen**. Bei ihnen entscheidet der Forscher auf der Grundlage seines Wissens über die Verteilung des untersuchten Merkmals in der GG über die Zusammensetzung der Stichprobe und legt diese Kriterien offen. Die Auswahl basiert zwar auf offen gelegten, invariant angewandten Regeln, die jedoch nicht geeignet sind, die Strukturen der GG angemessen abzubilden. Beispiele sind die Auswahl extremer oder »typischer« Fälle (vgl. SCHNELL, HILL, ESSER 1999, 277 ff.)

Um die Ergebnisse der Stichprobe auf den gesamten Gegenstandsbereich der Forschungsfrage (Grundgesamtheit, GG) übertragen zu können, ist eine repräsentative Stichprobe erforderlich (statistischer Induktionsschluss / statistische Inferenz). In der Regel wird eine solche Stichprobe durch eine Zufallsauswahl aus der GG realisiert.

Diese **Zufallsstichprobe** ist dadurch gekennzeichnet, dass jedes Element (d.h. Merkmalsträger) der GG dieselbe Chance besitzt, ausgewählt zu werden (siehe Roulettspiel oder Ziehung der Lottozahlen). Sie erlaubt den statistischen Induktionsschluss auf die GG, weil die Stichprobe deren verkleinertes Abbild darstellt.

Die Zufallsauswahl stellt also sicher, dass selten vorkommende Elemente selten, häufig vorkommende häufiger ausgewählt werden, so dass bei zunehmender Stichprobengröße die Abbildung der in der GG vorhandenen Merkmalsstrukturen immer verlässlicher und differenzierter wird. Die Strukturtreue wird im Wesentlichen durch das Auswahlverfahren, die Abbildungsgenauigkeit (bzw. Differenziertheit und Stabilität) insbesondere durch die Stichprobengröße beeinflusst. Es existieren unterschiedliche Varianten der Zufallsstichprobe. Man kann einfache, gestufte und kombinierte Verfahren unterscheiden.

Einfache Zufallsauswahl: Hier liegen die Elemente der GG real (z.B. Zeitungsausgaben) oder symbolisch (z.B. aufgelistete oder auf Kärtchen notierte Zeitungsausgaben) vollständig vor. Daraus wird nach dem Lotterieprinzip eine bestimmte Anzahl von Elementen ausgewählt. Man kann auch eine systematische Zufallsauswahl treffen, indem aus der Liste jedes n-te Element ausgewählt wird. Um Reihungseffekte zu vermeiden, sollte die Liste dann aber nicht geordnet (z.B. nach Datum oder Zeitungstitel), sondern unsystematisch »gemischt« sein.

Gestufte Zufallsauswahl: Sie besteht aus einer Kombination mehrerer Zufallsstichproben. Diese Vorgehensweise ist vor allem bei komplexen GG angebracht. Wenn z.B. der Umfang der Sportberichterstattung deutscher Tageszeitungen im vergangenen Jahrzehnt untersucht werden soll, wird man zunächst eine Zufallsstichprobe aus den über hundert Zeitungstiteln ziehen und zusätzlich eine Zufallsstichprobe aus den Erscheinungstagen (Werktage).

Gestufte kombinierte Stichproben: Sie zeichnen sich dadurch aus, dass eine oder mehrere (gestufte) Zufallsauswahlen mit einem anderen Auswahlschritt kombiniert werden, der nicht dem Zufallsprinzip folgt. Dazu gehören z.b. die Klumpen- oder Clusterauswahl, die geschichtete Auswahl und das Auswahlprinzip der sog. künstlichen Woche.

Klumpenauswahl (cluster sample): Darunter versteht man eine einfache Zufallsstichprobe, die sich jedoch nur auf eine begrenzte Anzahl zusammenhängender Teile der GG bezieht, die dann vollständig analysiert werden. Wenn z.b. in einem persönlichen, mündlichen Interview das Verhältnis der Lokal- und Regionalpolitiker bzw. -politikerinnen zu den Medien untersucht werden soll, aber nur das Forscherteam als Interviewer in Frage kommt, wird man sich auf wenige Regionen in Deutschland beschränken müssen. Es werden dann zufällig eine Anzahl von Orten oder Regierungsbezirken ausgewählt, in denen alle in der Politik tätigen Personen befragt werden. Eine Klumpen- oder Clusterauswahl liegt aber auch schon dann vor, wenn die Auswahleinheit (sampling unit) der Stichprobe und die Analyseeinheit der Inhaltsanalyse nicht identisch sind. Angenommen es soll die Berichterstattung der deutschen Tagespresse zum Verhältnis der alten und der neuen Bundesländer seit der Wiedervereinigung Deutschlands untersucht werden. Dazu wird eine Zufallsstichprobe aller Zeitungsausgaben seit 1989 erstellt, und jede Ausgabe wird vollständig analysiert. Analyseeinheit ist der Artikel bzw. Beitrag, d.h. es sollen Ergebnisse der Art zustande kommen wie: In den meisten (oder in xy Prozent) aller Beiträge wird das Verhältnis von Ost und West als belastet, angespannt oder aber entspannt etc. beschrieben. Da jedoch keine Artikel, sondern nur Zeitungsausgaben ausgewählt wurden, in denen z.T. auch mehrere Artikel zum Thema stehen können, die alle codiert werden, besitzen die »Zweitartikel« eine größere Chance in die Stichprobe zu kommen als die Artikel in anderen Ausgaben, die nicht ausgewählt wurden.

Erfahrungsgemäß kommt es nicht so häufig vor, dass zu einem Thema zwei oder noch mehr Beiträge in einer Ausgabe stehen, so dass diese Verzerrung meist vernachlässigbar ist. Es kann allerdings auch sein, dass es sich um einen sog. »*systematischen Einfluss*« handelt, der die untersuchten Zusammenhänge einseitig in eine bestimmte Richtung verzerrt. Dies könnte hier durchaus der Fall sein, weil die Kombination von Bericht und Kommentar nur bei Abonnementzeitungen und hier insbesondere wieder bei überregionalen Blättern vorkommt. Da es in der Forschungsfrage um Wertungen geht, die in Kommentaren besonders häufig vorkommen und diese wiederum in überregionalen Abonnementzeitungen (aus den westlichen Bundesländern) kumulieren, ist eine Ergebnisverzerrung zu erwarten. Ein Lösungsvorschlag wird unten beschrieben.

Geschichtete Stichprobe: Verteilen sich die forschungsrelevanten Merkmale in der GG sehr ungleich, kann eine geschichtete Stichprobe sinnvoll sein. Die GG wird nach dem interessierenden Merkmal (theoretisch auch nach mehreren Merkmalen, was sich praktisch aber selten umsetzen lässt) derart gruppiert, dass jedes Element nur einer Gruppe bzw. Schicht angehört und die Schichten unterscheidbare Ausprägungen des interessierenden Merkmals darstellen (z.B. Merkmal: Verbreitungsgebiet, Ausprägungen: lokal/regional, überregional). Das Schichtungsmerkmal ist dann innerhalb der Schichten homogen verteilt. Nun wird aus jeder Schicht eine Zufallsauswahl gezogen. Entsprechen die Umfänge der Stichproben genau den Anteilen der jeweiligen Schicht an der GG, so spricht man von einer proportional, ansonsten von einer disproportional geschichteten Stichprobe. Ein statistischer Induktionsschluss auf die GG ist nur bei der proportional geschichteten Stichprobe möglich. Sind die Anteile der Schichten an der GG bekannt, kann nachträglich durch entsprechende Gewichtungen aus einer disproportionalen eine proportional geschichtete Stichprobe erstellt werden. Sofern es sich bei den Schichtungsmerkmalen um Kriterien handelt, auf die sich die Forschungsfrage bezieht, erzielt man nach BORTZ sogar eine bessere Anpassung an die GG als mit einer einfachen Zufallsauswahl, da sich der Repräsentativitätsanspruch nur auf die relevanten Merkmale bezieht. (BORTZ 1999, 88).

Geschichtete Stichproben bieten auch einige forschungspraktische Vorteile. In unserem oben genannten Beispiel müsste man z.B. eine sehr große Zufallsstichprobe ziehen (die fast einer Vollerhebung gleich käme), um von den wenigen überregionalen Tageszeitungen hinreichend viele in der Stichprobe wiederzufinden. Mit einer Schichtung zieht man aus den lokal bzw. regional verbreiteten Titeln eine hinreichend große Stichprobe und erfasst die überregionalen Zeitungen vollständig. Damit können dann die ggf. von der Forschungsfrage geforderten Vergleiche zwischen lokalen/regionalen und überregionalen Tageszeitungen durchgeführt werden. Benutzt man die Stichprobe anschließend, um über die gesamte Tagespresse eine Aussage zu treffen, muss man die lokalen bzw. regionalen Zeitungen entsprechend hochgewichten.

Besonderheiten der Stichproben bei Inhaltsanalysen: Im Unterschied etwa zu Bevölkerungsumfragen ergeben sich bei der Inhaltsanalyse oft charakteristische Anforderungen, die gelegentlich auch andere Auswahlverfahren als in der Umfrageforschung erfordern. Wie bereits erwähnt, können z.B. oft die inhaltsanalytischen Analyseeinheiten (z.B. Zeitungsbeiträge) nicht als Auswahleinheiten bei der Stichprobenziehung (sampling units) benutzt werden, weil ihre Menge vorab noch gar nicht bekannt ist und somit die Einheiten der GG weder symbolisch (z.B. Liste) noch praktisch vorliegen. Man müsste bei der Analyseeinheit »Beitrag« in einer vorgeschalteten Inhaltsanalyse zuerst einmal alle Elemente auflisten, welche unter die Definition »Beitrag« fallen, bevor man überhaupt eine Stichprobe auswählen kann. Aber selbst diese Auflistung ist nicht möglich, wenn man nicht weiß, welche Zeitungen, Zeitschriften, Fernseh- oder Hörfunkprogramme betroffen sind. Es ist also fast immer ein gestuftes Verfahren erforderlich, bei dem die sampling units (im Beispiel Zeitungsausgaben) und die Analyseeinheiten (im Beispiel Artikel bzw. Beiträge) nicht identisch sind.

Die Auswahlstrategie wird ganz wesentlich von der Forschungsfrage bestimmt. Wenn die Bundestagswahlkampfberichterstattung der deutschen Presse in den letzten 25 Jahren untersucht werden soll, ist es wahrscheinlich unzweckmäßig, die Stichprobe aus dem gesamten Zeitraum zu ziehen, auch wenn in der Presse zu jeder Zeit Bezüge zu einer Bundestagswahl vorkommen können. Sinnvollerweise wird man sich auf die enger begrenzten Wahlkampfperioden konzentrieren und diese vollständig analysieren. Die Ergebnisse beziehen sich dann aber auch nur auf Wahlkampfperioden. Wollte man auf die gesamte Berichterstattung generalisieren, wäre eine einfache Zufallsstichprobe von Tagen (Erscheinungstagen der jeweiligen Presseorgane) aus der GG zu aufwändig, weil Bundestagswahlkämpfe relativ selten stattfinden. Außerdem handelt es sich bei Wahlkämpfen um Prozesse, deren Verlaufscharakteristika für eine angemessene Beschreibung wichtig sind. Hier würde man besser aus dem Untersuchungszeitraum eine zufällige Auswahl von Klumpen treffen und diese vollständig analysieren.

Forderte die Forschungsfrage einen Vergleich der Berichterstattung von Wahlkampf- und Nicht-Wahlkampfzeiten um durch Kontrastierung ggf. auch Auswirkungen auf andere Zeitungsinhalte zu erkennen, so wäre eine Schichtung nach Zeiten mit und ohne Wahlkampf angemessen, aus denen wiederum zufällig Klumpen ausgewählt werden, um die Prozesseigenschaften zu ermitteln. Die Klumpen enthalten wiederum Tagesausgaben von Zeitungen, aus deren Inhalt dann nur die forschungsrelevanten Beiträge auszuwählen sind.

Man sieht, dass sich die *Auswahlverfahren untereinander kombinieren* lassen, so dass **mehrstufige Prozeduren** entstehen. Gelegentlich ist es auch erforderlich, im gleichen Forschungsprojekt für unterschiedliche Teilziele jeweils modifizierte Stichproben zu benutzen. Grundsätzlich gilt, dass die Erfordernisse der Forschungsfrage die Art des Auswahlverfahrens bestimmen. Die Repräsentativität einer Stichprobe ist für sich genommen noch kein Gütesiegel, wichtig ist vielmehr die *optimale Anpassung des Auswahlverfahrens an das Forschungsproblem*. Wo allerdings Generalisierungen als Schlüsse von einer Teilmenge auf eine Gesamtmenge (statistische Inferenzen) vorgenommen werden, sollten sie auch statistisch abgesichert sein.

Wenn sich die Forschungsfrage auf **Mikroprozesse** der Berichterstattung bezieht, wie z.B. die Erklärung der Dauer von Themenkarrieren, so würde man möglicherweise spontan an eine Klumpenstichprobe denken, da jede Stichprobenziehung auf Tagesebene, die über einen Tag hinausreichenden Themenkarrieren nur bruchstückhaft abbilden würde. Doch hierbei entsteht das Problem, dass die Klumpen nicht adäquat definiert und positioniert werden können. Es gibt kurz-, mittel- und langfristige Themenkarrieren, deren Beginn und Ende man erst während der Analyse ermitteln kann. Vermutlich lässt sich dieses Problem am besten durch ein gestuftes Verfahren lösen, bei dem eine einfache Zufallsstichprobe und eine Klumpenauswahl mit einem Schneeballverfahren kombiniert werden. Zunächst wird eine Medienauswahl (Zeitungen, Fernsehprogramme etc.) nach dem Zufallsprinzip ermittelt. Anschließend werden, ebenfalls nach Zufall, aus einem größeren Zeitraum Klumpen von Erscheinungs- bzw. Sendetagen gebildet (Publikationsphasen). In die Inhaltsanalyse wird eine Codierregel aufgenommen, nach der zunächst alle (oder eine begrenzte Anzahl) von Themen innerhalb der Publikationsphasen ermittelt werden. Dann sollen die Codierer im vorangehenden und folgenden Zeitraum Anfang und Ende der Themenkarrieren feststellen. Dieser letzte Schritt folgt dem »**Schneeballprinzip**«, weil eine Auswahl auf der Grundlage eines vorausgehenden Auswahlschrittes getroffen wird, d.h. spätere Auswahlentscheidungen werden nicht unabhängig getroffen, sondern von einer vorangehenden Auswahl bestimmt. Allerdings wird dieses Verfahren nur für kurz- und mittelfristige Themenkarrieren praktikabel sein.

Am geläufigsten ist jedoch das Problem mit der *Periodizität der Berichterstattung*, d.h. der Umstand, dass die Themenstruktur einer Tageszeitung oder von Fernsehprogrammen über die Wochentage variiert und kleine Stichproben dadurch leicht verzerren kann. Sind zu viele Montage in der Stichprobe, wird z.B. die Sportberichterstattung überrepräsentiert sein. Außerdem ist die Berichterstattung von der aktuellen Ereignislage abhängig. Spektakuläre Themen oder Großereignisse können wochenlang die Berichterstattung dominieren, so dass sie untypisch für die Berichterstattung insgesamt ist. Häufig wird deshalb eine sog. »**künstliche Woche**« als Stichprobe benutzt, in der über einen kürzeren oder längeren Zeitraum immer nur ein Wochentag im rotierenden Verfahren ausgewählt wird. »Künstliche Woche« meint also nicht nur 6-7 Tage, sondern bezeichnet vielmehr ein Rotationsprinzip von Wochentagen, bei dem auch eine größere Zahl von »künstlichen Wochen« über einen längeren Zeitraum verteilt werden kann, um saisonale Schwankungen zu nivellieren (z.B. aus jedem Monat ein rotierender Wochentag ergibt bei Tageszeitungen zwei künstliche Wochen pro Jahr).

Der Umgang mit dieser »künstlichen Woche« ist sehr verschieden. Wenn die Stichprobenelemente über den gesamten Untersuchungszeitraum in regelmäßigen Abständen nach einem bestimmten Rotationsprinzip ausgewählt werden, handelt es sich um eine systematische Zufallsauswahl (jedes n-te Element der GG). Ist die Analyseeinheit der Beitrag, handelt es sich zusätzlich um eine geklumpte Auswahl, weil sich die Beiträge an den ausgewählten Tagen (sampling units) »klumpen« – sie werden nicht mehr nach Zufall ausgewählt, sondern alle erfasst (siehe oben). Das beeinträchtigt sicherlich den Schluss auf die GG (vgl. JANDURA, JANDURA, KUHLMANN 2005). Allerdings dürfte der Fehler erstens nur bei kleinen Stichproben zu ernsthaften Verzerrungen führen und zweitens gibt es bei der Stichprobenziehung keine praktikable Alternative, weil die relevanten Beiträge ja erst während der Codierung identifiziert werden (siehe oben). Auf der Codierebene lässt sich das Problem jedoch mit Hilfe einer einfachen Codieranweisung leicht lösen: Sofern in einer Zeitungsausgabe mehrere Artikel zum Thema erscheinen, sollen die Codierer nach einem bestimmten Kriterium (z.B. der längste oder zuerst platzierte Beitrag) nur einen davon auswählen und codieren. Bei größeren Stichproben relativieren sich überdies kleinere Verzerrungen. Wenn man etwa alle Zeitungsausgaben eines Jahres (6 Erscheinungstermine pro Woche) auf der Zeitachse ordnet und systematisch jedes fünfte Element auswählt, erhält man bei 62 sampling points automatisch 10 künstliche Wochen, bei 124 sampling points 20 künstliche Wochen usf. Irgendwann wird dann aber der Aufwand ähnlich groß wie bei einer Zufallsstichprobe sein, sodass die »künstliche Woche« keinen Vorteil mehr bietet. Man kann jedoch vermuten, dass man bei annähernd gleicher Güte doch mit einer etwas kleineren Stichprobe auskommen könnte (was zu überprüfen wäre), weil die künstliche Woche letztlich wie die Schichtung eines relevanten Merkmals wirkt.

Tatsächlich wird die künstliche Woche hauptsächlich zur Reduzierung des Arbeitsaufwandes eingesetzt, was bedauerlicherweise zur Folge hat, dass oft schon von ein oder zwei künstlichen Wochen bereits auf die GG geschlossen wird. In solchen Fällen handelt es sich noch weitgehend um eine willkürliche Auswahl, die lediglich durch Systematisierung etwas objektiviert wurde. Diese Vorgehensweise kann man deshalb meistens nur als Annäherungsverfahren bezeichnen. Die Einschränkung deshalb, weil erstens mit einem willkürlichen Verfahren manchmal eben auch ein Treffer erzielt werden kann und zweitens, weil bei Merkmalen mit geringer Varianz auch schon kleine Stichproben (im Extremfall ein einziger Fall) aussagekräftig bzw. repräsentativ sein kann. Dies würde z.B. auf Untersuchungen zum Layout oder zum Sprachstil zutreffen, da es sich hier um Elemente mit sehr geringer Varianz innerhalb eines einzelnen Publikationsorgans handelt. Allerdings sind solche Ausnahmen in der Praxis relativ selten.

Wir haben hier nur einige grundsätzliche oder häufig vorkommende Probleme kurz angesprochen. Zur ausführlicheren Diskussion verweisen wir auf die Spezialliteratur. (z.B. GEHRAU et al. 2005) Allerdings sei angemerkt, dass dort bei der Prüfung, welches Auswahlverfahren das bessere sei, häufig implizit von einer Standardfragestellung ausgegangen wird (Themenanalyse), sodass die Übertragbarkeit der Aussagen auf andere Fragestellungen noch geprüft werden muss.

3.5 Der Codiervorgang

Der Codiervorgang stellt eine Sonderform der Textrezeption dar, und diese ist wiederum eine bestimmte Variante der Wahrnehmung. Um den Codiervorgang angemessen beschreiben und erklären zu können, müssen wir also kurz auf dessen allgemeine Grundlagen eingehen. Dabei können wir an die kurzen erkenntnistheoretischen Ausführungen in Kapitel I.1 anschließen.

Erkenntnistheoretische Grundlagen

Es gibt eine »objektive« Außenwelt. Eine sichere Aussage über die »wahre« Form und Beschaffenheit dieser Außenwelt ist jedoch nicht möglich, weil sich zwischen Außenwelt und Erkennen immer der Filter der menschlichen Wahrnehmung befindet. Wahrgenommen wird nur der »intelligible« (Kant), d.h. der menschlichen Wahrnehmung zugängliche Teil der Welt, und zwar in einer Art und Weise, die den menschlichen Wahrnehmungsmodalitäten adäquat ist. Das bedeutet, dass die Außenwelt nicht so sein muss (aber so sein kann), wie wir sie wahrnehmen.

Unsere Vorstellungen von der Welt entstehen aufgrund von Transaktionen: Die Strukturen und Merkmale der Außenwelt werden vom Individuum in spezifischer Weise registriert und mit Hilfe seiner angeborenen und erlernten Verarbeitungsstrategien in eine kognitive Repräsentationsform umgesetzt. Insofern sind »Tatsachen« oder »Fakten« nur weitgehend invariant wahrgenommene Strukturen der Außenwelt. Sie existierten für uns nicht ohne strukturierte Außenwelt, aber ebensowenig ohne konsistente Wahrnehmung. Deshalb kann man sich immer darüber streiten, ob »die Wirklichkeit objektiv wahrgenommen wurde«, sofern man damit keine naiv-realistischen Vorstellungen verbindet (im Sinne eines direkten, unvermittelten Zugangs zur Realität). Der Streit geht dann um die Übereinstimmung mit der Interpretations-Konvention, d.h. der »normalen«, »üblichen« Bedeutungszuweisung. Die Diskussion über die »wahre« oder »richtige« Wahrnehmung der Realität wird mit zunehmender anthropologischer, sozialer und individueller Va riabilität der Interpretationsweisen immer fruchtloser und ist letztlich gegenstandslos. Sinnvoller erscheint hier vielmehr eine systematische Beschreibung der Bedingungen verschiedenartiger Realitätsinterpretationen, einschließlich derer, die als Sonderformen auf der Grundlage von Inhaltsanalysen vorgenommen werden. Die Kontrolle des Codiervorgangs konzentriert sich deshalb auch nicht auf eine genaue Beschreibung von Textmerkmalen, sondern auf eine präzise Beschreibung von Interpretationsregeln. (FRÜH 2005)

Kommunikationstheoretische Grundlagen:
Dynamisch-transaktionale Wahrnehmungsmechanismen

Kommunikation geschieht mittels Zeichen, d.h. materialen, physikalischen Objekten, denen per Konvention bestimmte Bedeutungen zugeschrieben sind, die auf einen außerhalb des Zeichens liegenden Sachverhalt verweisen. Bereits bei der Rekonstruktion ganz elementarer Zeichenbedeutungen entstehen jedoch theoretisch paradoxe Phänomene, die man nur als Transaktionen sinnvoll erklären kann. Man betrachte folgende Zeichen:

Abb. 6: Zeichen

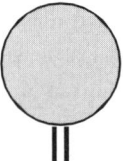

Ball   ll m

Unschwer wird man sie als das Wort ›Ball‹, die Maßzahl »elf Meter« und das grafisch stilisierte Symbol eines Baumes erkennen. In allen drei Zeichen werden formal dieselben zwei Striche zur Darstellung verwendet. Wesentlich ist nun nicht die hinlänglich bekannte Tatsache, dass dasselbe Zeichen jeweils mit einem anderen Inhalt versehen wird, sondern die Frage, wie man dies erklärt. Man könnte einfach sagen, der linguistische Kontext klärt die Zeichenbedeutung. Aber wenn wir die beiden Striche als die zu erklärenden unbekannten Größen aus den drei Zeichen eliminieren, bleibt als Kontext ein höchst indifferenter Rest, der keineswegs genügend Information enthält, um die Bedeutung der beiden unbekannten Zeichen zu bestimmen. Es muss also die Bedeutung des jeweils ganzen Ausdrucks gewesen sein, der die Bedeutung der beiden Striche determinierte. Die Bedeutung des ganzen Ausdrucks war aber ohne Kenntnis seiner Bedeutungsbestandteile nicht ersichtlich. Damit entsteht die paradoxe Situation, dass die Bedeutung des ganzen Zeichens diejenige seiner Teile voraussetzt, diese aber ihre Bedeutung erst vor dem Hintergrund der ganzen Zeichenbedeutung erhalten.

Doch der linguistische Kontext allein erklärt noch nicht vollständig das beschriebene Wahrnehmungsphänomen. Hinzukommen muss beim Rezipienten die Kenntnis verschiedener Zeichensysteme: Im ersten Falle die des Alphabets, im zweiten Falle die der Zahlen und im dritten die einer abstrakten graphischen Symbolsprache. Ohne diese Zeichenkompetenz des Interpreten hätte also auch der linguistische Kontext keine disambiguierende Wirkung entfalten können. Was war dann aber Stimulus und was die Wirkung? Hat das Zeichen die Interpretation des Rezipienten bewirkt, oder hat der intentionale, bedeutungsstiftende Akt des »Meinens« (HUSSERL 1974, 26ff.) dem formalen Zeichen erst eine Bedeutung zugewiesen? Wenn man die jeweils andere Komponente eliminiert oder beliebig variiert, erkennt man leicht, dass keine der beiden Komponenten ohne die jeweils andere in dieser Form existieren würde: Jede ist also wirkend und bewirkt zugleich; Voraussetzung für die Wirkung der einen Komponente auf die jeweils andere ist die Beeinflussung durch diese. Da dies für beide gleichzeitig gilt, entsteht so ein theoretischer Münchhauseneffekt, der weder in den Kategorien eines dualistischen Stimulus-Response-Denkens, noch mit den Begriffen eines radikalen Konstruktivismus (MATURANA 1981; SCHMIDT 1990) befriedigend erklärbar ist, da er eine Transaktion darstellt.

Hier wurde bewusst ein ganz simples und fachspezifisch relativ indifferentes Beispiel gewählt, weil ein Prinzip der Beziehung und Interdependenz beschrieben werden soll, das auf beliebig komplexeren Stufen der Wahrnehmung und Informationsverarbeitung ebenso wiederzufinden ist wie in diversen Theorien ganz verschiedener Wissenschaftsdisziplinen. In der Psycholinguistik kennen wir die simultanen text- und schemageleiteten Informationsverarbeitungsprozesse (bottom up, top down; vgl. NORMAN & RUMELHART 1978; BALLSTEAD et al. 1981 u.a.); in der Kommunikationswissenschaft hat FRÜH (1983a) solche Interdependenzen bei der Rezeption komplexer Zeitungstexte nachgewiesen; das beschriebene Prinzip liegt der psychologischen »Hypothesentheorie der Wahrnehmung« (POSTMAN 1951; BRUNER 1957; ALLPORT 1955) ebenso zugrunde wie etwa der Kognitiven Theorie NEISSERs (1967); auch in der Soziologie gibt es im Symbolischen Interaktionismus (MEAD 1935) ein prominentes Beispiel, in dem das beschriebene Phänomen enthalten ist, und schließlich begegnet es uns, nicht weniger prominent, als »hermeneutischer Zirkel« in der literaturwissenschaftlichen Methodik. Immer stellt Rezeption (bzw. allgemein Wahrnehmung) einen simultan gekoppelten Einflussprozess von zwei Seiten dar, nämlich dem Objekt/Text einerseits und dem Wahrnehmenden/Rezipienten andererseits. Damit liegt eine Transaktion vor.

Transformations- statt Transportmodell der Rezeption

Die einen Kommunikationsprozess in Gang setzende Medienbotschaft ist nicht nur ein objektiver, vom Rezipienten unabhängiger Stimulus, sondern sie erhält und verändert auch dynamisch ihre Identität im Prozess des Verstehens. Dabei laufen mehrere Wahrnehmungs- und Verarbeitungsprozesse simultan und integriert ab. KINTSCH (1982, 281) unterscheidet sechs aufeinander bezogene Ebenen, von der graphemischen Analyse bis zur kognitiven Repräsentation des wesentlichen Textgehalts. Wir wollen hier nur die semantische Rekonstruktion von Satz- und Textbedeutungen besprechen. Wie nunmehr mehrfach betont, wird ein bestimmtes Informationssegment der Medienberichterstattung immer nur als individuell verwendetes und damit transformiertes Wissen im Kommunikationsprozess relevant. Die individuellen Konstanzen und Veränderungen sind vielfältiger Art, aber jeweils eine bestimmte Kombination von Konstanz- und Veränderungsaspekten wird unter verschiedenen theoretischen Perspektiven positiv oder negativ bewertet. Diese beiden Perspektiven wollen wir etwas pointiert folgendermaßen beschreiben:

1. Transportmodell

Man betrachtet soziale Realität als bestimmbaren, unverfälschten Bedeutungskomplex, der im mehrstufigen Kommunikationsprozess zunächst durch die Fixierung im Text/Medium und dann durch eine subjektive Selektion und Interpretation des Publikums wiederholt deformiert und verzerrt wird.

2. Transformationsmodell

Man betrachtet Interpretation als konstitutiven Bestandteil sozialer Realität, ohne dabei die Existenz einer »objektiven«, aber originär nicht bestimmbaren Realität zu leugnen. Realität muss damit als permanenter Transformationsprozess beschrieben werden, der sich an einem vorgegeben »Rohmaterial« von ereignisspezifischer Bedeutungspotenz vollzieht. Die Freiheitsgrade der subjektiven Bedeutungstransformation werden dabei durch die konventionalisierte Bedeutungspotenz des Stimulus eingeschränkt. (FRÜH 1994)

Wir nennen das erste Modell »Transportmodell«, weil es Information als fixe Bedeutungsstruktur begreift, die durch Kommunikation mehr oder weniger effizient transportiert werden soll. Zielvorstellung ist eine möglichst unversehrte Weitergabe. Das zweite Modell nennen wir »Transformationsmodell«, weil es Kommunikation als dynamischen Interpretationsprozess begreift, innerhalb dessen weder eine »richtige« Perspektive noch ein Ende definiert werden können, an dem ein fertiges Resultat vorliegt. Allenfalls sind Zwischenresultate denkbar in der Form, dass bei gegebenem Anlass virtuelle Interpretationsmuster als »Wissensstand« oder »Positionen« für die Dauer eines Kommunikationsvorgangs konstant gehalten werden. Ein objektiv zugängliches Original gibt es nicht. Gegeben sind permanente Interpretationsprozesse, die bei hinreichendem Konsens als »objektive Originale« zumindest vorübergehend in einer Gesellschaft akzeptiert werden können. Zielvorstellung ist hier ein umfangreicher Interpretationsprozess, an dem sich möglichst viele Personen intensiv beteiligen. Konsensuale Interpretationen sind anzustreben, aber nicht in allen Aspekten erforderlich, ja sogar nicht einmal immer erwünscht, da totale Übereinstimmung eine weitere Auseinandersetzung mit einem Thema eher behindern dürfte.

Die Unterschiede der Modelle liegen, wie erwähnt, in der Art der Informationsverarbeitung und in deren Bewertung: Vereinfacht kann zwischen drei prinzipiell unterschiedlichen Strategien der Rezeption und Informationsverwendung unterschieden werden: *Reduktion, Modifikation bzw. Transformation i.e.S. und Elaboration.* Reduktion schließt Selektion und Vergessen in Bezug auf die Inhalte ebenso ein wie Desintegration bzw. Zerfall in Bezug auf strukturelle Zusammenhänge der Information. Modifikation betrifft Generalisierungen, Verdichtungen, Abstraktionen, Konkretisierungen, Hervorhebungen etc., also Veränderungen der vorhandenen Information. Elaborationen bezeichnen dagegen einen produktiven Umgang mit der Information, d.h. es werden neue Zusammenhänge konstruiert, neue Inhalte assoziiert und geschlussfolgert. Elaborationen können kognitiver oder evaluativer Art sein. Werden logische Schlussfolgerungen gezogen, zusätzliche Wissenselemente aus eigenem Vorwissen ergänzt oder ausgehend von der rezipierten Information spekulativ Szenarien entwickelt, dann handelt es sich um kognitive Elaborationen. Evaluative Elaborationen betreffen dagegen wertende Kommentare und Stellungnahmen, die der Rezipient der Medieninformation hinzufügt und mit denen er sie in sein eigenes Wertesystem einordnet.

Das von uns oben so genannte Transportmodell kennt nur den reduktiven Typus, denn alle Veränderungen oder gar Ergänzungen der Medienbotschaft werden als Fehler betrachtet und damit den reduktiven Erscheinungen subsumiert. Ideal wäre eine vom Publikum vollständig adaptierte, durch die Rezeption unveränderte

Botschaft. Das Transformationsmodell hingegen betrachtet konstruktive Veränderungen und elaborative Erweiterungen der Botschaft nicht als Fehler, sondern im Gegenteil gerade positiv als Zeichen eines umfassenden und tiefen Verständnisses durch den Rezipienten. Sie sind ein Zeichen dafür, dass er sich intensiv mit den Inhalten auseinandersetzt, sie in sein vorhandenes Weltwissen integriert. Ausgenommen sind allerdings evidente Irrtümer, wie etwa die Verwechslung von Personen, Orts- und Zeitangaben. Zielvorstellung des Transformationsmodells ist eine möglichst umfassende und intensive Auseinandersetzung des Rezipienten mit der Botschaft. Das Resultat kann ganz verschieden sein, wird aber in der Regel eine Kombination aus zwei oder mehreren der folgenden vier Möglichkeiten darstellen:

1. Die Botschaft wird unverändert übernommen (adaptiert).
2. Die Botschaft wird reduziert durch unmotiviertes Vergessen (»Zerfall«) oder systematisches Ausblenden irrelevanter Bestandteile (motiviertes Vergessen).
3. Die Botschaft wird modifiziert durch Zusammenfassungen, Abstraktionen, Generalisierungen, Hervorhebungen etc.
4. Die Botschaft wird ergänzt, indem sie zu anderen Wissensbeständen in Beziehung gesetzt und Vorwissen eingebracht wird, indem Schlussfolgerungen gezogen und bewusst Bewertungen hinzugefügt werden oder indem kognitiv wie emotional naheliegende Inhalte spontan assoziiert werden.

Im konkreten Rezeptionsprozess laufen alle vier Strategien in integrierter Form gemeinsam ab. Für den *Codierprozess* stellt sich nun die Frage, in welchem Umfang diese Rezeptionsstrategien mit den methodischen Grundprinzipien der Inhaltsanalyse kompatibel sind. Wenn die Codierung sich nicht nur auf die Bedeutung einzelner Worte richtet, sondern auch mehr oder weniger komplexe Bedeutungsstrukturen erfassen will, sind alle vier Rezeptionsstrategien lediglich zu kontrollieren, nicht vollständig zu eliminieren. Denn einerseits sind sie unverzichtbar, weil mit ihrer Hilfe die Textbedeutung, der eigentliche Gegenstand der Analyse, erst rekonstruiert wird, andererseits verliert die Analyse ihre intersubjektive Transparenz und Systematik, wenn jeder Codierer nach seinen eigenen Vorstellungen und Vorlieben selegieren und interpretieren könnte. Also müssen die inhaltsanalytischen Maßnahmen darauf gerichtet sein, das Interpretationspotenzial optimal zu nutzen, aber gleichzeitig durch die offen gelegte Definition eines »Interpretationskorridors« zu kontrollieren. Diese Textinterpretation dient jedoch nur zur Identifikation und Selektion der theoretisch relevanten Textstellen. Dabei sind die Strategien 1 und 2 anders zu definieren. Der Codierer hat sich bei einem deskriptiven Ansatz zunächst nur auf das zu konzentrieren, was aufgrund allgemeiner Sprachkonventionen dem Text zu entnehmen ist oder per Definition explizit gemacht werden kann. Eine systematische Ausblendung (subjektiv) irrelevanter Bestandteile kann es nicht geben. Die Systematik der Methode fordert, dass jedes Textelement absolut dieselbe Chance haben muss, codiert zu werden, weshalb unterschiedliche Aufmerksamkeitsverteilungen oder interessebedingte Selektionen nicht zulässig sind. Strategie 3 ist ein ganz zentraler Bestandteil des Codierens, da fast alle Indikatoren nicht als »abzählbare Objekte« im Text vorhanden sind, sondern erst durch Zusammenfassungen, Abstraktionen und Gewichtungen (z.B. was ist die Hauptaussage eines Satzes?) des Codierers zustande kommen. Jede Zuordnung zu einer Kategorie stellt eine Abstraktion dar. Zum Verstehen muss auch immer Vorwissen benutzt werden, um den Realitätsgehalt sprachlicher Äußerungen abschätzen zu können (z.B. in Anlehnung an bekannte Beispiele aus der Sprachphilosophie: »Der gegenwärtige König von Deutschland ist erkrankt« oder »Adjektive blühen gelb«). Auch die Erschließung von Präsuppositionen stellt ggf. eine notwendige Schlussfolgerung für adäquates Verstehen dar. Insofern ist auch Strategie 4 für die Codierung unverzichtbar. Das Problem besteht jetzt nur darin, wie man diese Strategien kontrollieren und offen legen kann.

In Kap. I.2.3.3 hatten wir unter den Stichworten »*Kommunikativer Fokus*« und »*Kommunikative Funktion*« bereits zwei allgemeine Kriterien umschrieben, die bei der Codierung die Interpretationsspielräume eingrenzen und steuern. Codierregeln und Kategoriendefinitionen als konkreter auf das Forschungsproblem bezogener Maßnahmen, dienen ebenfalls diesem Zweck. Vor diesem Hintergrund wollen wir uns nunmehr noch etwas genauer mit den Besonderheiten des Codiervorgangs und den allgemeinen Maßnahmen zu dessen Kontrolle beschäftigen.

Definition der Interpretationsspielräume

Da die Inhaltsanalyse in der Regel Bedeutungen und nicht nur die objektiv vorliegenden formalen Zeichengestalten erfasst, muss ein Zwischenschritt eingeschaltet werden, der die formale Zeichengestalt erst in Bedeutungen überführt. Dies ist der Codiervorgang. Könnte man Bedeutungen wie Gewichte, Längen oder Volumen physikalisch messen, gäbe es keine solchen Schwierigkeiten. Der genannte Zwischenschritt ist die Interpretationsleistung der Codierer, die Textbedeutungen im Sinne des Transformationsmodells zuerst nach mehreren Verarbeitungsstrategien rekonstruieren, bevor sie diese kategorisieren. Dies ist eine unabdingbare Voraussetzung dafür, dass überhaupt Bedeutungen mittels Inhaltsanalyse erfasst werden können und deshalb ein zentraler methodischer Bestandteil. Demzufolge kann es nicht das Ziel sein, ihn generell als »Störfaktor« zu beseitigen. Wir unterscheiden zwischen einem *kontrollierten und einem unkontrollierten Interpretationsspielraum.*

Der kontrollierte Interpretationsspielraum bezeichnet die Bedeutungsrekonstruktionen der Codierer, wie sie in den Kategoriendefinitionen definiert und offen gelegt sind. Der unkontrollierte Interpretationsspielraum bezeichnet dagegen die individuellen Abweichungen der Codierer bei der (teils auch definitionsgemäßen) Interpretation gleicher Textinhalte. Während ersterer konstituierender Bestandteil der Methode ist, kann letzterer nur in begrenztem Umfang sinnvoll genutzt werden.

»Harte« und »weiche« Indikatoren

Die Inhaltsanalyse befasst sich mit Mitteilungen, mit codifizierten, verschlüsselten Bedeutungen. Mitteilungen, meist schriftlich fixierte Texte oder verbale Äußerungen in Filmen bzw. TV-Sendungen, sind Zeichenkomplexe, d.h. man muss bei der Textbeschreibung immer zwischen einer materialen und einer mentalen Ebene, zwischen einem Zeichenträger und seiner Bedeutung unterscheiden. Entsprechend der transaktionalen Bedeutungsrekonstruktion werden variable Interpretationsmöglichkeiten immer von zwei Seiten verursacht, dem Text und dem Interpreten. Es gibt einerseits diffuse, mehrdeutige oder unklare Ausdrucksweisen, andererseits verschiedenartige Interpretationsweisen formal korrekt verwendeter Zeichen.

Als Objekt und Indikator wahrnehmbar ist nur der Zeichenträger. Er selbst hat zwar objektiv wahrnehmbare Stimulusmerkmale, aber »von sich aus« keine Bedeutung. Sie wird ihm erst per Konvention in einer Sprachgemeinschaft zugeschrieben und in der Kommunikation realisiert. Die Inhaltsanalyse setzt einen »common meeting ground« (BERELSON 1952), einen gemeinsamen Erfahrungshintergrund und ein konventionalisiertes Zeichensystem voraus. Da die Präzision und Geltungsbreite dieser Konventionen sehr stark variieren können, gibt es Zeichenträger, die sich ziemlich eindeutig auf eine bestimmte Bedeutung beziehen und andere, deren Bedeutung innerhalb der Sprachgemeinschaft unterschiedlich und vage ist. Die Folge ist, dass die Bedeutung ein und desselben Zeichens je nach der sprachlichen Sozialisation des Interpreten variieren kann. Mitteilungen sind als materiale Zeichenkomplexe Bedeutungspotentiale mit einer gewissen Interpretationsbandbreite. Ist die Variationsbreite gering, wird der Ausdruck also relativ einheitlich in der Sprachgemeinschaft verwendet, muss dies in der Inhaltsanalyse nur dokumentiert werden. Ist der sprachliche Ausdruck jedoch wenig konventionalisiert, muss die Inhaltsanalyse einen Bedeutungsrahmen vorgeben, um so den Interpretationsspielraum der Codierer auf eine bestimmte Interpretationsweise zu begrenzen.

Anders verhält es sich dagegen mit dem Interpretationsspielraum, der durch mehrdeutige Ausdrucksweise bzw. unpräzise Formulierungen zustande kommt.

Zwar stellen auch hier untereinander abweichende Codierungen keine Codierfehler dar, weil sie auf Eigenschaften des Textes zurückzuführen sind, aber sie können Systematik und Objektivität beeinträchtigen. Bei der Codierung kann man in solchen Fällen nur durch Schulung und Codierregeln erreichen, dass bei mehreren Interpretationsmöglichkeiten die plausibelste gefunden wird. Sind mehrere gleich plausible Interpretationen möglich, muss die Textstelle aus der Codierung ausgeschlossen werden, weil nicht belegt werden kann, dass sie ein gültiger Indikator für das zu erfassende Konstrukt darstellt.

Praktische Umsetzung bzw. Bestimmung der Interpretationsspielräume

Die Tatsache, dass Mitteilungen materiale Zeichenkomplexe mit einem mehr oder weniger großen Spektrum von Interpretationsmöglichkeiten sind, hat Konsequenzen für die Inhaltsanalyse. Sie wählt eine ganz bestimmte, der jeweiligen wissenschaftlichen Fragestellung angemessene Interpretationsweise aus, legt sie in Form von Codieranweisungen und Kategoriendefinitionen offen und macht sie für alle Codierer verbindlich. Wir legten dar, dass die gemeinte Schwierigkeit nicht allein darin besteht, die theoretisch gewählte Perspektive völlig explizit zu formulieren und für die Codierer verbindlich zu machen, sondern auch und vor allem in der sicheren Interpretation mehrdeutiger Zeichen. Wenn ein Zeichen keine eindeutige Bedeutung repräsentiert, dann kann sie auch in operationalen Definitionen nicht explizit formuliert werden. Dies ist eine theoretische Feststellung. Ungeklärt bleibt, was beim konkreten Codiervorgang »mehrdeutig« heißt.

Berelson schloss aus der Mehrdeutigkeit von Texten, die Inhaltsanalyse könne nur Mitteilungen erfassen, die explizit und unvermittelt die gemeinte Bedeutung formulieren. Als Extrembeispiel nannte er den sachlichen Bericht über ein Zugunglück (BERELSON 1952, 19 f.), in dem die gemeinte Bedeutung offen ausgesprochen ist und von jedem Leser gleich interpretiert wird. Der Inhalt der Mitteilung ist nach Berelson hier völlig manifest. Die Bedeutungslatenz verschiedener Mitteilungstypen nimmt nun kontinuierlich zu bis zu dem anderen Extrempunkt, an dem Berelson ein »dunkles modernes Gedicht« lokalisiert. Der Autor glaubt, die Anwendungsmöglichkeiten der Inhaltsanalyse seien auf dem Kontinuum schon unmittelbar hinter dem Typus »Sachbericht« beendet, weil die Inhaltsanalyse prinzipiell nur in der Lage sei, manifeste Inhalte zu erfassen.

Es wäre sicherlich ein Irrtum anzunehmen, die Inhaltsanalyse könne sich nur mit solchen Zeichen befassen, die in einer Sprachgemeinschaft ganz überwiegend gleich interpretiert werden und deren Bedeutung direkt, d.h. explizit formuliert ist. Es ist vielmehr so, *dass prinzipiell alle Inhaltsaspekte codierbar sind, die sich intersubjektiv evident beschreiben lassen, so dass verschiedene Personen dieselben Passagen übereinstimmend interpretieren.*[40] Das Problem liegt vielmehr einerseits in der praktikablen operationalen Definition der codierten Inhalte, andererseits aber auch im Anspruch des Forschers an die Qualität der Daten. Oft steht er vor dem Problem, Gültigkeit gegen Zuverlässigkeit abwägen zu müssen. Dies ist nicht ganz einfach zu erläutern, weshalb wir noch einige vorbereitende Bemerkungen voranstellen wollen.

Gültigkeit (Validität) meint die Frage, ob der Forscher mit seinem methodischen Instrumentarium auch tatsächlich das misst, was er messen will. Ist das in der Problemstellung (Forschungsfrage) anvisierte theoretische Konstrukt angemessen erfasst oder verfehlt die Inhaltsanalyse wesentliche Aspekte davon, ja misst sie ggf. sogar etwas völlig anderes? (vgl. Abb. 1 auf S. 23)

Verlässlichkeit (Reliabilität) dagegen betrifft die Präzision und unmissverständliche Beschreibung des methodischen Instrumentariums einerseits sowie dessen korrekte Anwendung andererseits. Kriterium für die Verlässlichkeit ist die Reproduzierbarkeit inhaltsanalytischer Ergebnisse. Wird von denselben Codierern dasselbe Textmaterial in zeitlichem Abstand erneut verschlüsselt (Intracoder-Reliabilität) oder codieren verschiedene Codierer dasselbe Textmaterial (Intercoder-Reliabilität) und kommen dabei jeweils dieselben Ergebnisse zustande, dann ist die Inhaltsanalyse verlässlich.

Eine valide Inhaltsanalyse setzt ein verlässliches Messinstrument voraus. Umgekehrt aber ist die Gültigkeit einer Untersuchung keine notwendige Vorbedingung für deren Reliabilität. Man kann mit hoher Verlässlichkeit immer wieder denselben Unsinn messen (Kriterium der Reproduzierbarkeit der Ergebnisse), d.h. präzise analysieren, aber mit seinem Instrumentarium das anvisierte theoretische Konstrukt dennoch verfehlen. Im hier diskutierten Zusammenhang kann gezeigt werden, dass sich beide Qualitätsstandards wechselseitig beeinflussen. Wenn man sich auf »harte« Indikatoren für ein zu messendes Konstrukt beschränkt, kann man in der Regel eine hohe Verlässlichkeit erreichen. Meist hat dies aber zur Folge, dass wesentliche Aspekte der untersuchten Texte ausgeklammert bleiben, weil sie nicht völlig eindeutig anhand explizit formulierbarer Regeln identifizierbar sind. Betrifft dies immer ganz bestimmte Textmerkmale, d.h. sind die Ausfälle systematischer Art, dann ist die Validität der Untersuchung beeinträchtigt.

Die Eindeutigkeit sprachlicher Zeichen und damit die Identifizierung »harter« und »weicher« Indikatoren für einen theoretisch anvisierten Sachverhalt ist nun nicht als Dichotomie aufzufassen, die den Forscher vor eine »Entweder-oder-Entscheidung« stellt. Es gibt ein Kontinuum der Konventionalisierung bzw. der

---

40 Näheres dazu siehe Kap. I.2.2: Gegenstand und Erkenntnisinteresse.

Bedeutungsdeterminanz von Zeichen. Von solchen Zeichen angefangen, die fast jedes Mitglied der Sprachgemeinschaft gleich interpretiert, nimmt die Varianz und Eindeutigkeit kontinuierlich ab bis zu Zeichen, die von sehr vielen unterschiedlich benutzt und verstanden werden. So ist das Zeichen »Baum« in unserer Sprachgemeinschaft sehr stark determiniert, d.h. seine Bedeutung ist fast allen Sprachbenutzern bekannt, und es gibt kaum Differenzen in der Interpretation. Dagegen wird sich nicht jeder unter Begriffen wie »Rhetoriker« oder »Demokratie« eine präzise Vorstellung machen können - und diejenigen, die dazu fähig sind, verstehen sicherlich nicht genau dasselbe darunter. »Rhetoriker« kann man sowohl abfällig als »Schwätzer«, als auch positiv als »Redekünstler« auffassen. Das empirische Bedeutungsspektrum des Begriffs »Demokratie« zu beschreiben, scheint uns schon fast unmöglich zu sein. Von der Preisentwicklung über eine gesicherte Altersversorgung bis zu den schlechten Tischmanieren der Kinder werden im Alltag die widersprüchlichsten Sachverhalte als Symptome und damit als Bedeutungsaspekte des Begriffs »Demokratie« genannt. Dieses Zeichen ist damit zwar weit verbreitet, aber seine Bedeutung wenig konventionalisiert bzw. determiniert.

Dieser unterschiedliche Grad der Konventionalisierung gilt nicht nur für einzelne Worte oder Sätze, sondern auch für komplexe Mitteilungen, bei denen das mögliche Bedeutungsspektrum einzelner Begriffe durch den Kontext eingeschränkt ist. Prinzipiell trifft auf jeden kognitiv abgrenzbaren Bedeutungskomplex einer Mitteilung das Kontinuum zwischen Eindeutigkeit und Vieldeutigkeit zu, auf dem er irgendwo lokalisiert ist.

Wir sagten oben, die Vieldeutigkeit könne zwei Ursachen haben: Erste Ursache ist die unterschiedliche Verwendung von Zeichen in einer Sprachgemeinschaft, d.h. einzelne Gruppen von Sprachbenutzern haben teilweise abweichende Konventionen über die mit dem betreffenden Zeichen verbundene Bedeutung. Zweite Ursache ist die nicht eindeutige Verwendung von Zeichen: Obwohl die Mitteilung präziser sein könnte, lässt sie mehrere Interpretationsmöglichkeiten offen: Man weiß nicht genau, »was eigentlich gemeint ist«. In diesem Falle ist die »monosemierende« oder »disambiguierende« Funktion des Kontextes nicht ganz erfüllt. Der aus der strukturalen Linguistik stammende Begriff »Monosemierung« meint, dass einzelne Wörter oder auch komplexere Ausdrücke zunächst potenziell mehr oder weniger vieldeutig sind und erst durch ihre strukturelle Einbindung in spezifische Kontexte in ihrer Bedeutung präzisiert, in ihrer Lesart bestimmt werden.

Beispiel: »Mit diesem Band soll eine Verbindung geschaffen werden. In ihm sind Theorie und Praxis der Inhaltsanalyse unmittelbar aufeinander bezogen.«

Erst der zweite Satz »monosemiert« hier den Begriff ›Band‹ als Buch und definiert die gemeinte »Verbindung« als intellektuelle, nicht etwa als physikalische Beziehung, wie dies bei einer anderen »Lesart« (»Band« als Streifen aus irgendeinem Material) der Fall gewesen wäre.

Größere Texte stellen Bedeutungskomplexe dar, deren einzelne Aspekte unterschiedlich determiniert sind. Der Codierer hat sie zu identifizieren und verleiht ihnen damit gleichen Status: Als Daten (Codes) sind sie alle gleich determiniert,[41] unabhängig davon, wie eindeutig und evident ihre Bedeutung im konkreten Kontext auch war.

Was eben an relativ deutlichen Beispielen demonstriert wurde, spielt sich beim Codiervorgang wie bei jeder Textlektüre schon auf viel simpleren Stufen und deshalb fast »automatisiert« ab. Die Monosemierung vollzieht der normale Leser völlig, der Codierer zum großen Teil unbewusst. Allgemein sind Zeichenbedeutungen für jeden Interpreten über die materialen Zeichenträger und deren Organisation zu erschließen. Wenn nun die Definition der formalen Zeichenstruktur »ohne Rest« in der Definition der inhaltlichen Zeichenbedeutungen aufgeht, dann ist der Schluss von den als Indikatoren benutzten formalen Zeichenträgern auf die gemeinte Textbedeutung problemlos möglich. Ein banales Beispiel: Wenn die Kategorie »Hans X« als Bezeichnung einer ganz bestimmten Person vorgegeben ist und man sicher sein kann, dass sie nur durch den materialen Zeichenträger /Hans X/ repräsentiert wird, dann ist eine solche Kongruenz von formaler und semantischer Zeichenstruktur gegeben. Wenn die Kategorie »Hans X« aber auch durch die formalen Zeichenträger /ich/, /Ich/, /er/, /Er/, /mein Junge/, /euer Jüngster/ usw. repräsentiert sein kann, dann ist keine 1:1-Entsprechung mehr gegeben, weil /er/, /Er/, /ich/, /ihm/ usw. auch andere Personen bezeichnen können.

Hier muss der Codierer per Sprachkompetenz feststellen, wann die Zeichen /er/, /Er/, /ich/, /ihm/ usw. in der Bedeutung »Hans X« gebraucht sind und darf sie allein dann codieren. Dies ist nur scheinbar eine Banalität. Selbst an diesem ganz simplen Beispiel lassen sich nämlich die beiden oben genannten Probleme demonstrieren:

Beispiel 1: »Hans X fährt zusammen mit seinem Bruder zurück. Ihm geht es gar nicht gut.«

Bezeichnet »Ihm« nun Hans X oder seinen Bruder? Hier haben wir es mit einer nicht eindeutigen Verwendung von Zeichen bzw. ungenügenden Monosemierung durch den Kontext zu tun; die Mitteilung lässt zwei Interpretationsmöglichkeiten offen.

---

41 Eine Ausnahme bilden Codierungen, die zwischen völlig eindeutigen (»harten«) und weniger sicheren (»weichen«) Bedeutungszuweisungen trennen. Vgl. dazu unseren Vorschlag unten.

Beispiel 2:   »Im letzten Jahr sind die Gewinne der ESSO AG um mehr als 200% gestiegen.«

Ist dies eine Erfolgsmeldung oder eine Kritik? Im Börsenbericht hat diese Mitteilung für einen Aktionär sicherlich eine andere Bedeutung als für einen Arbeiter, der sie in einer Gewerkschaftszeitung liest. Im letzten Beispiel variiert die Bedeutung der Zeichen innerhalb einer Sprachgemeinschaft, d.h. verschiedene Individuen werden mit demselben materialen Zeichenkomplex unterschiedliche Inhalte verbinden.[42] Entsprechend gibt es auch für die Codierer bei der Inhaltsanalyse einen gewissen Interpretationsspielraum. Er kann durch möglichst präzise Definitionen zwar eingeengt, aber nicht völlig beseitigt werden.

Und genau dies muss auch die Zielrichtung der Inhaltsanalyse sein: Es brauchen nicht alle Inhalte, die ein gewisses Maß an Interpretation erfordern, als angeblich inhaltsanalytisch nicht erfassbar ausgeklammert werden, sondern Interpretationsweisen sind durch präzise Umschreibungen und treffende Beispiele einzugrenzen und zugleich offenzulegen. Wenn aufgrund dieser Definition von möglichst vielen Personen möglichst genau dieselben Zeichengestalten mit denselben Bedeutungen verknüpft werden, dann sind auch so genannte »latente Inhalte« manifest und damit codierbar gemacht.

An dieser Stelle muss auf die jahrzehntelange, oft von wenig Scharfsinn getrübte Diskussion zum Thema manifest-latent eingegangen werden. LISCH & KRIZ (1978, 46) setzten sich verdienstvollerweise dafür ein, diese Diskussion zu beenden. Leider unterläuft ihnen dabei das Missgeschick, durch eine in einem Punkt unpräzise Argumentation eine erneute Replik geradezu herauszufordern. Sie schreiben in Erwiderung auf ein Zitat von Schulz: »Es gibt somit den präpotenten Soziologen, der unabhängig von der Kenntnis der Texte durchschnittliche Bedeutungen definieren kann, während die Codierer, die ja die Texte lesen und außerdem die Adressaten dieser Texte sehr gut substituieren könnten, die spezifische Bedeutung nicht erkennen dürfen.« (LISCH & KRIZ 1978, 46 f.)

Dieser Vorwurf ist in *der* Form falsch. Man muss hier unterscheiden zwischen der Bedeutungsdefinition von Kategorien und der Bedeutungsidentifikation von Indikatoren. Es gibt durchaus den präpotenten Soziologen, der allerdings nach intensiver Auseinandersetzung mit seinem Material, mit Bezug zu seiner spezifischen Forschungsfrage und - zugegeben - auch mit Bezug auf sein eigenes Vorverständnis, Bedeutungsbereiche von Kategorien explizit definiert. Er selbst bestimmt, ob er z.B. unter die Kategorie »Wirtschaft« nur Äußerungen subsumieren

---

42 Um hier die Interpretationsweise festzulegen, könnte man auf die pragmalinguistische Sprechakttheorie zurückgreifen. Sie klassifiziert Äußerungen nach dem, »was mit ihnen getan« wird. In unserem Beispiel könnte der Satz verschieden klassifiziert werden, je nachdem ob er als Kritik oder Erfolgsmeldung gemeint war. (Siehe dazu auch die Ausführungen in Kap. I.2.3.3)

will, die sich auf das globale Wirtschaftssystem einer Gesellschaft beziehen oder auch Äußerungen darunter fallen sollen, in denen die räumliche Erweiterung des Krämerladens an der Ecke, einschließlich zusätzlicher Parkmöglichkeiten, angesprochen ist. Insofern gibt es durchaus den »präpotenten Soziologen«, der diese Bedeutungsbestimmungen freilich offenzulegen, hinsichtlich des Forschungsziels zu begründen und vor der »Scientific Community« zu vertreten hat.

Davon zu unterscheiden ist die Bedeutungsrekonstruktion von Indikatoren, d.h. von konkreten Äußerungen, die der Codierer vornimmt. Es ist hier einfach falsch zu behaupten, Codierer dürften spezifische Bedeutungen nicht erkennen. Die Kategoriendefinition beschreibt einen Bedeutungsrahmen. Welche Äußerungen in diesen Rahmen passen, entscheidet der Codierer aufgrund seiner eigenen Sprachkompetenz und der Kenntnis des gesamten Kontextes. Er liest den Text ja ebenso wie jeder andere Leser bzw. Textanalytiker. Er versteht zunächst die Mitteilung und ordnet schließlich die *verstandenen Bedeutungen* den Kategorien zu, nicht etwa formale Zeichengestalten. Angenommen, in einem Text käme folgende Äußerung vor: »Mit seinem Schuss zielte er direkt auf den Kopf des Gegners.« Es wäre einfach absurd anzunehmen, ein Codierer würde durch eine vorgegebene Definition gezwungen, diesen Satz z.B. unter der Kategorie »Militär, Verteidigung, Krieg« zu verschlüsseln, wenn der Satz im Rahmen einer Fußballberichterstattung vorkommt. Der Codierer identifiziert die Bedeutung und den Stellenwert einer Äußerung aufgrund seiner spezifischen Kenntnis des gesamten Kontextes. Wenn ihm dabei Indikatoren schon vom Forscher vorgegeben werden (z.B. »schießen«, »auf Menschen zielen« usw.), so sind das lediglich Beispiele. Wie der zitierte Satz zeigt, ist es durchaus möglich, dass sie in spezifischen Kontexten nicht den Bedeutungsgehalt der jeweiligen Kategorie anzeigen. Diese Entscheidung trifft der Codierer, d.h. er prüft, ob eine konkrete Textstelle die Bedeutung der Kategorie trifft oder nicht. Um hier jedoch klare Entscheidungskriterien zu haben, muss er wissen, was mit einer Kategorie gemeint sein soll, wo ihre Bedeutungsgrenzen sind – und die definiert eben der Forscher.

Vereinfacht ausgedrückt: *Der Forscher definiert eine Suchstrategie; ob es sich bei einer konkreten Textstelle um das Gesuchte handelt, entscheidet der Codierer.* Dabei sollen ihm als Entscheidungshilfen sicherlich möglichst viele Textstellen in idealtypischer Formulierung vorgegeben werden, Textstellen, die den Bedeutungsgehalt der jeweiligen Kategorie immer (oder doch meistens) und nur diesen anzeigen (»Ankerbeispiele«). Da die Bedeutung von Mitteilungen selten völlig eindeutig und klar ist, kann man bei deren Identifikation und Zuordnung auch mehr oder weniger sicher sein. Auch hier bestimmt der »präpotente Forscher«, welchen Sicherheits- bzw. Eindeutigkeitsgrad (siehe Kap. I.2.3.3) er bei der Bedeutungsrekonstruktion durch Codierer zulassen will.

Es geht also gar nicht darum, seitens des Forschers »Durchschnittsbedeutungen« durchzusetzen. Das Problem liegt eher darin (und unter dieser eingeschränkten Perspektive ist LISCH & KRIZ durchaus zuzustimmen), dass der Interpretationsspielraum der Codierer bei dieser Bedeutungsrekonstruktion offenzulegen und zu kontrollieren ist. Es muss hinlänglich klar sein, welche Textmerkmale letztlich als Indikatoren für welche Kategorien identifiziert und verschlüsselt wurden. Dies ist jedoch – wie wir noch zeigen wollen – ein äußerst vielschichtiges Problem, das sich nicht forschungspragmatisch oder gar normativ durch einen »präpotenten Soziologen« lösen lässt, sondern nur in einer intensiven Zusammenarbeit mit den Codierern bei der stichprobenweisen Auseinandersetzung mit dem konkreten Textmaterial. (siehe Kap. II.1.2)

In dieser doppelt-interaktiven Entwicklungsphase (Forscher-Codierer-Text) wird versucht, für bestimmte, »typisierte« Zeichenmuster, Textstellen oder Indikatoren Interpretationsregeln zu formulieren, um den Codiervorgang explizit zu machen. Lässt sich schließlich dadurch zeigen, dass verschiedene Codierer unabhängig voneinander dieselben Textstellen denselben Kategorien zuordnen, dann ist die gemessene Bedeutung »manifest«. Ist eine Bedeutung nicht intersubjektiv rekonstruierbar, dann ist anzunehmen, dass es sich um eine willkürliche, rein subjektiv geprägte Projektion bzw. Assoziation des betreffenden Codierers handelt. Die Inhaltsanalyse zielt jedoch auf kommunizierbare Bedeutungen, die durch sprachlichen Konsens hinlänglich vermittelt und vermittelbar sind. Bedeutungen, die auch nicht in begrenztem Umfang objektivierbar und damit auch nicht kommunizierbar sind, bezeichnen ausschließlich das Verständnis eines einzelnen Individuums. Sie können allenfalls Gegenstand eines persönlichkeitsbezogenen Wirkungsansatzes sein, nicht aber Gegenstand der Inhaltsanalyse, die keine Aussagen über einzelne Individuen macht. Insofern ist Lisch & Kriz zuzustimmen: Ein Gegensatz manifest – latent ist tatsächlich inhaltsleer und wissenschaftlich unfruchtbar.

Manifest ist also nicht das, was »wirklich« dasteht, was man im frühbehavioristischen Sinne »tatsächlich sehen oder hören« kann. Die Inhaltsanalyse erfasst schließlich Bedeutungen; und die stehen nicht »wirklich« da, sondern werden von Kommunikator und/oder Rezipienten interpretiert bzw. encodiert. *Manifest sind Mitteilungselemente vielmehr dann, wenn die vorgegebene Instruktion und Definition ausreicht, damit möglichst viele Interpreten dieselben Textmerkmale mit denselben Bedeutungen verknüpfen und sie dann denselben Kategorien zuordnen.* Dies lässt sich empirisch testen. Im einen Extremfall können dabei Definitionen praktisch überflüssig sein, im anderen Extremfall müsste man einen Aufwand treiben, der nahezu einer Auflistung aller konkreten Fälle gleichkäme, die in eine Kategorie fallen. Da die Inhaltsanalyse aber informationsreduzierend sein will, wäre sie im letzteren Falle absurd.

Wann ist nun aber eine Definition manifest, wann reicht sie aus, um möglichst viele Interpreten auf dieselbe Interpretationsweise zu verpflichten? Wir erwähnten schon, dass es ein Kontinuum der Bedeutungsdeterminanz von Zeichen gibt, so dass eine völlig eindeutige Zuordnung von materialem Zeichenträger und Zeichenbedeutung ein Sonderfall ist. Dem Codierer bleibt ein gewisser Interpretationsspielraum schon bei seinem Bemühen, die Mitteilung zu verstehen. Mit Hilfe der Kategoriendefinitionen und den Codieranweisungen soll die Zuordnung zu bestimmten Kategorien und deren Bedeutungsgehalt eingegrenzt und offengelegt werden. Auch dabei bleibt ein gewisser Interpretationsspielraum für den Codierer erhalten. Codieranweisungen, Kategoriendefinitionen, Codiererschulung oder sonstige Verfahren bewirken also eine Einschränkung und Kontrolle des subjektiven Interpretationsspielraums, beseitigen ihn aber in der Regel nicht völlig. Es bleibt eine unkontrollierte Interpretationsbandbreite, die der Forscher selbst bestimmen muss. Er ist nicht vor die platte dichotome Entscheidung »latent-manifest« gestellt, sondern muss abwägen, in welchem Ausmaß die anvisierten Textmerkmale manifest sein müssen, wie viel unkontrollierten Interpretationsspielraum er akzeptieren will, um seine Daten später noch sinnvoll auswerten zu können.

Die Entscheidung des Forschers – und damit kommen wir zu unserer Ausgangsfrage zurück – besteht also darin, den nicht kontrollierten Interpretationsspielraum zu bestimmen. Dieser zeigt sich in der Differenz des Reliabilitätskoeffizienten zu 1.0. Wählt er nur »harte« Indikatoren, die eine mechanistische und damit sichere 1:1-Zuordnung von materialem Zeichenträger und dem gemeinten Bedeutungsgehalt zulassen, dann werden ihm oft eine Vielzahl relevanter Inhalte entgehen; er erfasst nur ein Bruchstück dessen, was er eigentlich erfassen will und vermindert damit die Gültigkeit seiner Untersuchung. Lässt er dagegen auch sehr »weiche« Indikatoren zu, dann trifft er zwar sehr viel mehr relevante Inhalte und verbessert so die Gültigkeit, aber er verliert an Zuverlässigkeit (Reliabilität) bei seiner Untersuchung.[43] Damit ist gemeint, dass die Codierer den hier relativ weit gefassten Interpretationsspielraum je nach eigenem Vorverständnis individuell füllen. Es bestehen zwischen den Codierern nicht kontrollierte und damit nicht offengelegte Unterschiede in der Zuordnung konkreter Textelemente zu bestimmten Katego-

---

43 Dies ist eines der zentralen Probleme, das auch die computerunterstützte Inhaltsanalyse zu bewältigen hat - und zwar mit genau umgekehrtem Vorzeichen wie die konventionelle Inhaltsanalyse: Kostet es beim Einsatz menschlicher Codierer mehr Mühe, einen angemessenen Reliabilitäts-Standard zu sichern, so hat die computerunterstützte Inhaltsanalyse mit dem Gültigkeitsproblem zu kämpfen. Die Ursache ist, dass sie nur mit »harten« Indikatoren arbeiten kann und auf die kontrollierte Interpretationsleistung der Codierer verzichten muss. (s. auch FRÜH [1981a, 1981b]).

rien. Irgendwo ist es dann einfach müßig, überhaupt noch Kategoriendefinitionen zu verfassen, wenn doch nicht mehr ersichtlich ist, mit welchen Inhalten sie von den Codierern gefüllt wurden. Man weiß dann letztlich nur, dass die einzelnen Codierer eine Reihe von Mitteilungen in bestimmter Weise benannt haben, bestimmte Etiketten benutzen; was sie damit meinten und auf welche konkreten Mitteilungselemente sich diese Etiketten beziehen, weiß nur jeder Codierer selbst für sich allein. Hier wird also die Inhaltsanalyse zur Farce; man kann sich den ganzen Aufwand ersparen, weil das Verfahren die Beziehungen zwischen der Theorie- oder Konstruktebene und der Beobachtungs- oder Datenebene nicht mehr offen legt.

Zur Pointierung haben wir hier zwei Extrempositionen geschildert. In der Praxis muss der Forscher entscheiden, wie das Verhältnis von Gültigkeit zur Verlässlichkeit sein soll. Entsprechend wird er bei der Auswahl und operationalen Definition seiner Kategorien und Codieranweisungen einen etwas größeren oder aber einen eher kleineren Interpretationsspielraum zulassen. Als Groborientierung kann man sagen, dass in der Regel nahezu immer eine Verbesserung der Validität zu Lasten der Reliabilität gegenüber dem umgekehrten Fall vorzuziehen ist. Wenn der Reliabilitätskoeffizient allerdings in die Nähe einer Zufallsverteilung kommt, ist hier natürlich auch eine Grenze gesetzt.

Dieses Dilemma ist jedoch nicht als simple lineare Verschiebung zweier Qualitätsstandards aufzufassen. Es gibt durchaus Optimierungsstrategien, die einen der beiden Werte verbessern, ohne den anderen in Mitleidenschaft zu ziehen. Man kann etwa mit Hilfe bestimmter Evaluierungstechniken möglichst viele und vor allem die zentralen, stichhaltigsten Indikatoren bestimmen, die einen gemeinten Sachverhalt anzeigen. Dies verbessert die Validität ohne die Reliabilität zu tangieren. Der Weg dahin führt insbesondere über eine sehr umfangreiche und sorgfältig durchgeführte Entwicklungs- und Testphase des Kategoriensystems.

Im umgekehrten Fall lässt sich eine unabhängige Verbesserung der Reliabilität ohne Beeinträchtigung der Validität meistens durch einen erhöhten Definitionsaufwand und intensivere Codiererschulung erzielen. Der große Definitionsaufwand macht die gewählte Interpretationsweise durch ausführliche, präzise Umschreibungen und möglichst viele konkrete Beispiele manifest, und mit der intensiven Codiererschulung üben sich die Codierer in dieser Interpretationsweise. Sie lernen so, den offenen Interpretationsspielraum nicht nach eigenem Vorverständnis, sondern im Sinne der vorgegebenen Perspektive auszufüllen. (Vgl. auch WIRTH 2001) Dabei ist durchaus eingeräumt, dass sie ihr eigenes Vorverständnis in die letztlich gewählte Perspektive angemessen eingebracht haben. Wesentlich ist nur, dass diese Perspektive schließlich eingegrenzt (kontrolliert) und offen gelegt ist, so dass die codierten Textstellen nachträglich noch hinlänglich gut identifizierbar bleiben.

Eine weitere Möglichkeit, die Validität zu erhöhen, besteht darin, die Kategorien nach der Eindeutigkeit bzw. Sicherheit ihrer Zuordnung zu spalten in solche, die nur »harte« und andere, die auch »weiche« Indikatoren zulassen. Jede Kategorie besteht also je aus einer »harten« und einer »weichen« Unterkategorie. Die »harte« Unterkategorie erfasst nur völlig eindeutige Äußerungen, in denen der gemeinte Sachverhalt direkt und zweifelsfrei formuliert ist; die »weiche« Unterkategorie bezieht sich dagegen auch auf Formulierungen, in denen der Sachverhalt zwar ganz offensichtlich gemeint ist, aber keine eindeutigen Indikatoren vorliegen. Dem Codierer wird hier ein gewisses Maß an Interpretation zugestanden. Hätte man beispielsweise eine Kategorie »Kriegserwartung«, so müsste man die beiden folgenden Äußerungen den Unterkategorien a) »hart« bzw. b) »weich« zuordnen:

Beispiele:

a) »hart«:   Es ist nicht auszuschließen, dass die Ereignisse in XY letztlich in einem Krieg zwischen den USA und Russland enden werden.

b) »weich«:   Die Außenminister und Führungsspitzen der NATO trafen sich, um bei einer möglichen weiteren Zuspitzung der Lage in XY schwerwiegende Gegenmaßnahmen abzustimmen.

Im letzten Satz wird zwar keine Kriegserwartung explizit genannt, aber mit recht großer Wahrscheinlichkeit sollte sie angedeutet werden. Der Codierer vollzieht diesen Interpretationsschluss, kann dafür aber keinen »harten« Indikator anführen. Um solche Äußerungen nicht völlig ausblenden zu müssen (und damit die Validität zu verringern), kennzeichnet man sie als »nicht ganz eindeutig«. Bei der Auswertung kann sie der Forscher dann entsprechend vorsichtiger interpretieren.

Allerdings darf auch bei »weichen« Kategorien dem Codierer kein unbegrenzter Interpretationsspielraum zugestanden werden. Um die Codierung noch kontrollierbar zu halten, muss man hier mit möglichst vielen Beispielen den zulässigen Interpretationsrahmen eingrenzen. Ein empirisches Prüfkriterium ist außerdem der Reliabilitätstest: Wenn die Übereinstimmung zwischen den Codierern zu gering ist, empfiehlt es sich, den Interpretationsspielraum enger zu fassen.[44]

Es gibt also einen kontrollierten Interpretationsspielraum der Codierer, der elementarer Bestandteil der Methode ist. Um durch den verbleibenden, unvermeidlichen Rest unkontrollierten Interpretationsspielraums keine systematischen Fehler in die Daten aufzunehmen, kann man sogar noch das Deutungssystem der Codierer berücksichtigen. Sollen etwa Bewertungen politischer Parteien verschlüsselt

---

44 Vorausgesetzt, die Abweichungen sind keine eindeutigen Codiererfehler.

werden und ist der unkontrollierte Interpretationsspielraum der verwendeten Kategorie an der Grenze des Tolerierbaren, so wird man mit Codierern arbeiten, die unterschiedliche politische Einstellungen haben. Die kritische Variable, die hier also die Daten systematisch verzerren könnte, ist die Codierereinstellung in Bezug auf den Untersuchungsgegenstand. Ihr Resteinfluss auf die Codierung wird nicht beseitigt, sondern durch systematische Streuung teilweise neutralisiert.[45] Das heißt jedoch nicht, dass die Codierer im »Ratingverfahren« codieren dürften. Ohne genaue Vorgabe der Bewertungskriterien für Parteien und präzise Codierregeln, bei skalierten Kategorien auch Definitionen der einzelnen Ausprägungen, gibt es keine Inhaltsanalyse, da mit »Codiererrating« (freien Einschätzungen nach impliziten subjektiven Kriterien) erstens die Offenlegung des Verfahrens nicht mehr möglich wäre und man ansonsten zweitens mit dem von Lisch & Kriz geforderten repräsentativen Querschnitt von Codierern arbeiten müsste (was, wie wir wissen, unmöglich und auch nicht erstrebenswert ist).

Der erforderliche Arbeitsaufwand steigt bei solchen Optimierungsstrategien sehr rasch an, so dass man dabei auch forschungsökonomische Gesichtspunkte berücksichtigen muss. Was hier klargemacht werden sollte ist die Tatsache, dass die Inhaltsanalyse durchaus nicht nur äußerliche, ohne viel Sprachkompetenz erkennbare Mitteilungsmerkmale erfassen kann. Vielmehr gibt es Möglichkeiten, auch das hinreichend gut empirisch zu messen, was in einer Mitteilung vordergründig zwar nicht explizit gesagt, aber offensichtlich doch gemeint ist.

---

[45] Der in polemisierender Form von LISCH & KRIZ (1978, S. 89 f.) vorgebrachte Vorschlag, die subjektiven Interpretationen der Codierer nicht »gleichzuschalten«, sondern zur Verbesserung der Validität zu nutzen, scheint uns in dieser generellen Form etwas kurzschlüssig. Wenn jede Inhaltsanalyse mit einem repräsentativen Bevölkerungsquerschnitt als Codiererteam durchgeführt würde, wäre sie – an ihrem Aufwand gemessen – absurd. Lisch & Kriz verwechseln offenbar Inhalts- mit Wirkungsanalysen. Rezipientenreaktionen sind inhaltsanalytisch ohnehin nur dann relevant und damit ein Validitätskriterium, wenn ein prognostischer Ansatz (vgl. Kap. I.2.2) vorliegt, also von den Codierungen auf Publikumsreaktionen geschlossen werden soll. Wichtiger scheint uns aber die offensichtliche Inkonsistenz dieses Vorschlags mit anderen Forderungen der Autoren. Sie fordern strikte Offenlegung des Verfahrens (Objektivität) (LISCH & KRIZ 1978, S. 46) und bemerken nicht, dass diese bei einer repräsentativen Codierung völlig unmöglich ist. Den Codierern soll dabei ja keine Kategoriendefinition vorgegeben werden, sondern nur das Kategorienraster (Labels). Sie selbst definieren - so Lisch & Kriz - nach ihrem eigenen Sprachverständnis die Bedeutung der Kategorien, wobei die Autoren dann vermutlich ex post aus der Verteilung der Codes eine »mittlere« Bedeutung rekonstruieren wollen, die dann »den« Textinhalt ausmacht. Genau dies ist aber unmöglich, weil die Bedeutung der Codes (Kategorienlabels) unbekannt ist. Freilich stecken in dem Vorschlag der Autoren die beiden richtigen Überlegungen, dass erstens die Interpretationsleistung der Codierer keine prinzipiell negativen Einflüsse sind und zweitens, dass in Literatur und Praxis die Reliabilität gegenüber der Validität meist überbewertet wird. Wir versuchten zu zeigen, dass beide Qualitätsstandards sich durchaus optimieren lassen und die grundsätzliche Überlegung von Lisch & Kriz dort auch ihren Platz hat. (Vgl. LISCH & KRIZ 1978, S. 89 ff.)

Übungsfragen

1. Was bedeutet die Aussage, die Inhaltsanalyse sei eine Suchstrategie? Welche Konsequenzen hat die für die praktische Vorgehensweise?
2. Was ist der Unterschied von Forschungsfrage und Hypothese?
3. Was ist eine Hypothese und welche Merkmale muss sie besitzen?
4. Leiten Sie aus folgender Forschungsfrage beispielhaft zwei Hypothesen ab: »Wie unterscheidet sich die Berichterstattung deutscher Tageszeitungen bei Bundestagswahlkämpfen?«
5. Welche Funktion hat die theoriegeleitete Kategorienbildung im Forschungsprozess (Logik der Beweisführung)?
6. Wie kommt man theoriegeleitet zu den »Hauptkategorien«? (Arbeitsschritte)
7. Was ist Ihrer Meinung nach wichtiger, um die Güte eines inhaltsanalytischen Messinstrumentes zu beurteilen: Validität oder Reliabilität? Begründen Sie Ihre Meinung.
8. Was ist eine Analyseeinheit? Nennen Sie verschiedenartige Beispiele bei der Inhaltsanalyse.
9. Was ist ein Kategorientypus? Nennen Sie auch einige Beispiele
10. Was ist ein »erschöpfendes Kategoriensystem«?
11. Erläutern Sie die Begriffe Trennschärfe, Vollständigkeit und Eindimensionalität von Kategorien bzw. Kategoriensystemen.
12. Was sind Indikatoren? Nennen Sie Beispiele.
13. Was ist eine operationale Definition?
14. Erläutern Sie den Satz: *Die Interpretationsleistung des Codierers soll nicht völlig unterdrückt, sondern nur im Sinne der vorgegebenen Definitionen eingeschränkt und kontrolliert werden.*
15. Erläutern Sie den Unterschied zwischen Analyse- und Codiereinheit. Demonstrieren sie ihn auch an einem Beispiel.
16 Was sind sampling unit, Analyseeinheit, Codiereinheit, Messeinheit und Kontexteinheit? Definieren Sie die Begriffe und beschreiben Sie deren Unterschiede..
17. Erläutern Sie den Unterschied zwischen formal-syntaktischer und inhaltlich-semantischer Definition. Nennen Sie Vor- und Nachteile.
18. Beschreiben Sie die Inhaltsanalyse als Forschungsstrategie (Bestandteile, Funktion)., Was wird durch die Forschungsstrategie sichergestellt?)
19. Erläutern Sie die Begriffe Entdeckungs-, Begründungs- und Verwertungszusammenhang am Beispiel der Inhaltsanalyse.
20. Beschreiben Sie den Forschungsablauf einer Inhaltsanalyse als Abfolge einzelner konkreter Arbeitsschritte.
21. Warum ist die Inferenz kein direkter Bestandteil der Inhaltsanalyse mehr?
22. Was ist die Grundgesamtheit der Analyse?
23. Nennen Sie ein Beispiel einer Forschungsfrage, bei der keine Stichprobe erforderlich ist. Begründen Sie Ihre Meinung.
24. Welche Stichproben*typen* gibt es? Erläutern Sie die Unterschiede.

25. Welche Stichprobenarten werden bei Inhaltsanalysen häufig benutzt? Erläutern sie diese.

26. Erläutern und diskutieren Sie den Begriff »künstliche Woche«.

27. Mit welcher Art Stichprobe lassen sich ungleiche Prozesse in der Medienberichterstattung (z.B. Themenkarrieren) angemessen und repräsentativ für eine GG erfassen?

28. Nennen Sie ein Beispiel, bei dem Auswahleinheit (sampling unit) und Analyseeinheit der Inhaltsanalyse nicht identisch sind. Welche Probleme können dadurch beim Schluss auf die GG entstehen und wie geht man damit um?

29. Wann ist die Bedeutung von Aussagen in Texten manifest (und damit codierbar)?

30. Was sind »harte« und »weiche« Indikatoren, und wozu benutzt man sie bei der Inhaltsanalyse?

31. Erläutern Sie die Unterschiede zwischen Transport- und Transformationsmodell der Rezeption.

32. Welche Rolle spielen Interpretationsspielräume bei der Inhaltsanalyse und wie geht man methodisch damit um?

4. Zusammenfassung: Grundlagen, Ziele und Vorgehensweise der Inhaltsanalyse[48]

Wir definierten die Inhaltsanalyse als eine empirische Methode zur systematischen und intersubjektiv nachvollziehbaren Beschreibung inhaltlicher und formaler Merkmale von Mitteilungen, meist mit dem Ziel einer darauf gestützten interpretativen Inferenz auf mitteilungsexterne Sachverhalte. Die schon fast »klassische« Definition Berelsons[49] erfährt mit dieser Formulierung zwar eine Modifikation, aber keine prinzipielle Bedeutungsveränderung. Auf Begriffe wie »manifest«, »objektiv« und »quantitativ« wurde hier bewusst verzichtet, nicht weil sie etwa falsch wären, sondern weil sie in der hier vorgeschlagenen Definition mit einer etwas modifizierten Bedeutung implizit auch enthalten sind. Auch das in einigen anderen Definitionen als zentraler Bestandteil enthaltene Kriterium »Inferenz« ist hier nur als häufiges Ziel inhaltsanalytischer Forschung angefügt. Inferenz ist also kein fester Bestandteil der Inhaltsanalyse, sondern beschreibt nur die Interpretation der inhaltsanalytischen Befunde. Es liegt natürlich nahe, die Inhaltsanalyse so geschickt und aussagekräftig anzulegen, dass diese Interpretationen mit größter Plausibilität möglich sind. Dennoch bleibt es möglich, dass gut inhaltsanalytische Befunde im inferentiellen Sinn über- bzw. fehlinterpretiert werden. Deshalb sollte man belegbare Befunde und deren Interpretation getrennt halten – wie dies auch bei Studien geschieht, die mit anderen Methoden operieren. Inferenz stellt also lediglich ein Merkmal der Forschungsstrategie dar, in deren Kontext die Inhaltsanalyse eingesetzt wird. Ohne Zweifel verfolgen Forscher, die Inhaltsanalysen durchführen, nahezu immer das Ziel, Inferenzen auf den Kommunikator oder das Publikum auszuführen. Doch die Inhaltsanalyse liefert dafür nur gezielt Daten, aus denen dann erst anschließend mit Hilfe gültiger Inferenztheorien (Produktions- oder Rezeptionstheorien) entsprechende Schlüsse gezogen werden.

»Empirische Methode« bezeichnet die Modalität des Zugangs zur Realität und schließt die beiden Wissenschaftsstandards »Systematik« und »Objektivität« ein. Angestrebt wird nichts weiter als Transparenz des Erkenntnisprozesses. Erste Bedingung dafür ist also, dass das Erkenntnisobjekt unter angebbaren Bedingungen von verschiedenen Personen reproduzier- bzw. wahrnehmbar ist.

---

48 Teilweise veröffentlicht in FRÜH 1981c.

49 Auch Berelson hat übrigens nie behavioristische Vorstellungen in so kruder Form vertreten, wie man ihm das häufig unterstellt.

Zweite Bedingung einer Transparenz des Erkenntnisprozesses ist die Offenlegung des Verfahrens. Die Inhaltsanalyse produziert einen spezifischen Datentypus mit einem bestimmten Informationsgehalt. Was inhaltsanalytische Ergebnisse genau bedeuten, lässt sich nur abschätzen, wenn man prüft, welche Stichprobe untersucht wurde, was unter den zentralen Begriffen verstanden wurde, welche Indikatoren verwendet wurden usw. Die Methodendokumentation muss so explizit sein, dass sie eine identische Wiederholung des Erkenntnisvorgangs ermöglicht, d.h. die Methode muss so weit vom erkennenden Subjekt losgelöst bzw. »objektiviert« sein, dass die angegebenen Operationen, wenn sie von einer beliebigen anderen Person durchgeführt werden, erneut zu demselben Resultat führen.

Dazu ist – als dritte Bedingung – ein systematisches Vorgehen erforderlich. Nur wenn sichergestellt ist, dass auf eine angebbare Menge von Texten immer dieselben Erkenntnisstrategien invariant angewandt wurden, ist eine Transparenz des Erkenntnisvorgangs gewährleistet. Diese Standards gelten als allgemein akzeptierte Bedingungen jeder empirischen Wissenschaft und charakterisieren deshalb auch die inhaltsanalytische Vorgehensweise. Unter Maßgabe der genannten Prämissen als allgemeine Rahmenbedingungen will ich im Folgenden die inhaltsanalytische Vorgehensweise in 8 Thesen fassen und sie anhand eines kurz gefassten Beispiels erläutern.

Was lässt sich nun aus der geschilderten Vorgehensweise an inhaltsanalytischen Charakteristika ablesen? Die Inhaltsanalyse hat offenbar ein **Selektions-** und ein **Klassifikationsinteresse.** Es sollen nicht etwa alle Inhalte der analysierten Texte untersucht werden, sondern nur die für das jeweilige Forschungsthema relevanten; und nicht der originäre Bedeutungsgehalt jeder einzelnen relevanten Äußerung wird erfasst, sondern Mengen von Äußerungen werden als äquivalent betrachtet und in Klassen zusammengefasst. Selektions- wie Klassifikationskriterien gibt der Forscher vor, legt sie offen und begründet sie in Bezug auf das gestellte Forschungsproblem sowie das zu untersuchende Textmaterial. Er bestimmt das inhaltsanalytische Untersuchungsdesign, um die Logik des Verfahrens im Hinblick auf das Forschungsproblem zu sichern. Die Konzeption des inhaltsanalytischen Instrumentariums muss so angelegt sein, dass sie eine Beantwortung des Forschungsproblems erlaubt.

These 1: *Die Inhaltsanalyse ist eine vom Forscher definierte Suchstrategie, die sich nur auf theoretisch relevante Bedeutungsaspekte bezieht. (Selektionsinteresse)*

These 2: *Die Inhaltsanalyse ist ein offengelegter Vorschlag des Forschers zur theoretisch relevanten Strukturierung bzw. Gruppierung von Bedeutungen. (Klassifikationsinteresse)*

Im nächsten Arbeitsschritt folgt die Operationalisierung der Kategorien und Messvorschriften. Der Forscher hat also das zu messende theoretische Konstrukt definitorisch abgegrenzt, den Differenziertheitsgrad des Kategoriensystems einschließlich der hypothesenrelevanten Bedeutungsdimensionen festgelegt sowie den Kategorientypus und dessen Messniveau bestimmt. Bei der nun folgenden Operationalisierung sind auch die Sprachkompetenz der Codierer und – noch stärker als bisher – die Eigenarten des konkreten Textmaterials einbezogen. Dies geschieht dadurch, dass der Forscher zusammen mit den Codierern anhand einer repräsentativen Stichprobe des Untersuchungsmaterials alle Textstellen identifiziert, die durch das Kategoriensystem abgedeckt sind. Die gefundenen Beispiele werden teilweise den jeweiligen Kategorien als konkrete Listendefinitionen hinzugefügt.

Auch diese ergänzte operationale Definition der Kategorien ist selten erschöpfend, d.h. in der Regel können nicht alle konkreten Textstellen aufgezählt werden, die den Bedeutungsgehalt der einzelnen Kategorien repräsentieren. Vom Codierer wird deshalb ein Analogieschluss gefordert, den dieser aufgrund seiner Sprachkompetenz und der Kenntnis der anvisierten Kategorienbedeutungen vollzieht. Dabei bleibt ihm immer ein gewisser Interpretationsspielraum erhalten, weil die Sprachverwendung selten völlig eindeutig ist.

In vielen Fällen wird der Kontext klären, welche Interpretation die richtige oder doch wenigstens die wahrscheinlichere ist. Der Codierer prüft also anhand des Kontextes und seiner Sprachkompetenz, ob der Indikator im konkreten Falle die Bedeutung der betreffenden Kategorie repräsentiert. *Nicht das formale Zeichen, sondern dessen Bedeutungen werden codiert.* Eine Kategorie ist in der Regel als Bedeutungsraum konzipiert, der durch angegebene inhaltliche Kriterien determiniert ist und nicht etwa als Liste formaler Zeichenträger (»black marks on white«). Insofern ist das subjektive Sprachverständnis der Codierer niemals völlig ausgeschaltet, sie sind keine »Codierroboter«, sondern in bestimmter Weise instruierte Rezipienten, die Texte *verstehen* und deren *Bedeutung* verschlüsseln. Allerdings haben sie sich auf einen Interpretationsrahmen geeinigt, d.h. sie haben unter der theoriegeleiteten Vorgabe des Forschers in präzisen Definitionen festgelegt, welche inhaltlichen Sachverhalte durch die Bedeutung einer Kategorie noch gedeckt sind und wie *sicher* der einzelne Codierer bei deren Identifikation sein muss. Trotz Sprachkompetenz und disambiguierender Funktion des Kontextes sind Texte oftmals so formuliert, dass sie noch immer mehrere Interpretationsweisen zulassen. Dies kann eine beabsichtigte Kommunikationsstrategie des Autors sein oder auch an dessen mangelhafter Ausdrucksfähigkeit liegen. Wenn jedenfalls bei einer konkreten Textstelle einem Codierer eine bestimmte Interpretation aufgrund seines subjektiven Sprachverständnisses recht eindeutig nahe zu liegen scheint und er dieses Textverständnis anhand einiger nachvollziehbarer Kriterien hinlänglich belegen kann, dann wird ihn kein vernünftiger Forscher zwingen, hier eine andere Zuordnung vorzunehmen, obwohl er selbst die Textstelle vielleicht anders verstehen würde. Ambiguitäten wird es im Text je nach Textsorte und sprachlicher Versiertheit des Autors immer in verschieden großem Ausmaß geben. Zwischen den Codierern in jedem Falle völlige Übereinstimmung zu erwarten, wäre unrealistisch und dem Untersuchungsgegenstand auch unangemessen. Operationale Definitionen sollen deshalb in der Regel nur Interpretationsspielräume eingrenzen und die Zuordnung von konkreten Textstellen zu Kategorien offenlegen. Kontextinformationen und Sprachkompetenz der Codierer werden mithin nicht unterdrückt, sondern möglichst weitgehend kontrolliert.

Dies geschieht erstens durch Codierertraining, indem bei der probeweisen Anwendung des Kategoriensystems am konkreten Beispiel vermittelt wird, wie evident der codierbare Inhalt zu sein hat bzw. wie sicher der Codierer bei der Bedeutungsrekonstruktion des Textinhalts sein muss, bevor er codieren darf. Zweitens geschieht die Kontrolle durch möglichst weitgehende Offenlegung der individuellen Interpretationsweisen. Strittige Textstellen werden als beschreibende Beispiele in die Definition aufgenommen, die Grenzen des zulässigen Interpretationsspielraums durch Gegenbeispiele markiert.

Aufgabe des Forschers ist es, die Spannweite des Interpretationsspielraums zu bestimmen. Er kann die Analyse auf völlig evidente, d.h. unzweifelhaft eindeutige Indikatoren beschränken oder auch noch hinlänglich plausible und bei unterschiedlicher sprachlicher Sozialisation unterschiedlich interpretierte Indikatoren in die Analyse einbeziehen. Die Entscheidung wird vom Untersuchungsgegenstand und dem Umfang des Untersuchungsmaterials abhängen. Steht zu befürchten, dass wesentliche Aspekte der zu erfassenden Inhalte meist in Andeutungen z.B. ironischer oder metaphorischer Art und mehr oder weniger vagen Umschreibungen auftreten, dann wird man noch relativ »weiche« Indikatoren zulassen und dafür die operationalen Kontrollen des Interpretationsspielraums (Schulung, Listendefinition) extensiv verstärken. Damit ist zwar die Reliabilität und Transparenz des Verfahrens etwas beeinträchtigt, aber dessen Validität besser gesichert. Kann man jedoch davon ausgehen, keine systematischen Verzerrungen im Datenmaterial zu produzieren, dann kann man sich auf »harte« Indikatoren konzentrieren. Bei dieser Vorgehensweise bleiben also eine ganze Reihe potenziell zutreffender Textstellen unberücksichtigt, aber dies betrifft alle Kategorien in gleichem Maße. Zwar reduzieren sich dadurch die *absoluten* Häufigkeiten der Codierungen, ihre Häufigkeits*verteilung* jedoch bleibt davon unberührt. Bei der Interpretation der Daten kann man diesen Tatbestand berücksichtigen und seine Befunde ganz aus den Relationen bzw. den relativen Häufigkeiten der Kategorien ableiten, wie dies ohnehin meistens geschieht. Jedenfalls erfasst die Inhaltsanalyse unmittelbar Bedeutungen, bei deren Rekonstruktion bzw. Identifikation die Kontextinformationen und die Sprachkompetenz der Codierer einfließen. Indikatorenlisten dienen lediglich zur exemplarischen Umschreibung von Kategorienbedeutungen und somit der Offenlegung des Codiervorgangs. Sie sind in der Regel keine vollständigen Aufzählungen völlig eindeutiger, formaler Zeichenträger, die den Codierer zu einer mechanistischen 1 : 1-Zuordnung zwingen würden. Es wäre etwa absurd anzunehmen, der Satz: »Spitz ragten die Felsen empor« müsste in der Kategorie »Tiere« verschlüsselt werden, nur weil in der Kategoriendefinition der Indikator »Spitz« als Name einer Hunderasse aufgeführt ist. Der Codierer versteht schließlich den Satz und benutzt dabei dieselben Informationen wie jeder andere Leser auch. Codiert wird die rekonstruierte Bedeutung, nicht die formale Zeichengestalt. Der Unterschied zur normalen Textlektüre besteht im Wesentlichen darin, dass der Codierer für seine Interpretation intersubjektiv nachvollziehbare Kriterien finden muss, wobei diese Nachvollziehbarkeit eine vom Forscher vorgegebene Evidenz zu besitzen hat. Alle Informationen, die sich nicht mit dieser vorgegebenen Evidenz und Sicherheit einer Kategorie zuordnen lassen, bleiben unberücksichtigt. Bei der normalen Lektüre können Informationen, die den eigenen Prädispositionen widersprechen, einfach ignoriert und mehrdeutige Äußerungen gemäß dem eigenen Vorverständnis als völlig klare Anhaltspunkte für den eigenen Standpunkt interpretiert werden. Solche idiosynkratischen, subjektiven Einflüsse versucht die Inhaltsanalyse auszuschalten, nicht jedoch die Sprachkompetenz der Codierer.

Hier angekommen, können wir zwei weitere Thesen formulieren:

These 3: *Die Inhaltsanalyse erfasst in der Regel die Bedeutungen kommunikativ verwendeter Zeichen, nicht deren formale Gestalten (materiale Zeichengestalten, Zeichenkörper, »black marks on white«).*

These 4: *Bei der Rekonstruktion bzw. Identifikation der Bedeutungen im Text können alle vorhandenen kommunikativen Kontextinformationen und das Sprachverständnis der Codierer in (durch Definitionen und Codierregeln) kontrollierter Weise eingebracht werden.*

Dennoch ist die Inhaltsanalyse aufgrund der Thesen 1 und 2 sowie der zweifellos begrenzten spezifischen Sprachkompetenz des Forscher/Codierer-Teams niemals eine repräsentative oder gar »absolut richtige« (bzw. in diesem Sinne »objektive«) Textanalyse. Deshalb formulieren wir als Konsequenz aus den Thesen 1-4:

These 5: *Die Inhaltsanalyse ist eine ausgewählte, systematische Interpretationsweise, deren Spielraum und Evidenz möglichst weitgehend offengelegt und kontrolliert ist.*

Die Relevanz eines solchen Vorgehens lässt sich jederzeit z.B. mit Hilfe externer Daten überprüfen und ist damit kritisierbar. Wesentlich ist hier jedenfalls, dass die Inhaltsanalyse nicht von einem einzigen, absoluten, richtigen bzw. in diesem Sinne objektiven Textinhalt ausgeht, sondern von einer Reihe möglicher Interpretationsweisen. Sie fragt nicht, was »wirklich« im Text steht, sondern wählt eine bestimmte Interpretationsweise mit einer gewissen Bandbreite aus und legt sie offen. Die Relevanz bzw. Brauchbarkeit dieser gewählten Interpretationsweise misst sich letztlich am beabsichtigten Inferenzschluss.

Die Inhaltsanalyse codiert zwar einzelne Texte, ihr Erkenntnisinteresse bezieht sich jedoch auf Strukturmerkmale von Text*mengen*. Es werden Eigenschaften z.B. der Presseberichterstattung eines Jahrzehnts beschrieben, die nicht identisch sind mit den Eigenschaften der einzelnen Texte. Bei der inhaltsanalytisch gewonnen Information handelt es sich fast immer um Aggregatdaten, die nicht unmittelbar beim Kontakt mit dem konkreten Textmaterial (Codiervorgang), sondern als Resultat der statistischen Auswertung aller Codierungen entstehen. Nach der Analyse der einzelnen Texte liegen die inhaltsanalytisch relevanten Befunde noch nicht vor, sondern erst nach der Auswertung der Summe aller Textanalysen.

These 6:   *Das Erkenntnisinteresse der Inhaltsanalyse zielt in der Regel auf strukturelle Informationen über Textmengen. Sie erfasst Strukturen von Textmengen als Aggregatdaten.*

Voraussetzung für die Analyse solcher Strukturmerkmale ist erstens das selektive, zweitens das klassifizierende und drittens das messend-quantifizierende Vorgehen der Inhaltsanalyse. Die Untersuchung muss sich auf themen- bzw. hypothesenrelevante Merkmale konzentrieren, sie muss Textelemente mit durchaus originären Bedeutungsnuancen unter einem übergeordneten Gesichtspunkt als äquivalent betrachten, und sie muss schließlich die erhobenen Informationen in eine standardisierte Modalität bzw. ein einheitliches Format überführen, das Vergleiche qualitativ verschiedener Sachverhalte und die Anwendung statistischer Auswertungsoperationen erlaubt. Das geschieht durch das messend-quantifizierende Vorgehen. Wie mehrfach erwähnt, ist Messen die Abbildung eines empirischen Relativs (oder einer empirischen Struktur) in ein numerisches Relativ (oder eine quantitative Struktur). Das durch die Inhaltsanalyse erstellte numerische Relativ (Datenmodell) steht damit stellvertretend für eine Bedeutungsstruktur (Theorie- oder Konstruktebene), die wiederum ein empirisches Relativ, also einen Objektbereich wie etwa die Medienberichterstattung selektiv beschreibt. Es repräsentiert diesen. Beim Codieren wird der Bedeutungsgehalt der Texte in den Bedeutungsgehalt des Kategoriensystems transformiert, das heißt, hinsichtlich des originären Bedeutungsgehaltes der codierten Texte bleibt erstens nur so viel Information erhalten, wie die aus der Forschungsfrage abgeleiteten Kategoriendefinitionen festlegen, und zweitens sind später nur solche Bedeutungsrelationen zwischen den codierten Inhalten analysierbar, die durch eine adäquate Codierung festgehalten wurden. Deshalb muss sichergestellt sein, dass die Kategorien und ihre hierarchischen bzw. quantitativen Beziehungen untereinander die im Textmaterial vorgefundenen Bedeutungsstrukturen adäquat abbilden. Oft werden Bedeutungsstrukturen einfach nur über die Häufigkeitsverteilung der einzelnen Kategorien erschlossen (sog. »Frequenzanalysen«), doch werden wir später sehen, dass es noch anspruchsvollere Möglichkeiten gibt, um mit der Inhaltsanalyse Bedeutungsstrukturen formal, d.h. meist numerisch abzubilden.

Während die numerische Repräsentation (Quantifizierung) als konstitutiver Bestandteil des Messens gilt, stellt die Homomorphie der qualitativen Text- zu den quantitativen Datenstrukturen eine Anforderung dar, deren Erfüllung es nachzuweisen gilt. Diese grundlegende Anforderung an jede empirische Messung wird als »Repräsentationsproblem« bezeichnet (vgl. SUPPES & ZINNES 1963; ORTH 1974). Es ist leicht einzusehen, dass mit der Quantifizierung von Textmerkmalen nicht automatisch alle Zahlenrelationen relevant und sämtliche mathematischen Operationen möglich sind. Die numerischen Kennziffern repräsentieren ja empirische, »qualitative« Strukturen, und man kann diese Zahlen deshalb nicht als abstrakte Symbole, d.h. losgelöst von dieser qualitativen Repräsentation sehen. Die Homomorphie zwischen Realitäts- und Datenmodell ist meistens nur partiell; sie begrenzt den Informationsgehalt der numerischen Symbole und schränkt die zulässigen mathematischen Operationen ein. (siehe oben das Beispiel IQ)

Deshalb muss bei der Auswertung berücksichtigt werden, welche Zahleneigenschaften sinnvollerweise konkrete Eigenschaften der untersuchten Objekte abbilden. In ganz evidenten Fällen ist es sicherlich möglich, auf eine Begründung zu verzichten, in anderen Fällen genügt eine Plausibilitätsargumentation. Das mit Hilfe numerischer Symbole erstellte formale Datenmodell muss also in diesem Sinne **brauchbar** sein, um qualitative Eigenschaften der untersuchten Texte angemessen abzubilden. Auswertungsarbeiten mit den numerischen Daten haben sich zunächst an qualitativen Eigenschaften (Sinn, Bedeutung) der empirischen Strukturen zu orientieren, die sie abbilden und außerdem am Messniveau, das sie repräsentieren. Die inhaltsanalytischen Daten sind als Zeichen einer formalen Metasprache aufzufassen, die einen wohldefinierten, aber begrenzten Informationsgehalt besitzen.

Die voran stehenden Ausführungen machen deutlich, dass die Inhaltsanalyse zwar quantifizierend vorgehen muss, um zu den anvisierten Strukturmerkmalen von Textmengen vorzustoßen, die quantitative Analyse dabei aber immer der qualitativen Analyse folgt. Jede Identifizierung eines inhaltlichen Textmerkmals durch den Codierer ist zunächst ein qualitativer Analyseakt, dessen zählend-quantifizierende Weiterverarbeitung diesen Charakter nicht aufhebt. Aus dieser Weiterverarbeitung werden letztlich neue qualitative Erkenntnisse gewonnen, die sich nun auf Merkmale von Textmengen beziehen. Zwischen qualifizierenden und quantifizierenden Analyseschritten besteht so eine unauflösbare dialektische Wechselbeziehung: Sie bedingen sich gegenseitig. Insofern ist die Bezeichnung »quantitative« Inhaltsanalyse irreführend und abzulehnen. Daraus resultiert

These 7: *Die Inhaltsanalyse erfasst bzw. generiert Bedeutungen und Bedeutungsstrukturen in dialektisch alternierenden, qualifizierend-quantifizierenden Analyseschritten.*

Mit dem Nachweis hypothesenrelevanter, latenter Bedeutungsstrukturen in Textmengen ist die Inhaltsanalyse beendet. Die Inhaltsanalyse registriert lediglich eine Anzahl vorab mit Bedacht (d.h. valide in Bezug auf die Forschungsfrage) ausgewählter Indikatoren. Weitergehende Interpretationen können subjektiv zwar durchaus sehr überzeugend sein, so dass sie der Leser annimmt, aber man sollte sich jederzeit bewusst sein, dass es sich dabei nicht um Ergebnisse der Inhaltsanalyse sondern deren Deutung handelt.

In welcher Art und mit welchem Stellenwert die inhaltsanalytisch erfassten Bedeutungen interpretiert und in die Vorstellung jedes Einzelnen von der Welt eingeordnet werden, liegt also bereits außerhalb der Inhaltsanalyse. Wer seine Ergebnisse überinterpretiert, hat nur ein Problem bei der Interpretation, die Inhaltsanalyse kann dennoch korrekt durchgeführt worden sein. Man kann allenfalls vermuten, dass dem betreffenden Forscher vorab sein Erkenntnisinteresse nicht ganz klar war und er deshalb dieses mit seinem inhaltsanalytischen Datenmodell auch nicht adäquat abbildete. Auch für die Rekonstruktion noch abstrakterer, übergeordneter Sinnzusammenhänge, die sich in den Texten nur indirekt spiegeln, liefert die Inhaltsanalyse ggf. ebenfalls gezielt Informationen, sie sind aber auch hier durch das Verfahren nicht voll gedeckt, d.h. sie stellen ebenfalls nur eine mehr oder minder plausible Interpretation dar. Die Inhaltsanalyse trennt strikt die einzelnen Phasen des Erkenntnisprozesses. Die sinnverstehende Interpretation der inhaltsanalytisch gewonnenen Datenstrukturen ist sicherlich der Zweck jeder Inhaltsanalyse, aber nicht mehr ihr Bestandteil. Inhaltsanalysen sind dann sinnvoll bzw. brauchbar, wenn sie zur sinnverstehenden kognitiven Rekonstruktion der Realität gesicherte und kommunizierbare Informationen liefern.

These 8: *Die Inhaltsanalyse segmentiert den Erkenntnisprozess. Sie weist Bedeutungen und Bedeutungsstrukturen in Texten und Textmengen nach, zum Zwecke einer von ihr getrennten, sinnverstehenden Interpretation.*

Die bisherigen Ausführungen sollten die Inhaltsanalyse in ihren wesentlichen Merkmalen beschreiben. Dies erleichtert den Vergleich mit anderen Textanalyseverfahren. Wir haben sie oben mit der hermeneutischen Textinterpretation verglichen und die ihrer Anwendung zugrunde liegenden unterschiedlichen Erkenntnisinteressen diskutiert. Dabei sollte klargemacht werden, dass eine Methode jeweils auf ein bestimmtes Forschungsinteresse zugeschnitten ist, wenn sie optimal leistungsfähig sein will. Jedoch setzt jede Optimierung die Anerkennung bestimmter wissenschaftlicher Prämissen voraus. Sind solche Vorgaben von beiden Seiten akzeptiert, ist ein Streit um die bessere Methode zur Textanalyse gegenstandslos.

Zweiter Teil

Praxis der Inhaltsanalyse

Die bisherigen theoretischen Ausführungen sollen im zweiten Teil dieses Buches nunmehr an weiteren Beispielen konkretisiert werden. Anhand eines ausgewählten Themas wird zunächst recht ausführlich gezeigt, wie man eine Inhaltsanalyse praktisch durchführt. Wir wählten zu Beginn unserer praxisbezogenen Ausführungen mit der »Themenanalyse« einen relativ überschaubaren, unkomplizierten Typus der Inhaltsanalyse, den wir jedoch in wenigen Teilkategorien zur »Argumentanalyse« ausweiten.

Die praktische Darstellung hat allerdings auch einen gravierenden didaktischen Nachteil. Wenn eine Inhaltsanalyse konkret durchgeführt wird, dann müssen viele Entscheidungen getroffen werden, durch die sich der Inhaltsanalytiker auf eine bestimmte Version mit bestimmten Definitionen festlegt. Das betrifft also auch die von uns im Folgenden beispielhaft vorgestellte Version. Unangemessen wäre es, wenn diese gegenstandsbezogenen Entscheidungen als Vorgabe eines »objektiven« Standards missverstanden würden, den man bei der Bearbeitung vergleichbarer Themen wie ein »Rezept« verwenden könnte. Es geht im Folgenden überhaupt nicht darum, eine Inhaltsanalyse zum Thema »Kernkraft« darzustellen, sondern es sollen möglichst viele Probleme der praktischen inhaltsanalytischen Arbeit an einem geeigneten Thema demonstriert werden. Und selbst dabei muss aufgrund des zuvor Gesagten jederzeit klar sein, dass es sich um eine *Möglichkeit* des Vorgehens handelt, die andere nicht ausschließt.

Die einzig richtige Inhaltsanalyse gibt es ohnehin nicht, sondern nur gute und schlechte. Jede Inhaltsanalyse ist »richtig«, die ihr Verfahren offen legt und bestimmten Qualitätsstandards genügt. Ob die gewählte Fragestellung sinnvoll, die Ergebnisse nützlich und interessant sind, steht dabei nicht zur Debatte. Dies betrifft die Inhaltsanalyse als Forschungsstrategie im Kontext des Entdeckungszusammenhangs (siehe Kap. I, 3.3, Ebene 1), während wir uns hier insbesondere mit der Inhaltsanalyse als Methode (Kap. I, 3.3, Ebene 2) beschäftigen, auch wenn zur Erläuterung der Forschungsfrage, der Definition der Konstrukte und vor allem bei Fragen der Validität immer wieder zur ersten Ebene Bezug genommen werden muss. Das heißt, es ist eigentlich nicht möglich, eine Inhaltsanalyse ganz »mechanisch« wie eine Rezeptur anzuwenden, da eine Methode immer im Dienste eines bestimmten Erkenntnisinteresses steht, auf das sie exakt abgestimmt werden muss – und das geht nur, wenn man den Zusammenhang zwischen Theorie und Methode kennt. Im voranstehenden, theoretischen Teil war es auch nicht möglich, theoretische Probleme plausibel zu erklären ohne ihre praktischen methodischen Konsequenzen aufzuzeigen. Doch so wie dort die Theorie stärker im Vordergrund stand, soll jetzt hier stärker die methodische Praxis hervorgehoben werden. Im Anschluss an die recht ausführlich dargestellte Themenanalyse in Teil 2 / Kapitel 1 sollen dann noch vier weitere, komplexere und/oder anspruchsvollere Anwendungsmöglichkeiten der Inhaltsanalyse vorgestellt werden. Da viele grundlegende methodische Handlungsstrategien im ersten Beispiel bereits besprochen wurden, beschränken wir uns in den späteren Beispielen darauf, die jeweils besonders interessanten, für diesen Typus originären Aspekte herauszuarbeiten.

1. Das Grundmodell: Themen-Frequenzanalyse

1.1 Planungsphase

1.1.1 Problemstellung und Hypothesenbildung

Zu Beginn jeder Inhaltsanalyse steht die Bestimmung des Untersuchungsziels. Wir wählen folgende Problemstellung und formulieren sie gleich in Form einer offenen Generalhypothese: »*Wie berichtet die deutsche Presse über das Thema ›Kernkraft‹*«? Die Inhaltsanalyse ist eine offengelegte, systematische Suchstrategie, die invariant auf das ganze Untersuchungsmaterial angewandt werden muss. Deshalb ist es unabdingbar, schon zu Beginn der Untersuchung möglichst genau festzulegen, wonach man eigentlich suchen will. Meist hat man unbewusst einige implizite Hypothesen, die eigentlich erst dazu führten, die Fragestellung zu wählen. Das oben genannte Untersuchungsziel lässt sich ohnehin in dieser allgemeinen Form inhaltsanalytisch nicht bearbeiten (das »wie berichtet« lässt sich praktisch auf alle Merkmale der Berichterstattung beziehen), und es ist deshalb notwendig, präzise nach den konkreten Motiven und Zielen zu fragen, die hinter dieser Problemstellung stecken. Sie sind dann in Form detaillierter, prüfbarer Hypothesen zu formulieren. Diese lassen sich – wie gesagt – oft nicht unmittelbar und vollständig aus der Untersuchungsaufgabe ableiten, sondern bedürfen einer Reihe theoretischer Vorüberlegungen und Zusatzannahmen, die in der Regel die explizite Form der oben genannten impliziten Motive und Ziele darstellen. Ihre Auswahl steht dem Forscher frei: Er bestimmt selbst, was er für untersuchenswert hält und wie eine interessante Fragestellung hier aussehen könnte. Wichtig ist nur, dass er diese Vermutungen und theoretischen Vorüberlegungen offenlegt, indem er seine Hypothesen damit begründet. Dies ist im Sinne einer Transparenz und Nachvollziehbarkeit des Forschungsvorgangs unabdingbar. So kann er etwa aufgrund empirischer Befunde zur sog. »Agenda-setting-Theorie«[50] annehmen, dass Negativismen wie Konflikt, Gefahr (bzw. Relevanz/Betroffenheit) und Schaden[51] Attribute des Themas »Kernkraft« sind, die es erst berichtenswert machen. Daraus folgt

---

50 Vgl. etwa: SCHULZ (1976): Die Konstruktion von Realität in den Nachrichtenmedien. Freiburg, München.
51 Definitionen s. SCHULZ (1976), S. 133, 136, 137.

Hypothese 1:

Immer wenn das Thema »Kernkraft« behandelt ist, wird auch einer der »Nachrichtenfaktoren« Gewalt, Gefahr oder Schaden angesprochen.

Weiter kann man annehmen, dass vor der Energiekrise 1973 und dem zweiten »Ölpreisschock« 1979 die Presse aus Gründen des Umweltschutzes eher gegen einen weiteren Ausbau der Kernenergie eingetreten ist und die in der Krisensituation zuvor gehegten Bedenken in den Hintergrund gedrängt hat.

Hypothese 2:

a)   Vor 1973 war die Presseberichterstattung zu einem weiteren Ausbau der Kernenergie negativer als nachher.

b)   Vor 1979 war die Presseberichterstattung zu einem weiteren Ausbau der Kernenergie negativer als nachher.

Hypothese 3:

a)   Vor 1973 stand das Thema »Umweltschutz« mehr im Vordergrund als nachher.

b)   Vor 1979 stand das Thema »Umweltschutz« mehr im Vordergrund als nachher.

Dritte Annahme: Die große Arbeitslosigkeit in der Wirtschaftsrezession nach der Ölkrise 1973 hat dazu geführt, dass die Sicherheit der Arbeitsplätze vorrangiges Thema wurde. Der große und expansionsfähige Wirtschaftszweig »Nuklearindustrie« garantierte eine große Zahl von Arbeitsplätzen, die man durch einen Baustopp nicht gefährden wollte. Beim zweiten »Ölschock« 1979 war dagegen die Konjunkturlage schon wieder günstiger, so dass das Thema »Arbeitsplätze« nicht mehr so dominierend war.

Hypothese 4:

a)   Nach 1973 treten stärker als zuvor die Themen »Arbeitsplätze«, »Wirtschaft« und »Konjunktur« gemeinsam mit dem Thema »Kernenergie« in den Vordergrund.

b)   Nach 1979 verlieren diese Themen wieder an Bedeutung.

Nehmen wir einmal an, dem Forscher würden zunächst keine anderen begründbaren Hypothesen mehr einfallen, dann wird der Hypothesenkatalog hier vorläufig einmal abgeschlossen. Was bisher praktiziert wurde, war lediglich das **theoriegeleitete Vorgehen** bei der Hypothesenbildung. Man leitet aus theoretischen Vorüberlegungen Aussagen über das Textmaterial ab. Dieses Verfahren sollte durch ein **empiriegeleitetes Vorgehen** ergänzt werden. Man liest eine Stichprobe der zu analysierenden Texte durch und notiert alle auffallenden Sachverhalte. Oft ist es so, dass der unmittelbare Eindruck und die bei der Lektüre gesammelten Informationen weitere Hypothesen nahe legen, an die man zuvor noch gar nicht gedacht hatte. Am ökonomischsten ist es, wenn man diese »empiriegeleitete Hypothesenbildung« in einem Arbeitsgang mit der Entwicklung des Kategoriensystems durchführt, weil man dort ohnehin eine Stichprobe des Untersuchungsmaterials durcharbeiten muss. Damit sind die beiden nächsten Arbeitsschritte schon angedeutet:

1) Vor der Ziehung einer Textstichprobe ist zunächst das Untersuchungsmaterial zu bestimmen.
2) Entwicklung eines Kategoriensystems und evtl. Ergänzung des Hypothesenkatalogs.

Bevor wir diese Arbeitsschritte nun ausführlich besprechen, soll eines klargestellt werden: Die Vermutungen und Vorüberlegungen, die zu den Hypothesen geführt haben, lassen sich in aller Regel mit der Inhaltsanalyse nicht beweisen. Die Ergebnisse können nur die Hypothesen selbst stützen oder widerlegen. So kann ich etwa herausfinden, dass nach 1972 tatsächlich ein weiterer Ausbau der Kernenergie stärker befürwortet wurde als zuvor. Dies bestätigt meine Hypothese. Ob das aber auf ein vermindertes Problembewusstsein infolge des damaligen »Ölschocks« zurückzuführen ist, bleibt Interpretation. Ich kann jedoch die Plausibilität der Interpretation durch einen zweiten, vergleichbaren Messpunkt erhöhen. Beim zweiten »Ölschock« 1979, also einer vergleichbaren Situation, müsste der gleiche Effekt erneut auftreten, dann ist diese Schlussfolgerung mit größerer Plausibilität möglich, aber noch immer nicht bewiesen. Die Inhaltsanalyse ist zunächst nur ein Beschreibungsverfahren, ein Mittel zur Erkenntnis, nicht diese selbst.

1.1.2 Projektplanung und Auswahl des Untersuchungsmaterials

Zu unterscheiden sind hier die Festlegung der Grundgesamtheit und evtl. die Bestimmung der Stichprobe.[52] Beides orientiert sich am Untersuchungsziel und den Hypothesen. Das Untersuchungsziel unseres Beispiels hieß: »Wie berichtet die deutsche Presse über das Thema ›Kernkraft‹«? Entsprechend ist die Grundgesamtheit »die deutsche Presse«. Wenn es in der Fachliteratur keine anerkannte Definition oder mehrere Möglichkeiten gibt, müssen wir uns selbst überlegen, was wir darunter verstehen wollen. Als erste Eingrenzung soll gelten: Alle periodisch erscheinenden Druckerzeugnisse mit aktuellem Inhalt, deren Verlagsort innerhalb der Grenzen der Bundesrepublik Deutschland liegt. Schon nach kurzem Nachdenken wird klar, dass wir damit z.B. regelmäßig erscheinende Trivialromane und auch die in Deutschland verbreitete Auflage der »Neuen Zürcher Zeitung« kor-

---

52 Wenn wir eine Vollerhebung oder Fallstudie planen, entfällt das Stichprobenproblem.

rekterweise ausgeschlossen haben, aber etwa periodisch erscheinende Fach- und Werkszeitschriften erfassen würden. Die Definition muss also enger gefasst werden: Alle regelmäßig erscheinenden Tageszeitungen, außerdem Wochenzeitungen, Publikumszeitschriften und Wochenmagazine jeweils mit Verlagsort innerhalb der Bundesrepublik.

Jetzt kann man eine Liste aller fraglichen Titel erstellen. Es wird sich in unserem Beispiel aber rasch zeigen, dass diese sehr lang gerät. Man sollte sich deshalb schon hier fragen, ob der absehbare Aufwand tatsächlich notwendig ist, um die Forschungsfrage zu beantworten. Eine Möglichkeit zur Reduzierung des Untersuchungsmaterials wäre die Ziehung einer repräsentativen Stichprobe aus den Zeitungs- und Zeitschriftentiteln. Eine Auswahl nach Titeln berücksichtigt jedoch keine Auflagenzahlen. Wenn die Chance, gelesen zu werden in die Stichprobenziehung einfließen soll, dann muss man die jeweiligen Titel noch mit den Auflagen-, besser noch Reichweitendaten gewichten. Durch die repräsentative Auswahl ist der Schluss auf die ganze deutsche Presse möglich.

Die zweite Möglichkeit ist eine geschichtete, willkürliche Auswahl. In diesem Falle muss ich aber meine Schichtungskriterien im Hinblick auf das Untersuchungsziel plausibel begründen können. In unserem Beispiel sollen die Schichtungskriterien bei den Tageszeitungen »Vertriebsart« und »Verbreitungsgebiet« sein. Außerdem müssen die Anteile der einzelnen Schichten an der GG bekannt sein, um sie für einen Repräsentationsschluss entsprechend gewichten zu können.[53]

Beispiel:

1) Vollerhebung aller überregionalen Abonnementzeitungen.

2) Vollerhebung aller Kaufzeitungen.

3) Alle regionalen Tageszeitungen, in deren Hauptverbreitungsgebiet ein Kernkraftwerk steht oder geplant ist.

4) Gleich viele, zufällig ausgewählte Tageszeitungen aus anderen Verbreitungsgebieten.

5) Alle Wochenzeitungen, Publikumszeitschriften und Wochenmagazine.

Die Begründung der gewählten Schichtungskriterien zeigt, dass hier implizit weitere Hypothesen zugrunde liegen. Ich muss offensichtlich annehmen, dass überregionale Abonnementzeitungen anders über Kernkraft berichten als Boulevardzeitungen. Und zwar könnte es sein, dass Kaufzeitungen das Thema mehr

---

53 Angesichts dieser nicht immer leicht zu erfüllenden Bedingungen einer geschichteten Stichprobe schlugen wir oben im Kapitel 3.4 »Stichprobe« ein etwas modifiziertes Verfahren vor, das mit einer Zufallsauswahl beginnt und die Schichten bei Bedarf hinterher bildet. Dort sind z.B. die Gewichtungsparameter für die Schichten automatisch bekannt

unter dem Sensationsaspekt behandeln, also die oben in Hypothese 1 genannten Nachrichtenfaktoren »Konflikt«, »Gefahr« und »Schaden« stark im Vordergrund stehen müssten. Die überregionalen Abonnementzeitungen – gelegentlich auch »Qualitätszeitungen« genannt – berichten über Kernkraft eher unter einem Gesichtspunkt, der größere strukturelle Zusammenhänge des Gesellschafts- und Wirtschaftssystems berücksichtigt sowie technologische Alternativen aufzeigt. Dies ist die jetzt formulierte **Hypothese 5**.

Weiter liegt dem Schichtungsvorschlag die implizite **Hypothese 6** zugrunde: Zeitungen, in deren Haupterscheinungsgebiet ein Kernkraftwerk steht oder geplant ist, sind als Betroffene der Kernkraft gegenüber negativer eingestellt als Nichtbetroffene. Schließlich steckt noch eine weitere, weniger offensichtliche Hypothese in dem Schichtungsmodell. Durch die Analyse aller Wochenzeitungen, Publikumszeitschriften und Wochenmagazine könnte belegt werden, dass bestimmte Publikumszeitschriften, die sog. »Regenbogenpresse«, das Thema »Kernkraft« völlig ignorierten. Bei näherem Hinsehen erscheint diese Fragestellung aber eher trivial, so dass sich der Aufwand kaum lohnt. Deshalb streichen wir die Publikumszeitschriften ganz und nehmen nur Wochenperiodika mit politischem Magazincharakter. Dies sind »Der Spiegel« und »Stern«.

Lassen wir nun die erste Möglichkeit einer repräsentativen Zufallsstichprobe außer Betracht und folgen dem zweiten Vorschlag der geschichteten Stichprobe. Jede Schicht soll mit vier Zeitungsorganen besetzt sein. Die Beschränkung ist willkürlich, lässt sich aber bei dem umfangreichen Untersuchungsmaterial rechtfertigen. Innerhalb jeder Schicht sind die einbezogenen Titel nach Zufallskriterien ausgewählt, sofern keine Vollerhebung vorliegt wie bei den überregionalen Abonnementzeitungen. Es lässt sich nunmehr eine Liste aller fraglichen Publikationen erstellen:

1) **Überregionale Abonnementzeitungen**
   a) Die Welt
   b) Frankfurter Allgemeine Zeitung
   c) Süddeutsche Zeitung
   d) Frankfurter Rundschau

2) **Kaufzeitungen (Boulevardzeitungen)**
   a) BILD (Deutschland-Ausgabe)
   b) Abendpost Nachtausgabe
   c) Express
   d) Morgenpost Hamburg

3) **Regionale Abonnementzeitungen** (»Betroffene«)

a) Stader Tageblatt (KKW Stade, Brokdorf)

b) Rhein-Zeitung/Koblenz (KKW Mühlheim-Kärlich)

c) Die Rheinpfalz/Speyer, Germersheim (KKW Phillippsburg)

d) Badische Zeitung (KKW Wyhl lange Zeit geplant; jetzt Planungen im unmittelbar benachbarten Elsass)

4) **Regionale Abonnementzeitungen** (»Nicht-Betroffene«)

a) Nahe-Zeitung

b) Fuldaer-Zeitung

c) Lübecker Nachrichten

d) Nürnberger Zeitung

Bisher ist die Stichprobe erst hinsichtlich der einbezogenen Publikationen bestimmt; was noch fehlt, ist die zeitliche Abgrenzung. Auch hierzu erinnern wir uns an die Hypothesen. Drei davon behaupten eine Veränderung der Berichterstattung aufgrund der beiden Ölkrisen 1973 bzw. 1979. Man müsste also mindestens zwei Analysezeiträume um diese beiden Daten ansetzen. Dazu sind zunächst die beiden Krisen zeitlich näher zu bestimmen: Der Lieferstopp bei Erdöl war im November 1973, der Sturz des Schahs von Persien ereignete sich im Mai 1979, worauf unmittelbar die zweite Ölkrise folgte. Entsprechend könnte man die **Analysezeiträume** auf 1.10.1973 bis 31.12.1973 bzw. 1.3.1979 bis 31.6.1979 datieren.

Dies wäre sozusagen ein »Minimalprogramm«. Möchte man sich außerdem die Option offenhalten, die Reaktion der Presse auf bestimmte punktuelle Ereignisse wie etwa die Massendemonstrationen in Brokdorf und Gorleben oder die Reaktorunglücke in Harrisburg und Tschernobyl zu analysieren, dann sollte man den Untersuchungszeitraum ausweiten. Dasselbe gilt für den Fall, dass man Trends differenzierter erfassen, also mehr Messpunkte in der Zeitdimension haben will. In unserem Beispiel reicht der Analysezeitraum dann vom 1.9.1973 bis 31.12.1979.

Wird das Material zu umfangreich, kann man sich erstens überlegen, ob man die Zahl der in die Stichprobe einbezogenen Zeitungs- und Zeitschriftentitel nicht doch noch ohne großen Informationsverlust reduzieren kann. Ist dies wie in unserem Falle nicht möglich, kann man auch aus den Tagen des Analysezeitraums eine Stichprobe ziehen. Sinnvollerweise würde man ein solches Auswahlverfahren aber nur auf Tageszeitungen anwenden und die wöchentlich erscheinenden Periodika nach wie vor vollständig erfassen, um die zeitlichen Lücken nicht zu groß geraten zu lassen. Auch hier gibt es zur Stichprobenbildung mehrere Möglichkeiten. Eine davon ist die Zufallsauswahl. Um einen lückenlosen Trend rekonstruieren zu können, möchte ich – so meine willkürliche Vorgabe im Beispiel »Kernkraft«

– 500 Messpunkte haben. Es müssen somit 500 Stichtage aus den ca. 2.600 Tagen (ohne Sonn- und Feiertage) des Untersuchungszeitraums zufällig ausgewählt werden.[54]

Eine zweite Möglichkeit der Stichprobenbildung ist die systematische Auswahl, die wir hier ebenfalls nur auf Tageszeitungen beziehen wollen. Man kann z.B. in jeder Woche des Analysezeitraums jeweils einen Tag – etwa den Mittwoch – in die Stichprobe aufnehmen und nur die Zeitungsausgaben analysieren, die mittwochs erschienen sind. Diese Vorgehensweise führt jedoch leicht zu systematischen Verzerrungen im Datenmaterial. Sind nämlich wochenzyklische Strukturen in der Berichterstattung vorhanden, erfasst man immer nur einen bestimmten Punkt dieses Zyklus. So wäre der Stichtag Mittwoch sicherlich schlecht gewählt, wenn man die Struktur der Berichterstattung nach Sparten in einzelnen Zeitungsgattungen untersuchen möchte. Regionalzeitungen z.B. haben besonders montags einen relativ großen Sportteil. Um dieses Strukturmerkmal zu erfassen, wäre in solchen Fällen ein rotierendes Verfahren vorzuziehen, das in der 1. Woche den Montag, in der 2. Woche den Dienstag etc. erfasst, was nach 6-7 Tagen eine sog. »künstliche Woche« ergibt. (Der Startpunkt lässt sich mit Hilfe eines Würfels auch ganz einfach nach Zufallskriterien bestimmen). (siehe dazu auch die teils kritischen Ausführungen im Kap. I, 3.4 »Stichprobe«) Bei unserem Thema ›Kernkraft‹ sind jedoch kaum solche Zyklen zu erwarten, so dass hier getrost auch ein nicht rotierendes Verfahren gewählt oder eine Zufallsauswahl (s.o.) getroffen werden kann. Damit ist das Untersuchungsmaterial bestimmt. Im nächsten Arbeitsschritt muss es nunmehr herbeigeschafft und in übersichtlicher Form, d.h. sortiert bereitgehalten werden.

1.2 Entwicklungsphase

1.2.1 Theoriegeleitete Kategorienbildung

Die Forschungsfrage bezeichnet einen Bedeutungskomplex, der sich unter einem bestimmten, forschungsleitenden Interesse gliedern lässt. Die interessierenden Bedeutungselemente sind als Dimensionen in den Hypothesen enthalten, so dass die Hauptkriterien der Gliederung dort abzuleiten sind. Die Kategorien repräsentie-

---

54 Vielleicht kann man für den betroffenen Zeitraum noch Tageskalender beschaffen. Aus diesen reißen Sie dann alle Werktage heraus und werfen sie in eine Kiste. Gut durchmischen und dann 500 Zettel herausziehen; das sind dann die in Ihre Stichprobe einbezogenen Tage. Am Computer fällt die Auswahl allerdings etwas leichter.

ren in Bezug auf die Forschungsfrage (Konstruktebene) ein theoretisches Gliederungsprinzip, in Bezug auf das untersuchte Textmaterial (Objektebene) dagegen zusätzlich eine Identifizierungs- und Klassifizierungsstrategie. Sie geben erstens an, auf welche einzelnen, unterscheidbaren Merkmale der untersuchten Mitteilungen sich die Analyse beziehen soll und außerdem, welche konkreten Texteinheiten unter einem gemeinsamen übergeordneten Gesichtspunkt als ähnlich betrachtet werden. Der klassifizierende Gesichtspunkt ist durch die theoretische Definition der Kategorie bestimmt. Infolge dieses zweifachen Bezugs sowohl zur Konstrukt- als auch zur Datenebene empfiehlt sich bei der Konstruktion des Kategoriensystems, ebenso wie oben bei der Hypothesenbildung, ein gemischt theorie- und empiriegeleitetes Vorgehen.

Zunächst führe ich an den Hypothesen eine dimensionale Analyse mit Begriffsexplikationen durch, d.h. ich prüfe, welche theoretischen Konstrukte darin miteinander in Beziehung gesetzt werden und definiere ihren Bedeutungsgehalt. Ausgeklammert bleibt zunächst das Generalthema »Kernkraft«; es liefert in dieser globalen Form keine Information, weil ja alle zu analysierenden Zeitungsbeiträge nur von diesem Thema handeln. Es wird später bei der Codierung wieder auftauchen als Auswahlkriterium für die Analyseeinheiten (Zeitungsartikel). Es bleiben deshalb folgende, aus den Hypothesen abzuleitenden theoretischen Konstrukte:

Hypothese 1: a) Konflikt
               b) Schaden, Gefahr (Relevanz)
Hypothese 2: a) Erscheinungsdatum
               b) Positive Stellungnahme zu einem weiteren Ausbau
                 der Kernenergie
               c) Negative Stellungnahme zu einem weiteren Ausbau
                 der Kernenergie
Hypothese 3: a) Umweltschutz
Hypothese 4: a) Arbeitsplätze
Hypothese 5: a) Strukturelle Zusammenhänge (gesellschaftlich)
               b) Strukturelle Zusammenhänge (wirschaftlich)
               c) Technologische Alternativen
Hypothese 6: Wie Hypothese 2b und 2c.

In dieser Liste fehlen eine Reihe statistischer Merkmale wie Zeitungskennziffer, Zeitungstyp etc., die bei der späteren Codierung ohnehin standardmäßig erhoben werden.

(Vorläufige) Begriffsexplikation in Stichworten

1a) *Konflikt*:
Nur zum Thema ›Kernkraft‹; mit und ohne Gewaltanwendung bzw. Androhung physischer Gewalt. Differenzierung zwischen Konflikten nach beteiligten Personengruppen / Institutionen: Träger hoheitlicher Gewalt contra Bevölkerung / Interessengruppen; Träger hoheitlicher Gewalt contra Träger hoheitlicher Gewalt. Bevölkerung / Interessengruppen contra Bevölkerung / Interessengruppen.

1b) *Schaden / Gefahr*:
Nur in Bezug auf Kernkraft. Personen- und Sachschäden;
Todesfälle; finanzielle Verluste für Staat, Industrie oder Arbeitnehmer. Drohende Schäden und Verluste derselben.

2a) *Erscheinungsdatum*:
Datum der Zeitungs- oder Zeitschriftenausgabe (Tag, Monat, Jahr).
Bei mehreren Daten früheste Ausgabe.

2b+c) *Pos./neg. Stellungnahme zu einem weiteren Ausbau der Kernenergie*:
Jede positive / negative Stellungnahme zur friedlichen Nutzung der Kernenergie. Es muss jedoch nicht unbedingt ein weiterer Bau / Baustopp von Kernkraftwerken explizit gefordert werden.

3a) *Umweltschutz*
Zeitweise oder dauerhafte Belastung der Umwelt. Zur Umwelt gehören die unmittelbare und weitere Umgebung von Kernkraftwerken, aber auch ökologische Auswirkungen im Mikro- und Makrokosmos. Auch infrastrukturelle Belastungen etwa durch Straßen- und Anlagenbau. Als Belastungen zählen alle Sachverhalte der genannten Art, wenn sie vom Autor offensichtlich bedauert oder kritisiert werden.

4a) *Arbeitsplätze*:
Nur Arbeitsplätze im Nuklearsektor einschließlich Zulieferern. Außerdem Arbeitsplätze in anderen Wirtschaftszweigen, die unmittelbar von Entwicklungen auf dem Nuklearsektor abhängig gemacht werden. Sicherung, Schaffung und Verlust von Arbeitsplätzen.

5a) *Strukturelle Zusammenhänge (gesellschaftlich)*:
Ursachen und Konsequenzen bestimmter Entwicklungen (auch hypothetischer) auf dem Nuklearsektor für das Gesellschaftssystem, dessen Werte, Normen und Institutionen.

5b) *Strukturelle Zusammenhänge (wirtschaftlich)*:
Ursachen und Konsequenzen bestimmter (auch hypothetischer) Entwicklungen auf dem Nuklearsektor für das Wirtschaftssystem insgesamt oder einzelner Sektoren. Konjunkturelle Auswirkungen. Sozialprodukt, Handelsbilanz. Auch Bezüge zu Forschung und technologischem Standard.

5c) *Technologische Alternativen*:
Alternativen zur Energieerzeugung aus Kernkraft. Energiegewinnung aus anderen Energieträgern. Energiegewinnung mit Technologien, die ohne Kernkraft auskommen. Auch Energieeinsparungen aufgrund von Maßnahmen und Verfahren, die keinen Konsumverzicht bedeuten.

6) *Betroffenheit*:
KKW in der Nähe des Verlagsortes. (Bewertungen wie 2b und 2c.)

Bisher haben wir das theoriegeleitete Vorgehen bei der Kategorienbildung demonstriert. Die aus den Hypothesen extrahierten und in ihrer Grundbedeutung
oder inhaltlichen Zielrichtung umschriebenen theoretischen Konstrukte bilden
den unverzichtbaren Kern des Kategoriensystems in Gestalt der Hauptkategorien. Wir haben jetzt also 10 Hauptkategorien (kursiv markiert). Sie können nun
auf empirischem Wege durch Konfrontation mit dem konkreten Untersuchungsmaterial allenfalls differenziert und ergänzt, nicht aber substanziell verändert oder
reduziert werden. Man muss bei der weiteren Entwicklung des Kategoriensystems
sicherstellen, dass es die genannten Grundbedeutungen präzise und unterscheidbar erfasst, weil sonst die produzierten Daten keine Antwort auf die Hypothesen
erlauben. Im Zuge der empiriegeleiteten Kategorienbildung ist es also möglich,
dass eine mehr oder weniger große Zahl von Unterkategorien und möglicherweise auch noch neue Hauptkategorien hinzukommen, aber es ist nicht möglich,
die aus der Theorie abgeleiteten Hauptkategorien zusammenzufassen oder gar
auf einige davon ganz zu verzichten. Vorläufig sind auch die Begriffsdefinitionen.
Diese werden in der empiriegeleiteten Kategorienbildung nicht nur durch einen
operationale Definitionsteil ergänzt, sondern es können auch theoretische Ausdifferenzierung noch hinzu kommen, weil die Berichterstattung in der Regel noch
Strukturmerkmale und Informationen enthält, die mir als Forscher zuvor nicht
einfielen bzw. gar nicht bekannt waren.

1.2.2 Empiriegeleitete Kategorienbildung

Die Hauptziele der empiriegeleiteten Kategorienbildung bestehen einerseits in
der Ausdifferenzierung (und ggf. Ergänzung) der Hauptkategorien in Unterkategorien, andererseits in der operationalen Definition der Kategorien. Diese stellt
einen Bezug zur Objektebene, den konkreten Texten bzw. Mitteilungen her. Der
bisher nur theoretisch umschriebene Bedeutungsgehalt jeder Kategorie wird durch
die Angabe von Indikatoren und Messvorschriften so bestimmt, dass klar erkennbar wird, welche Merkmale und Einheiten des Textmaterials von den Codierern in
welche Daten (Codierungen) überführt werden. Um eine gewisse Gewähr dafür
zu haben, dass alle für das Forschungsziel relevanten Aspekte und Bedeutungen
erkannt und einbezogen werden können, muss eine repräsentative Textstichprobe
aus dem Untersuchungsmaterial gezogen werden, die dann einer systematischen
qualitativen Bearbeitung unterzogen wird. Das erfolgt in vier Schritten, die wir
auch z.T. mit »qualitativen« Labels benennen:

1. **Selektion / Reduktion**: Aus einer Stichprobe des Textmaterials werden Textpassagen extrahiert, die in einem Zusammenhang mit der Forschungsfrage stehen. Redundante und inhaltsleere Stellen werden ausgeblendet.

2. **Bündelung**: Gruppierung (ggf. mehrfach) der extrahierten Textstellen nach inhaltlichen Gemeinsamkeiten auf einer jeweils einheitlichen Abstraktionsebene. Zeigen sich in den gruppierten Textstellen Untergruppen, die hinsichtlich der Fragestellung relevant erscheinen, werden sie separiert.

3. **Generalisierung / Abstraktion / Bezeichnung**: Den gebündelten Textpassagen werden Labels zugewiesen, die den abstrahierten gemeinsamen Bedeutungsgehalt bezeichnen.

4. **Rückbezug auf Theorie**: Überprüfung, ob die als relevant betrachteten Textpassagen den in den Hypothesen enthaltenen theoretischen Konstrukten (die bereits als Hauptkategorien feststehen) zugeordnet werden können. Wenn ja, sind die gefundenen relevanten Ausdifferenzierungen als Unterkategorien zu übernehmen. Bei überschüssigem Textmaterial muss geprüft werden, ob daraus eine weitere Hypothese generiert werden kann, die dann wieder denselben Prozess durchläuft, d.h. in Hauptkategorien überführt wird, die dann empiriegeleitet ausdifferenziert werden.

Vorgehensweise

Aus dem mittlerweile vollständig vorhandenen, nach Erscheinungsdatum und Titel sortierten Untersuchungsmaterial wird jetzt eine Stichprobe von ca. 10% gezogen (der Umfang richtet sich nach der Vielschichtigkeit und dem Umfang des Untersuchungsmaterials. Die Stichprobe muss auch noch nach ihrer Teilung das Untersuchungsmaterial hinlänglich repräsentieren; bei einer kleinen Untersuchung sollte sie so viele Texte enthalten, dass jede Kategorie mindestens 30-mal vorkommen kann, weil erst dann eine statistische Prüfung wie etwa beim Reliabilitätstest, sinnvoll ist). Da in unserem Beispiel das Untersuchungsmaterial umfangreich genug ist, kann ich mich auf eine Stichprobe der Stichtage beschränken, also für jeden Stichtag nur einen Titel der täglich bzw. wöchentlich erscheinenden Zeitungen / Zeitschriften einbeziehen. Beim Stichproben-Design 1 hätte ich dann 500 Tageszeitungen und 336 Wochenperiodika, im Stichproben-Design 2 für beide Gattungen jeweils 336 Exemplare. Selbstverständlich müssen die Titel systematisch rotiert werden, damit nicht für alle Stichtage etwa nur die BILD-Zeitung oder die Frankfurter Rundschau in die Stichprobe kommt.

Jetzt unterteile ich die beiden Stichproben erneut in jeweils zwei gleichgroße Gruppen. Anhand der ersten Teilstichprobe wird dann das Kategoriensystem weiter entwickelt, anhand der zweiten Teilstichprobe getestet und die Codiererschulung vorgenommen. *Selektion / Reduktion*: Zunächst ist die erste Teilstichprobe nach Artikeln zum Thema »Kernkraft« durchzusehen und eine Stichwortliste anzulegen: Ich lese alle ausgewählten, themenbezogenen Artikel durch und notiere die Themen und wichtigsten Standpunkte, die darin vorkommen. Am besten schreibt man dabei auch einen Teil des Kontextes mit heraus, damit man im Zweifelsfall die Bedeutung einzelner Stichwörter besser erinnern kann. Außerdem werde ich mir ggf. die Fundstelle und einige Anmerkungen aufschreiben, die sich später noch zur Ergänzung meines Hypothesenkatalogs benutzen lassen. Hier ein kurzer Auszug aus einer solchen Liste:

Stichwortliste »Kernkraft«

1) Stromerzeuger prophezeien Strukturkrise der Wirtschaft
2) Alternative Energieträger reichen nicht aus
3) Zuerst Energie-Sparmaßnahmen
4) Stromerzeuger: Kernreaktoren haben sich bewährt
5) Wirtschaftsminister: Ölpreise werden weiter steigen
6) Kanzler: Bei stagnierendem Ausbau der KK »lebensbedrohende Situation«
7) Dt. Gesellschaft für Wiederaufbereitung: Der Bevölkerung sind neue Arbeitsplätze in Gorleben wichtiger als »absolute Sicherheitsbedenken«
8) BRD bleibt auch weiterhin von Mineralöl abhängig
9) Wirtschaftsminister: Mehr Kohlekraftwerke
10) Nach Harrisburg vorerst keine weiteren Baugenehmigungen
11) Fernüberwachungssystem für Kernreaktoren nötig
12) Absoluter Bau- und Betriebsstopp bis zu verbindlichen Klärung der Entsorgungsfrage
13) Ministerpräsident X: Hartes Vorgehen bei »Provokationen« angekündigt
14) Haftzellen »vorsorglich« für Demonstranten geräumt
15) Kernkraft ist nicht voll beherrschbar
16) 1988 Zusammenbruch der Elektrizitätsversorgung, wenn nicht weitere Kernkraftwerke gebaut werden
17) KWU: Deutsche Kernkraftwerke sind sicherer als die amerikanischen
18) Umfangreicher Schutz gegen Terrorismus und Sabotage notwendig; teuer!
19) CDU: SPD will mit ihrer Energiepolitik unser Wirtschafts- und Gesellschaftssystem verändern
20) Energiesparen allein reicht nicht aus
21) Baustopp bedeutet Verlust an technischem Know-how. Folge: weniger Auslandsaufträge
22) Keine Einigung der SPD-Energiekommission
23) Umweltminister: Bei Energiemangel zuerst Geschwindigkeitsbegrenzungen
24) Energieexpertin SPD: Aufruf, u.a. Benzin und Heizöl zu sparen
25) Kernkraftwerke »sauberer« als Kohlekraftwerke
26) Salzstöcke in Gorleben ungeeignet für Endlagerung
27) Grüne: Entsorgungszentrum zerstört Naturschutzgebiet

28) Friedliche Äußerung von Ängsten der Bevölkerung
29) Atomstrom am billigsten
30) Demonstranten von militanten Linksradikalen unterwandert
31) Wirtschaftsexperte X: Atomenergie löst nicht alle Probleme, die durch Erdöl entstanden sind
32) Wirtschaftsexperte Y: Kohle reicht nicht aus; Kernkraftwerke notwendig
33) Verzicht auf Kernkraft gefährdet Wettbewerbsfähigkeit der Wirtschaft
34) Bei gezielter Forschungsförderung ist Kernkraft durch Alternativtechnologien ersetzbar
35) Lebensstandard ist an Energieverbrauch gekoppelt u.s.w.

Ebenso wie zuvor der Hypothesenkatalog wird auch diese Liste jetzt einer dimensionalen Analyse unterzogen. Spätestens vor diesem Arbeitsschritt muss man sich aber entscheiden, welcher Art die Aussagen sein sollen, die man anhand der erhobenen Daten treffen will: Möchte man wissen, welche Themen in welcher Häufigkeit über die Zeit eine Rolle spielten und aus der Häufigkeit und der Kombination ihres Vorkommens Schlüsse ziehen, dann wird man seine Kategorien als Themen fassen. Interessieren mich dagegen Standpunkte und Werthaltungen, dann müssen die Kategorien als Argumente abgefasst sein; ja ich kann darüber hinaus sogar eine Zuordnung dieser Standpunkte zu bestimmten Akteuren im Kategoriensystem vorsehen, so dass ich später exakt rekonstruieren kann, von wem sie vertreten wurden. Außerdem bestünde die Möglichkeit, Argumente und Werturteile nach Extremität und Intensität zu skalieren, so dass ich für diese Kategorien Ordinal- oder gar Intervallskalenniveau erreiche. Dadurch lassen sich, vom unmittelbaren Informationsgewinn abgesehen, auch komplexere statistische Verfahren bei der Auswertung anwenden. Zur Debatte stehen also der **Typus des Kategoriensystems** sowie die **Art und Struktur der zu erhebenden Daten**. Die Erfassung von Argumenten ist das wesentlich kompliziertere Vorgehen. Deshalb wird im Folgenden zunächst einmal die Entwicklung des einfacheren, themenbezogenen Kategoriensystems vorgestellt. In der Beispielliste sind folgende Themen angesprochen, die ich hier aus Zeit- und Platzgründen bereits vorläufig gruppiere (*Bündelung*):

Ölpreise
Ausbau der Kernkraft
Arbeitsplätze
Baustopp
Kosten für Schutzmaßnahmen   **Wirtschaft**
Wirtschaftssystem
Kosten Atomstrom
Wettbewerbsfähigkeit der Wirtschaft
Lebensstandard

Alternative Energieträger Kohlekraftwerke Erdöl Alternativtechnologien	**Alternative Energieträger / Technologien**
Energiesparmaßnahmen staatliche Energiepolitik Geschwindigkeitsbegrenzungen Sparappell (Benzin, Heizöl) Forschungsförderung	**Energiesparmaßnahmen (Energiepolitik)**
Energiekrise Energieversorgung, Zusammenbruch Energiemangel Abhängigkeit von Öl Energieverbrauch	**Energieversorgung (Angebot / Verbrauch)**
Sicherheit, techn. Bewährung von Kernreaktoren Harrisburg (Reaktorunfall) Fernüberwachung für Kernreaktoren Sicherheit, Terror / Sabotage	**Sicherheit von Kernkraftwerken**
Umweltbelastung (Kohle - Kernkraft) Endlagerung Entsorgungszentrum Naturschutz Entsorgung	**Umweltschutz**
Demonstrationen Ängste der Bevölkerung polizeiliche Maßnahmen Linksradikalismus	**Einstellungen / Aktionen der Bevölkerung / der staatlichen Gewalt**
technisches Know-how Gesellschaftssystem	**Technik Gesellschaftssystem**

Die Themen der Stichprobe lassen sich nach bestimmten Oberbegriffen zusammenfassen. (*Generalisierung / Abstraktion / Bezeichnung*) Diese Gruppierung ist zunächst noch vorläufig, weil möglicherweise auch noch Gruppierungen nach anderen Kriterien möglich sind. In unserem Beispiel hat sie sich nur an der verkürzten Stichwortliste orientiert, und die Gruppierung erfolgte intuitiv. Bei diesem Arbeitsschritt steht der Forscher erneut vor dem Problem, auf welcher Abstraktionsebene er Kategorien bilden soll. Diese Entscheidung lässt sich formal nicht vorgeben. Im Prinzip könnte man sich mit den 10 Hauptkategorien zufrieden geben, weil sich die Forschungsfrage damit vollständig beantworten lässt. Doch geschieht dies dann auf einem so hohen Abstraktionsniveau, dass dadurch oft hoch interessante Themenstrukturen im untersuchten Textmaterial nicht sichtbar werden. Indem diese die Hauptkategorien materialbezogen ausdifferenzieren, lassen sich daran meist auch weitere Erklärungen knüpfen, d.h. der Informationsgehalt wird deutlich erhöht. Dennoch bleibt die Differenziertheit und Konkretheit des Kategoriensystems eine freie Entscheidung des Forschers, die sich an seinem Forschungsinteresse und dem Aufwand orientiert, den er bereit ist zu investieren. In unserem Beispiel kann er auf der Ebene der 10 Hauptkategorien bleiben oder jedes der in der linken Spalte aufgeführten Themen zu einer Unterkategorie machen. Auch Zwischenlösungen sind denkbar. So ließen sich beispielsweise die Themen der ersten Hauptkategorie »Wirtschaft« auch zu folgenden 5 Unterkategorien zusammenfassen:

Konsequenzen für:
– Energiepreise (Strom, Heizöl, Benzin, Kohle, sonst. Energieträger)
– Arbeitsplätze
– Wirtschaft (Know-how; Gewinne; Wettbewerbsfähigkeit; Wirtschaftssystem etc.)
– Entwicklungspotenziale / Zukunft der Atom-Technologie als Wirtschaftszweig
– Lebensstandard

Rückbezug auf Theorie: Anschließend muss noch geprüft werden, ob die neuen Kategorien unseren Hypothesen und damit unseren späteren Interpretationsabsichten adäquat sind, denn vom Textmaterial her zwar mögliche, aber im Zusammenhang mit unserer Forschungsfrage nicht sinnvoll interpretierbare Kategorien sind überflüssig. Dies geschieht dadurch, dass man versucht, die aus den Hypothesen extrahierten theoretischen Konstrukte mit der empirisch gewonnenen Themenstruktur zu kombinieren. Im gleichen Arbeitsschritt ordnet man die Themen / Konstrukt-Liste bereits nach hierarchischen Gesichtspunkten, weil leicht zu erkennen ist, dass einige Themen von unterschiedlichem Allgemeinheitsgrad sind, andere sich zusammenfassen lassen. Die theoretisch abgeleiteten Hauptkategorien werden also durch eine Reihe empirisch gewonnener Unterkategorien spezifiziert und repräsentiert, denn die Summe aller Unterkategorien muss in einem hierarchischen Kategoriensystem die Bedeutung der Hauptkategorie abbilden.

Wirtschaft

Energiepreise (Öl, Strom, Kohle etc.)
Kosten für Sicherheitsmaßnahmen
Ausbau der Kernkraft
Baustopp für Kernkraftwerke
Arbeitsplätze
Gewinne / Wettbewerbsfähigkeit
der deutschen Nuklearindustrie
Konjunktur
technisches Know-how

wirtschaftliche Zusammenhänge (H5b)

pos. Stellungnahme zu Ausbau (H2b)
neg. Stellungnahme zu Ausbau (H2c)
Arbeitsplätze

Alternativen

Energie-Sparmaßnahmen
Kohle / Kohlekraftwerke
Erdöl
(Alternativtechnologien)

Technologische Alternativen (H5c)

Energiepolitik

Forschungsförderung

gesellschaftliche Zusammenhänge (H5a)

Sicherheit

Technische Sicherheit von Kernreaktoren
Reaktorunfälle (Harrisburg)
Fernüberwachung für Kernreaktoren
Sicherheit, Terror / Sabotage

Gefahr (Relevanz) Schaden (H1b)

Energieversorgung
(Angebot / Verbrauch)

Energiekrise / Energiemangel
Energieverbrauch / Energiebedarf
Abhängigkeit von Öl

wirtschaftliche Zusammenhänge (H5b)

Umweltschutz

Umweltbelastung / Naturschutz
Entsorgung

Umweltschutz (H3a)

Einstellungen / Aktionen

Ängste der Bevölkerung	gesellschaftliche Zusammenhänge (H5a)
Demonstrationen - allgemein	Gefahr (H1b)
Ausschreitungen / Gewaltanwendung von Demonstranten	Schaden / Konflikt (H1a / H1b)
staatliche / polizeiliche Maßnahmen allgemein	Schaden / Konflikt (H1a / H1b)
Ausschreitungen / Gewaltanwendung staatlicher / polizeilicher Organe	Schaden / Konflikt (H1a / H1b)
Linksradikalismus	Schaden / Konflikt (H1a / H1b)

Gesellschaftssystem gesellschaftliche Zusammenhänge (H5a)

Lebensstandard	dto.
Werte/Normen	dto.
Lebensqualität	dto.

Die Gegenüberstellung zeigt, dass sich alle aus den Hypothesen abgeleiteten theoretischen Konstrukte wenigstens einem der Themen zuordnen lassen. Damit kann die derart strukturierte Themenliste als vorläufiges Kategoriensystem akzeptiert werden, weil es in Bezug auf die Problemstellung vollständig ist. Zwar ist nunmehr der größte Teil des Kategoriensystems fertig, aber in aller Regel ist die Kategorienbildung und selbst die Hypothesenfindung noch immer nicht ganz abgeschlossen. Dies liegt erstens daran, dass wir nur mit einer Stichprobe des Materials gearbeitet haben, so dass in den übrigen Texten immer noch neue Aspekte auftauchen können, für die bisher noch keine Kategorien vorgesehen sind; zweitens kann es auch daran liegen, dass unsere bisherigen empiriegeleitet entwickelten Kategorien doch zu abstrakt oder zu konkret oder einfach nach einem nicht optimalen Klassifikationsmerkmal gebildet wurden. Deshalb muss jetzt im nächsten Arbeitsschritt das vorläufig fertige Kategoriensystem erprobt, definiert und ggf. ergänzt werden.

1.3 Testphase

1.3.1 Probecodierung

Um das Kategoriensystem in seiner bisherigen Form zu testen, operational noch exakter zu definieren und ggf. zu modifizieren, setzt sich der Forscher mit einigen versierten Codierern zusammen und versucht, die Texte einer weiteren Teilstichprobe anhand des vorläufigen Kategoriensystems gemeinsam zu verschlüsseln. Jede Zuordnung wird besprochen, und die Codierentscheidung durch expliziten Bezug auf die bisher vorhandenen Kategoriendefinitionen begründet. Differierende Zuordnungen oder nicht mögliche Zuordnungen werden durch Präzisierung der Definitionen oder die Hinzunahme neuer Kategorien gelöst. Abgrenzungen und Vereinbarungen werden sofort notiert. Es können auch Unterkategorien ausgetauscht, zusammengefasst oder ganz gestrichen werden. Bei zuvor sorgfältiger Vorgehensweise haben diese Arbeiten aber vom Umfang her lediglich den Charakter von Korrekturen und Optimierungen. Um diesen Vorgang zu veranschaulichen, wollen wir ihn an zwei kleinen Beispieltexten demonstrieren.

Beispieltext 1:

>»In einer internen Sitzung polemisierte der Vorstandsvorsitzende der Deutschen Gesellschaft für Wiederaufbereitung (DWK), Günther Scheuten, gegen die Sicherheitsbedenken eines Sozialdemokraten, indem er dem Gorleben Kritiker kurzerhand abstritt, die Ängste der Bevölkerung zu kennen: ›Ich glaube nicht, dass die sicherheitstechnische Frage beim großen Teil der Bevölkerung im Vordergrund steht.‹
>Der Atommanager wusste auch gleich, wie man kritische Jugendliche ruhig stellt: Mit der Aussicht auf Arbeitsplätze in Gorleben. Scheuten: ›Dann wächst die Jugend praktisch mit der Anlage und mit der Chance und Hoffnung auf, in dieser Anlage selbst die berufliche Heimat zu finden. Das sind nach unserer Kenntnis die Dinge, die Sorgen, die die Bevölkerung bewegen.‹«

Noch bevor ich überhaupt mit der Codierung beginnen kann, stellt sich als erstes Problem die Frage, auf welche Einheit sich die Analyse beziehen soll: Will ich nur wissen, welche Themen im Text überhaupt angesprochen werden oder ist es mein Ziel, auch die Häufigkeit ihres Vorkommens zu messen? Dann muss ich angeben, ob Abschnitt, Satz oder welche andere Texteinheit meine Bezugsgröße (Codiereinheit) ist, deren Auftretenshäufigkeit gezählt wird.

Die Entscheidung muss sich an ökonomischen und methodischen Kriterien orientieren: Ist das Analysematerial sehr umfangreich, dann wird man eine möglichst einfache und arbeitssparende Vorgehensweise wählen wollen, so dass sich als Codiereinheit der ganze Text anbietet. Allerdings ist zu prüfen, ob man die Konsequenzen inhaltlich und methodisch akzeptieren kann. Auf den einzelnen Text bezogen erhält man so nämlich lediglich eine Nominalskala. An ihr ist nicht mehr ersichtlich, ob ein Thema den ganzen Text beherrschte oder nur einmal in einem Nebensatz erwähnt wurde.

Sicherlich lässt sich durch Aggregation vieler Nominalskalen für alle untersuchten Texte dann doch wieder Intervallskalenniveau erreichen, so dass auch höhere statistische Auswertungsverfahren möglich sind; inhaltlich hat man aber auf eine differenziertere Gewichtung der Themen auf der Ebene der Einzeltexte verzichtet. Die Entscheidung darüber, ob der Informationsgewinn den u.U. wesentlich höheren Aufwand lohnt, hat der Forscher in eigener Verantwortung zu treffen.

Wir wollen in unserem Beispiel eine Detailanalyse der Texte vornehmen und als **Codiereinheit** Basisaussagen bzw. »Äußerungen« wählen. Es wird also nicht ermittelt, welche Kategorien auf den ganzen Text bezogen und unabhängig davon, wie oft sie angesprochen sind, sondern der Text wird vielmehr Äußerung für Äußerung daraufhin geprüft, ob eine Kategorie auf die einzelne Äußerung zutrifft. Die allgemeine Anweisung an die Codierer muss deshalb heißen:

Suche die Texte nach Äußerungen ab, die in eine der Kategorien passen. Alle im Sinne des Kategoriensystems irrelevanten Äußerungen bleiben unberücksichtigt und können bei der Codierung übergangen werden.

Eine Äußerung ist jede grammatisch vollständige Aussage, die einen eigenständigen Bedeutungsgehalt repräsentiert. Die formale Einheit »Satz« kann also mit einer Äußerung identisch sein, es kann aber auch vorkommen, dass ein Satz mehrere Äußerungen enthält. So besteht z.B. der Satz: »Ein weiterer Ausbau der Kernenergie bewahrt uns vor Energiemangel, schafft neue und sichert vorhandene Arbeitsplätze« aus insgesamt drei codierbaren Äußerungen, und zwar aus den grammatisch vollständigen Aussagen:

>»Ein weiterer Ausbau der Kernenergie bewahrt uns vor Energiemangel.«
>»Ein weiterer Ausbau der Kernenergie schafft neue Arbeitsplätze.«
>»Ein weiterer Ausbau der Kernenergie sichert vorhandene Arbeitsplätze.«

An diesem Beispiel wird deutlich, dass eine einzige Kategorie pro Satz mehrfach vergeben werden kann, wenn dazu Aussagen mit einem jeweils eigenständigen Bedeutungsgehalt vorliegen, die aber in dieselbe Kategorie fallen. Hier: »neue Arbeitsplätze schaffen« und »vorhandene Arbeitsplätze sichern« sind nach ihrem Bedeutungsgehalt verschieden, fallen aber beide in dieselbe Kategorie »Arbeitsplätze«. Wäre derselbe Sachverhalt nur durch eine synonyme Äußerung umschrieben worden, hätte man nur einen Code vergeben dürfen; also z.B.: »Ein weiterer Ausbau der Kernenergie sichert und festigt Arbeitsplätze.« Ebenfalls nur einmal codiert wird eine Äußerung, die sich auf mehrere Personen bezieht; z.B.: »Der Kanzler ebenso wie Minister X befürchten eine Stagnation der technologischen Entwicklung«. Hier also nur einmal codieren und nicht etwa trennen in »Der Kanzler befürchtet...«; »Minister X befürchtet...«

Kontexteinheit sollen in unserer Musteranalyse alle Informationen sein, die in einem Text vor dem gefundenen Indikator stehen. Sofern sie sich eindeutig auf den

Indikator beziehen, dürfen sie zu seiner näheren inhaltlichen Bestimmung benutzt werden. Zwar könnte man auch aus nachfolgenden Textpassagen rückschließen, aber wir wollen den Codiervorgang analog zum normalen Rezeptionsprozess des Lesers sehen und deshalb nur die bereits gelesenen Informationen als Kontext zulassen. Ohnehin würde ein dauerndes Korrigieren zuvor getroffener Zuordnungen die Codierung sehr mühsam und störanfällig machen.

Beginnen wir nun mit der Probecodierung unseres Beispielartikels. Er wird nach Indikatoren für eine der vorgegebenen Kategorien abgesucht. **Indikatoren** können einzelne Begriffe oder auch komplexe Ausdrücke sein; wesentlich ist, dass sie eine der Bedeutungen genau treffen, die durch die Kategorien erfasst werden sollen. Wie diese Bedeutung abzugrenzen ist, soll erst das Ergebnis der Probecodierung sein. Einer einfacheren Darstellung wegen wollen wir diesen Arbeitsschritt Satz für Satz demonstrieren. Dies hat jedoch weiter keine Bedeutung. Man muss sich dabei immer nur vergegenwärtigen, dass alle voran stehenden Sätze als Kontext mit berücksichtigt werden, um die Bedeutung eines Indikators zu bestimmen.

1. Satz:
In einer internen Sitzung polemisierte der Vorstandsvorsitzende der Deutschen Gesellschaft für Wiederaufbereitung (DWK), Günter Scheuten, gegen die Sicherheitsbedenken eines Sozialdemokraten, indem er dem Gorleben-Kritiker kurzerhand abstritt, die Ängste der Bevölkerung zu kennen.
Erster Indikator:
»Wiederaufbereitung«
Problem 1:
Soll Wiederaufbereitung unter »Entsorgung« fallen oder eine eigenständige Kategorie bilden?
Entscheidung:
Zu »Entsorgung«, Kategorienlabel ergänzen durch Begriff »Wiederaufbereitung«
Problem 2:
Ist hier »Wiederaufbereitung« eigentlich im beabsichtigten Sinne als Thema angesprochen?
Entscheidung:
Nein! Neue Codieranweisung (1) formulieren: Wenn Stichworte, die sonst als Indikatoren für bestimmte Kategorien gelten, als Bestandteile von Namen auftreten, werden sie nicht codiert. Z.B. Deutsche Gesellschaft für Wiederaufbereitung; Wirtschaftsminister Graf Lambsdorff etc.; also hier: keine Codierung!
Zweiter Indikator:
»Sicherheitsbedenken« Kat. »Sicherheit (allgemein)«
Problem:
Ist hier die technische Sicherheit oder die Sicherheit in Bezug auf Terror oder Sabotage gemeint, die im Kategoriensystem unterschieden werden?
Entscheidung:
Aus dem bisher Gesagten ist nicht völlig eindeutig zu entscheiden, was gemeint ist. Deshalb nicht interpretieren und »sparsam« oder »konservativ« nur »Sicherheit allgemein« verschlüsseln.

Anmerkung:
Zwar könnte man aus dem folgenden Text zurückschließen und diese Angabe präzisieren. Aber wir wollen den Codiervorgang analog zum normalen Rezeptionsablauf des Lesers betrachten und nur die vor einem Indikator stehenden Informationen als Kontext gelten lassen. (s.o.)
Dritter Indikator:
»Gorleben-Kritiker« Kat. »Entsorgung/Wiederaufbereitung«: Immer wenn der Name »Gorleben« synonym für die dort geplante Entsorgungsanlage verwendet wird, gilt er als Indikator für Kat. »Entsorgung«.
Vierter Indikator:
»Ängste der Bevölkerung« Kat. »Ängste der Bevölkerung«

2. Satz:
»Ich glaube nicht, dass die sicherheitstechnische Frage beim großen Teil der Bevölkerung im Vordergrund steht.«
Erster Indikator:
»Sicherheitstechnische Frage« Kat. »Technische Sicherheit von Kernreaktoren«

3. Satz:
Der Atommanager wusste auch gleich, wie man kritische Jugendliche ruhig stellt, mit der Aussicht auf Arbeitsplätze in Gorleben.
Erster Indikator:
»Arbeitsplätze« Kat. »Arbeitsplätze«
Problem:
Sollen mit dieser Kategorie alle Arbeitsplätze gemeint sein?
Entscheidung:
Nein!
Definition:
Mit dieser Kategorie sind nur Arbeitsplätze auf dem Nuklearsektor einschließlich der Zulieferer und der Bereiche Zwischen-/Endlagerung und Wiederaufbereitung gemeint.
Zweiter Indikator:
»Gorleben« Kat. »Entsorgung/Wiederaufbereitung« (siehe Anm. oben)

4. Satz:
Scheuten: »Dann wächst die Jugend praktisch mit der Anlage und mit der Chance und Hoffnung auf, in dieser Anlage selbst die berufliche Heimat zu finden.
Erster Indikator:
»Dann« Kat. »Arbeitsplätze«
Problem:
Pronomen und sonst. Verweispartikel (hier: »dann«) als Indikatoren behandeln?
Entscheidung:
Nicht immer!
Neue Codieranweisung (3):
»Wenn sich ein Pronomen (er, sie, es, sein, ihm, dieses, jenes etc.) auf einen im Satz zuvor codierten Sachverhalt bezieht, dann wird dieses Pronomen als Stellvertreter dieses Sachverhalts erneut codiert. Treten Pronomina jedoch innerhalb ein und derselben Analyseeinheit »Satz« auf, so werden sie nicht (bzw. nur einmal) codiert, z.B.: »Der Strombedarf wächst, und dies

ist ein Signal für ...«, »dies« wird hier *nicht* codiert. Steht das Pronomen in resümierendem Sinne stellvertretend für mehrere codierbare Sachverhalte, wird ebenfalls nicht codiert, z.B.: (im Anschluss an eine Aufzählung): »Dies sind die Dinge, die die Bevölkerung derzeit bewegen.« »dies« wird hier *nicht* codiert (Sammelbegriff).

Zweiter Indikator:
»der Anlage« Kat. »Entsorgung/Wiederaufbereitung«

Dritter Indikator:
»Chance und Hoffnung« Kat. »Einstellungen/ Aktionen«

1. Problem:
Dem Inhalt nach komplementär zur Subkategorie »Ängste der Bevölkerung«. Sollte evtl. neue Subkategorie eingeführt werden?

Entscheidung:
Vorerst notieren und prüfen, ob dieser Sachverhalt noch häufiger vorkommt.

2. Problem:
Sollen hier alle Einstellungen und Aktionen codiert werden, die in Texten zur Kernenergie überhaupt vorkommen?

Entscheidung:
Nein!

Definition:
Mit dieser Kategorie sind nur Einstellungen / Aktionen im Zusammenhang mit Energieproblemen gemeint, also neben den Bereichen Kernkraft und Entsorgung auch in Bezug auf andere Energieträger wie Kohle, Erdöl, Gas etc. sowie Alternativtechnologien wie Sonnenkollektoren, Wärmepumpen etc.

Vierter Indikator:
»dieser Anlage« keine Codierung gemäß Codieranweisung (4)

Fünfter Indikator:
»berufliche Heimat finden« Kat. »Arbeitsplätze«

5. Satz:
Das sind nach unserer Kenntnis die Dinge, die Sorgen, die die Bevölkerung bewegen.

Erster Indikator:
»Das« keine Codierung gemäß Codieranweisung (4)

Zweiter Indikator:
»Sorgen, die die Bevölkerung bewegen« Kat. »Ängste der Bevölkerung«

Problem:
Sollen nur Ängste der Bevölkerung in Bezug auf Kernenergie und deren Beherrschbarkeit in diese Kategorie fallen oder alle Befürchtungen der Bevölkerung im Zusammenhang mit dem Thema?

Definition:
Alle Ängste, Befürchtungen, Sorgen etc.

Auf diese Art werden im Team eine ganze Reihe von Artikeln durchgearbeitet. Die Zahl der neuen regelungsbedürftigen Codierungsprobleme wird dabei rasch sehr viel kleiner. Im Folgenden soll deshalb nur noch ein Beispiel erwähnt werden, an dem sich zwei wichtige Sachverhalte aufzeigen lassen: Wie Kategorien trennscharf gemacht werden können und wie weit interpretiert werden darf.

Beispieltext 2:
»Der Ausfall der persischen Öllieferungen hat wie ein Schock gewirkt. SPD-Forschungsminister Volker Hauff rief dazu auf, ja keine Chance zur Energiegewinnung auszulassen, ›denn keiner von uns weiß, wie hoch das Preisniveau für Erdöl Ende der achtziger Jahre sein wird‹. Für CDU-Chef Helmut Kohl ist wegen des stagnierenden Ausbaus der Kernenergie bereits ›eine lebensbedrohende Situation entstanden‹.«

1. Satz:
Der Ausfall der persischen Öllieferungen hat wie ein Schock gewirkt.
Erster Indikator:
»Ausfall der persischen Öllieferungen« Kat. »Energiekrise/Energiemangel«
Zweiter Indikator:
»hat wie ein Schock gewirkt« Kat. »Einstellungen/Aktionen« (allgemein)
Problem:
Hier ist nicht völlig klar, auf wen diese Situation als Schock gewirkt hat. Man könnte per definitionem alle nicht eindeutig spezifizierten Äußerungen dieser Art auf die ganze Bevölkerung beziehen. Damit besteht jedoch die Gefahr einer Überinterpretation. Besser ist in jedem Falle, sparsam zu interpretieren und Zweifelsfälle auszuschließen, selbst wenn man damit riskiert, einige Äußerungen zu vernachlässigen.
Codieranweisung (4):
Bei jedem Indikator ist vor der Zuordnung zu einer Kategorie zu prüfen, ob auch noch alternative Interpretationen möglich sind. Gibt es wenigstens eine hinreichend plausible Alternativerklärung, dann darf nicht codiert bzw. es muss die übergeordnete, allgemeinere Kategorie benutzt werden.

2. Satz:
SPD-Forschungsminister Volker Hauff rief dazu auf, ja keine Chance zur Energiegewinnung auszulassen, denn keiner von uns weiß, wie hoch das Preisniveau für Erdöl Ende der achtziger Jahre sein wird.
Erster Indikator:
»keine Chance zur Energiegewinnung auszulassen« Kat.: ?
Problem:
Hier ist zunächst zu entscheiden, ob die Energieerzeugung zur Oberkategorie »Wirtschaft« oder aber zu »Energieversorgung« (Angebot/Nachfrage) gezählt werden soll. Wir wollen sie der Kategorie »Energieversorgung« zuschlagen und führen deshalb dort eine neue Unterkategorie »Energiegewinnung« ein, weil keine der anderen Unterkategorien passt. Sicherlich hätte man die Äußerung auch mit »Energieversorgung (allgemein)« verschlüsseln können, aber uns interessiert die spezifische Information »Energiegewinnung«, so dass wir sie auch in einer gesonderten Kategorie ausweisen müssen. Zweite Bedingung für die Erhaltung der spezifischen Information ist noch folgende Regelung:
Codieranweisung (5):
Passt eine Äußerung gleichzeitig in zwei Kategorien von unterschiedlichem Allgemeinheitsgrad, dann ist immer die spezifischere Kategorie zu wählen.
Zweiter Indikator:
»Preisniveau für Erdöl« Kat. »Energiepreise« (?)

Problem:

Hier wird uns eine Tatsache bewusst, an die wir bei unseren ersten Überlegungen nicht gedacht hatten: Der Preis für das Erdöl war ja das zentrale Thema, das die beiden Ölkrisen erst zu Krisen machte. Deshalb könnte man hier eine neue Hypothese formulieren:

Hypothese 7:

Je stärker das Thema »Ölpreise« in den Vordergrund tritt, desto mehr werden die Themen »Umweltschutz« und »Sicherheit« im Zusammenhang mit »Kernkraft« an Gewicht verlieren.

Um diese Hypothese prüfen zu können, muss eine eigenständige Kategorie »Ölpreise« geschaffen werden. Da der Ölpreis nach unserer Definition aber auch ein Energiepreis ist, muss die Kategorie »Energiepreise« trennscharf gemacht werden. Man erreicht das durch den einfachen Zusatz »außer ›Ölpreise‹«. Genau besehen ist das jedoch nur eine Codierhilfe, die Flüchtigkeitsfehler vermeiden hilft. Nach Codieranweisung (6) ist nämlich »Energiepreise« die allgemeinere und »Ölpreise« die spezifischere Kategorie, so dass die Zuordnung klar ist.

3. Satz:

Für CDU-Chef Helmut Kohl ist wegen des stagnierenden Ausbaus der Kernenergie bereits »eine lebensbedrohende Situation« entstanden.

Erster Indikator:

»stagnierenden Ausbaus der Kernenergie« Kat. »Ausbau der Kernkraft (?) Kat. «Baustopp für Kernkraftwerke« (?)

Problem:

Trennschärfe der beiden Kategorien: Wie weit geht der Bedeutungsbereich von »Baustopp«? Haben beide Kategorien eine Zielrichtung, d.h. muss ein Ausbau bzw. Baustopp gefordert werden oder genügt auch die bloße Feststellung bzw. Behauptung einer Tatsache? Wird eine Zielrichtung beider Kategorien akzeptiert, dann ist hier die Charakteristik unseres Kategoriensystems durchbrochen: Es werden sonst Themen erfasst, während hier Argumente vorliegen würden. Prinzipiell ist dies natürlich kein Einwand, auch wenn man sich meist nur schwer dazu entschließt, ein in seiner Grundstruktur heterogenes Kategoriensystem zu entwickeln. Auf alle Fälle muss aber für den Codierer die Besonderheit ganz deutlich gemacht werden. Um einer verlässlichen Codierung willen sollten beide Kategorien auffällig gekennzeichnet sein, und bei der Codiererschulung ist diese Besonderheit deutlich hervorzuheben. Der Codierer muss hier nämlich nach zwei Indikatoren suchen, bevor er eine Äußerung codieren darf; erstens den Indikator für das Thema und zweitens einen Indikator für die Zielrichtung. So würde die bloße Tatsachenfeststellung »die Zahl der Kernkraftwerke wird steigen« gar nicht codiert, und auch der unspezifizierte Indikator »Ausbau der Kernenergie« genügte allein nicht für die Codierung. Es müsste außerdem noch gesagt sein, dass der Kommunikator diesen Ausbau fordert oder zumindest als wünschenswert betrachtet. Wir wollen diese Möglichkeit hier aufgreifen, weil es uns wichtig scheint, einen Meinungstrend für oder gegen einen weiteren Ausbau der Kernenergie festzuhalten. Einzige Frage ist, ob beide Kategorien als reine Tatsachenfeststellungen ganz entfallen oder als gesonderte Kategorien beibehalten werden sollen. Um hinterher beide Kategorien auch noch als Thema rekonstruieren zu können, entscheiden wir uns für die zweite Möglichkeit, so dass nunmehr 4 Kategorien zu definieren sind.

Definition: Kat. »Ausbau der Kernkraft Forderung«

Alle Äußerungen, die das Thema »Ausbau der Kernkraft« ansprechen und in denen klar zum Ausdruck kommt, dass diese Maßnahme gefordert oder befürwortet wird. Eingeschlossen sind alle Anlagen der Wiederaufbereitung, der Zwischen- und Endlagerung. Auch Äußerungen, in denen aus einem fiktiven Ausbau positive Konsequenzen abgeleitet werden, sind hier subsumiert, ebenso wie Äußerungen, die aus einem Baustopp negative Konsequenzen ableiten (kritisieren).

Definition: Kat. »Baustopp für Kernkraft - Forderung«

Alle Äußerungen, die das Thema »Baustopp für Kernkraftwerke«, für Wiederaufbereitungsanlagen und Anlagen zur Zwischen- und Endlagerung ansprechen und in denen klar zum Ausdruck kommt, dass diese Maßnahme gefordert oder befürwortet wird. Eingeschlossen sind Forderungen nach zeitweiser oder endgültiger Stilllegung bestehender Anlagen und nach Reduzierung bestehender Ausbaupläne bzw. Ausbauprogramme. Auch Äußerungen, in denen aus einem fiktiven Baustopp positive Konsequenzen abgeleitet werden, sind hier subsumiert ebenso wie Äußerungen, die aus einem weiteren Ausbau negative Konsequenzen ableiten (kritisieren).

Definition: Kat. »Ausbau der Kernkraft« - Tatsachenfeststellung

Alle Äußerungen zum Thema »Ausbau der Kernkraft«, ohne dabei in irgendeiner Weise explizit fordernd oder wertend Stellung zu nehmen. Eingeschlossen sind alle Anlagen der Wiederaufbereitung, der Zwischen- und Endlagerung.

Definition: Kat. »Baustopp für Kernkraftwerke« - Tatsachenfeststellung

Alle Äußerungen, die das Thema »Baustopp für Kernkraftwerke«, für Wiederaufbereitungsanlagen und Anlagen zur Zwischen- und Endlagerung von Kernbrennstoffen ansprechen, ohne dabei in irgendeiner Weise explizit fordernd oder bewertend Stellung zu nehmen. Eingeschlossen sind entsprechende Feststellungen in Bezug auf zeitweise oder endgültige Stilllegung bestehender Anlagen und die Reduzierung bestehender Ausbaupläne bzw. Ausbauprogramme.

Entsprechend dieser neuen Regelung wird im 3. Satz der erste Indikator wie folgt codiert:

Erster Indikator:

Wegen »stagnierenden Ausbaus der Kernenergie« (ist lebensbedrohende Situation entstanden) Kat. »Ausbau der Kernkraft - Forderung«

Achtung:

Die Tatsache, dass H. Kohl in diesem Satz offenbar den ›stagnierenden‹ Ausbau der Kernenergie kritisiert, indem er daraus negative Konsequenzen ableitet, darf vom Codierer in der Regel nicht so ohne weiteres ausgelegt werden, als fordere Kohl einen weiteren Ausbau der Kernenergie. Hier ist dies nur deshalb möglich, weil die Kategoriendefinition diesen zweiten Sachverhalt ausdrücklich einschließt. Über die Zweckmäßigkeit, beide Aspekte in eine Kategorie zu packen, kann man diskutieren. Hier soll nur klargestellt werden, dass die Codierer sich strikt an den in der Kategoriendefinition festgelegten Inhalt halten und möglichst sparsam interpretieren sollen. Manifest ist im Beispielsatz nur, dass Kohl einen stagnierenden Ausbau der Kernenergie feststellt und daraus negative Konsequenzen ableitet.

Zweiter Indikator:

»ist (wegen des stagnierenden Ausbaus der Kernenergie) bereits eine lebensbedrohende Situation entstanden.« Kat. »Energiekrise/Energiemangel«.

Achtung:

Hier ist ein Interpretationsschluss gestattet, weil es keine andere plausible Interpretationsmöglichkeit gibt: Ein Ausbau der Kernenergie hätte das Energieangebot erhöht. Die »lebensbedrohende Situation« kann sich folglich nur auf einen Energiemangel beziehen.

An dieser Stelle wollen wir die Demonstration dieses oft langwierigen Arbeitsschrittes abbrechen. Seine Bedeutung für die Qualität der ganzen Untersuchung dürfte klar geworden sein: Er schließt die in mehreren Phasen gegliederte Methodenentwicklung ab, so dass sich hier letztlich entscheidet, ob der Forscher die im Hinblick auf das Untersuchungsziel relevanten Aspekte tatsächlich erfasst hat und sie adäquat in Codieranweisungen und ein operational definiertes Kategoriensystem übersetzen konnte. Damit steht in dieser Untersuchungsphase das Gütekriterium **Validität** oder **Gültigkeit** noch einmal ganz im Vordergrund der Überlegungen. Der nächste Arbeitsschritt wird sich dann stärker auf die *Reliabilität* oder *Verlässlichkeit* des Kategoriensystems konzentrieren. Zunächst müssen aber alle bisher getroffenen Entscheidungen geordnet und in systematischer Form aufbereitet werden. Das Ergebnis soll erstens ein vollständiger *Hypothesenkatalog* und zweitens ein *Codebuch* sein, das in der Regel aus vier Teilen besteht:

1) Formale Identifikationskennzahlen für die Analyseeinheiten.
2) Allgemeine Codierhinweise
3) Kategoriensystem
4) Kategoriendefinitionen

Nehmen wir an, dass der folgende Hypothesenkatalog und das Codebuch Resultate unserer hier nur teilweise dargestellten Bemühungen sind, anhand zweier Teilstichproben des Untersuchungsmaterials ein angemessenes Kategoriensystem zu entwickeln. Wir sehen, dass aus den zunächst 10 Hauptkategorien schließlich 51 Kategorien geworden sind, zuzüglich einiger formaler Kategorien wie Zeitungskennziffer, Umfang, Platzierung etc.; außerdem wurde auch noch eine neue Hypothese formuliert.

HYPOTHESENKATALOG

H1: Immer wenn das Thema ›Kernkraft‹ behandelt ist, wird auch einer der »Nachrichtenfaktoren« Gewalt, Gefahr oder großer Schaden angesprochen.

H2a: Vor 1973 war die Presseberichterstattung zu einem weiteren Ausbau der Kernenergie negativer als nachher.

H2b: Vor 1979 war die Presseberichterstattung zu einem weiteren Ausbau der Kernenergie negativer als nachher.

H3a: Vor 1973 stand das Thema »Umweltschutz« mehr im Vordergrund als nachher.

H3b: Vor 1979 stand das Thema »Umweltschutz« mehr im Vordergrund als nachher.

H4a: Nach 1973 treten stärker als zuvor die Themen »Arbeitsplätze«, »Wirtschaft« und »Konjunktur« im Zusammenhang mit dem Thema »Kernenergie« in den Vordergrund.

H4b: Nach 1979 verlieren diese Themen wieder an Bedeutung.

H5: Kaufzeitungen behandeln das Thema ›Kernkraft‹ mehr unter einem Sensationsaspekt (Gewalt, Gefahr, großer Schaden), während überregionale Abonnementzeitungen größeres Gewicht auf strukturelle Zusammenhänge des Gesellschafts- und Wirtschaftssystems sowie technologische Alternativen legen.

H6: Zeitungen, in deren Haupterscheinungsgebiet ein Kernkraftwerk steht oder geplant ist, sind als Betroffene der Kernkraft gegenüber negativer eingestellt als Nichtbetroffene.

H7:   Je stärker das Thema »Ölpreise« in den Vordergrund tritt, desto mehr werden die Themen »Umweltschutz« und »Sicherheit« im Zusammenhang mit »Kernkraft« an Gewicht verlieren.

CODEBUCH

Projekt:
Presseberichterstattung in der BRD zum Thema »Kernkraft« zwischen 1972 und 1980.

Einleitung:
Die vorliegende Untersuchung will die bundesdeutsche Presseberichterstattung zum Thema »Kernkraft« zwischen den Jahren 1972 und 1980 beschreiben und einige Hypothesen zu bestimmten Strukturmerkmalen und Trends prüfen (s. Hypothesenkatalog). Die Analyse beschränkt sich auf Themen und einige zentrale Argumente.

Formale Identifikationskennzahlen

Zeitungskennziffern:

a)	**Überregionale Abonnementzeitungen**
01	Die Welt
02	Frankfurter Allgemeine Zeitung
03	Frankfurter Rundschau
04	Süddeutsche Zeitung
b)	**Kaufzeitungen**
05	BILD
06	Abendpost Nachtausgabe
07	Express (Köln)
08	Morgenpost Hamburg
c)	**Regionale Abonnementzeitungen (Betroffene)**
09	Stader Tageblatt
10	Rhein-Zeitung
11	Die Rheinpfalz
12	Badische Zeitung

d)   **Regionale Abonnementzeitungen (Nicht-Betroffene)**
13   Nahe Zeitung
14   Fuldaer Zeitung
15   Lübecker Nachrichten
16   Nürnberger Zeitung

Codierer Nummern:
01   ..... (Name)
02   .....
03   .....

Wichtigkeit
a) **Platzierung:**
2   =   Titelseite / Titelgeschichte
1   =   Zweite Seite der Zeitung oder erste Seite einer Sparte. Bei Kaufzeitungen letzte Seite. Spiegel/Stern: größerer, im Inhaltsverzeichnis genannter Artikel
0   =   alle anders platzierten Artikel

b) **Aufmachung**
2   =   Hauptaufmacher; größte Überschrift links oder rechts oben auf der Seite. Grafische oder typografische Hervorhebung (Kasten, Farbe usw).
1   =   Zweitgrößte Überschrift auf der Seite oder nicht links/rechts oben auf der Seite
0   =   alle weniger stark aufgemachten Artikel

c) **Umfang**
2   =   mehr als 50 Spaltenzentimeter (nur Text mit Lead, ohne Überschrift)
1   =   20 bis 50 Spaltenzentimeter
0   =   unter 20 Spaltenzentimetern

Datum:
Tag   01 - 31
Monat   01 - 12
Jahr   72 - 80

Artikel Nr.:
Beiträge zur Kernenergie pro Zeitungs-/Zeitschriftenexemplar fortlaufend durchnummerieren. Beginnend mit 01 auf Seite 1 links oben, dann nach rechts und nach unten weitergehend; ebenso auf den folgenden Seiten.

Artikel:
Als Artikel gilt ein umbruchtechnisch abgesetzter Beitrag. Bildillustrationen werden nicht verschlüsselt, Bildbetextungen werden dem redaktionellen Text zugeschlagen.

Thema Kernenergie:
Das Thema ist behandelt, wenn ein Artikel eine Äußerung zu Kernkraft, Kernkraftwerken, Wiederaufbereitungsanlagen und Anlagen zur Zwischen- und Endlagerung abgebrannter Kernbrennelemente enthält. Das Thema muss nicht in der Überschrift stehen und auch nicht wichtigstes Thema des Artikels sein. Es empfiehlt sich deshalb, neben Beiträgen zu Energiefragen und Umweltproblemen auch Artikel zu Wirtschaftsthemen und Politik auf Äußerungen zum Thema »Kernkraft« abzusuchen.

Untersuchungsmaterial und Analysezeitraum:
Codiert werden alle Artikel zum Thema ›Kernenergie‹ in den Medien, die in der Medienliste aufgeführt sind. Der Analysezeitraum erstreckt sich vom 1. 9. 1973 bis 31. 12. 1979.

ALLGEMEINE CODIERANWEISUNGEN (CA)

CA I: Bitte suchen Sie die Texte nach Äußerungen ab, die in eine der Kategorien des Kategoriensystems passen. Alle im Sinne des Kategoriensystems irrelevanten Äußerungen bleiben unberücksichtigt und können bei der Codierung übergangen werden.

CA 2:   Eine Äußerung ist jede grammatisch vollständige Aussage, die einen eigenständigen Bedeutungsgehalt repräsentiert. Die formale Einheit »Satz« kann also mit einer Äußerung identisch sein, es kann aber auch vorkommen, dass ein Satz mehrere Äußerungen enthält. So besteht z.B. der Satz: »*Ein weiterer Ausbau der Kernenergie bewahrt uns vor Energiemangel, schafft neue und sichert vorhandene Arbeitsplätze*« aus insgesamt drei grammatisch vollständigen Aussagen bzw. Äußerungen: »*Ein weiterer Ausbau der Kernenergie bewahrt uns vor Energiemangel*«, 1. Kat. »Ausbau

175

der Kernkraft-Forderung«. 2. Kat. »Energiekrise/Energiemangel«. (*»Ein weiterer Ausbau der Kernenergie) schafft neue Arbeitsplätze«,* Kat. »Arbeitsplätze«. (*»Ein weiterer Ausbau der Kernenergie) sichert vorhandene Arbeitsplätze«,* Kat. »Arbeitsplätze«.

CA 3:   An diesem Beispiel wird auch wieder deutlich, dass ein und dieselbe Kategorie pro Satz mehrfach vergeben werden kann, wenn dazu Aussagen mit jeweils eigenständigem Bedeutungsgehalt vorliegen, die aber in dieselbe Kategorie fallen. Hier: »neue Arbeitsplätze schaffen« und »vorhandene Arbeitsplätze sichern« sind nach ihrem Bedeutungsgehalt verschieden, fallen aber in dieselbe Kategorie »Arbeitsplätze«. Wäre derselbe Sachverhalt nur durch eine synonyme Äußerung umschrieben worden, hätte man nur einen Code vergeben dürfen; also z.B.: »Ein weiterer Ausbau der Kernenergie sichert und festigt Arbeitsplätze«.

CA 4:   Mehrere aufgezählte Personen werden als Gruppe aufgefasst. Entsprechend ist eine Äußerung nur einmal zu codieren, die sich auf mehrere Personen gleichzeitig bezieht; z.B. »Schmidt und Matthöfer befürchten eine Stagnation der technologischen Entwicklung«. Hier also nicht etwa trennen in »Schmidt befürchtet ...«; »Matthöfer befürchtet ...«.

CA 5:   Wenn Stichworte, die sonst als Indikatoren für bestimmte Kategorien gelten, als Bestandteile von Namen auftreten, werden sie nicht codiert, z.B.: Deutsche Gesellschaft für Wiederaufbereitung; Wirtschaftsminister Graf Lambsdorff u.ä.

CA 6:   Als Kontext einer codierbaren Äußerung gelten nur die Informationen, die in dem betreffenden Satz selbst und allen voran stehenden Sätzen dieses Textes stehen.

CA 7:   Wenn sich ein Pronomen (er, sie, es, sein, ihm, dieses, jenes, etc.) auf *einen im Satz zuvor codierten Sachverhalt bezieht,* dann wird dieses Pronomen als Stellvertreter dieses Sachverhalts erneut codiert. Treten Pronomina jedoch innerhalb derselben Analyseeinheit ›Satz‹ auf, so werden sie nicht (bzw. nur einmal) codiert. Z.B.: »Der Strombedarf wächst, und dies ist ein Signal für ...«; »dies« wird hier nicht codiert.

CA 8:   Steht das Pronomen in resümierendem Sinne stellvertretend für mehrere codierbare Sachverhalte, wird nicht codiert, z.B.: (nach einer Aufzählung): »Dies sind die Dinge, die die Bevölkerung derzeit bewegen«; »dies« wird hier nicht codiert. (Sammelbegriff)

CA 9:   Bei jedem Indikator ist vor der Zuordnung zu einer Kategorie zu prüfen, ob auch noch alternative Interpretationen möglich sind. Gibt es wenigstens eine hinreichend plausible Alternativerklärung, dann darf nicht codiert, bzw. es muss ggf. die übergeordnete, allgemeinere Kategorie benutzt werden.

Z.B. : »Die Ölmultis prophezeien eine dramatische Zuspitzung der Lage.« Nicht: Kat. »Ölpreise« Alternativerklärung: Es ist nicht der Preis, sondern die verfügbare Ölmenge gemeint. Da die Bedeutung nicht eindeutig zu klären ist, kann nur die Sammelkategorie »sonstige Energieprobleme« codiert werden.

CA 10: Passt eine Äußerung gleichzeitig in zwei Kategorien von unterschiedlichem Allgemeinheitsgrad, dann ist immer die spezifischere Kategorie zu wählen.

Z.B.: »Den Arbeitsmarkt wird die Freistellung so vieler hochspezialisierter Arbeitskräfte stark belasten.« Gegenüber der Kategorie »Wirtschaft« ist hier »Arbeitsplätze« die spezifischere Kategorie.

KATEGORIENSYSTEM

10   Wirtschaft allgemein

11   Energiepreise (außer Erdöl)

12   Ölpreise (einschließlich Mineralölprodukte)

13   Kosten für Sicherheitsmaßnahmen

14   Arbeitsplätze

15   Gewinne / wirtschaftliche Wettbewerbsfähigkeit der dt. Nuklearindustrie

16   technisches Know-how / technologische Konkurrenzfähigkeit der deutschen Nuklearindustrie

17   Konjunktur

18   Ausbau der Kernkraft - Forderung

19   Baustopp für Kernkraftwerke - Forderung

20   Ausbau der Kernkraft - Tatsachenfeststellung

21   Baustopp für Kernkraftwerke - Tatsachenfeststellung

22   Sonstige Wirtschaftsthemen

30   Alternativen allgemein

31   Energie-Sparmaßnahmen

32   Kohle / Kohlekraftwerke

33   Öl / Ölsuche / Ölschiefer / Ölsände etc.

34   Alternativtechnologien (Sonnenkollektoren, Wärmepumpen etc.)

35   Sonstige Alternativen

40 **Energieversorgung allgemein**
41 Energiekrise / Energiemangel
42 Energieverbrauch / Energiebedarf
43 Energiegewinnung allgemein
44 Sonstige Themen zur Energieversorgung

50 **Energiepolitik allgemein**
51 Forschungsförderung
52 Sonstige energiepolitische Themen
60 **Umweltschutz allgemein**
61 Umweltbelastung / Naturschutz
62 Entsorgung (Wiederaufbereitung Zwischen- und Endlagerung)
63 Sonstige Umweltschutzthemen

70 **Sicherheit allgemein**
71 Technische Sicherheit von Kernreaktoren
72 Reaktorunfälle (z.B. Harrisburg)
73 Sicherheit Terror, Sabotage
74 Sonstige Themen zur Sicherheit von Kernreaktoren

80 **Einstellungen / Aktionen**
81 Ängste / Aversionen der Bevölkerung gegenüber Kernenergie
82 Neutrale Haltung / Befürwortung der Kernenergie durch Bevölkerung
83 Demonstrationen allgemein
84 Gewaltanwendung / Ausschreitungen von Demonstranten
85 Staatliche / polizeiliche Ordnungsmaßnahmen allgemein
86 Gewaltanwendung / Ausschreitungen staatlicher / polizeilicher Organe
87 Linksradikalismus
88 Sonstige Einstellungen / Aktionen

90 **Gesellschaftssystem allgemein**
91 Lebensstandard
92 Lebensqualität
93 Werte / Normen
94 Sonstige gesellschaftsbezogene Themen

00 **Sonstige Themen zur Kernenergie**, die durch keine Hauptkategorie erfasst werden.

KATEGORIENDEFINITIONEN

10 Wirtschaft allgemein

Alle Äußerungen, die das Thema ›Kernkraft‹ in einen allgemeinen wirtschaftlichen Bezug stellen und nicht in eine der Subkategorien einzuordnen sind.
Beispiele:

1) Die Kernkraft wird nicht alle Probleme lösen, die wegen der zentralen Rolle des Erdöls für unsere Wirtschaft und den Endverbraucher entstehen werden.

2) Es sind rein wirtschaftliche und wirtschaftspolitische Erwägungen, die Politiker und Industrie bewegen, an der Kernenergie festzuhalten.

3) Einen bedeutenden Wirtschaftszweig kann man nicht einfach von heute auf morgen stilllegen.

11 Energiepreise (außer Erdöl)

Preisgestaltung für Energie bzw. Strom allgemein sowie für alle Energieträger außer Mineralöl. Außerdem die Entwicklungs-, Bau- und Unterhaltungskosten für alle Anlagen zur Energiegewinnung und deren Folgekosten. Eingeschlossen sind auch die Suche nach neuen Energieträgern und neuen Vorkommen bekannter Energieträger außer Mineralöl.
Beispiele:

1) Atomstrom ist mit Sicherheit die billigste Energie.

2) Die Kohlevergasung in Kraftwerken wird rascher in den Bereich der Wirtschaftlichkeit geraten.

3) Der Preis für Erdgas wird der Preisentwicklung auf dem Ölmarkt folgen.

12 Ölpreise (einschließlich Mineralölprodukte)

Äußerungen, in denen explizit die Preise für Öl und Mineralölprodukte wie Benzin und Heizöl angesprochen sind. Nicht gemeint sind Preise für Mineralölprodukte, die keine Energieträger sind wie etwa Kunststoffe oder pharmazeutische Erzeugnisse. Diese Kategorie umfasst nicht nur Verbraucherpreise, sondern auch Kosten für die Ölsuche, Ölförderung, den Öltransport und die Ölverarbeitung, den Ölvertrieb und die Umwandlung von Öl in elektrische Energie. Energiepreise allgemein, ohne konkreten Bezug auf Mineralöl werden nicht hier, sondern in Kategorie 11: »Energiepreise« erfasst. Ebenso die Preise für sonstige Energieträger wie Kohle, Erdgas, Uran etc.

Beispiele:

1) Die Preise an den Zapfsäulen ersetzen jedes Tempolimit.
2) Die Nachfrage nach leichtem Heizöl ist nur begrenzt über den Preis zu steuern.
3) Eine Erhöhung der Mineralölsteuer steht unmittelbar bevor.
4) Die OPEC-Staaten werden ihre Ölreserven auch für mehr Geld nicht schneller ausbeuten.
5) In Krisenzeiten hat die BRD immer Höchstpreise für Öl bezahlt.
6) Ob sich die Milliardeninvestitionen für die Ölsuche unter der Nordsee jemals lohnen werden, ist fraglich.

13 Kosten für Sicherheitsmaßnahmen

Alle finanziellen Aufwendungen, die notwendig sind, um Kernkraftwerke und Wiederaufbereitungsanlagen vor Unfällen und Pannen zu schützen, bei Unfällen und Pannen die Umwelt zu schützen sowie um kerntechnische Anlagen und Transporte von radioaktivem Material vor Angriffen von außen (Krieg, Flugzeugabsturz, Sabotage etc.) zu schützen. Eingeschlossen sind alle Kosten der Entsorgung, also für die Zwischen- und Endlagerung abgebrannter Brennstäbe.

Beispiele:

1) Die Wiederaufbereitung erreicht ihren entscheidenden wirtschaftlichen Vorteil erst im Verbund mit dem Schnellen Brüter.
2) Bei weiteren Sicherheitsauflagen wird der Atomstrom teuer.
3) Die Verluste, die durch störungsbedingte Abschaltungen von Kernkraftwerken entstehen, legen die Stromerzeuger auf die Verbraucherpreise um.

14 Arbeitsplätze

Mit dieser Kategorie sind nur Arbeitsplätze auf dem Nuklearsektor einschließlich der Zulieferer und den Bereichen Zwischenlagerung und Wiederaufbereitung von nuklearem Brennmaterial gemeint. Es geht nur um ein Angebot und eine Nachfrage von Arbeitsplätzen, nicht um deren Art. Auch Äußerungen, die sich mit der Frage beschäftigen, ob genügend geeignete Arbeitskräfte für vorhandene Arbeitsplätze in der Kernindustrie verfügbar sind oder verfügbar bleiben, werden hier verschlüsselt. Ausgeschlossen sind damit Arbeitsplätze in anderen Wirtschaftsbereichen, aber auch Arbeitsplätze in sonstigen Branchen des Energiesektors, wie z.B. der Mineralölwirtschaft, dem Kohlebergbau oder im Zusammenhang mit Alternativtechnologien (Wärmepumpen, Sonnenkollektoren, Wasser- / Windturbinen etc.).

Beispiele:
1) Massenentlassungen wird es bei einem Baustopp zwar nicht geben, aber ein kontinuierliches Abwandern hochqualifizierter Arbeitskräfte.
2) Mit allen Zulieferern sind in der deutschen Nuklearindustrie ca. 300 000 Arbeitsplätze gefährdet.
3) Wendländer sind keine Nukleartechniker; allenfalls im gastronomischen Gewerbe wird das strukturschwache Gebiet mit hoher Arbeitslosenquote vom Entsorgungszentrum profitieren.

Nicht:
1) In der Nuklearindustrie sind überproportional viele Facharbeiter beschäftigt.
2) Die vor Jahren mit hohen Summen abgefundenen Kumpels fehlen nun im Kohlebergbau.
3) Wer sich während der Arbeitszeit kritisch zur Kernkraft äußert, muss um seinen Arbeitsplatz fürchten.

15 Gewinne / wirtschaftliche Wettbewerbsfähigkeit der deutschen Nuklearindustrie

Alle Äußerungen, die den wirtschaftlichen Nutzen betreffen, den die Hersteller und Betreiber von Kernkraftwerken haben. Eingeschlossen sind Rentabilitätsüberlegungen, Äußerungen zu Umsatz und Absatz sowie zur wirtschaftlichen Wettbewerbsfähigkeit der Hersteller und Betreiber von Kernkraftwerken.

Beispiele:
1) Die Aufträge für neue Kernreaktoren aus dem Ausland bleiben aus.
2) Kostspielige Sicherheitsauflagen im Inland verteuern auch die exportierten Reaktoren, so dass Franzosen und Amerikaner auf dem Weltmarkt einen Wettbewerbsvorteil haben.
3) Die Milliarden Entwicklungskosten und Investitionen in den Nuklearsektor müssen sich jetzt auszahlen.

16 Technisches Know-how / technologische Konkurrenzfähigkeit der deutschen Nuklearindustrie

Hier sind Äußerungen gemeint, die den Verlust, die Ansammlung und das Niveau des technologischen Wissens thematisieren, das mit der Entwicklung und dem Bau von Kernkraftwerken erworben wird. Eingeschlossen sind Überlegungen zur internationalen Konkurrenzfähigkeit der deutschen Nuklearindustrie auf technologischem Gebiet.

Beispiele:

1) Auch bei einem nur vorübergehenden Baustopp verlieren wir den Anschluss an die technologische Entwicklung.

2) Mit der Abwanderung von Spitzenkräften verliert die deutsche Nuklearindustrie auch technologisches Know-how.

3) Wie bei der Raumfahrtindustrie profitieren von der hochentwickelten Reaktortechnik letztlich auch andere Wirtschaftszweige.

17 Konjunktur

Hier sind alle Äußerungen zur konjunkturellen Entwicklung in der BRD gemeint, nicht etwa nur Einflüsse der Energiewirtschaft auf die Konjunktur. Wirtschaftswachstum und die Entwicklung von Inlands- und Auslandsgeschäften oder von Brutto/Netto-Sozialprodukt werden hier verschlüsselt, sofern sie nicht in eine der anderen Subkategorien dieser Hauptkategorie passen. Ausgenommen sind also insbesondere die Gewinnentwicklung und wirtschaftliche Wettbewerbsfähigkeit der deutschen Nuklearindustrie, das Thema »Arbeitsplätze« und die Preisentwicklung auf dem Energiesektor.

Beispiele:

1) Ein Baustopp für Kernkraftwerke wird sich in der konjunkturellen Entwicklung deutlich bemerkbar machen.

2) Die wachstumspolitischen Argumente für eine weitere Nutzung der Kernenergie schlagen nirgends so durch wie im Revier.

3) Es ist mit einem deutlichen Abflachen der Konjunktur zu rechnen.

18 Ausbau der Kernkraft - Forderung

Alle Äußerungen, die das Thema ›Ausbau der Kernkraft‹ ansprechen und in denen klar zum Ausdruck kommt, dass diese Maßnahme gefordert oder befürwortet wird. Eingeschlossen sind alle Anlagen der Wiederaufbereitung, der Zwischen- und Endlagerung. Auch Äußerungen, in denen aus einem fiktiven Ausbau positive Konsequenzen abgeleitet werden, sind hier subsumiert ebenso wie Äußerungen, die aus einem Baustopp negative Konsequenzen ableiten (kritisieren).

Beispiele:

1) Nach dem ersten Ölschock verlangten alle Parteien eindringlich den beschleunigten Bau weiterer Kernkraftwerke.

2) Im Sandkastenspiel, wie der unsicherste Energieträger, das Erdöl, zu substituieren sei, bleibt als letzte, wirklich wirksame Größe die Kernenergie.

3) Ob Baustopp oder kein Baustopp, um den Bau einer Entsorgungsanlage werden wir nicht herumkommen.

Nicht:

1) Man muss davon ausgehen, dass Kohle als Energieträger allein nicht ausreicht.

19 Baustopp für Kernkraftwerke - Forderung

Alle Äußerungen, die das Thema, »Baustopp für Kernkraftwerke«, für Wiederaufbereitungsanlagen und Anlagen zur Zwischen- und Endlagerung ansprechen und in denen klar zum Ausdruck kommt, dass diese Maßnahme gefordert oder befürwortet wird. Eingeschlossen sind Forderungen nach zeitweiser oder endgültiger Stilllegung bestehender Anlagen und nach Reduzierung bestehender Ausbaupläne bzw. Ausbauprogramme. Auch Äußerungen, in denen aus einem fiktiven Baustopp positive Konsequenzen abgeleitet werden, sind hier subsumiert ebenso wie Äußerungen, die aus einem weiteren Ausbau negative Konsequenzen ableiten (kritisieren).

Beispiele:

1) Mehr als 5000 Einwände liegen gegen die geplante Erweiterung des Kernkraftwerks Biblis vor.

2) Ernst Albrecht (Ministerpräsident von Niedersachsen 1976 – 1990) hält die Pläne für die Entsorgungsanlage bei Gorleben für »politisch nicht durchsetzbar«.

3) Bei einer intensiven Förderung aller Alternativtechnologien kann man alle geplanten Kernkraftwerke streichen. (Grenzfall)

Nicht:

1) Kernkraftgegner besetzten das Baugelände.

2) Aus energiepolitischer Sicht jedenfalls ist die einseitige Fixierung auf einen weiteren Ausbau der Kernkraft Unfug.

20 Ausbau der Kernkraft - Tatsachenfeststellung

Alle Äußerungen, die das Thema »Ausbau der Kernkraft« ansprechen, ohne dabei in irgendeiner Weise explizit fordernd oder wertend Stellung zu nehmen. Eingeschlossen sind alle Anlagen der Wiederaufbereitung, Zwischen- und Endlagerung abgebrannter Kernbrennstäbe.

Beispiele:

1) Das Kernkraftwerk Grohnde darf vorerst weitergebaut werden.

2) Der Anteil des Atomstroms steigt trotz Abschaltungen und Bauverzögerungen.

3) Vor dem Bundestag nahm der Kanzler zu einem weiteren Ausbau der Kernenergie Stellung.

21 Baustopp für Kernkraftwerke - Tatsachenfeststellung

Alle Äußerungen, die das Thema »Baustopp für Kernkraftwerke«, für Wieder-aufbereitungsanlagen und Anlagen zur Zwischen- und Endlagerung von Kernbrennstoffen ansprechen, ohne dabei in irgendeiner Weise explizit fordernd oder bewertend Stellung zu nehmen. Eingeschlossen sind entsprechende Feststellungen in Bezug auf zeitweise oder endgültige Stillegung bestehender Anlagen und die Reduzierung bestehender Ausbaupläne bzw. Ausbauprogramme.

Beispiele:

1)   Die nordrhein-westfälische Landesregierung will vorerst keine neuen Kernkraftwerke genehmigen.

2)   Der Atommeiler musste bereits mehrfach wegen technischer Mängel abgeschaltet werden.

3)   Mit den Probebohrungen in Gorleben konnte erst mit großer Verspätung begonnen werden.

22 Sonstige Wirtschaftsthemen

Alle weiteren, einzeln genannten Wirtschaftsthemen, die in keine andere spezifische Kategorie des Kategoriensystems passen und das Thema »Wirtschaft« auch nicht allgemein ansprechen.

Beispiel:

1)   Die vor Jahren mit hohen Summen umgeschulten Kumpels fehlen jetzt im Kohlebergbau.

Wir wollen hier die exemplarische Demonstration der Kategoriendefinitionen abbrechen. In der Praxis wäre natürlich die Bedeutung aller Kategorien in der vorgeführten Weise zu beschreiben. Damit ist der Codebuchentwurf fertig, und die Codiererschulung kann beginnen.

1.3.2 Codiererschulung

Die Codiererschulung hat den Zweck, die Codierer mit der vom Forscher gemeinten und im Codebuch explizit formulierten Interpretationsweise vertraut zu machen. Durch Übung und ausführliche Besprechung der Codierregeln im Team werden die Voraussetzungen für eine interpersonell invariante und adäquate Codierung geschaffen. Die Codiererschulung schließt mit einer quantitativen Gültig-keits- und Verlässlichkeitskontrolle (Validitäts- bzw. Reliabilitätstest).

   Als Übungsmaterial benutzen wir die zweite Hälfte unserer anfangs gezogenen Stichprobe. Beteiligt sind jetzt alle Codierer, die später auch die endgültige Codierung durchführen. Zunächst macht sie der Forscher mit dem Untersuchungsziel[55] und dem Aufbau des Kategoriensystems bekannt und demonstriert an einigen Beispieltexten dessen Anwendung. Die Beispiele sollen im Team schon eingehend diskutiert werden.

Für die weiteren Lern- und Übungsphasen gibt es keine festen Vorgaben. Nach meiner eigenen Erfahrung ist es wohl am günstigsten, wenn alle Codierer zunächst versuchen, denselben Text still für sich zu verschlüsseln. Anschließend wird jeder vergebene Code in der Gruppe besprochen, wobei alle Codierer jeweils auch begründen müssen, welcher Indikator im Text sie dazu bewogen hat, die Zuordnung zu einer bestimmten Kategorie zu treffen. Es wird dabei dann immer der entsprechende Passus in der Kategoriendefinition bzw. den Codieranweisungen vorgelesen, so dass sich diese Regeln schneller im Gedächtnis einprägen. In dieser Trainingsphase können immer noch die Codieranweisungen und Kategoriendefinitionen ergänzt, modifiziert und präzisiert werden. Insbesondere die »Listendefinition« der Kategorien in Form von Beispielen lässt sich in diesem Arbeitsgang gut vervollständigen.

Nach allem, was bisher gesagt wurde, ist eines eigentlich völlig klar, soll hier dennoch aber noch einmal ausdrücklich betont werden, weil es oft zu Missverständnissen führt. Nachdem die Codierer mit dem Kategoriensystem und den Codierregeln vertraut sind, benutzen sie für die weitere Verschlüsselung vorwiegend nur noch das Kategoriensystem und sehen in den Definitionen und Codieranweisungen lediglich in Zweifelsfällen nach. Dennoch muss immer klar sein, dass das Kategoriensystem nichts weiter als eine übersichtliche Erinnerungshilfe ist, denn die Bedeutung der Kategorien wird allein durch die Definitionen bestimmt, und man kann allenfalls darüber streiten, ob ein Kategorien-Label im Kategoriensystem treffend gewählt wurde oder eher irreführend ist. Als alleiniges inhaltliches Kriterium für die Codierung kann es niemals gelten.

Nachdem das Codierertraining in der beschriebenen Weise eine Weile betrieben wurde, entwirft der Forscher einen Codierbogen, um den Codiervorgang stärker zu formalisieren und die Daten für eine Weiterverarbeitung mit dem Computer vorzubereiten. Codierbögen sind Formulare, auf denen den einzelnen Kategorien bzw. später Variablen, feste Positionen zugewiesen sind. Diese Positionen werden mit Spaltenangaben zum Eingeben in eine EDV-Datei versehen. Man kann selbst Codierbögen entwerfen oder vorgefertigte Standardformulare verwenden. Der

---

55 Dies kann bei der Messung einstellungsrelevanter Sachverhalte natürlich auch unterbleiben, um subjektive Codierereinflüsse nicht noch zu verstärken. Außerdem ist diese Maßnahme überall dort überflüssig, wo die Codierer bereits an der Erstellung des Kategoriensystems aktiv beteiligt waren.

eigene Entwurf hat den Vorteil, dass die einzelnen Codepositionen individuell beschriftet werden können. Die Standardformulare sind allerdings meistens billiger und platzsparender. Im Folgenden sind ein solcher Codierbogen-Entwurf für unsere Musteruntersuchung sowie ein Standard-Formular dargestellt. (Abb. 7 und Abb.8)

Abb. 7: Codierbogen (Version A)

Kategorie	Codierungen	Summe	
Codierer-Nr.			1-2
Artikel-Nr.			3-4
Datum			5-10
Wichtigkeit (Aufmachung,			11-13
Wirtschaft-allgemein			14-15
Energiepreise (außer Erdöl)			16-17
Ölpreise			18-19
Kosten für Sicherheits-maßnahmen			20-21
Arbeitsplätze			22-23
Gewinne			24-25
Konkurrenzfähigkeit der Wirtschaft			26-27
Konjunktur			28-29
sonstige Themen			

Abb. 8: Codierbogen (Version B, Standardformular)

Codeblatt-Nummer:				Projekt:	
				Codierer:	
				Datum:	

	1	2	3	4	5	6	7	8	9	10	11	12	13	14	15	16	17	18	19	20	21	22	23	24	25	26	27	28	29	30	31	32	33	34
1																																		
2																																		
3																																		
4																																		
5																																		
6																																		
7																																		
8																																		
9																																		
10																																		
11																																		
12																																		
13																																		
14																																		
15																																		
16																																		
17																																		
18																																		

Wenn die Zahl der Kategorien nicht allzu groß ist, bietet ein Codierbogen, der jede einzelne Kategorie mit dem jeweiligen Label versieht, gewisse Vorteile für die Verlässlichkeit der Codierungen, da die Gefahr von Flüchtigkeitsfehlern geringer ist. Bei einer unbeschrifteten Spaltenfolge wie auf dem Standardformular kann es durchaus vorkommen, dass eine Codierung einmal in eine falsche Spalte »verrutscht«. Zu unserem Codierbogenmuster A ist noch zu sagen, dass die Themenkategorien so oft angekreuzt werden, wie sie im Text vorkommen. Der Nachteil dieser Erleichterung für das Codieren besteht in zusätzlicher Arbeit zur Datenaufbereitung. Es muss bei der Datenaufbereitung manuell auf jedem Codierbogen die Häufigkeit aller Kategorien gezählt und in die Spalte am rechten Blattrand eingetragen werden.

1.3.3 Reliabilitätsprüfung

Die Codiererschulung wird so lange fortgeführt, bis alle Beteiligten den Eindruck haben, die Codieranweisungen zu beherrschen und die Bedeutung der Kategorien weitgehend übereinstimmend auszulegen. Jetzt ist der Zeitpunkt gekommen, wo der Forscher Reliabilität und einen Validitätsaspekt der Codierungen nicht mehr nur intuitiv, sondern mit Hilfe exakter empirischer Methoden überprüft: Zum Abschluss der Codiererschulung wird ein Reliabilitätstest durchgeführt, an dem sich auch der Forscher selbst beteiligt.[56]

Die Ergebnisse des Reliabilitätstests sagen sowohl etwas über die Güte des methodischen Instrumentariums als auch über die Sorgfalt der Codierer aus. Gemessen wird die Übereinstimmung mehrerer Codierer am selben Textmaterial (Intercoder-Reliabilität), bei langer Projektdauer *zusätzlich* auch die Übereinstimmung derselben Codierer, die dasselbe Textmaterial mit zeitlichem Abstand zweimal verschlüsselt haben (Intracoder-Reliabilität). Sind Kategorien und Codierregeln klar und eindeutig definiert, so sollten sie bei mehrfacher Anwendung auf dasselbe Textmaterial eigentlich immer zu denselben Ergebnissen führen. Liegen sie jedoch nur in einer unpräzisen und unvollständigen Form vor, so werden die Codierungen verschiedener Codierer streuen. Arbeitet nur ein einzelner Codierer nicht sorgfältig, dann wird er neben der Differenz zu den anderen Codierern auch bei der Intracoder-Reliabilität einen niedrigen Übereinstimmungswert erreichen, es sei denn, er arbeitet nach eigenen, hinreichend präzisen, impliziten Codierregeln.

Eine angemessene Reliabilität des Messinstruments ist unabdingbare Voraussetzung für die Objektivität der Inhaltsanalyse, d.h. für die Offenlegung des Ver-

---

56 Wie später noch zu zeigen ist, ergibt sich dadurch die Möglichkeit einer Validitätskontrolle.

fahrens und außerdem für die invariante Anwendung der Methode auf das ganze Untersuchungsmaterial, also die Systematik des Verfahrens. Dennoch: Dieser Qualitätsstandard schafft zwar einige notwendige Bedingungen für die Gültigkeit der Untersuchung, gewährleistet sie aber noch nicht. Man kann mit großer Präzision und Verlässlichkeit immer wieder die falschen oder nur einen Teil der gesuchten Textmerkmale erfassen. Das Ergebnis des Reliabilitätstests sagt also nichts über die Qualität der gewählten Indikatoren aus, sondern nur etwas über die Qualität der Messvorschriften und deren Anwendung; der Reliabilitätstest weist durch eine numerische Kennzahl aus, wie exakt und sorgfältig sich die in den Definitionen vorgegebenen Mitteilungsmerkmale mit dem Instrument erfassen lassen.

Aus dem Untersuchungsmaterial wird noch einmal eine hinreichend große Stichprobe gezogen und von jedem Codierer verschlüsselt. Absprachen und Diskussionen haben jetzt auch dann zu unterbleiben, wenn Zweifelsfälle auftreten. Die anschließende Auswertung ergibt, wie hoch die interpersonelle Übereinstimmung bei der Codierung war. Bevor wir uns jedoch mit der Auswertung beschäftigen, sollen erst noch einige Details für die Vorbereitung des Reliabilitätstests geklärt werden.

Der Umfang des Testmaterials muss so groß sein, dass die Zahlenbasis für einen statistischen Vergleich der Codierungen hinreichend sicher ist. Als ungefähren Richtwert kann man als Mindestgröße ca. 30-50 Nennungen pro Variable annehmen, nach Möglichkeit wird man aber eher auf 200-300 Nennungen gehen. Diese Zahlen lassen sich meist leicht erreichen. Betrachten wir unser Beispiel, so ist die zentrale Variable »Thema« bei einem mittelgroßen Artikel schon mit ca. 20 Nennungen besetzt, d.h. pro Artikel wird man ca. 20-mal einen der im Kategoriensystem aufgeführten Themencodes vergeben. Es kann in diesem Fall jede Codiereinheit als Nennung auf derselben Variablen angesehen werden. Damit braucht man nur 10-15 Texte in die Teststichprobe aufzunehmen, um auf der Variablen »Thema« eine statistisch sichere Vergleichsbasis zu haben. Andere Variablen, die nur einmal pro Text codiert werden, kann man u.U. ganz aus dem Test herausnehmen, wenn es sich nur um mehr oder weniger formale Angaben handelt wie z.B. Datum oder Textlänge etc. Es gibt auch die Möglichkeit, solche Variablen, die nur einmal pro Text codiert werden, anhand einer größeren Textstichprobe von ca. 50 Artikeln allein zu codieren und die wesentlich aufwändigere Verschlüsselung der Themenstruktur nur bei einigen davon vorzunehmen. Wichtig ist immer nur, dass für jede Variable eine numerisch hinreichend sichere Vergleichsbasis vorhanden ist.

Neben dieser Grundvoraussetzung sind allerdings in vielen Fällen strukturelle Besonderheiten des Analysematerials zu berücksichtigen. Der Reliabilitätstest soll ja nachweisen, dass das entworfene Messinstrument geeignet ist, das ganze Textmaterial verlässlich, d.h. übereinstimmend und damit unabhängig von der anwendenden Person zu verschlüsseln. Würden etwa in den Test unserer Untersuchung zum Thema »Kernkraft« überwiegend einfache und kurze Beiträge aus Kaufzeitungen einbezogen, so wäre ungeklärt, ob das Kategoriensystem auch bei wesentlich komplexeren »Spiegel«-Artikeln zu übereinstimmenden Codierungen führt.

Man muss also eine geschichtete Stichprobe für den Reliabilitätstest ziehen, wobei aus jeder Schicht eine angemessene Zahl von Elementen zu entnehmen ist. Je nach Anzahl der Schichten wird man daher leicht eine Mindestanzahl von Texten erreichen, die über dem oben beispielhaft angeführten Minimum von 10-15 Artikeln liegt.

Ist die Stichprobe für den Reliabilitätstest bestimmt, wird das Textmaterial von jedem Codierer einzeln unter normalen Codierbedingungen verschlüsselt. Ihm stehen also alle später auch vorhandenen Hilfsmittel und Informationen zur Verfügung, und er verschlüsselt Originalmaterial mit Original-Codierbögen. Einziger Unterschied: Er darf mit den anderen Codierern nicht über den Text diskutieren, sondern muss allein für sich arbeiten. Für die Auswertung gibt es mehrere Verfahren. Am bekanntesten und einfachsten ist folgendes Reliabilitätsmaß nach HOLSTI (1969):

$$CR = \frac{2\,\ddot{U}}{C_1 + C_2}$$

CR	=	Codierer-Reliabilität
Ü	=	Anzahl der übereinstimmenden Codierungen
C_1	=	Anzahl der Codierungen von Codierer 1
C_2	=	Anzahl der Codierungen von Codierer 2

Wie man sieht, bezieht sich dieses Maß immer nur auf je zwei Codierer. Ist das Team größer, so kann der Mittelwert aller paarweisen Übereinstimmungen errechnet werden. Damit drückt der Koeffizient das Verhältnis der mittleren Übereinstimmung aller paarweisen Codiererkombinationen zur durchschnittlichen Gesamtzahl aller Codierungen (Nennungen) aus.

Bisher wurde erst ein formales Modell der Reliabilitätsprüfung dargestellt. Ungeklärt ist noch die ganz simple, aber sehr wichtige Frage, was denn eigentlich als Übereinstimmung gelten soll. Die Problematik wollen wir wieder an unserer Beispiel-Untersuchung zur Kernkraft demonstrieren. Angenommen, zwei Codierer verschlüsseln jeweils denselben Artikel und kommen zu folgenden Ergebnissen:

Tab. 2: Codierergebnis eines Reliabilitätstests

	Medium	Datum	Artikelnr.	Wichtigkeit	THEMEN										
Codierer 1	03	15 01 77	01	123	12	12	66	12	18	19	42	33	29	14	38 50
Codierer 2	03	15 01 77	01	122	12	50	12	66	12	18	19	42	33	29	14 10 20

Die ersten vier Codes wurden je Text nur einmal vergeben, so dass die Übereinstimmung leicht durch Paarvergleiche festzustellen ist: Bei »Medium«, »Datum« und »Artikelnummer« stimmen beide Codierer überein, bei »Wichtigkeit« besteht eine Abweichung. Schwieriger wird die Sache, wenn Mehrfachnennungen pro Codiereinheit möglich sind, wie in unserem Beispiel bei den Themen. Würde man auch hier paarweise in der vorgegebenen Reihenfolge vergleichen, wäre nur eine einzige Übereinstimmung festzustellen. Bei näherem Hinsehen ist jedoch leicht ersichtlich, dass Codierer 2 zunächst nur zusätzlich Code 50 an zweiter Position vergeben hat und die restlichen Codierungen bis zur vorletzten Position offensichtlich wieder identisch sind. Sie stehen eben nur um eine Stelle verschoben auf dem Codierbogen. Der Auswertungsmodus »Paarvergleich« ist in diesem Falle also unangemessen, weil die Positionen vergleichbarer Codes auf dem Codierbogen sich nicht entsprechen.

Prüfen wir also eine Vergleichsmöglichkeit, bei der die Reihenfolge der Codes keine Rolle spielt. In unserem Beispiel oben würde man statt einer jetzt 11 Übereinstimmungen zählen und hätte damit eine zu viel, also fälschlicherweise erfasst: Codierer 2 hat ganz am Anfang des Artikels Code 50 vergeben, Codierer 1 dagegen ganz am Textende. Beide Codierungen beziehen sich demnach auf völlig verschiedene Textstellen, so dass eigentlich zwei Abweichungen vorliegen, obwohl eine Übereinstimmung gezählt wurde.

In beiden Fällen resultiert die Schwierigkeit daraus, dass bei Mehrfachnennungen die vergebenen Codes nicht mehr eindeutig auf identifizierbare Texteinheiten zu beziehen sind und deshalb oft schwer zu entscheiden ist, ob dieselbe Codeziffer bei zwei Codierern auch inhaltlich dieselbe Codierung betrifft. Nun kann man argumentieren, dass die Gefahr des fälschlichen Vergleichs um so kleiner wird, je weniger Codes bzw. Nennungen pro Codiereinheit zu vergeben sind. Außerdem ist es bei komplexeren Kategoriensystemen nicht allzu wahrscheinlich, dass ausgerechnet dieselbe, u.U. sehr spezifische Unterkategorie, an völlig verschie-

191

dene Textstellen vergeben wird. Bei wenigen Nennungen pro Codiereinheit (hier: codierte Themen pro Text) und differenzierten Kategoriensystemen mit vielen Kategorien ist es nach unserer Meinung also vertretbar, ein Verfahren zu wählen, das die Häufigkeit der vergebenen Codes zweier Codierer miteinander vergleicht, d.h. von deren Reihenfolge unabhängig ist.

In allen anderen Fällen sollte man sich überlegen, ob man nicht wenigstens für den Reliabilitätstest eine Möglichkeit vorsehen sollte, die von den Codierern vergebenen Codes eindeutig auf identifizierbare Textstellen beziehen zu können. Zu erreichen wäre dies z.b. durch eine fortlaufende Nummerierung der Abschnitte oder Sätze im Text. Bei der Testcodierung ist dann zu jedem vergebenen Code die Kennziffer der entsprechenden Textstelle zu notieren. Übereinstimmungen sind dann nur gleiche Codes, die sich auf identische Textpassagen beziehen. Aus einem derart »bereinigten« Verfahren würde in unserem Beispiel folgender Reliabilitätskoeffizient für die Themen resultieren:

$$CR = \frac{2 \times 10}{12 + 13} = \frac{20}{25} = .80$$

Für die vier anderen Variablen können bei einem einzigen Text sinnvollerweise noch keine Reliabilitätskoeffizienten errechnet werden. Auf die ganze Teststichprobe bezogen lässt sich auf diesem Wege für jede Variable ein eigener Koeffizient ermitteln. Ihre Aussagekraft ist völlig verschieden. Wenn sorgfältig gearbeitet wird, ist es z.b. kaum denkbar, dass das Medium oder das Datum nicht übereinstimmend identifiziert wird. Dagegen sind Abweichungen auf der Variable »Wichtigkeit« und noch viel mehr bei der Verschlüsselung der Themen durchaus zu erwarten. Mit anderen Worten: Die absolute Ausprägung des Reliabilitätskoeffizienten sagt noch nichts über die Qualität der Codierung aus; in den beiden ersten Fällen wäre z.b. ein Koeffizient von CR = .95 ausgesprochen schlecht, in den beiden anderen Fällen ein Wert von CR = .80 vielleicht außerordentlich gut. Die erreichbare Übereinstimmung variiert mit folgenden Faktoren:

– Versiertheit, Sorgfalt und intellektuelle Fähigkeiten der Codierer
– Eindeutigkeit und Vollständigkeit der angegebenen Indikatoren im Text
– Differenziertheit des Kategoriensystems (Zahl der Kategorien)
– Hierarchische Struktur des Kategoriensystems (Ober- / Unterkategorien)
– Trennschärfe der Kategorien

Es lässt sich also keine fixe Richtgröße für die Höhe des Reliabilitätskoeffizienten angeben. Nur zur Orientierung soll aber für unser oben entwickeltes Kategoriensystem zum Thema »Kernkraft« und für Zeitungsberichte als Analysematerial ein Erfahrungswert genannt werden; bei der Variable »Themen« dürfte ein Wert zwischen CR = .75 und CR = .85 bei sorgfältiger Vorarbeit und intensiver Codiererschulung erreichbar sein. Ein solches Ergebnis ist als guter bis sehr guter Qualitätsstandard zu werten. In der Praxis sollten Aussagekraft und Güte eines jeden Koeffizienten vor dem Hintergrund des jeweiligen Kategorientypus diskutiert werden.

Allerdings sollte man sich auch einen solchen, auf den ersten Blick zufrieden stellenden Wert genauer ansehen, bevor man das Ergebnis des Reliabilitätstests akzeptiert. Wir haben es hier mit einer aggregierten Kennziffer zu tun, die sowohl die Detailbefunde für einzelne Texte und Textsorten als auch für verschiedene Codierer zusammenfasst. Es kann durchaus sein, dass für einzelne Codierer oder bei einzelnen Textsorten noch Schwierigkeiten bei der Codierung bestehen, was aus dem aggregierten Gesamtwert des Reliabilitätskoeffizienten nicht mehr hervorgeht. Deshalb erstellt man für jede Variable (bei sehr vielen Variablen zumindest für jede Hauptvariable und alle »kritischen« Variablen mit viel Interpretationsspielraum für die Codierer) eine Matrix, in welche die einzelnen Codiererübereinstimmungen eingetragen werden. (Tabelle 3)

Tab. 3: Matrix für Codiererübereinstimmungen bei einer Variablen

	Codierer 1	Codierer 2	Codierer 3	Codierer 4	Mittelwert
Codierer 1		.64	.90	.86	.80
Codierer 2			.62	.58	.60
Codierer 3				.85	
Codierer 4			.85		
Mittelwert			.79	.76	.74

Obwohl hier insgesamt ein vielleicht akzeptierbarer Koeffizient von CR = .74 erzielt werden konnte, sieht man sofort, dass *Codierer 2* offensichtlich abweichend verschlüsselt. In allen Kombinationen, an denen er beteiligt ist, liegt der Wert deutlich unter den anderen. Fallen dagegen bei einer *Variablen* alle Werte niedrig aus, dann liegt der Fehler vermutlich nicht bei den Codierern, sondern am Kategoriensystem und seinen operationalen Definitionen. Machen nur bestimmte

Textsorten Schwierigkeiten, dann erkennt man das oft schon beim Auszählen der Übereinstimmungen. Zur Kontrolle kann man sich auch hier eine Tabelle erstellen, in der pro Text die Zahl aller Übereinstimmungen zur Zahl aller Codierungen in Beziehung gesetzt werden.

Treten bei der Detailauswertung des Reliabilitätstests derartige Mängel zutage, dann gilt es, gezielt nach ihren Ursachen zu suchen und sie durch geeignete Maßnahmen zu beheben. Etwa wäre anhand der Codierbögen des »schlechten« Codierers festzustellen, bei welchen Kategorien gegebenenfalls besonders viele Abweichungen auftreten oder welche Codieranweisungen er nicht korrekt anwendet. Sind keine systematischen Fehler ersichtlich, braucht er vielleicht insgesamt nur mehr Schulung als die anderen. Man wird dann für ihn ein zusätzliches Training ansetzen, das ihn auf denselben Stand wie die anderen Codierer bringt. Liegt der Mangel offensichtlich am Kategoriensystem und / oder den Codieranweisungen, dann sollte man gemeinsam mit den Codierern versuchen, anhand weiterer Formulierungen und Beispielen die betreffenden Definitionen präziser zu fassen. Dasselbe gilt für den Fall, dass nur bei bestimmten Textsorten keine Übereinstimmung zu erzielen ist. Auch hier ist offenbar das empirische Instrument nicht geeignet, alle Erscheinungsformen des gemeinten Sachverhalts angemessen zu erfassen und es muss entsprechend verbessert werden.

Sind die zu behebenden Mängel gering, kann nach den erwähnten Korrekturmaßnahmen die eigentliche Codierung beginnen. Waren die Mängel bei den Codierern aber größer und / oder lagen sie an »neuralgischen«, d.h. besonders wichtigen, zentralen Punkten des Kategoriensystems, dann empfiehlt sich im Anschluss an die Nachbesserungsmaßnahmen ein zweiter Reliabilitätstest.

Andere Reliabilitätsmaße: Neben dem hier vorgestellten Reliabilitätsmaß nach HOLSTI (1969), dessen Schwächen wir durch geeignete Maßnahmen beheben konnten (z.B. die Erkennung echter Übereinstimmungen; Trennung von Kategorien- und Codierereinflüssen; Berechnung des Koeffizienten für mehrere Codierer), existieren noch eine ganze Reihe weiterer Koeffizienten. Einige setzen an Holstis CR an und verbessern die genannten Schwächen durch Erweiterungen der Berechnungsformel. Ihr großer Nachteil besteht aus meiner Sicht darin, dass man auf Computerprogramme bei der Auswertung angewiesen ist und ggf. für unterschiedlich skalierte Kategorien verschiedenartig berechnete Koeffizienten erhält. Der damit verbundene Aufwand lohnt sich nur bei größeren Studien. Außerdem werden oft Stärken an einer Stelle durch Schwächen an anderer Stelle erkauft. Der von SCOTT (1955) vorgeschlagene Koeffizient Pi erweitert Holstis CR um zwei Funktionen. Erstens berücksichtigt er, dass Übereinstimmungen nicht nur durch bewusste Codiererentscheidungen sondern auch zufällig zustande kommen können. Dieses Problem wird umso prekärer, je weniger Alternativen dem Codierer zur Verfügung stehen. Bei zwei Alternativen kann z.B. durch einfaches »Raten« eine Trefferquote von 50 Prozent erzielt werden. Zweitens vertritt Scott die Auffassung, dass auch das Nichtauswählen einer Kategorie eine bewusste Codiererentscheidung darstellt (Kategorie »trifft nicht zu«), welche in den Koeffizienten einfließen soll. Dazu kann man Folgendes anmerken. Das Problem der Zufallstreffer ist nicht so gravierend und lässt sich auch mit dem Holsti-Koeffizienten in den Griff bekommen. Denn erstens ist auch ein Zufallstreffer eine richtige Codierung, zweitens werden Zufälle relativiert, wenn für den Reliabilitätstest eine hinreichend große Textmenge gewählt wird und drittens sollte man Koeffizienten, die in die Nähe von CR = .50 kommen, nicht mehr akzeptieren. Die Auffassung, eine bewusst ausgewählte Kategorie sei gleich zu behandeln wie eine bewusst nicht gewählte, ist zwar unter bestimmten Voraussetzungen vertretbar, schafft aber neue Probleme. Es gibt Kategoriensysteme mit mehreren Hundert, ja sogar einigen Tausend Kategorien, von denen im Text oft nur eine vorkommen kann. Selbst wenn diese eine Codierung falsch ist, ergibt sich bei der riesigen Zahl nicht gewählter Kategorien automatisch immer eine hohe Übereinstimmung. Der Koeffizient ist also nur bei kleinen Kategoriensystemen sinnvoll verwendbar.

Ähnliches gilt für Cohens Kappa. (COHEN 1960)

Schlechte Werte für die Intercoderreliabilität können auf unzulängliche Codierer-Leistungen (zu wenig Schulung; mangelnde Sorgfalt) oder aber auf unzulängliche Kategoriendefinitionen zurückzuführen sein. Das RSE-Maß (Random-Systematic-Error-Coefficient) nach FUNKHOUSER/PARKER (1968) differenziert den Koeffizienten nach diesen beiden Kriterien. Auch hier haben wir oben gesehen, dass dies mit wenig Aufwand auch bei Holstis Koeffizienten möglich ist, sofern das Codiererteam und die Zahl der Kategorien nicht zu groß sind.

Am umfassendsten aber auch kompliziertesten ist Krippendorffs Alpha (KRIPPENDORFF 1971). Sein Vorteil ist vor allem die integrierte Berechnung bei Variablen mit unterschiedlichen Skalenniveaus. Dies ist sicherlich ein großer Vorteil, der sich jedoch durch die Tatsache relativiert, dass der weitaus größte Teil aller inhaltsanalytischen Codierungen auf Nominalskalenniveau erfolgt, und selbst bei ordinal oder metrisch skalierten Kategorien kann man entweder Übereinstimmung der Ausprägungen fordern oder ein Toleranzintervall definieren (z.B. Abweichungen von +/- 1 Skalenpunkt sollen noch als Übereinstimmung gelten). Vor allem wenn man bei kleineren Studien die (echten) Übereinstimmungen per Hand auszählt – was noch immer die präziseste Vorgehensweise ist - wird der Vorteil von Krippendorffs Alpha nur selten wirksam. Dagegen steht eine außerordentlich komplexe Formel, die nicht nur viel Programmierungs-Know-how, sondern auch eine sorgfältige Ermittlung und Eingabe der für die Berechnung erforderlichen Daten verlangt.

Fazit: Für kleinere bis mittelgroße Inhaltsanalysen mit bis zu ca. 6 Codierern und maximal 20-30 Kategorien bewerten wir das Verhältnis von Aufwand zu Leistung bei Holstis CR noch immer am besten, wenn man seine Nachteile durch die beschriebenen Maßnahmen beseitigt.

1.3.4 Validitätsprüfung

Validität ist ein inhaltsanalytischer Qualitätsstandard, der angibt, ob die Codierungen (also die produzierten Daten) den in der Forschungsfrage anvisierten Bedeutungsgehalt (das zu messende theoretische Konstrukt) auch tatsächlich treffen: Misst mein Instrument auch wirklich das, was es messen soll? Das ist die Frage die man sich am Ende der Entwicklungsphase noch einmal stellen und die Antwort darauf empirisch überprüfen sollte. Man muss dabei zwei Perspektiven grundsätzlich unterscheiden. Erstens die Maßnahmen, mit Hilfe derer Validität erreicht und verbessert werden soll und zweitens die abschließende Überprüfung, ob diese Maßnahmen erfolgreich waren.

Durch unsere gesamten bisherigen Ausführungen hat sich das Thema »Validität« wie ein roter Faden hindurch gezogen. Dies ist auch kaum verwunderlich, denn während der Entwicklung und Erprobung des Instruments verbesserte der Forscher laufend den Qualitätsstandard »Gültigkeit«, indem er Codieranweisungen und Kategorien so definierte und sie anhand konkreter Codiererfahrung am Probematerial in enger Zusammenarbeit mit den Codierern so korrigierte und präzisierte, dass sie schließlich genau und vollständig das jeweilige theoretische Konstrukt und nur dieses bezeichneten; man muss ergänzen: *Das von ihm gemeinte theoretische Konstrukt bzw. dessen Bedeutungsgehalt, so wie ihn der Forscher selbst aufgrund seiner Kenntnisse und Sprachkompetenz auffasste.* Diesen Zusammenhang, bei dem der Forscher eine ihm plausible Beziehung zwischen den codierten Daten und der Forschungsfrage herstellt, nennt man *»face-validity«*. Valide ist die Inhaltsanalyse dann, wenn sie das erfasst, was der Forscher messen wollte, weil es begründbar bzw. plausiblerweise den zu erfassenden Sachverhalt umfasst.

Ungeklärt bleibt allerdings erstens, ob seine Vorstellungen vom Gegenstand zutreffend waren und zweitens, wenn sie zutreffend waren, ob er sie auch tatsächlich methodisch umsetzen konnte. Der erste Aspekt ist betroffen, wenn man abschließend noch einmal prüft, ob im Kategoriensytem tatsächlich alle Aspekte berücksichtigt wurden, die in der Forschungsfrage enthalten sind (*Inhaltsvalidität*).

Die sogenannte *Kriteriumsvalidität* verlangt eine Bewährung der inhaltsanalytisch erstellten Befunde in konkreten Verwendungszusammenhängen und steht deshalb ernsthaft erst zur Debatte, wenn im jeweiligen Projekt die Analyse beendet ist.

Vor dem Hintergrund unserer Auffassung, dass Inferenzen zwar der Zweck, aber nicht mehr Bestandteil der Inhaltsanalyse sind, ist Kriteriumsvalidität nur auf eine ganz spezifische Art und Weise relevant. Wenn inhaltsanalytisch bestimmte Inferenzabsichten als integraler Bestandteil der Methode verfolgt werden (wenn man also z.B. inhaltsanalytisch ermitteln will, welche Absichten der Autor hatte oder wie das Publikum die Texte verstehen wird), dann kann die Validität selbstverständlich nur anhand externer Daten (Autorenbefragung; Wirkungsstudien) festgestellt werden. Man kann also inhaltsanalytische Daten nur dann gültig inferenziell interpretieren, wenn man aufgrund dieser Evaluationsstudien zusätzliche Produktions- und Rezeptionstheorien besitzt. Inferenz-Validität ist deshalb in erster Linie die Validität dieser Produktions- bzw. Rezeptionstheorien und erst in zweiter Linie auch die Validität der Inhaltsanalyse. Die Inhaltsanalyse ist nach unserer Auffassung valide, wenn sie die in Evaluationsstudien ermittelten inferenzrelevanten Merkmale misst. Diesen Validitätstyp nennt man Kriteriumsvalidität mit den beiden Varianten Vorhersagevalidität (predictive validity) und Konkurrenzvalidität (concurrent validity). In unserem Beispiel war die Vorhersagevalidität betroffen. Konkurrenzvalidität überprüft man durch Vergleich der inhaltsanalytischen Ergebnisse mit den Ergebnissen einer anderen Studie zum selben Gegenstand. Die in der Experimental- und Umfrageforschung besonders wichtige *Konstruktvalidität* spielt bei der Inhaltsanalyse keine so große Rolle. Gemeint ist der Zusammenhang des gemessenen Konstrukts mit anderen, bekannten Konstrukten.

Die meisten der gerade genannten Validitätstypen lassen sich erst anwenden, wenn Ergebnisse vorliegen. Uns interessieren aber zunächst einmal Möglichkeiten und Maßnahmen, die bereits bei der Entwicklung des Messinstruments als Optimierungsstrategien einsetzbar sind. Und da ist nach Abschluss der Entwicklungsarbeiten zum Kategoriensystem noch eine Lücke offen. Die vom Forscher letztlich als valide erachteten Operationalisierungen eines als valide begründeten Konstrukts müssen von den Codierern auch adäquat umgesetzt werden. Gelang es ihm, seine Definitionen so zu formulieren, dass die Codierer tatsächlich dieselben Bedeutungen mit den Kategorien verbinden? Nur wenn er seine (i.d.R. nach vielen Recherchen und Literaturstudien) *als valide gesetzte Interpretationsweise* angemessen den Codierern vermitteln kann, sind auch die produzierten Daten in diesem Sinne valide (vorausgesetzt natürlich, er selbst hat sich nicht geirrt. Aber das lässt sich, wie gesagt, meist erst nachträglich anhand der zuvor genannten Validitätskriterien prüfen). Wenn wir also oben beim Verfahren der Forscher-Codierer-Validität zunächst einmal unterstellen, die vom Forscher entwickelte Methode sei valide, dann lässt sich die Frage, ob dieses Qualitätskriterium auch noch für die codierten Daten zutrifft, ganz leicht dadurch prüfen, dass sich der Forscher am Reliabilitätstest beteiligt. Die Forscher-Codierer-Reliabilität belegt also die *Forscher-Codierer-Validität* und qualifiziert dadurch unter den genannten Bedingungen die zu erwartende Validität der Daten. Es handelt sich hier also um einen zwar begrenzten, aber dennoch sehr wichtigen Teilaspekt der Validität.

1.4 Anwendungsphase (Codierung)

Zur Codierung selbst sind zunächst einige organisatorische Dinge zu bemerken. Wenn das zu codierende Material strukturiert ist, wie dies z.B. bei einer geschichteten Stichprobe immer zutrifft, dann sollen die Codierer abwechselnd im Rotationsverfahren Teile eines jeden Typus (hier: Textsorte) bearbeiten. Es darf in unserem Beispiel etwa nie vorkommen, dass einer der Codierer nur überregionale Abonnementzeitungen, ein anderer nur Kaufzeitungen und ein dritter nur den »Spiegel« codiert. Die Begründung ist folgende: Jeder Codierer hat trotz intensiven Trainings immer noch tendenziell einen bestimmten»Codierstil«, so dass subjektive Idiosynkrasien sich in seinen Codierresultaten unkontrolliert niederschlagen. Verschlüsselt er nur eine Textsorte, so geht dieser Codierer-bias voll in die Messergebnisse für diese Textsorte ein. Vergleicht man sie nun mit anderen Textsorten, so können Unterschiede vielleicht weniger auf tatsächliche Differenzen zwischen den Textsorten als vielmehr auf Unterschiede zwischen den Codierern zurückzuführen sein.

Die Gefahr, einen solchen Fehler zu begehen, vermeidet man, wenn man die Textsorten im Rotationsverfahren gleichmäßig auf alle Codierer verteilt. Dann sind diese unkontrollierten Codierereinflüsse überall gleich und neutralisieren sich so bei einem Vergleich zwischen den Textsorten.

Was hier an einer besonders offensichtlichen Fehlerquelle aufgezeigt wurde, gilt generell für jede Codierung. Prinzipiell ist es Aufgabe des Forschers, das Untersuchungsmaterial systematisch oder gegebenenfalls nach Zufallskriterien auf die Codierer zu verteilen, und er sollte es nicht ihnen überlassen, selbst auszuwählen, was sie gerne codieren möchten. Insbesondere solche Teilmengen des Untersuchungsmaterials, die später getrennt ausgewertet und miteinander verglichen werden, dürfen niemals von jeweils einem Codierer allein bearbeitet werden.

Ein zweiter organisatorischer Hinweis: In der Regel sollten nach der Trainingsphase und dem Reliabilitätstest alle Probleme gelöst sein und dadurch keine Zweifelsfälle mehr auftauchen. Die Erfahrung zeigt aber, dass eine solche Annahme zumindest bei komplexeren Inhaltsanalysen unrealistisch ist. Um nun im Codiererteam nicht »unter der Hand« unterschiedliche Informationsniveaus und Codierungsstrategien entstehen zu lassen, sollten anfangs immer alle Codierer zur selben Zeit anwesend sein. Sie sind angehalten, alle Zweifelsfälle sofort zu diskutieren. Zusätzliche Regelungen und auch alle mündlichen Absprachen sind vom Forscher sofort schriftlich festzuhalten und für alle Codierer zu vervielfältigen.

Ist das Kategoriensystem sehr komplex und erstreckt sich die Codierung über eine längere Zeit, dann sind Lernvorgänge bei den Codierern nicht auszuschließen. Deshalb sollte man in solchen Fällen noch einmal zur Kontrolle einen Reliabilitätstest während der Codierung vorsehen. Am besten verteilt man ihn auf die erste und zweite Hälfte der Codierzeit.

Treten bei einem solchen Reliabilitätstest oder auch während der ganzen regulären Codierung noch Probleme auf, die nur durch Änderung des Kategoriensystems oder Nachschulung von Codierern lösbar sind, ist folgendes zu prüfen: Taucht das Problem garantiert erstmals auf, dann kann man ohne weiteres evtl. noch eine weitere Kategorie einführen oder eine neue Codierregel formulieren. Handelt es sich jedoch um einen Sachverhalt, der schon häufiger vorgekommen ist und dabei anders behandelt wurde als es die neue Regelung vorsieht, dann ist alles bisherige Material nach zu codieren (was in der Praxis die Regel ist). Selbstverständlich gilt dies nur für den betroffenen Teil des bisher codierten Materials. Betrifft die Änderung also die Codierweise eines bestimmten Codierers, so ist nur das von ihm verschlüsselte Material nach zu codieren; ist eine bestimmte Kategorie betroffen, so sind die Codierbögen nach diesem speziellen Code zu überprüfen und nur die fraglichen Textstellen nach zu codieren. Der Aufwand ist ohne Zweifel groß, lässt sich aber doch noch in Grenzen halten. Dennoch ist wohl klar, dass solche Fälle als »Pannen« bezeichnet werden müssen, die bei sorgfältiger Vorarbeit eigentlich nicht vorkommen sollten. Wir wollten hier nur zeigen, dass auch solche »Pannen« noch ohne Qualitätseinbußen für die Inhaltsanalyse zu beheben sind. Auf keinen Fall darf man sie einfach übergehen, sondern muss gegebenenfalls lieber einen immensen Aufwand in Kauf nehmen. Wenn sich nämlich das Messinstrument während der Codierung ändert, sind die produzierten Daten praktisch wertlos; sie lassen sich nicht mehr interpretieren.

Noch eine Bemerkung zur Sorgfalt bei der Codierung: Sie lässt sich kaum übertreiben. Die Fehler, die durch Nachlässigkeit und Flüchtigkeit in die Daten projiziert werden können, stehen oft in keinem Verhältnis zum Umfang der Fehler, die man mit viel Mühe durch Schulung und Kontrollen minimiert hat. So sollte es den Codierern z.B. prinzipiell verboten sein, fehlerhafte Eintragungen auf dem

Codierbogen einfach mit dem richtigen Code zu überschreiben. Falls die Person, die später die Dateneingabe vornimmt, überhaupt noch etwas erkennen kann, weiß sie in der Regel nicht mehr, welche Zahl zuletzt geschrieben wurde und damit die richtige ist. Falsche Codierungen sind deshalb sauber zu überkleben oder aber mit einer anderen Korrekturfarbe zu verbessern.

Es empfiehlt sich auch, einen Bearbeitungsplan schriftlich zu erstellen, in dem festgelegt ist, welcher Codierer welches Material zu bearbeiten hat. Fertig codiertes Untersuchungsmaterial ist jeweils aus der Liste zu streichen. So kann man einerseits eine korrekte Rotation (s.o.) sicherstellen und andererseits kontrollieren, dass keine Analyseeinheiten vergessen oder doppelt bearbeitet wurden.

Ein weiterer Tipp: Lassen Sie die Codierbögen vor der Datenerfassung noch einmal Korrektur lesen. Diese Prüfung muss sich natürlich auf einige Konsistenzkontrollen beschränken, erspart aber oft viel Arbeit bei der Datenbereinigung. So weisen z.B. manche Identifikationsvariablen eine fortlaufende Nummerierung auf, die sich auf ihre Lückenlosigkeit überprüfen lässt. Weiter gibt es Variablen, die immer codiert sein müssen; dort kann man also nach Lücken auf den Codierbögen suchen. Es gibt oft noch eine ganze Reihe weiterer Kontrollmöglichkeiten, die je nach der Art der Untersuchung und der Anlage des Codierbogens verschieden sind und im konkreten Fall überlegt werden müssen.

1.5 Auswertungsphase

Aufbereitung der Daten

Die Inhaltsanalyse will Aussagen über bestimmte Merkmale von Textmengen machen. In der Regel interessiert nicht, was in Artikel X der Zeitung Y über das Thema »Kernkraft« stand, sondern wie das Thema etwa in allen Ausgaben dieser Zeitung vor und nach der Ölkrise oder auch über den ganzen Untersuchungszeitraum hinweg behandelt wurde. Diese Erkenntnisse lassen sich nicht unmittelbar aus den Codierungen ableiten, so wie sie jetzt auf den Codierbögen für jeden einzelnen Artikel vorliegen. Vielmehr muss man sie hinsichtlich der größeren Einheiten, über die man eine Aussage machen will, kumulieren, um sie mit statistischen Rechenverfahren weiterverarbeiten zu können. Man geht also zwar von Individual- bzw. Einzeldaten aus, kommt dann aber zu Kollektiv- bzw. Aggregatdaten, mit denen man letztlich arbeitet. Jede neue Errechnung von Aggregatdaten greift wieder auf die Einzeldaten zurück. Da die Inhaltsanalyse eine Methode ist, die in der Regel mit großen Datenmengen operiert, ist die Bearbeitung der vielen

Einzeldaten »per Hand« praktisch unmöglich. Um den Informationsgehalt der erhobenen Datenmengen optimal ausschöpfen zu können, ist eine Verarbeitung per Computer erforderlich. Zu diesem Zweck müssen die Daten in einem bestimmten Format dem Rechner eingegeben werden.

Nach der Codierung überträgt man zunächst die Codes von den Codierbögen auf maschinenlesbare Datenträger, und zwar in der Regel durch manuelle Eingabe auf ein Speichermedium. In einzelnen Fällen gibt es aber auch die Möglichkeit, die Daten direkt über ein Beleglesegerät (Scanner) zu erfassen. Wir wollen uns hier mit der ersten, technisch weniger aufwändigen Möglichkeit befassen: Die Daten werden also vom Codierbogen entsprechend den dort vermerkten Positionsangaben (»Spalten«) in den Computer eingegeben. Der Eingabevorgang hat zwei Durchgänge: Nach dem ersten »Eintippen« werden die Daten noch einmal »prüferfasst«. Dabei gibt man alle Daten noch einmal ein, und ein Prüfprogramm vergleicht sie sofort mit dem bereits erstellten Datensatz. Treten Abweichungen gegenüber der ersten Eingabe auf, muss die Datenzeile korrigiert werden. Da es sehr selten vorkommt, dass bei zweimaliger Dateneingabe an exakt derselben Stelle genau derselbe Fehler noch einmal gemacht wird, kann man ziemlich sicher sein, dass die Daten danach keine Erfassungsfehler mehr aufweisen. Das Resultat der Dateneingabe bezeichnet man als so genannten »**Rohdatensatz**«, bei dem die Daten im Wesentlichen noch in derselben Struktur vorliegen, wie sie auf den Codierbögen codiert wurden.

Die weiteren Arbeitsschritte sind im Detail verschieden, je nach Art der verwendeten Programmiersprache. An Universitäten wird häufig das Programmpaket »SPSS« verwendet. Wir wollen die weiteren Arbeitsschritte nur aufzählen, Näheres findet sich in den jeweils aktuellen SPSS-Handbüchern.

Der Rohdatensatz ist noch im »Codierformat« gespeichert. Aus ihm muss nunmehr eine »**Systemdatei**« erstellt werden. In ihr werden Variablen und »Fälle« definiert sowie die Variablen mit Namen versehen. Da die Variablen in ihrer ursprünglichen Form durch unsere Kategorien bereits vorgegeben sind, müssen wir uns zunächst nur überlegen, was wir als »**Fälle**«, d.h. als Einheiten unserer späteren Analyse benutzen wollen. Für das Demonstrationsbeispiel »Kernkraft« liegt es nahe, »Artikel« als »Fälle« zu definieren. Wir können dann später aussagen, wie oft jede Kategorie (oder Gruppen von Kategorien) *pro Artikel* vorkam bzw. in wie vielen Artikeln sie überhaupt genannt wurde. Alle allgemeineren Analyseeinheiten, die bei der Codierung mit einer Kennziffer versehen wurden (Medium, Zeitabschnitte), können dann durch Aggregation der artikelbezogenen Werte errechnet werden. Den Artikel als »Fall« zu definieren ist in unserem Beispiel auch deshalb sinnvoll, weil wir sonst unsere Angaben für Aufmachung, Platzierung und Umfang keiner Bezugsgröße zuordnen könnten. Insofern hatten wir diese Entscheidung bereits bei der Konzeption des Kategoriensystems getroffen.

Jeder Fall muss durch eine eindeutige **Identifikationsnummer** gekennzeichnet sein. Der Datensatz wird jetzt mit einem Sortierprogramm geordnet, und die Fälle (formal: die Zahl der Zeilen, die hier der Zahl der Artikel entsprechen müssen) werden auf ihre Vollständigkeit überprüft. Zum Beispiel dürfen keine doppelten Fälle vorkommen. Alle auf diesem Wege erkannten Fehler sind anhand der Codierbögen und des Originalmaterials (Texte) zu korrigieren. Das Ergebnis ist ein **bereinigter Systemdatensatz**, der jetzt aus 1-n Fällen und 1-n Variablen besteht, die alle benannt (»gelabelt«) sind und ein- oder mehrstellig sein können. Für die weitere Auswertung muss man dann die komplexe und relativ unübersichtliche Struktur der Rohdaten nicht mehr beachten, sondern kann durch die Angabe der Variablen- bzw. Fall-Kennziffern auf die strukturierten und gelabelten Daten zugreifen.

Zum Schluss dieser Arbeitsphase erstellt man eine sog. »**Grundauszählung**«. Dabei werden einfach nur die absoluten und relativen Häufigkeiten aller Variablen ausgegeben. Jetzt kann man nach Plausibilitätsgesichtspunkten prüfen, ob bei der Codierung oder Dateierstellung Fehler unterlaufen sind. Bei manchen Variablen ist die Zahl der möglichen Ausprägungen bekannt (z.B. Artikelumfang und Platzierung jeweils 0 - 2), bei anderen Variablen, wie etwa unseren Themenkategorien, fallen unplausible Häufigkeiten auf (z.B. wenn Kat. 12 »Ölpreise« nur 32-mal, Kat. 51 »Forschungsförderung« aber 2480-mal vorgekommen wäre). Sicherlich kann man auf diesem Wege nur evidente Fehler erkennen, aber wenn alle Arbeitsschritte zuvor mit der beschriebenen Sorgfalt durchgeführt wurden, dürfte der Datensatz bereits weitgehend »sauber« sein.

Auswertung

Die erhobenen Daten sollen mit Hilfe statistischer Auswertungsmethoden nun derart weiterverarbeitet werden, dass Schlussfolgerungen im Sinne der Hypothesen möglich sind. Der Auswertungsplan hat sich deshalb sehr eng an den Hypothesen und dem Erkenntnisinteresse der Forschungsfrage zu orientieren. Unabdingbar ist die systematische Prüfung der aufgestellten Hypothesen, auch wenn die Grundauszählung manchmal schon erkennen lässt, dass sich die eine oder andere Hypothese sehr wahrscheinlich nicht bestätigen wird. Unsere erste Hypothese lautete: »Immer wenn das Thema *Kernkraft* behandelt ist, wird auch einer der Nachrichtenfaktoren *Gewalt*, *Gefahr* oder *großer Schaden* angesprochen.« Um diese Hypothese zu prüfen, genügte es bereits, den Anteil an Artikeln zu errechnen, in

denen eine der Kategorien 70 - 74 (*Sicherheit*) oder 84 - 87 (*Gewalt / Schaden*) auftauchen. Mit ihrer Hilfe wurden ja die genannten Nachrichtenfaktoren gemessen.
Zusätzlich könnte man noch ermitteln, wie häufig eine der Kategorien pro Artikel
im Verhältnis zu anderen Kategorien vorkommt, um so einen Anhaltspunkt dafür
zu erhalten, ob das Thema innerhalb der einzelnen Artikel nur am Rande oder
zentral behandelt wurde.

Interessiert noch weiter die Wichtigkeit dieser Nachrichtenfaktoren im Zusammenhang mit dem Thema »Kernkraft«, so stünden für eine solche Auswertung die Variablen »Platzierung«, »Aufmachung« und »Umfang der Artikel« zur
Verfügung. Wenn Artikel, in denen diese Nachrichtenwerte dominieren (d.h.
sehr häufig vorkommen), gegenüber den anderen Artikeln öfter auf der Titelseite
erscheinen, durch größere Überschriften oder sonstige Darstellungsmittel besonders hervorgehoben und dazu noch überdurchschnittlich lang sind, dann kommt
ihnen offensichtlich eine besondere Wichtigkeit zu. Der reine Rechenvorgang
dazu könnte so aussehen, dass zunächst ein Wichtigkeits-Index für jeden Artikel
gebildet wird. Behandelt man die drei Variablen »Platzierung«, »Aufmachung« und
»Umfang« gleich, so wären nur ihre jeweiligen Ausprägungen (jeweils Gewichte 0
- 2) pro Artikel zu addieren. Ihre Summe bildete eine Kennzahl für dessen Wichtigkeit. Auf alle Artikel bezogen hat man so eine neue Variable »Wichtigkeit des
Artikels« erstellt, die sich mit der Variablen »Wichtigkeit des Themas im Artikel«
in Beziehung setzen lässt.

Um zu wissen, welches statistische Verfahren dabei anzuwenden ist, muss man
das Skalenniveau beider Variablen prüfen. Sowohl die Häufigkeiten, mit denen
die Nachrichtenwert-Kategorien in den Texten vorkommen, als auch die Indi-
zes für die Wichtigkeit der Artikel zeigen quantifizierbare Abstände zwischen den
Ausprägungen. Dennoch können diese Abstände in Bezug auf Wichtigkeit in beiden Fällen nur als numerische Quasi-Differenzen gelten. Nirgendwo haben wir
bisher begründet (und es würde sicherlich auch schwer fallen), dass die Häufigkeit
der Argumente allein die Wichtigkeit der Nachrichtenwert-Kategorien im Text
anzeigt. Hier spielen sicherlich auch Intensitäten und sonstige semantische Beziehungen zwischen den Themen eine Rolle. Ebenso ist ungeklärt, ob etwa Platzierung, Aufmachung und Umfang zu gleichen Teilen die Wichtigkeit eines Artikels
bestimmen, was eine Voraussetzung unserer Indexbildung war. Zutreffender als
die Annahme zweier Intervallskalen ist es deshalb, bei beiden Variablen lediglich von rangskalierten Daten auszugehen. Entsprechend ist für die Analyse von
Zusammenhängen beider Variablen der Rangkorrelationskoeffizient die angemessene Kennzahl. Mit ihm können wir errechnen, ob ein zunehmend höherer Rang-
platz der Gewalt, Gefahr und großen Schaden messenden Kategorien innerhalb

der Artikel mit einer zunehmenden Wichtigkeit der Artikel einhergeht, und zwar gemessen an Aufmachung, Platzierung und Umfang. Man könnte dann daraus die Schlussfolgerung ziehen: Je stärker diese Nachrichtenwerte »Gewalt«, »Gefahr« und »großer Schaden« in einem Artikel vertreten sind, desto wichtiger ist er offensichtlich den Journalisten, d.h. einen um so größeren Aufmerksamkeitswert verleihen sie ihm in der Berichterstattung.

Auf diese Weise wollen wir auch noch den Auswertungsvorgang für Hypothese 2a beschreiben. Sie lautete: »Vor November 1973 war die Presseberichterstattung zu einem weiteren Ausbau der Kernenergie negativer als nachher.« Unser Analysezeitraum beginnt am 11.9.1973, also zwei Monate vor dem Beginn der ersten Ölkrise, den wir mit dem Öllieferstopp der erdölexportierenden Länder auf November 1973 datiert haben. Kontrastieren wir nun die Berichterstattung in diesem Zeitraum mit derjenigen in den zwei Monaten nach dem Ereignis, also November und Dezember 1973. Als Kriterien bieten sich in erster Linie die Kategorien 18: »Ausbau der Kernkraft-Forderung« und 19: »Baustopp für Kernkraftwerke-Forderung« an. Ergänzend dazu können auch noch die beiden Kategorien 81: »Ängste/Aversionen der Bevölkerung gegenüber Kernenergie« und 82: »Neutrale Haltung/Befürwortung der Kernenergie durch Bevölkerung« herangezogen werden. Da zu erwarten ist, dass das Thema »Kernkraft« in den beiden kontrastierten Zeiträumen in unterschiedlichem Umfang behandelt wurde, darf man hier natürlich keine absoluten Zahlen miteinander vergleichen. Als Standard kann die durchschnittliche Häufigkeit dienen, mit der die vier Kategorien pro Artikel auftauchen. Da es sich bei den vier Kategorien um zwei pro/contra-Paare handelt, lassen sich auch Quotienten oder Differenzen errechnen, so dass sofort am Vorzeichen der Kennzahl die Pro- bzw. Contra-Richtung abzulesen ist.

Allerdings gehen wir hier ungeprüft von der Gleichgewichtigkeit aller Argumente aus. Außerdem nehmen wir an, dass die Artikel in beiden Zeiträumen gleich lang waren, so dass die Argumente auch mit gleich großer Wahrscheinlichkeit darin vorkommen konnten. Der letzte Punkt lässt sich auch nachträglich noch prüfen und evtl. durch einen Gewichtungsparameter korrigieren. Die erste Annahme von der Gleichgewichtigkeit der Argumente bleibt jedoch bestehen, da wir weder Intensitäten, Extremitäten noch semantische Zusammenhänge mehrerer Argumente gemessen haben. Dies wäre mit entsprechenden Vorkehrungen (s.o.) möglich gewesen. Soll gerade dieses Ergebnis im Mittelpunkt der ganzen Untersuchung stehen, so hätte man diesen Sachverhalt sicherlich auch mit mehr Aufwand präziser erfassen müssen. Bei unserem Erkenntnisinteresse soll jedoch der erzielte Genauigkeitsgrad genügen. Immerhin ist bei der großen Zahl untersuchter Artikel anzunehmen, dass statistisch letztlich doch das Prinzip dominiert, wonach sich die Tendenz der Berichterstattung in der Häufigkeit bzw. dem numerischen Verhältnis von Pro- und Contra-Argumenten niederschlägt. Allerdings: Bewiesen ist diese Annahme nicht!

Da man bei der Konzeption des Kategoriensystems gelegentlich noch nicht die Schwerpunkte und Details der späteren Interpretation voll überblicken kann, entsteht oft ein solches Problem: die erhobenen Daten sind zu unpräzise, um die gewünschten Schlussfolgerungen mit der nötigen Sicherheit ziehen zu können. Dies ist zwar sehr ärgerlich, aber nicht unbedingt ein entscheidender Mangel. In unserem Beispiel lassen sich die Daten zwar nachträglich nicht vermehren oder präzisieren, aber daraufhin überprüfen, ob die unbewiesene Annahme zutrifft. Man zieht dazu eine repräsentative Stichprobe aus dem Untersuchungsmaterial und analysiert sie erneut, aber nunmehr detailliert nach ihrer Tendenz hinsichtlich des Themas »Kernkraft« (kritischen Variable). Zeigt sich nun, dass diese Vorgehensweise zu denselben Ergebnissen führt wie die ursprünglich benutzte Auszählung der Argumenthäufigkeiten bei denselben Artikeln, dann ist die Korrektheit der Annahme bewiesen. Nach diesem Evaluationsverfahren können dann die zunächst unsicheren Befunde der Inhaltsanalyse nunmehr stringent und sicher im Sinne der Hypothese interpretiert werden.

Noch ein drittes und letztes Auswertungsbeispiel, das etwas komplexere statistische Verfahren erfordert: Hypothese 5 heißt: »Kaufzeitungen behandeln das Thema ›Kernkraft‹ häufiger unter einem Sensationsaspekt (Gewalt, Gefahr, großer Schaden), während überregionale Abonnementzeitungen größeres Gewicht auf strukturelle Zusammenhänge des Gesellschafts- und Wirtschaftssystems sowie auf technologische Alternativen legen.« Zur Prüfung dieser, aus zwei Teilaspekten bestehenden Hypothese, muss der größte Teil aller Kategorien herangezogen werden. Während man die Kategorien 19, 41, 72, 73 und 81 bis 88 eher als »Sensationskategorien« bezeichnen kann, sind die restlichen Kategorien eher »Strukturkategorien« (obwohl man natürlich fast jeden Inhaltsaspekt unter Sensationsgesichtspunkten aufmachen kann; ein solches spezifisches Darstellungsmerkmal wurde in unserem Kategoriensystem des Typs Themen-Frequenzanalyse aber nicht erfasst, so dass wir die Zuordnung nur auf Themenebene vornehmen können). Da es viel zu umständlich und unübersichtlich wäre, wollte man die in der Hypothese genannten Unterschiede Variable für Variable einzeln testen, benutzt man informationsreduzierende Auswertungsmethoden. Genauer sollte man sagen: informationskomprimierende Verfahren, denn es wird letztlich nichts verschenkt, sondern es werden nur eine Vielzahl von Einzelinformationen auf gemeinsame, strukturelle Zusammenhänge hin untersucht. Diese wenigen, übergeordneten Strukturen repräsentieren dann jeweils mehrere Detailvariablen unter einem gemeinsamen

Aspekt. Im Hinblick auf Hypothese 5 bildet man zunächst mit einer Filteranweisung je eine Gruppe mit allen relevanten Codierungen von Kaufzeitungen und eine Gruppe mit den Codierungen der Abonnementzeitungen. Dann gruppiert man die Variablen nach den Kriterien »Sensationsaspekte« und »strukturelle Zusammenhänge des Gesellschafts- und Wirtschaftssystems bzw. technologische Alternativen (kurz: Strukturvariablen)«. Nunmehr kann man als erstes prüfen, ob in Kaufzeitungen Sensationsaspekte häufiger genannt werden und ob sich beide Zeitungstypen hinsichtlich des betreffenden Variablenbündels signifikant unterscheiden. Dies geschieht mit Hilfe einer multiplen Varianzanalyse. Dieselbe Berechnungsmethode wird dann im zweiten Schritt auch noch auf das Bündel der »Strukturvariablen« angewandt.

Neben der Frage, welche Methode unter den gegebenen Bedingungen überhaupt angemessen bzw. zulässig ist, muss der Forscher oft auch entscheiden, welche der zulässigen Verfahren am ökonomischsten, präzisesten und informationsreichsten ist. Mit der Auswertung und Anwendung statistischer Verfahren werden ja nicht nur Informationen transformiert und reduziert, sondern auch neue Informationen geschaffen. Sie sind zwar implizit als strukturelle Merkmale im Datenmaterial enthalten, werden aber erst als Aggregatdaten nach ihrer statistischen Verarbeitung evident. Demzufolge muss man sich als Forscher fragen, welches Verfahren das effizienteste für eine solche Informationsgewinnung ist, ohne deshalb im Sinne der ursprünglichen Forschungsfrage irrelevante und überflüssige Daten zu errechnen. In unserem Beispiel wäre es etwa durchaus möglich, anstelle der Varianzanalyse auch einen Rangvergleich aller einschlägigen Variablen des Kategoriensystems für beide Zeitungsgattungen durchzuführen. Dazu müsste man die »Sensationsvariablen« und die »Strukturvariablen« jeweils nach ihrer relativen Häufigkeit ordnen, mit der sie in Kauf- bzw. Abonnementzeitungen auftreten. Nun könnte man mit Hilfe einer Rangkorrelation feststellen, ob sich die Rangreihen weitgehend ähnlich sind, womit sich unsere Unterschiedsvermutung nicht bestätigen würde. Korrelieren beide Rangreihen nicht, ist weiter zu prüfen, ob in Kaufzeitungen »Sensationsvariablen« tatsächlich häufiger in der Spitzengruppe der Rangreihe auftauchen als bei Abonnementzeitungen. Diese Gegenüberstellung würde nicht nur anschaulich zeigen, welche Kategorien in Kaufzeitungen, welche in Abonnementzeitungen am häufigsten auftreten, sondern auch eine statistische Maßzahl, den Rangkorrelationskoeffizienten, für die Ähnlichkeit beider Rangreihen liefern. Der Wert für die Signifikanz dieses Rangkorrelationskoeffizienten ist außerdem ein Anhaltspunkt dafür, mit welcher Sicherheit man einen gegebenenfalls gefundenen Zusammenhang bzw., nach unserer Hypothese entsprechend umgekehrt keinen Unterschied annehmen und interpretieren kann. Allerdings wäre statistisch gesehen ein mit der

Rangkorrelation möglicherweise nachweislich nicht vorhandener Zusammenhang nicht so aussagekräftig wie ein varianzanalytisch nachgewiesener Unterschied, da dies das strengere Prüfkriterium für Hypothese 5 darstellt (denn dort wird ein Unterschied unterstellt).

Wir wollen hier die exemplarische Simulation der Auswertungsphase für unsere inhaltsanalytischen Daten abbrechen. Es sollten nur beispielhaft die Vorgehensweise, die nötigsten Überlegungen und wichtigsten Probleme aufgezeigt werden. Ohne eingehendere Beschäftigung sowohl mit statistischen Auswertungsverfahren als auch mit der Anwendung von Computerprogrammen wird man hier sicherlich nicht weiterkommen. Dennoch möchten wir möglichen Ängsten und Resignationen vorbeugen: Man muss sich auf beiden Gebieten zwar einarbeiten, aber deshalb weder Statistiker noch Programmierer werden. Es stehen für alle gängigen Problemstellungen längst fertige Computerprogramme (SPSS) bereit, die man nur abrufen und ggf. für das eigene Problem etwas modifizieren muss. Bezüglich der statistischen Auswertungsmethoden genügt es normalerweise, wenn man weiß, welche Verfahren für die Lösung eines bestimmten Problems überhaupt in Frage kommen und nach welcher Berechnungsweise die Kennwerte zustande kommen. Einzelheiten oder Vor- und Nachteile vergleichbarer Auswertungsmethoden kann man dann in Methodenlehrbüchern ad hoc gezielt nachlesen. Genügt auch das noch nicht, so stehen dem Forscher in den Instituten und am Rechenzentrum jeder Universität Spezialisten zur Verfügung, die man zur Beratung aufsuchen kann. Allerdings führen diese sicherlich nicht die Auswertung durch, sondern geben nur auf möglichst präzise Fragen möglichst präzise Antworten. Wie gesagt: Einarbeiten muss man sich schon.

1.6 Zusammenfassung

Um die wesentlichen Stationen und Entscheidungen der praktischen inhaltsanalytischen Arbeit noch einmal zu verdeutlichen, ohne dabei den praxisbezogenen Charakter dieses Kapitels aufzugeben, wollen wir sie hier als kritische »Checkliste« darstellen. Dabei beziehen wir uns auf das thematisch sehr ähnliche, aber übersichtlichere Beispiel, das oben in der Zusammenfassung zum theoretischen Teil dieses Buches besprochen wurde: »Hat die Bedeutung des Themas ›Umweltschutz‹ in der deutschen Presseberichterstattung zwischen 1970 und 1980 zugenommen?«.

CHECKLISTE

Frage 1:   Was soll erfasst werden?

Antwort: Die Bedeutungszunahme des Themas Umweltschutz in der Presseberichterstattung von 1970 bis 1980. (Untersuchungsziel; Forschungsfrage)

Frage 2:   Ist die verwendete Stichprobe repräsentativ für den untersuchten Zeitraum und das Untersuchungsobjekt »Presseberichterstattung«? (Validität)

Antwort: Ja, Repräsentationsschluss mit hinreichender Sicherheit möglich.

Frage 3:   Welche Konstrukte müssen zur schlüssigen Beweisführung erfasst werden? (Dimensionale Analyse; Logik der Beweisführung)

Antwort: a) Bedeutungszunahme;
b) Thema Umweltschutz;
c) deutsche Presseberichterstattung.

Frage 4:   Sind die zentralen Konstrukte theoretisch zutreffend und eindeutig definiert? (Validität und Reliabilität)

Antwort: Ja, sie sind schlüssig und explizit aus der Forschungsfrage abgeleitet und umfassend definiert. Die Reliabilität ist zufriedenstellend.

Frage 5:   Welche Indikatoren werden verwendet, um die zentrale Hypothese zur Bedeutungszunahme zu prüfen? (Logik der Beweisführung)

Antwort: Häufigkeit des Wortes »Umweltschutz« im Nachrichtenteil der Printmedien in diesem Zeitraum.

Frage 6:   Ist dieser Indikator »Worthäufigkeit« valide?

Antwort: Falls stichhaltige bzw. belegbare Validitätskriterien genannt werden können: Akzeptiert!
Falls keine Validitätskriterien angeführt werden, dann nach subjektiver Einschätzung: Ja, Wortfrequenz kann als gültiger Indikator für Bedeutungszunahme des Themas akzeptiert werden! (Oder ggf. auch nein! Eigene Argumente diskutieren)

Frage 7:   Wie gut sind die zentralen Konstrukte der Untersuchung dokumentiert? (Validität; Reliablität; »Objektivität«)
- Gibt es ungeklärte Überschneidungen im Bedeutungsgehalt der Kategorien? (Trennschärfe)
- Sind die Kategorien, die miteinander verglichen werden sollen, alle auf derselben Abstraktionsebene angesiedelt?
- Folgen alle Unterkategorien einer Hauptkategorie demselben Klassifikationskriterium?

– Bildet die Summe der Unterkategorien den Bedeutungsgehalt der Hauptkategorie vollständig ab?

– Sind die Codiereinheiten eindeutig festgelegt?

Antwort: Diese, das Kategoriensystem betreffenden Fragen prüft man am besten dadurch, dass man versucht, anhand der vorgelegten Dokumentation einige selbst ausgesuchte Textstellen zu codieren!

Frage 8: Welche Ergebnisse liefert die Inhaltsanalyse?

Antwort: Jährlich zunehmende Vorkommenshäufigkeit des Wortes »Umweltschutz« in der Presseberichterstattung.

Frage 9: Wie groß ist die Aussagekraft der Ergebnisse? Sind die jährlichen Häufigkeitsdifferenzen statistisch signifikant, oder sind sie so minimal, dass es sich noch um zufällige Streuungen handeln könnte? Durch welche statistischen Rechenoperationen bzw. Signifikanztests sind sie nachweisbar?

Antwort: Skalenniveau: Intervall; Korrelationen bzw. regressionsanalytische Verfahren möglich. Wenn z.B. der Zusammenhang der Zeitachse mit der Entwicklung der Themenhäufigkeit signifikant positiv ist, dann ist das Ergebnis im Sinne der Hypothese interpretierbar! (D.h. interpretierbar unter den im Theorieteil genannten Validitätsbedingungen: Aussagekraft von reinen Themennennungen; ggf. Unterscheidung zwischen positiven und negativen Nennungen etc.; siehe oben)

ENDE DER INHALTSANALYSE

Frage 10: Was wird aus den inhaltsanalytischen Ergebnissen (zunehmende Wortfrequenz) interpretiert? (Inferenz)

Antwort: Bedeutungszunahme des Themas »Umweltschutz« in der Presseberichterstattung.

Frage 11: Inferenz akzeptierbar?

Antwort: Unter der Voraussetzung, dass Frage 6 positiv beantwortet wurde: Ja, akzeptierbar.

Frage 12: Welche weiteren Inferenzen werden vollzogen?

Antwort: Wertewandel in der Gesellschaft (siehe oben)!

Frage 13: Zeigt ein häufigeres Vorkommen des Wortes »Umweltschutz« eine Veränderung von Werten und Normen in der Gesellschaft an?

Antwort: Nein! Logik nicht schlüssig und Indikatoren zu schwach.

– Untersucht wurde die Presseberichterstattung, nicht die Einstellungen der Bevölkerung.

– Alternativerklärungen für häufigere Thematisierung sind denkbar:

209

a) »Umweltschutz« vielleicht nur als »Modethema in der Presse hochgespielt, infolge publizitätsträchtiger Attribute (Gefahr; Schaden; Skandale und Verfehlungen etc.)

b) Werte und Normen haben sich nicht geändert, sondern nur die Kenntnis über Fakten und Sachverhalte, die diese Werte und Normen betreffen bzw. bedrohen.

c) Ggf. weitere Alternativerklärungen.

Übungsfragen

1. Welche der drei Fragestellungen lässt / lassen sich in dieser Form inhaltsanalytisch bearbeiten?
   a) Wie berichtet die Presse über die Bundestagswahl xy?
   b) Die Mehrheit der Deutschen steht Kriegseinsätzen der Bundeswehr kritisch gegenüber.
   c) In der öffentlichen Diskussion spielen ethische Fragen nur eine untergeordnete Rolle.
2. Was sind Formal-, was sind Inhaltskategorien?
3. Auf welche Einheiten bezieht sich der Reliabilitätstest (für welche Einheiten wird ein Koeffizient berechnet)?
4. Was ist ein guter, was ein schlechter Reliabilitätswert? Kommentieren Sie Ihre Aussage.
5. Wieso sagt die Forscher-Codierer-Reliabilität auch etwas über die Validität der Codierungen aus?
6. Was ist Reliabilität und welche Funktion hat der Reliabilitätstest im Forschungsprozess?
7. Nennen Sie mindestens vier Möglichkeiten der empirischen Validitätsprüfung (außer der Forscher-Codierer-Reliabilität) und erläutern Sie zwei davon.
8. Worin bestehen *forschungslogisch* (Funktion im Forschungsprozess) die Unterschiede zwischen
   a) empiriegeleiteter Kategorienbildung,
   b) Probecodierung und
   c) Reliabilitätstest?
9. Warum reicht es nicht, die Kategorien empirisch (mit einer Teilstichprobe) zu bilden?
10. Wie bearbeitet man eine offene Fragestellung, für die man wegen zu geringer Kenntnisse über den Gegenstand noch keine Hypothesen formulieren kann (z.B. »Worin unterscheiden sich Zeitung A und Zeitung B?«)
11. Worin bestehen *hinsichtlich der praktischen Vorgehensweise* die Unterschiede zwischen
    a) empiriegeleiteter Kategorienbildung,
    b) Probecodierung und
    c) Reliabilitätstest?
12. Beschreiben Sie die einzelnen Schritte einer empiriegeleiteten Kategorienbildung.
13. Weshalb handelt es sich bei der empiriegeleiteten Kategorienbildung um einen »qualitativen« Analyseschritt?
14. Warum kann eine Person allein keine Inhaltsanalyse durchführen?
15. Sie wollen das Amerikabild in der deutschen Presse erforschen und wählen dazu die 10 renommiertesten deutschen Tageszeitungen, Wochenzeitungen und politischen Magazine aus. Kommentieren Sie ihre Vorgehensweise.

16. Sie wollen erforschen, wie die deutsche Tagespresse über die deutsche Wirtschaft berichtet. Dazu analysieren Sie die Berichterstattung über die 50 umsatzstärksten deutschen Unternehmen. Kommentieren Sie diese Vorgehensweise.

17. Zu welchem Zweck werden jeweils Intercoder- und Intracoder-Reliabilität ermittelt?

18. Wie berechne ich den Reliabilitätskoeffizienten nach Holsti?

19. Diskutieren Sie die Vor- und Nachteile des Reliabilitätskoeffizienten nach Holsti und beschreiben Sie, mit welchen Vorkehrungen man dabei den auftretenden Schwierigkeiten begegnen kann.

20. Lassen sich Intra- und Intercoder-Reliabilität im Rahmen einer Inhaltsanalyse jeweils auch alleine als einziges Reliabilitätsmaß einsetzen? Begründen Sie ihre Antwort.

2. Komplexere Varianten und Weiterentwicklungen der Inhaltsanalyse

2.1 Medienresonanzanalyse

Die Medienresonanzanalyse (MERA) wird von Unternehmen und Organisationen eingesetzt, um den Erfolg eigener PR-Aktivitäten zu ermitteln. Das reicht von der kurzfristigen Beachtung einer bestimmten Aktion (z.B. einer Pressekonferenz, einer Informationskampagne etc.) des Unternehmens in der Presseberichterstattung der folgenden Tage bis zum langfristigen Imagewandel. Im ersten Fall reicht eine einfache Themenfrequenzanalyse innerhalb der folgenden Woche, wobei die Aufgabenstellung »Beachtung« lediglich die Erfassung des Ereignisses (Pressekonferenz zum Thema X) und des Akteurs (Unternehmen bzw. Organisation) erfordert. Um den langfristigen Imagewandel zu erfassen, ist jedoch nicht nur eine mehr oder weniger komplexe Bewertungs- und ggf. Argumentanalyse erforderlich, sondern auch die Ziehung von mindestens zwei Stichproben der Medienberichterstattung in zeitlichem Abstand, da nur durch den Vergleich zweier Messpunkte eine Veränderung nachweisbar ist. Bei der MERA handelt es sich somit nicht um eine eigenständige Variante der Inhaltsanalyse, wie etwa Themenfrequenz-, Bewertungs-, Argumentations- oder Interaktionsanalyse, sondern um eine weitgehend standardisierte, aufgabenspezifische Anwendungsform aus dem Bereich der Public Relations. Je nach Erkenntnisinteresse können dabei ein oder mehrere inhaltsanalytische Varianten kombiniert zum Einsatz kommen.

Die Kurzfristigkeit, mit der die Ergebnisse in vielen Fällen vorliegen müssen, verhindert oft die aufwändige Konzeption und Durchführung der Inhaltsanalyse. Ausnahmen gibt es bei vorab definierten Standardroutinen, die meist als computerunterstützte Verfahren auf die im Internet zugänglichen Pressequellen zugreifen. Sie sind aber nur für eine begrenzte Zahl von Zielsetzungen verwendbar (siehe unten). Wegen dieses gelegentlichen Zeitdrucks werden häufig für viel Geld Medienresonanzanalysen durchgeführt, die aus wissenschaftlicher Sicht keinen Beweischarakter besitzen, da wesentliche methodische Standards sowohl bei der Stichprobenziehung als auch bei inhaltsanalytischen Gütekriterien wie Validität, Reliabilität, Trennschärfe, Eindimensionalität oder Objektivität kaum oder gar nicht erfüllt werden. Das beginnt beim Schluss von einigen willkürlich ausgewählten Beispielen auf die gesamte Presseberichterstattung und endet bei Codierern, die Meinungstendenzen im Ratingverfahren ohne genaue Definitionen von Tendenz, Meinung, Kumulationskriterien für Meinungsaussagen innerhalb eines Artikels oder einer klaren Definition für die Ausprägungen der Ratingskala einschätzen. Wie groß der Informationswert solcher Ratings ist, lässt sich leicht an der Bandbreite der Bewertungen in Presskommentaren nach den »TV-Duellen« der Kanzlerkandidaten in Bundestagswahlkämpfen erkennen. Es mag, wie gesagt, gelegentlich gute Gründe dafür geben, solche suboptimalen Anwendungen durchzuführen (z.B. aus Zeitdruck, weil es der Auftraggeber explizit so wünscht und er den geringeren Informationswert akzeptiert), unseriös werden sie allerdings dann, wenn der Eindruck suggeriert wird, sie hätten dieselbe Aussagekraft wie die nach wissenschaftlichen Standards durchgeführten Studien.

Ich möchte deshalb die MERA nach dem Anspruchsniveau differenzieren in **MERA 1**, die aus z.T. nachvollziehbaren, oft aber auch aus methodisch nicht akzeptablen Gründen PR-Effekte lediglich explorativ ermittelt, d.h. mit mehr oder weniger großer Plausibilität schätzt (»Quickshot«; »Skizze«), und **MERA 2**, die PR-Effekte auf der Grundlage derzeit gültiger methodischer Standards nachweist. Wie bereits erwähnt besitzen beide für bestimmte Zielsetzungen und Anforderungsprofile ihre Berechtigung, man sollte sie jedoch klar trennen und dem Auftraggeber bzw. dem Leser der Projektdokumentation die methodischen Standards offen legen, um die Gültigkeit der darauf aufbauenden Interpretationen und Schlussfolgerungen beurteilen zu können. Ich beschränke mich im folgenden auf die MERA 2.

Die **Medienresonanzanalyse 2** mit hohem wissenschaftlichem Anspruchsniveau folgt den oben beschriebenen konzeptionellen und praktischen Arbeitsschritten bei der Inhaltsanalyse. Theoretisch-konzeptionell soll ein mentales Modell (Theorie, Hypothese) in ein bedeutungsgleiches Formalmodell überführt werden, das aus inhaltsanalytischen Daten besteht (siehe Kap. I, 1). Gültige Schlüsse auf die untersuchte Realität (Merkmale und Strukturen der Presseberichterstattung) kann man aus den inhaltsanalytischen Daten dann ziehen, wenn neben der Homomorphie (einseitige Bedeutungsgleichheit) zur Theorie auch die Abbildungen von interessierendem Realitätsausschnitt und Theorie deckungsgleich sind (siehe oben Abb.1). Die Theorie begründet Forschungsfrage und Hypothesen, indem sie darüber Auskunft gibt und begründet, welche Realitätsaspekte im Hinblick auf bestimmte Ziele relevant sind. Bei der MERA wird die Forschungsfrage durch den Auftraggeber vorgegeben. Er fordert zum Beispiel verlässliche Informationen darüber, ob sich die seit einem Jahr erhöhten Investitionen in PR-Maßnahmen ausgezahlt haben. Der Forscher kann nun nicht einfach ein fertiges MERA-Instrument aus der Schublade ziehen und mit der Studie beginnen, sondern muss erst einmal die Zielvorstellungen des Auftraggebers konkretisieren. Methodisch gesehen muss der Bezug des mentalen Modells des Auftraggebers (was stellt er sich unter »erfolgreich« vor?) zum entsprechenden Realitätsausschnitt geklärt werden (an welchen Kriterien kann man die vom Auftraggeber umschriebene Vorstellung von Erfolg in der Realität erkennen? Worauf bezieht sie sich genau?).

Auftraggeber haben selten die Zeit und die spezifischen Vorkenntnisse, um hier schon ganz präzise Vorgaben machen zu können, so dass mindestens zwei ausführliche Gespräche erforderlich sind: Im ersten wird man zunächst den theoretischen Hintergrund klären: Was sind die Beweggründe für die Erfolgskontrolle? Steht z.b. die Höhe des PR-Budgets generell zur Disposition oder soll eine Optimierung durch Umverteilung erfolgen und damit ein gezielterer Mitteleinsatz bei bestimmten Produkten, Leistungen oder Kommunikationswegen gewährleistet werden? Was waren die Zielvorgaben, d.h. ab wann ist der Auftraggeber bereit von einem Erfolg zu sprechen? Dies ermöglicht dann einen Vergleich von Soll- und Ist-Werten, d.h. eine graduelle Abstufung der Höhe des Erfolgs. Worauf beziehen sich die Zielgrößen: Auf den Erfolg einzelner oder pauschal aller nach außen gerichteter Maßnahmen (Pressemeldungen, Auftritte in den Medien etc.) oder handelt es sich bei den zu evaluierenden Zielgrößen um interne Maßnahmen wie Personalerhöhung des PR-Teams, PR-Schulung von Mitarbeitern, Budgeterhöhung für PR etc.). Wer ist der Adressat der PR-Strategie des Unternehmens? Sollen damit nur ganz bestimmte Medien oder Journalisten erreicht werden (z.B. die örtliche Lokalzeitung) oder sollen sog. »Meinungsführer«, die Konkurrenz, bestimmte Zielgruppen oder die Bevölkerung durch die PR-Maßnahmen erreicht werden?

Mit diesen und ggf. weiteren Informationen (je nach Fragestellung) entwirft der Forscher nun ein Analysekonzept, das in einem zweiten Gespräch mit dem Auftraggeber besprochen wird. Darin erläutern Sie als Forscher nicht nur die Anlage der Untersuchung, sondern klären auch über die Aussagekraft der erzielbaren Ergebnisse auf. Beispielsweise verkaufen die meisten Unternehmen ihre Produkte oder Dienstleistungen direkt an die Bevölkerung. Entsprechend muss das Unternehmen oder die Organisation bestrebt sein, in der Bevölkerung bekannt zu werden und ein positives Image zu erzielen. Dies lässt sich mit der MERA aber nicht direkt erfassen, da sie ja nur die Presseberichterstattung dokumentiert. Eine Wirkung auf das Publikum (prognostische Inferenz, siehe oben) ist auf der Grundlage inhaltsanalytischer Daten nur dann gesichert möglich, wenn evaluierte PR-Wirkungstheorien vorliegen, mit Hilfe derer man die inhaltsanalytischen Ergebnisse gewichten (oder transformieren) kann. Dies ist meines Wissens nicht der Fall, so dass Wirkungsaussagen auf der Grundlage von MERA-Ergebnissen nur mehr oder weniger plausible Spekulationen darstellen (siehe MERA 1).

215

Wenn es dem Auftraggeber also letztlich um den Absatz seiner Produkte und damit die Bekanntheit und Akzeptanz in der Bevölkerung geht, dann sollten Sie ihm eine Umfrage vorschlagen oder ihn zumindest über den diesbezüglich eingeschränkten Informationsgehalt einer MERA aufklären.

Zu den Begriffen, deren Relevanz sich immer nur aus dem gegebenen Forschungsproblem ergibt, aber manchmal fast wie per se wertvolle »Zauberbegriffe« verwendet werden, gehören auch Multiplikator, Meinungsführer oder Leitmedium. Auch hier ist eine nüchterne, am zielorientierten Ertrag gemessene Bewertung notwendig. Journalisten sind sicherlich *Multiplikatoren*, weil ihre Beiträge von vielen Menschen gelesen, gehört oder gesehen werden. Unternehmer, Politiker oder Manager als Multiplikatoren zu bezeichnen ist jedoch nur eingeschränkt gültig, in vielen Fällen sogar sehr fraglich. Eingeschränkt gültig deshalb, weil die Multiplikation von Information und Meinung bei diesen Personenkreisen, wenn überhaupt, dann nur innerhalb der jeweiligen Bezugsgruppe erfolgt, also z.B. innerhalb der (ggf. regionalen) Elektrobranche, (ggf. lokalen) Politik etc. Sicherlich kann es aus der Perspektive eines Auftraggebers manchmal wichtig sein, das eigene Unternehmen in bestimmten Zielgruppen und Netzwerken von Entscheidungsträgern zu profilieren, so dass auch dort die Resonanz von PR-Maßnahmen ermittelt werden muss. Da von solchen Zielgruppen jedoch meist keine Publikationen vorliegen, aus denen man solche Schlüsse ziehen könnte, ist für diese Zwecke die MERA nicht das geeignete Instrument, es sei denn, man kombiniert sie mit anderen Erhebungsmethoden wie der Befragung.

Der Begriff *Meinungsführer* stammt eigentlich aus der Kommunikationswissenschaft und der Sozialpsychologie, wird in der PR jedoch anders verwendet. Der Meinungsführer ist eine (beliebige) Person mit vielen sozialen Kontakten, überdurchschnittlicher Bildung und großer Kompetenz und Glaubwürdigkeit hinsichtlich mindestens eines Themas, auf das sich die »Meinungsführerschaft« beschränkt. Er äußert gegenüber anderen häufig seine Meinung und wird bei dem betreffenden Thema oft nach seiner Meinung gefragt. Die Zahl der Personen, die sich beeinflussen lassen, entspricht jedoch nicht der Zahl der Personen, mit denen die Meinung ausgetauscht wurde. Im Unterschied dazu sind Meinungsführer in der PR in der Regel wirtschaftlich oder politisch einflussreiche Personen, prominente Journalisten bzw. hervorragende Persönlichkeiten aus diversen anderen Bereichen. Sie können sicherlich die öffentliche Meinung in der einen oder anderen Hinsicht beeinflussen, ob dies jedoch auch für diejenigen Themen gilt, die für das jeweilige Unternehmen relevant sind, muss im einzelnen geprüft werden. Zu beachten ist auch, dass Prominenz und Ansehen nicht die einzigen Kriterien für Meinungseinfluss darstellen, wie man an bekannten Boulevardzeitungen sehen kann.

Ähnliches gilt für *Leitmedien*. Eine eindeutige Definition innerhalb der PR ist mir nicht bekannt. Meist werden die überregionalen Abonnementzeitungen FAZ und SZ sowie die Wochenzeitung Die Zeit als Leitmedien im Printbereich bezeichnet, auch zusätzlich politische Nachrichtenmagazine wie Spiegel und Focus. Es wird angenommen, dass sie die Themenwahl und Meinungsbildung anderer Medien wie z.B. der regionalen und lokalen Tageszeitungen oder der Publikumszeitschriften maßgeblich beeinflussen bzw. vorprägen. Das ist auch zumindest teilweise empirisch belegt, allerdings nur bezüglich politisch relevanter Topthemen. Dies kann durchaus auch jene Themen tangieren, die für das öffentliche Erscheinungsbild von Unternehmen und Organisationen relevant sind. In den meisten Fällen wird die Leitfunktion vermutlich aber nicht zutreffen, d.h. die Themen werden infolge ihres Nachrichtenwertes von allen Medien gleichzeitig ausgewählt. Wenn das breite Publikum durch die PR-Maßnahmen erreicht werden soll, ist eine Erwähnung in Leitmedien also nicht schädlich, aber auch nicht von besonderem Vorteil, denn für die weitaus größte Zahl aller Themen gibt es keine Leitfunktion der »Leitmedien« für andere Presseorgane, und viele PR-Aktionen können z.B. über die Regionalpresse einen wesentlich größeren Teil der Zielgruppe erreichen. Mit anderen Worten: Auch hier muss genau überlegt werden, in welchem Maße die Präsenz in Leitmedien zielführend ist, d.h. über den Erfolg einer PR-Aktion wirklich etwas aussagt (es gibt sozusagen relevante und irrelevante Erfolge).

Nach diesen klärenden Gesprächen mit dem Auftraggeber, die zur Präzisierung der Forschungsfrage führen, kann die MERA 2 systematisch fortgeführt werden. Sie folgt dabei den Arbeitsschritten der Inhaltsanalyse, wie sie in den voranstehenden Kapiteln auf unterschiedlichen Abstraktionsebenen und für mehrere inhaltsanalytische Varianten beschrieben sind, also dimensionale Analyse mit Begriffsexplikation, Ableitung und Definition der Hauptkategorien etc. Die Kategoriendefinitionen, Analyse- und Codiereinheiten sowie Codierregeln sind zu dokumentieren und durch einen Reliabilitätstest ist die Objektivität der Methode zu belegen. (siehe Kap. II, 1.3.3)

Schließlich ist die Logik der Beweisführung darzulegen, indem ein Forschungsdesign entwickelt wird, in dem auch Untersuchungsmaterial, Stichprobenziehung, ggf. Anzahl der Messpunkte und Auswertungsstrategien mit daraus resultierenden Kennwerten beschrieben werden. Bei unterschiedlichen Aspekten der Fragestellung können auch verschiedene Sub-Kategoriensysteme entstehen, die etwa Thematisierung, Bewertung, Kommunikationsstrukturen etc. differenziert erfassen. Auch diese inhaltsanalytischen Varianten sind in diesem Band detailliert beschrieben. Es ist also darzulegen, wie die Analyse forschungsstrategisch aufgebaut ist und weshalb auf diesem Weg die Forschungsfrage optimal zu beantworten ist.

Eine detaillierte Beschreibung der inhaltsanalytischen Arbeitsschritte wäre redundant. Ich will stattdessen einige Varianten der MERA kurz erwähnen, die sich jeweils aus spezifischen, in der Praxis häufig vorkommenden Fragestellungen ergeben. In dieser Kurzbeschreibung möchte ich u.a. verdeutlichen, dass es sich auch bei diesen MERA-Varianten nicht um jeweils einen einzigen, völlig einheitlichen Typus handelt, der mittels standardisierter und vorgefertigter Messinstrumente erfasst werden könnte. Vielmehr werden auch hier in der Regel Kategorisierungen nicht völlig identischer Fragestellungen und Forschungsziele vorgenommen, *so dass in jeder Studie eine wissenschaftlich fundierte Anpassung des Instrumentariums erforderlich wird.* Möglich wäre allenfalls der Rückgriff auf eine modifizierbare methodische Standardvorlage (sofern sie vorläge). Ich orientiere mich in meiner Darstellung an der kleinen Broschüre »Medienresonanz-Analysen«, die von der Gesellschaft Public Relations Agenturen (GPRA) publiziert wurde. Sie unterscheidet aus praxisorientierter Perspektive fünf »Untersuchungsarten«:

Langzeit Clip Tracking-Analyse: Hinter diesem klangvollen Label verbirgt sich eine Trendanalyse mit beliebiger Thematik, die sich über mindestens ein Jahr erstreckt. Die Informationsbeschaffung soll über den Ausschnittdienst der Agenturen oder externe Ausschnittdienste erfolgen. (vgl. GPRA 1994, S.7) Dieser Hinweis bedarf eines Kommentars: Bei einer MERA 2 mit dem Anspruch auf Beweiskraft sind diese Quellen oft, aber nicht immer brauchbar, da auch die Stichprobendefinition und die Auswahlkriterien der relevanten Analyseeinheiten je nach Projekt unterschiedlich sein können. Am ehesten wird man noch die Ausschnittdienste der Agenturen den Erfordernissen der jeweiligen Fragestellung flexibel anpassen können, sofern es sich nicht um vergangene Zeiträume handelt. Man muss prüfen, ob die Auswahl- und Codierroutinen der Dienste mit den Erfordernissen der eigenen Studie übereinstimmen. So wird z.B. routinemäßig nach Artikeln bzw. Beiträgen ausgewählt und dann nach Themen sortiert. Wenn sie nun z.B. herausfinden wollen, wie oft das Unternehmen ihres Auftraggebers pro Ausgabe des jeweiligen Mediums oder im Verhältnis zu allen Beiträgen des Wirtschaftsteils erwähnt wird, dann müssen sie erstens prüfen, ob der Ausschnittdienst diese Vergleichsgrößen liefern kann. Wenn Sie jedoch eine Stichprobe aus diesen Grundgesamtheiten (gesamte Berichterstattung einer Zeitung / eines TV-Programms; gesamte Wirtschaftsberichterstattung; alle redaktionellen Inhalte bestimmter Tageszeitungen etc.) ziehen wollen, genügen auch diese Vergleichsgrößen als Maßzahl nicht, weil Sie die Stichprobe direkt aus der Grundgesamtheit und nicht aus einem thematisch vorselektierten Ausschnitt-Pool ziehen müssen. Zweitens müssen Sie prüfen, nach welchen Kriterien die Themensortierung erfolgte: Handelt es sich um eine einmalige Zuordnung nach dem Hauptthema oder eine Mehrfachzuordnung nach einer bestimmten Zahl von Unterkategorien? Wenn nur nach Hauptthema zugeordnet wird, werden Sie nur Artikel erhalten, in denen entweder das Unternehmen/die Organisation selbst oder deren Produkte das Hauptthema darstellen, nicht aber solche, in denen das Unternehmen nur am Rande erwähnt ist. Dies könnte aber für eine Kontextanalyse genau so relevant sein wie die dominanteren Erwähnungen, also wenn der Name des Unternehmens häufig im Zusammenhang mit negativ besetzten Themen wie Schadensfälle, Skandale, Korruptionsaffären etc. auch nur beiläufig erwähnt wird. Mit anderen Worten: Ausschnittdienste sind zwar meistens eine große Hilfe, aber nicht für alle Fragestellungen uneingeschränkt brauchbar. Wenn man für vorausliegende Analysezeiträume die Routinen der Dienste ggf. anpassen kann, ist das Problem gelöst, ansonsten wird man selbst in Pressearchiven recherchieren müssen. Würde man sich dennoch der Ausschnittdienste bedienen, operierte man auf dem Qualitätslevel der MERA 1.

Ad hoc-Auswertung: Diese Analyseform zeigt den Durchdringungsgrad der Presseberichterstattung mit PR-lancierten Themen im unmittelbaren Anschluss an eine PR-Kampagne. Gemessen wird, wie oft das Kampagnenthema, das Unternehmen oder dessen Produkte in den Medien genannt werden. Es können auch Verteilungsstrukturen über Medien oder Regionen berechnet werden. (vgl. GPRA 1994, S.7) Aus inhaltsanalytischer Sicht entsteht das Problem: Was ist eine Erwähnung? Erstens nach der Zählweise: Bei einer Analyseeinheit »Artikel« wird z.B. in einem Beitrag über das Unternehmen BASF nur eine Erwähnung codiert, bei einer Analyseeinheit Satz oder Aussage sind es aber ggf. 20 oder 30. Für die Wirkung (prognostische Inferenz) macht es jedoch einen Unterschied, ob die gleiche Anzahl von Erwähnungen im einen Fall bei wenigen Artikeln stark kumuliert und im großen Rest jeweils nur eine oder zwei Erwähnungen im Text vorkommen, während im anderen Fall die Erwähnungen sich gleichmäßig auf die Artikel verteilen, so dass das Unternehmen hier ständig neben ein oder zwei anderen Themen im Vordergrund der Berichterstattung stand.

Aus forschungslogischer Sicht wird diese Art der PR-Kontrolle, die man schon fast als die »Urform« der MERA bezeichnen kann, in der Regel als Wirkungsanalyse interpretiert. Damit steht die Logik der Beweisführung im Mittelpunkt. Es gilt nachzuweisen, dass eine Erwähnung des Unternehmens bzw. seiner Produkte in der Presse allein auf die fragliche Kampagne, die als Auslöser unterstellt wird, zurückzuführen ist. Da es meistens viele Gründe geben kann, weshalb ein Unternehmen oder ein Thema in der Presse aufgegriffen wird, läuft die Beweisführung im experimentellen Sinne über die systematische Entkräftung möglicher Alternativerklärungen. Unproblematisch ist der Nachweis, wenn in den Pressetexten explizit auf das Unternehmen Bezug genommen wird (»Wie ein Unternehmenssprecher mitteilte... «, »Das Unternehmen ließ am Rande der Veranstaltung mitteilen... « etc.). Ebenso sicher gelingt der Wirkungsnachweis, wenn ein originäres, unverwechselbares Merkmal wiedererkannt wird. So kann z.b. ein spezieller Produktname erstmals bekannt gegeben oder eine originelle Wortschöpfung auf einer Präsentation benutzt werden. Taucht dieses unverwechselbare Merkmal in der Presse auf, kann es nur aus der jeweiligen Quelle stammen. In den meisten Fällen ist es jedoch möglich, dass die publizierte Information mit mehr oder weniger großer Wahrscheinlichkeit auch aus anderen Quellen stammt. Beispielsweise bei indirekten thematischen Bezügen: Ein Reifenhersteller präsentiert seine erfolgreiche Jahresbilanz und erklärt die gute Performance mit der überlegenen Qualität seiner Produkte. Kurz darauf findet sich in einer Fachzeitschrift ein Reifentest verschiedener Produzenten, in dem der betreffende Hersteller nur mäßig abschneidet. Ebenso problematisch sind indirekte Namensbezüge: Ein Chemieunternehmen gibt die Entwicklung eines ressourcenschonenden und wiederverwertbaren Grundstoffs für die Verpackungsindustrie bekannt. In der Zeitung finden sich Artikel, die über die Umweltbelastung durch Kunststofffolien berichten, wobei auch darauf hingewiesen wird, »dass auch die Großen der Chemiebranche seit einiger Zeit an ergiebigeren und zugleich umweltgerechteren Grundstoffen arbeiteten«. In beiden Beispielen ist der kausale Zusammenhang mit den PR-Aktionen zwar recht plausibel, aber nicht sicher. Im zweiten Beispiel kommt noch ein weiteres Problem hinzu, das die Codierung betrifft. Wenn z.B. die BASF diesen Grundstoff entwickelt hätte, aber von »den Großen der Chemiebranche« die Rede ist (zu denen die BASF zweifellos gehört), stellt sich die Frage, ob das als Namensnennung codiert werden kann.

Ich würde hier – wie oben vorgeschlagen – harte und weiche Indikatoren bei der Codierung trennen, so dass bei der Auswertung und Interpretation entweder nur mit ganz unzweifelhaften Namensnennungen oder zusätzlich auch noch mit den weniger evidenten Namensbezügen gearbeitet werden kann. (siehe Kap. I, 3.5 und I, 4)

Taktisch orientierte Analyse: Sie soll prüfen, welche inhaltlichen Einzelaspekte der PR-Kampagne umgesetzt werden konnten, welche Maßnahmen in den besonders interessierenden Zielgruppen erfolgreich waren oder ob Journalisten, die als »Meinungsführer« gelten, auf die Kampagne positiv reagierten (vgl. GPRA 1994, S.7). »Taktisch« kann hier offenbar nur bedeuten, dass die Erreichung besonders wichtiger Teilziele geprüft wird, um ggf. nachsteuern oder die PR-Aktivitäten selektiv intensivieren zu können. Meines Erachtens sollte das aber mit jeder MERA 2 möglich sein, man muss nur die entsprechenden Merkmale (thematische Teilaspekte, Zielgruppe, Autor des Beitrags etc.) mit Kennziffern versehen, um sie bei der Analyse separieren zu können. Das Stichwort »Meinungsführer« wurde bereits kommentiert, und die Absicht, Journalisten so lange »nachzubearbeiten«, bis sie endlich »positiv auf Pressemeldungen reagieren«, möchte ich hier nicht kommentieren.

Umfeldanalyse: Hier werden die Leistungen und Bewertungen des Auftraggebers mit jenen der Konkurrenz verglichen. (vgl. ebd.) Erforderlich ist dabei eine Kombination von Thematisierungs- und Bewertungsanalyse. In einem komparativen Forschungsdesign werden auf der Grundlage repräsentativer Pressestichproben mit demselben inhaltsanalytischen Kategoriensystem Daten sowohl über das Unternehmen des Kunden als auch seiner Konkurrenzunternehmen erhoben und dann miteinander verglichen. Man kann dieses Querschnittsdesign auch als Längsschnittstudie mit zwei oder mehreren Messpunkten in zeitlichen Abständen konzipieren, um Trends wichtiger Kennwerte im Vergleich zur Konkurrenz besser beurteilen zu können. Auf diesem Weg könnte man auch den Einfluss allgemeiner politischer und konjunktureller Entwicklungen sowie einzelner unternehmensrelevanter Themen in der öffentlichen Diskussion besser einschätzen und damit die reinen PR-Effekte herausfiltern.

Online-Datenbank gestützte Analyse: Dabei handelt es sich um eine computergestützte Inhaltsanalyse (CUI, siehe Kap. II, 2.7) der Online-Ausgaben von Tageszeitungen oder anderen Presseorganen. (vgl. GPRA 1994, S.7) Dies ist zweifellos ein sehr schneller und verlässlicher Zugang zu den Daten. Allerdings sind mindestens zwei Aspekte zu berücksichtigen. Erstens benötigt der Forscher für CUI-Anwendungen maschinenlesbare Texte (Dateien). Viele Tageszeitungen publizieren jedoch entweder gar keine Internetausgaben oder aber modifizierte Versionen der jeweiligen Druckausgaben. Außerdem ist das Publikum der Internetausgaben nicht identisch mit der Leserschaft der jeweiligen Zeitung oder Zeitschrift. Wenn also die Presseberichterstattung untersucht werden soll und möglicherweise ein Inferenzschluss auf die Wahrnehmung der Bevölkerung (oder bestimmter Zielgruppen) geplant ist, wird man mit den gedruckten Ausgaben sicher näher an seine Zielgruppe herankommen.

Sofern jedoch parallel dazu auch noch die Internetpublikationen untersucht werden sollen, bietet sich die CUI sicherlich als Analyseinstrument an, allerdings mit gewissen Einschränkungen. Bewertungsanalysen sind z.B. nur mit Unschärfen möglich, da der Computer grammatikalische und noch mehr semantische Relationen im Text nicht direkt erkennen kann. Zwar existieren vereinzelt sehr elaborierte Computerprogramme (z.B. General Inquirer, STONE et al. 1966) die solche Sprachkompetenzen weitgehend simulieren können, aber sie sind für alltägliche Anwendungen zu komplex und damit zu aufwändig. Meist wird deshalb die Erfassung von Bewertungen auf eine Kontingenzanalyse hinauslaufen. Dabei werden drei Listen mit Bewertungsobjekten (z.b. Firmennamen) und positiv bzw. negativ wertenden Begriffen (meist Adjektive wie gut, angenehm, hervorragend etc.) erstellt. Anschließend werden die Texte in mehr oder weniger große Analyseeinheiten aufgegliedert, wie z.b. ganze Beiträge, Abschnitte, Sätze oder Aussagen, wobei das Satzprädikat (meist ein Verb) als Segmentierungsmarker benutzt wird. Bereits diese Textsegmentierung lässt sich nur bei ganzen Texten oder Abschnitten vollautomatisch durchführen, die anderen müssen manuell nachbearbeitet werden. Nun berechnet das Programm, wie oft die aufgelisteten Bewertungsobjekte in der Segmentierungseinheit gemeinsam mit einem positiv bzw. negativ wertenden Begriff auftreten. Es ist leicht ersichtlich, dass in den Segmenten auch andere Objekte auftreten können, auf die sich die Wertung bezieht oder dass Negationen nur schwer identifizierbar sind, vor allem wenn sich der Negationspartikel nicht in direkter Nachbarschaft des wertenden Adjektivs befindet (was in der deutschen Sprache relativ häufig vorkommt). Mit anderen Worten: Entweder man codiert die Computercodierungen manuell einzeln nach, was den Vorteil der CUI stark minimiert, oder man ist mit Annäherungswerten zufrieden (MERA 1). Sehr viel treffsicherer ist eine CUI jedoch bei einer wortbasierten Analyse, wie z.B. der Auszählung von Namen. Hier müssen nur Paraphrasierungen und Metaphern (statt BASF »der Chemieriese« oder »der Ludwigshafener Konzern«) oder Pronomina manuell nachbearbeitet werden.

Abschließend möchte ich noch der zuvor beschriebenen Einteilung von MERA-Typen, die sich deutlich an praktischen Erfahrungen orientiert, eine eigene Einteilung zur Seite stellen, die sich dominant an den analytischen Erfordernissen einer wissenschaftlichen Analyse orientiert. Beide Klassifikationen sind ineinander überführbar.

Analytische Klassifikation von MERA-Typen
(teilweise miteinander kombinierbar)

1. Zustands- / Verlaufsanalysen
Beschreibung von PR-Effekten als statische Merkmale der Presseberichterstattung eines meist kurzen Zeitraums / Beschreibungen von Merkmalsveränderungen über kürzere oder längere Zeiträume (Trends als graduelle Veränderung von Merkmalen; Entwicklungen als qualitative Veränderung von Merkmalsstrukturen oder Merkmals-Clustern).

2. Thematisierungsanalyse (Beachtungsgrad)
Auftretenshäufigkeit von PR-initiierten Fakten (Namen, Themen, Aktionen, Bewertungen etc.) in der Presse.

3. Bewertungsanalyse
Ermittlung von PR-initiierten oder PR-relevanten Bewertungen in der Presse.

4. Argumentationsanalyse
Ermittlung von Meinungen, Standpunkten und Bewertungen gemeinsam mit ihren Begründungen.

5. Kommunikationsanalyse
Ermittlung von Kommunikationsstrukturen (Fragen: Auf welchen Kommunikationskanälen wirken PR-Aktivitäten schell und/oder effizient, auf welchen langsam, schlecht oder gar nicht? Stichworte: Multiplikatoren, Meinungsführer, Leitmedien bzw. die damit eigentlich gemeinten Effekte)

6. Objektanalyse/Objekt in Kontext-Analyse
PR-Maßnahmen und ihre Effekte werden isoliert betrachtet und die PR-Maßnahme als initiativer Faktor (Stimulus; unabhängige Variable) betrachtet./Die PR-Maßnahme ist teil- oder wechselweise (bei interaktiven Prozessen) die vom Kontext beeinflusste bzw. reaktive Größe (abhängige Variable). Dies ist z.B. bei der Entstehung und Entwicklung von Images oder wenn Unternehmen durch öffentliche Kritik in die Defensive geraten von besonderer Bedeutung.

2.2 Synthetische Kategoriensysteme und Flexibilität – dargestellt an einem Programmvergleich öffentlich-rechtlicher und privater Fernsehanbieter

Die Inhaltsanalyse ist ein methodisches Paradigma der Datenerhebung; für jedes Forschungsproblem muss unter Berücksichtigung der dargestellten Prinzipien eine neue methodische Variante entwickelt werden. Da sich jedoch manche Forschungsprobleme relativ häufig wiederholen, gibt es auch eine Reihe von Varianten, die ein gewisses Maß an Standardisierung zulassen. Zwar darf man nur selten erwarten, für ein eigenes Forschungsproblem irgendwo ein fertiges inhaltsanalytisches Instrumentarium vorzufinden, aber immerhin sind z.B. für Themen-, Motiv- oder

Bewertungsanalysen Grundmuster inhaltsanalytischer Varianten vorhanden, an denen man sich orientieren und vor allem die Lösung von Problemen kritisch nachvollziehen kann, die sich bei dem jeweiligen Typus der Inhaltsanalyse in besonderer Weise stellen.

In diesem Sinne sind auch die folgenden Ausführungen zu verstehen. Wenn ich einige inhaltsanalytische Varianten darstelle, so ist dies keinesfalls als Menü gedacht, aus dem man nach Interesse und Geschmack ein fertiges Exemplar »Inhaltsanalyse« auswählen könnte. Dargestellt wird weder eine vollständige Typologie noch eine komplette Ausarbeitung einzelner inhaltsanalytischer Varianten. Vielmehr soll anhand unterschiedlich komplexer Anwendungsmöglichkeiten die Flexibilität inhaltsanalytischer Verfahren gezeigt und die angemessene Lösung typischer Probleme diskutiert werden. Das folgende Beispiel eines Programmvergleichs öffentlich-rechtlicher und privater Fernsehanbieter demonstriert eine Möglichkeit des Umgangs mit Untersuchungsobjekten, die nicht nach einem einzigen Kriterium klassifiziert werden können, sondern sich erst über eine typische Konstellation verschiedener Merkmalsdimensionen definieren lassen. Wollte man die Programmangebote beispielsweise anhand der Kategorien *Unterhaltungs- und Informationssendungen* vergleichen, so bekäme man mit einem Phänomen wie »Infotainment« ernsthafte Zuordnungsschwierigkeiten. Operierte man mit der Inhaltskategorie *Kriminalität*, so könnte man nicht unterscheiden, ob dieses Thema in einer Nachrichtensendung, einem Spielfilm oder einer Talkshow vorkam. Da die theoretisch naheliegende Möglichkeit, alle denkbaren Kombinationen von Sendungsgattungen, Funktionen und Inhalten als jeweils eigenständige Kategorien auszuweisen kaum durchführbar ist, soll mit der »synthetischen Kategorisierung« ein praktikableres Vorgehen dargestellt werden.

PROBLEMHINTERGRUND

Nach der Zulassung privater Rundfunkanbieter entbrannte vor allem beim Fernsehen ein heftiger Konkurrenzkampf zwischen ihnen und den etablierten öffentlich-rechtlichen Sendeanstalten. Es wurde viel darüber spekuliert, welche Konsequenzen dies haben könnte, und auch heute sind noch längst nicht alle Konsequenzen absehbar. Am brennendsten interessierte dabei wohl die Frage, wie sich die veränderte Lage auf dem Medienmarkt in den Programmangeboten niederschlagen würde. Daraus ergibt sich die

FORSCHUNGSFRAGE

Worin unterscheiden sich die Programmangebote privater und öffentlich-rechtlicher Fernsehsender?

Aus einer Theorie der Medien kann man nun die Merkmale von Fernsehprogrammen ableiten, wie z.B. Sendedauer, Sendezeiten, Inhalte, journalistische Stilformen der Sendungen usw. Ein Vergleich der Ausprägungen aller Programmmerkmale bildet dann den systematischen und vollständigen Programmvergleich. Wir wollen hier zeigen, wie diese aufwendige und anspruchsvolle Aufgabe relativ ökonomisch und methodisch korrekt durchführbar ist.

Gerade auf die Konsequenzen für das Programmangebot bezogen sich viele, zum Teil widersprüchliche Spekulationen. Sie waren etwa aus dem unterschiedlichen Finanzierungsmodus, der allgemeinen wirtschaftlichen Situation der Sendeanstalten, der fachlichen Qualifikation der Journalisten oder ganz schlicht aus allgemeinen kulturoptimistischen bzw. kulturpessimistischen Überlegungen abgeleitet. Aber auch erste, unmittelbare Erfahrungen und subjektive Eindrücke führten zu ganz gezielten Vermutungen über Unterschiede in den Programmangeboten öffentlich-rechtlicher und privater Sender. Es ist durchaus legitim und gängige Praxis, über solche Vorüberlegungen und Vorerfahrungen ganz gezielt einen Katalog weitgehend unverbundener Hypothesen aufzustellen und diesen dann mit Hilfe der Inhaltsanalyse wissenschaftlich zu überprüfen. Allerdings darf man dann nicht den weitreichenden Anspruch erheben, die Programmunterschiede generell erfasst zu haben, sondern man kann nur Aussagen über die konkret vermuteten Unterschiede treffen. Wir konzentrieren uns auf folgende Hypothesen.

H1	die tägliche Sendedauer ist verschieden
H2	die Anteile einzelner Programmsparten, die bestimmte Funktionen erfüllen (z.B. Information, Unterhaltung, Kritik, Bildung usw.) differieren
H3	Informationssendungen (Nachrichten, politische Magazine) werden unterschiedlich präsentiert (z.B. Art und Umfang der Moderation, Vermischung journalistischer Stilformen, »Infotainment«)
H4	es gibt unterschiedliche Themenschwerpunkte in den Informationsangeboten
H5	es gibt unterschiedliche Themenschwerpunkte in den Unterhaltungsangeboten
H6	der Anteil der Werbung am Gesamtprogramm ist unterschiedlich
H7	die Darbietungsformen der Werbung sind unterschiedlich.

Weitere Sendungsaspekte sind möglich, z.B. funktionale Merkmale für das Publikum: Unterhaltsamkeit, Orientierung etc.

Im nächsten Schritt werden nunmehr die Dimensionen des Kategoriensystems aus den Hypothesen abgeleitet: *Sendedauer pro Tag; Funktionen; Präsentationsformen/journalistische Stilform; Themen; Umfang der Werbung; Darbietungsformen der Werbung.* Bevor das Kategoriensystem jedoch weiterentwickelt werden kann, muss zunächst die Analyseeinheit bestimmt werden. Da sich die meisten Hypothesen auf Merkmale von Sendungen beziehen und Programme meist als Aggregate von Sendungen dargestellt werden, wählen wir die *Sendung* als Analyseeinheit, also die Größe, über die in der Studie eine Aussage gemacht werden soll.

Nunmehr sind die Art und die Anforderungen an das Kategoriensystem zu bestimmen: Soll z.B. allein anhand der gedruckten Fernsehprogramme oder vor dem laufenden Fernsehgerät codiert werden? Wird parallel auf ein Speichermedium aufgezeichnet, um die genauere Analyse problematischer Sendungen zu ermöglichen, und ist sogar geplant, zur Codierung zusätzlich noch externe Informationen einzuholen (z.B. Anteil eigener/fremder Quellen, Produktionskosten, Einschaltquoten etc.)? Wir entscheiden uns für eine Codierung am laufenden Fernsehgerät ohne Aufzeichnung. Entsprechend muss das Kategoriensystem relativ kompakt und übersichtlich gegliedert sein. Dem Typus nach scheint uns ein sog.»synthetisches Kategoriensystem« am leistungsfähigsten zu sein.

Synthetisches Kategoriensystem

Wir wollen TV-Programme vergleichen, indem wir Sendungen als deren Bausteine beschreiben. Die Sendungen wiederum unterscheiden sich nach unseren Hypothesen in einer Vielzahl von Merkmalen wie z.B. Funktion, Inhalt, Darstellungsform usw. Eine Nachrichtensendung kann z.B. moderiert sein, einen kritischen Kommentar enthalten, sich hauptsächlich mit außenpolitischen Themen beschäftigen, während eine andere Nachrichtensendung vielleicht eines, mehrere oder sogar alle diese Merkmale nicht besitzt. Wie bereits erwähnt, gibt es nunmehr die Möglichkeit, für jede konkrete Erscheinungsform einer Sendung eine eigene Kategorie vorzusehen, so dass bei der Auswertung nur noch jeder Sendungstypus ausgezählt werden muss. Wollte man auf diese Weise den oben genannten Hypothesenkatalog auch nur annähernd vollständig überprüfen, dann müssten diese Sendungstypen schon recht detailliert beschrieben sein. Solche Kategorien müssten dann etwa folgendermaßen heißen:

- Magazinsendung mit kommentierender Moderation; kurzfristig aktuelle Thematik aus Wirtschaftspolitik; Kritik- und Informationsfunktion; keine Werbeeinblendungen.
- Magazinsendung mit erläuternder Moderation, langfristig aktueller Thematik bzw. Thematik ohne Aktualitätsbezug aus Technik und Umwelt. Informations- und Bildungsfunktion; keine Werbeeinblendungen.
- Magazinsendung mit kommentierender und unterhaltender Moderation, kurzfristig aktuelle Thematik aus Wirtschafts- und Innenpolitik; Kritik-, Informations- und Unterhaltungsfunktion; mit Werbeeinblendungen.
- usw. (Alle systematisch möglichen Kombinationen der Merkmale)

oder:

- Krimiserie, Eigenproduktion
- Krimiserie, Fremdproduktion
- Kriminalfilm
- Kriminal-Fernsehspiel, Eigenproduktion
- Kriminal-Fernsehspiel, Fremdproduktion
- Familienserie, Eigenproduktion
- usw.

Die Nachteile einer solchen phänotypischen Vorgehensweise sind leicht erkennbar: Da jedes Sendungsmerkmal im Prinzip mit jedem anderen gemeinsam vorkommen kann, müssten so viele Kategorien geschaffen werden, wie es Merkmalskombinationen gibt. Da dies praktisch nicht möglich ist, wird man sich auf einige besonders häufig vorkommende Merkmalskombinationen beschränken müssen. Das hat jedoch den entscheidenden Nachteil, dass gerade ausgefallene oder neue Sendeformen nicht angemessen erfasst werden können. Wesentlich flexibler und leistungsfähiger ist deshalb eine Vorgehensweise, die sich nicht an Phänotypen orientiert, sondern zunächst einmal nur die jeweils interessierenden Merkmale analytisch getrennt erfasst, um sie dann hinterher für jede Sendung individuell wieder zusammen zu setzen. Es entsteht so eine synthetische Sendungsbeschreibung entlang der analytisch abstrahierten Merkmale. (Wenn die Bezeichnung nicht so umständlich wäre, müsste man genau genommen von einer analytisch-synthetischen Vorgehensweise sprechen!) Das Resultat sind wesentlich informationsreichere Daten, und bei der Auswertung eröffnet sich außerdem noch die Möglichkeit, entweder sendungsbezogen oder merkmalsbezogen auszuwerten.

CODIEREINHEITEN

Codiereinheit ist die Sendung. Neben den genannten Gründen spricht bei der beabsichtigten Codierstrategie nun auch dafür, dass Sendungen in der Regel hinreichend lange dauern, um dem Codierer eine genügend lange Codierzeit vor laufendem Gerät einzuräumen. Außerdem ist davon auszugehen, dass sowohl Journalisten wie auch Rezipienten Sendungen als die signifikanten Programmteile wahrnehmen. Jedes Merkmal kann also pro Sendung in der Regel einmal codiert werden. Bei der sich nunmehr anschließenden empiriegeleiteten Kategorienbildung stellte sich jedoch heraus, dass sich die von uns ausgewählten Sendungsmerkmale häufig nicht eindeutig zuordnen ließen, weil sie mehrere analytische Eigenschaften derselben Dimension gleichzeitig besaßen. Viele Sendungen setzen sich etwa aus Beiträgen zusammen, die völlig unterschiedliche Funktionen erfüllen, verschiedene Stilformen verwenden oder unterschiedliche Themen behandeln. Insbesondere traf dies auf Magazinsendungen, Nachrichten und sog. »Nummernsendungen« (z.B. Quizsendungen mit Showeinlagen) im Unterhaltungsbereich zu.

Um dies zu berücksichtigen, führten wir unterhalb der Sendungsebene noch den »Beitrag« als hierarchie-niedrigere Codiereinheit ein. Dabei war darauf zu achten, dass die codierten Kennwerte der Beiträge auch in einen gemeinsamen Kennwert für die Sendung überführt werden konnten, denn die spätere Auswertung muss mit jeweils einheitlichen Analyseeinheiten als »Fällen« operieren. Möglich ist nunmehr sogar eine zusätzliche, getrennte »Feinanalyse« aller relevanten Sendungen auf Beitragsebene. Zunächst stellte sich jedoch das Problem, die Codiereinheiten *Sendung* und *Beitrag* eindeutig und trennscharf operational zu definieren.

Definition Sendung: Als einfachste Lösung erschien zunächst eine formale Definition: Eine Sendung wird durch Vor- und Abspann begrenzt. Da manchmal aus Zeitgründen der Abspann weggekürzt ist, könnte man mit der reduzierten Definition arbeiten: Jede Sendung wird durch einen Vorspann eingeleitet. Es stellte sich jedoch bald heraus, dass auf diese Art z.B. einerseits mehrere Stunden »Frühstücksfernsehen« als eine einzige Sendung codiert würden; andererseits wird mancher durch Werbung unterbrochene Spielfilm mit einem neuen, etwas verkürzten Vorspann fortgesetzt, so dass hier definitionsgemäß zwei Sendungen vorliegen würden. Weitere formale Kriterien zur Präzisierung in die Definition aufzunehmen, erschien zwar prinzipiell möglich, erwies sich aber bald als zu unübersichtlich und umständlich in der Handhabung. Deshalb wurde versucht, auch den Inhalt bzw. die inhaltliche Einheitlichkeit und Geschlossenheit als Definitionskriterium heranzuziehen. Jedoch war abzusehen, dass dies keinesfalls ausreichen konnte, weil sowohl Sendungen als auch Beiträge inhaltlich homogen und abgeschlossen sind. Schließlich wurde als Zusatzkriterium die wechselseitige Zugehörigkeit zu einer größeren inhaltlichen und/oder formalen Einheit herangezogen. Da Beiträge Teile einer Sendung sein können, Sendungen aber nicht Teile von Beiträgen, ist die Abgrenzung gelungen. Die Definition lautet:

Sendungen sind die Teile eines Programms, die
a) eine inhaltliche und/oder formale Einheit bilden und
b) nicht Bestandteil von Beiträgen sein können.

Beiträge sind die Teile eines Programms, die
a) eine inhaltliche und/oder formale Einheit bilden und
b) Bestandteil von Sendungen als größerer inhaltlichen und/oder formalen Einheit sind.

Programm ist die Gesamtheit des Kommunikationsangebots eines Senders auf einem bestimmten Kanal.

Eine *inhaltliche Einheit* bildet ein Programmteil dann, wenn sich seine Elemente unter einem Handlungszusammenhang bzw. einem Thema zusammenfassen lassen.

Eine *formale Einheit* bildet ein Programmteil dann, wenn er von Inhalt und Handlung unabhängige formale Merkmale besitzt, die seine Elemente integrieren (z.B. Moderator, Sprecher, Akteur, journalistische Stilform etc.).

Dass auch diese Definitionsvariante keine ganz optimale Lösung darstellt, kann man leicht an wenigen Anwendungsbeispielen erkennen: Wenn etwa in einem Spielfilm parallel unterschiedliche Handlungsstränge dargestellt werden, so ist nicht klar, ob dies verschiedene Themen und/oder verschiedene formale Einheiten sind (und damit »Beiträge«). Ein zweites Beispiel: Wenn in einer Quizsendung verschiedene Kandidaten zu unterschiedlichen Themen befragt werden, dann kann man dies ebenso als »inhaltliche Einheiten« auffassen wie ein klarer Themenwechsel in einer Talkshow oder einem Politikerinterview. Auch hier bedarf es also noch einer ganzen Reihe zusätzlicher expliziter Regelungen und Erläuterungen, um diese Definition operational eindeutig anwendbar zu machen.

Entwicklung des Kategoriensystems

Die Dimensionen der Hypothesen wurden oben bereits abgeleitet. Sie bilden die Hauptkategorien des Kategoriensystems. Auch einige Unterkategorien kann man bereits anhand theoretischer Vorüberlegungen bestimmen. Die Mehrzahl der Unterkategorien wird aber meist im Zuge der empiriegeleiteten Kategorienbildung festgelegt. Sie wird in der bereits beschriebenen Weise durchgeführt (siehe Kap. II, 1.2.2). Ich will darauf hier nicht noch einmal eingehen, sondern gleich das Ergebnis präsentieren, um dann auf einige spezifische Probleme zu kommen:

KATEGORIENSYSTEM

V01   Sender

     1   ARD
     2   ZDF
     3   RTL plus
     4   SAT 1
     5   ProSieben
     n   weitere

V02   Lfd. Nr. der Sendung

    |_____|

V03   Sendungsdatum (Beginn)

    | __ | __ | __ | Tag Mon. Jahr

V04   Sendebeginn

    |__|__| Std. Min.

V05   Sendedauer

    | _____ | Min.

FUNKTION / PROGRAMMSPARTE
(max. 2 Nennungen: Intensitätsstufe 1 kann pro Kategorie zweimal
vergeben werden, Intensitätsstufen 0 und 2 nur je einmal)

V06   Information / Ratgeber

     0   trifft nicht zu
     1   trifft etwas zu
     2   trifft voll und ganz zu

V07   **Bildung / Belehrung / Unterricht**

    0   trifft nicht zu
    1   trifft etwas zu
    2   trifft voll und ganz zu

V08   **Kritik**

    0   trifft nicht zu
    1   trifft etwas zu
    2   trifft voll und ganz zu

V09   **Kultur »klassisch«**

    0   trifft nicht zu
    1   trifft etwas zu
    2   trifft voll und ganz zu

V10   **Kultur »modern«**

    0   trifft nicht zu
    1   trifft etwas zu
    2   trifft voll und ganz zu

V11   **Unterhaltung**

    0   trifft nicht zu
    1   trifft etwas zu
    2   trifft voll und ganz zu

V12   **Sonstiges (notieren)**

    0   ---
    1   trifft etwas zu
    2   trifft voll und ganz zu

V13   *DARSTELLUNGSFORM / STILFORM*

01   Nachrichten
02   Magazin
03   Bericht/Dokumentation / Reportage (incl. Übertragungen von Veranstaltungen, Aufführungen etc.)
04   Diskussion/Interview / Gespräch
05   Andere tatsachenbetonte Stilformen
06   Andere meinungsbetonte Stilformen
07   Show / Quiz / Spiele
08   Spielfilm
09   Fernsehspiel
10   Andere phantasie- / unterhaltungsbetonte Stilformen

V14/V15   *THEMENBEREICHE* (max. 2 Nennungen; nur dominierend)

100   Politik
110   Wirtschaft
111   Religion

112   Gesellschaft und Zeitgeschehen (neutral)
113   dto. (negativ) Unglücke, Katastrophen, Verbrechen etc.
114   dto. (positiv) Klatsch, Auszeichnungen, Preise etc.
115   Technik / Naturwissenschaft
116   Medizin / Gesundheit / Ernährung
117   Sprache / Geisteswissenschaft
118   Soziales / Sozialwissenschaft
119   Natur / Tiere (außer Ökologie)
120   Ökologie / Umweltschutz
121   Sachkunde (div. Sachthemen, Bsp: Sendung mit der Maus)
122   Diverse **aktuelle** Themen aus Politik und Zeitgeschichte / Mischform (Bsp.: Nachrichten; polit. Magazine. Bei Bedarf den Kat. 112–114 hinzufügen)
123   Kunst allgemein und Mischformen (Elemente notieren!)
124   Bildende Kunst
125   Musik
126   Theater
127   Kabarett, Kleinkunst

128 Tanz
129 Oper / Operette / Musical
130 Sonstige Kunstformen (notieren)
140 Krimi / Detektiv / Gangster
141 Agenten / Spionage
142 Psycho / Grusel / Horror
143 Abenteuer / Piraten etc.
144 Action
145 Krieg
146 Sciencefiction
147 Heimat / Arzt / Förster etc. / Folklore / Volkstümliches
148 Familie / Romanze / Schicksal
149 Märchen / Fantasy / Puppen /
150 Humor
151 Sex
152 Experimental
153 Zirkus / Variété
154 Sonstige Themenbereiche (außer Sport) (notieren!)

160 Sport allgemein und Mischformen (Sportnachrichten etc.)
161 Fußball
162 Handball
163 Eishockey
164 Tennis
165 Leichtathletik
166 Pferdesport
167 Motorsport (Grand Prix und Rallye)
168 Radsport
169 Boxen
170 Kraftsport (Gewichtheben, Ringen, Judo etc.)
171 Sonstige Feldsportarten (Hockey, Volleyball, Golf etc.)
172 Wassersport (Schwimmen, Rudern, Kunstspringen, etc.)
173 Turnen / Kunstturnen / Sportgymnastik
174 Eiskunstlauf / Eisschnelllauf
175 Skisport
176 Sonstige Wintersportarten
177 Sonstige Sportarten (notieren!)

Dies sind lediglich Kategorien-Labels. Ihre Bedeutung ist in Definitionen festzulegen. Nicht-definitionsbedürftige Kategorien findet man außerordentlich selten, wie die oben erwähnten, vordergründig so evidenten Beispiele »Bauwerke« und »Sendung« zeigen. Bei dieser Liste möchte ich nur als ein Beispiel die Kategorie 145 »Krieg« nennen. Ohne genaue Definition ihres vordergründig so evidenten Bedeutungsgehalts ist völlig unklar, wie codiert wird, wenn einem Agenten- (Kat. 141), Piraten- (Kat. 143) oder Sciencefiction-Film (Kat. 146) ebenfalls eine Kriegshandlung zugrunde liegt. Trennschärfe zwischen den Kategorien herzustellen ist zwar kein besonders schwieriges Problem, erfordert aber einen gewissen Aufwand. Jedenfalls sind auch vordergründig völlig evidente Kategorien informationsleer und damit wertlos, wenn nicht über explizite Definitionen ihr Bedeutungsgehalt klar umrissen ist. Aus Platzgründen können wir hier jedoch nicht alle genannten Kategorien einzeln definieren und beschränken uns deshalb auf einige besonders kritische oder besonders häufig vorkommende Probleme.

KATEGORIENDEFINITIONEN: AUSGEWÄHLTE PROBLEME

Kategorie »Funktion/Sparte«

Im Prinzip stellt sich das Problem, das bei der Definition der Kategorie Funktion/ Sparte auftritt, bei allen Kategorien, in ganz besonderer Weise jedoch bei solchen, die sich auf Äußerungen beziehen, deren Interpretation bzw. Wirkung relativ wenig konventionalisiert ist. Falls es hinreichend klare Kriterien und Indikatoren für verschiedene Interpretationsweisen gibt, (und nur dann!) ist zu entscheiden, aus welcher Perspektive interpretiert werden soll: aus der Sicht der Programmmacher, des Publikums oder aus der Sicht jedes einzelnen Codierers. Da den Medien in Gesetzen, Staatsverträgen und höchstrichterlichen Urteilen bestimmte Funktionen zugeschrieben werden, die sich in deren Programmstruktur niederschlagen, ist hinreichend klar erkennbar, was aus der Sicht der Kommunikatoren als Unterhaltung, Information, Ratgeber oder Bildung angeboten wird. Die Perspektive des Publikums ist kaum eindeutig identifizierbar: Die einen werden etwa eine Sendung mit volkstümlichen Liedern als Unterhaltung, andere als Kultur bezeichnen. Die einen zählen eine Sendung über die neueste Herbstmode bereits zum Umfeld der Werbung, die anderen zur Information und wieder andere subsumieren Modekreationen als Kunst und Design der Kultur. Die Einschätzung ist also je nach Zielgruppe verschieden. Entsprechende Folgen hätte es dann auch, wenn man die Einschätzungen den einzelnen Codierern überlassen würde. Doch dies verbietet sich noch aus einem ganz anderen Grund: Die Inhaltsanalyse muss ihre

Vorgehensweise transparent machen, weshalb sie sich auf eine bestimmte Interpretationsweise festlegen und diese nachvollziehbar dokumentieren muss.

Das Problem besteht in unserem konkreten Fall deshalb auch nicht etwa darin, die genannten Unklarheiten zu beseitigen. Durch entsprechende Definitionen ließe sich das zufriedenstellend erreichen. Das Problem liegt vielmehr darin zu entscheiden, vor dem Hintergrund welcher Perspektive definiert werden soll. Theoretische Vorgaben hinsichtlich der einen oder anderen Perspektive waren in unserer Problemstellung nicht enthalten, so dass wir uns aus pragmatischen Gründen für die am klarsten identifizierbare Kommunikatorperspektive entscheiden. Mit dieser Festlegung verzichten wir bewusst auf jede Möglichkeit der Inferenz auf Publikumsreaktionen. Inferenzen sind zwar in aller Regel ohnehin nur mehr oder weniger plausible Interpretationen, aber seriöserweise können wir unsere späteren Befunde nicht einmal vorsichtig dahingehend interpretieren, dass das Publikum die Sendungsfunktionen auch in der codierten Weise wahrgenommen habe. Da diese Inferenz wegen fehlender Außenkriterien aus einschlägigen Wirkungsstudien (vgl. z.B. Früh 1980; Früh 2001) aber ohnehin nicht möglich gewesen wäre, handelt es sich bei dieser Entscheidung nicht um einen freiwilligen Verzicht, sondern nur um eine notwendige Klärung. Dennoch treten auch bei der evidenteren und damit einfacher zu codierenden »Kommunikatorperspektive« einige Schwierigkeiten auf.

Definitionsprobleme: Dass Nachrichtensendungen zur Information gehören und Quiz und Spiel zur Unterhaltung ist unstrittig. Dass in Ratgebersendungen *dem Zuschauer* ein *expliziter* Ratschlag erteilt werden muss, war nach kurzer Überlegung auch klar. Doch was ist, wenn in einer Nachrichtensendung zur Urlaubszeit der Rat der Polizei weitergegeben wird, ein bestimmtes Autobahnteilstück zu meiden? Wird »XY- ungelöst« zur Ratgebersendung, wenn die Moderatorin nach dem Mord an einer »Anhalterin« dringend vor dieser Reiseform warnt? Und was ist mit allen Werbespots, in denen explizit zum Kauf eines bestimmten Produkts geraten wird?

Lösung:

a) Offenbar können in Sendungen mit dominant anderem Charakter gewichtige Elemente mit klarer Ratgeberfunktion eingebaut sein. Deshalb lassen wir maximal 2 Funktionen pro Sendung zu und gewichten sie auf einer Rating-Skala. Jede Sendung erreicht 2 Punkte, die sich entweder auf eine dominierende Funktion konzentrieren oder auf zwei Funktionen aufteilen können. Selbstverständlich sind auch differenziertere Gewichtungen möglich, wenn ein Gewichtungskriterium angegeben werden kann. Die Beschränkung auf nur zwei codierte Funktionen erwies sich jedoch als zweckmäßig, weil irgendwo in jeder Sendung informierende, unterhaltende, bildende oder kritische Elemente versteckt sein werden, so dass leicht immer alle Funktionen codiert würden. Damit verlören aber die Kategorien jeglichen Informationsgehalt. Die Beschränkung auf zwei Funktionen soll also den Zweck haben, nur die wirklich zentralen, dominanten Funktionen zu erfassen.

b) Werbung erfüllt zwar alle Definitionskriterien der Kategorie »Ratgeber«, wird aber explizit aus dieser Definition herausgenommen (»Ratgeber ist...., außer Werbung.«).

Ähnliche Probleme stellen sich bei der Definition und Codierung von Information. Wie bereits erwähnt, wird selbstverständlich auch in einer Ratgeber-, Bildungs-, Kultur- oder Unterhaltungssendung, in einem Werbespot ebenso wie in einem politischen Magazin Information vermittelt. Information ist schließlich konstituierender Bestandteil jeder Kommunikation und wäre deshalb in unserem Erkenntniszusammenhang (kurioserweise) informationsleer. Wir schränken deshalb die Informationsfunktion durch das Kriterium »aktueller Ereignisbezug« ein, um so unterschiedliche Ausprägungen an unseren Untersuchungsobjekten feststellen und vergleichen zu können. Damit unterstellen wir, dass zu jeder anderen Funktion implizit ein gewisser, nicht auf aktuelle Ereignisse bezogener Informationsanteil gehört, der jedoch nicht gesondert ausgewiesen werden muss. Das Problem, dass z.B. eine politische Magazinsendung neben der Kritik auch aktuelle, ereignisbezogene Information enthält, ist bereits dadurch gelöst, dass zwei Funktionen codiert werden können.

Schon kurz angesprochen wurden die Definitionsprobleme bei der Kategorie »Kultur«. Eine kulturphilosophische Definition, wonach jede menschliche Lebensäußerung und jedes Produkt menschlichen Wirkens ein Element der Kultur ist, erscheint offensichtlich zu weit gefasst. Eine Regelung, wonach nur Sendungen einbezogen werden sollen, die von den jeweiligen Kulturredaktionen produziert wurden, erwies sich als nicht sehr praktikabel bzw. sinnvoll. Denn erstens ist dies nicht immer klar erkennbar (Mitglieder von Kulturredaktionen produzieren gelegentlich auch für andere Hauptabteilungen, und ihre Namen sind den Codierern ohnehin nicht alle bekannt), und zweitens werden viele, von den Programmgestaltern zur Kultur gezählte Sendungen nicht von der Kulturredaktion produziert (z.B. viele Übertragungen von Theaterinszenierungen, Konzerten usw.).

Lösung: Wir entscheiden uns zunächst dafür, den Kulturbegriff aufzusplitten in »Klassische Kultur«, »Moderne Kultur« und »Volkstümliche Kultur«. Damit sind wir jedoch noch längst nicht am Ziel, weil etwa die Grenze zur Unterhaltung völlig unscharf ist. Ein Definitionsansatz mit Hilfe der Kriterien »Anspruch«

bzw. »Niveau« erweist sich als allenfalls kleine Hilfe, weil damit notwendig der schillernde Begriff »Kunst« ins Spiel kommt. Es bleibt nicht der Raum, um die vielen Bemühungen zu schildern, die dieses Problem zu lösen versuchten. Aber man sollte vielleicht von Inhaltsanalytikern auch nicht unbedingt Lösungen für Probleme fordern, die in den dafür zuständigen Kunst- und Kulturwissenschaften noch strittig sind. Dennoch gibt es eine wenigstens pragmatische Lösung: Der Kulturbegriff wird in möglichst viele, relativ klar abgrenzbare Bereiche ausdifferenziert; dann verzichtet man auf sehr weitgehende nominale Definitionen, in denen Begriffe als Definiens verwendet werden, die selbst nicht definiert werden können (z.B. Kunst, Niveau usw.). Stattdessen weitet man den Anteil der sog. »Listendefinition« extensiv aus, d.h. man weist explizit aus, ob man z.B. ein Konzert von Tina Turner oder der Rolling Stones zur »modernen Kultur« oder zur »Unterhaltung« zählen will. Die Kategorien definieren sich dann weitgehend über die Liste der aufgezählten Beispiele. Hat jemand eine andere Auffassung von Kultur, dann erlaubt die Ausdifferenzierung, dass man auch nachträglich noch z.B. die Werte für »Volkstümliche Kultur« der Unterhaltung zuschlagen kann. Die IA verliert dadurch nichts an Validität und Aussagekraft.

Kategorie: »Darstellungsform / Stilform«

Bei der Form, in der die Sendungsinhalte dargestellt werden, handelt es sich im Wesentlichen um die klassischen journalistischen Stilformen, deren Beschreibung in einschlägigen Handbüchern nachzulesen ist. Ergänzt werden sie durch die Kategorien »Übertragung« und »Spielhandlung«. Übertragungen sind journalistisch weitgehend unbearbeitete, d.h. allenfalls unwesentlich geschnittene bzw. kommentierte Beiträge (z.B. Reden aus dem Bundestag, Ansprachen, Verlautbarungen, evtl. auch Übertragungen von kompletten Sportereignissen oder Konzerten etc.). Der Unterschied zur Kategorie »Bericht / Dokumentation / Reportage« ist also fließend und betrifft nur Intensität und Umfang der journalistischen Bearbeitung. Die Kategorie »Spielhandlung« erfasst alle Spielfilme, Serien etc., d.h. dramaturgisch gestaltete Handlungszusammenhänge mit meist fiktionalem Charakter.

Mischformen werden dadurch erfasst, dass ein Wechsel in der Darstellungsform in der Regel einen eigenen Beitrag innerhalb der Sendung definiert (siehe oben Def. Sendung/Beitrag). Allerdings zeigte sich später bei der Probecodierung, dass dieses Mittel nicht immer angemessen zu sein scheint. Wenn etwa innerhalb einer Nachrichtensendung ein Kurzinterview mit einem Politiker stattfindet oder nach einer Wortmeldung der zugehörige Bildbericht eingespielt wird, so liegt es nahe, darin keine verschiedenen Beiträge zu sehen, obwohl sie von verschiedenen

Journalisten stammen und formal unterschiedliche Stilformen benutzen. Man kann zwar auch die andere Position vertreten und aus eben diesen Gründen verschiedene Beiträge definieren, mindestens ebenso viel spricht jedoch dafür, die thematische Einheit höher einzustufen als die formalen Unterschiede und deshalb in den genannten (und ähnlichen) Beispielen nur jeweils einen Beitrag zu sehen. Dann wäre zu überlegen, ob man, ähnlich wie bei den Funktionen, jeweils zwei Darstellungsformen pro Sendung oder Beitrag zur Codierung zulässt. Die zweite Möglichkeit besteht darin, auf Beitragsebene dem thematischen Wechsel (Achtung: definitionsbedürftig!) prinzipiell die Priorität einzuräumen, sofern er mit dem formalen Wechsel kollidiert.

Bisher erfassen wir – von den beiden erwähnten Zusatzkategorien einmal abgesehen – nur Sendungen oder Beiträge, die nach den »klassischen« journalistischen Stilformen gestaltet sind. In Mischformen werden dieselben Stilformen nur abwechselnd verwendet. Da nach unserem subjektiven Eindruck jedoch nicht auszuschließen ist, dass sich derzeit auch ganz neue Darstellungsformen entwickeln, wollten wir diesen Veränderungsprozess auch in unserer Inhaltsanalyse abbilden. Auch wenn keine grundsätzlich neuen journalistischen Darstellungsform »kreiert« wird, sondern lediglich die bekannten Darstellungsformen durch zusätzliche Stilmittel in ihrem Präsentationsstil stark verändert werden, könnte dies aufschlussreich sein. Nachrichten werden vielleicht »lockerer« dargeboten, mit persönlichen Bemerkungen, Mimik oder Gestik kommentiert, die Ausstattung des Studios ist »bunter« als das »typische« karge Nachrichtenstudio usw.

Doch solche, die Darstellungsform modifizierenden Präsentationsmerkmale ebenso wie ganz neue Präsentationsformen systematisch zu erfassen erwies sich als nicht ganz einfach, weil die Inhaltsanalyse nun einmal grundsätzlich eine Suchstrategie ist, mit der man nur das findet, was man zuvor bereits in seiner Art definieren kann. Eine umfangreiche explorative Vorstudie könnte hier zwar weiterhelfen, ist in der Praxis aber oft zu aufwendig und zeitraubend. Eine zwar etwas unpräzisere, aber wesentlich ökonomischere Vorgehensweise ist die Einführung einer Kategorie »Sonstige Darstellungsformen«, verbunden mit der Instruktion an den Codierer, diese möglichst genau (evtl. nach einem Katalog vorgegebener Kriterien) zu beschreiben. Finden sich in diesen Beschreibungen einige gemeinsame Merkmale, dann kann man mit einiger Vorsicht neue Darstellungsformen auch nachträglich noch definieren und die betreffenden Beiträge nachcodieren. Etwas Vorsicht ist deshalb geboten, weil die Beschreibungen der Codierer nicht ganz systematisch erfolgen, d.h. es ist nicht sichergestellt, dass die Codierer Neues in absolut gleicher Weise erkannten; es liegt schließlich in der Natur der Sache, dass man vorab nicht darüber informieren kann, was wirklich neu ist im Unterschied zu bloßen Variationen des bereits Bekannten. Insofern ist diese Vorgehensweise zwar durchaus ökonomisch und inhaltlich vertretbar, aber noch nicht der »Königsweg«, weil die nachcodierten Daten möglicherweise nicht ganz so verlässlich sind wie die übrigen Codierungen.

Derartige Unsicherheiten lassen sich nur dann vermeiden, wenn man von Anfang an Veränderungen der journalistischen Darstellungsformen einkalkuliert und sein Kategoriensystem entsprechend für solche Neuentwicklungen sensibilisiert. Dies erreicht man, wenn man das Prinzip des synthetischen Kategoriensystems auch auf die Ebene der Hauptkategorien (hier: »Darstellungsform / Stilform«) ausweitet. Dazu werden die stilistischen und darstellungstechnischen »Bausteine« wie z.B. Moderationstypen, Sprachstil, Kombinationsformen von Bild und Ton etc. als eigenständige Kategorien eingeführt. Die jeweils konkret vorkommende journalistische Darstellungsform wird dann nicht einem tradierten und vielleicht noch aktuell zutreffenden starren Kategorienraster zugeordnet, sondern sie ergibt sich erst als Kombinationsmuster der verwendeten »Präsentationsbausteine«. Auf diesem Wege lässt sich leicht feststellen, ob diese Muster über die Zeit stabil bleiben oder ob sich ihre Binnenstruktur ändert ohne dass sich deshalb die Sendungskategorie (z.B. Nachrichtensendung, Magazin, Talkshow etc.) geändert hätte.

Allerdings hat auch diese »synthetische« Vorgehensweise dort ihre Grenzen, wo völlig neue Präsentationsmittel »entdeckt« werden, die sich nicht als eine Modifikation oder veränderte Kombination und Gewichtung bekannter »Bausteine« beschreiben lassen. Zwar sind solche ganz originären Neuentwicklungen außerordentlich selten, aber bei Bedarf kann man inhaltsanalytisch durchaus Vorkehrungen treffen, um auch sie zu erfassen. Dazu braucht man nur die zuerst beschriebene Vorgehensweise mit der nachcodierten Kategorie »Sonstige Darstellungsformen« mit der zuletzt erläuterten »synthetischen« Vorgehensweise kombinieren.

Kategorie »Themen«

Eine naturgemäß sehr zentrale Hauptkategorie bei der Erfassung von Medienangeboten ist die Kategorie »Thema / Inhalt«. Da die Entwicklung und Definition dieser Kategorie samt ihrer Unterkategorien jedoch kein spezifisches Problem der hier behandelten Fragestellung ist (und auch oben bereits ausführlich beschrieben wurde), will ich hier nur noch einmal auf einige grundsätzliche Überlegungen eingehen.

Die Anzahl möglicher Themen und damit auch möglicher Unterkategorien ist nahezu beliebig groß. Im Prinzip kann ich mich einerseits mit zwei Kategorien begnügen (z.B. politische / unpolitische Themen) oder andererseits je zwei singuläre Fälle unter einem gemeinsamen thematischen Aspekt zu einer Kategorie zusammenfassen (der Einzelfall selbst ist per definitionem keine Kategorie mehr). Oder konkreter: Ich kann mich mit den Inhaltskategorien »Politik« oder »Sport« begnügen oder aber annähernd zwei Dutzend Kategorien bilden, von der Außenpolitik über die Frauenpolitik bis hin zur Kommunalpolitik; ich kann schlicht die Inhaltskategorie »Sport« vorsehen, oder einige Dutzend Sportarten, vom Fußball bis hin zu Squash, Jogging und Bodybuilding in eigenen Kategorien erfassen. Streiten kann man sich allenfalls noch darüber, ob etwa Skat oder Schach Sportarten sind. Das Abstraktionsniveau bzw. der Differenziertheitsgrad eines Kategoriensystems hängt immer von meinem Forschungsinteresse ab. Das was ich hinterher zueinander in Beziehung setzen will, muss unterscheidbar inhaltsanalytisch erfasst werden, gleichgültig wie allgemein oder spezifisch dieser Sachverhalt auch sein mag. Jedenfalls ruft es leichtes Erstaunen hervor, wenn mit Hilfe von Kategoriensystemen, die aus mehr als 200 Inhaltskategorien bestehen, später nur belegt wird, dass Sportthemen häufiger behandelt werden als politische Themen.

Auswertung

Abschließend soll noch an wenigen Beispielen der spezifische Ertrag eines solchen synthetischen Kategoriensystems belegt werden. Bei den meist verwendeten »phänotypischen« Kategoriensystemen werden konkrete Fernsehsendungen zu Phänotypen zusammengefasst und jeweils einer Kategorie zugeordnet. Wie oben bereits erwähnt, könnten solche Phänotypen etwa sein: Kindersendung, Krimi, Western, Politische Magazine, Quiz, Familienserie, Talkshow usw. Man kann also hinterher herausfinden, wie viele Kindersendungen in jedem Programm pro Woche gesendet wurden, zu welchen Tageszeiten Krimis, Talkshows oder politische Magazine ausgestrahlt werden und welchen Anteil der Gesamtsendezeit dies ausmacht usw. Will ich jedoch wissen, ob der Unterhaltungsanteil zunimmt oder zwei Programme sich darin unterscheiden, dann kann ich hier lediglich im Nachhinein solche Sendungstypen recodieren, von denen ich annehmen kann, dass sie in aller Regel eindeutig zur Unterhaltung gehören. Problematisch wird diese Vorgehensweise dann, wenn in einer Kategorie sowohl Sendungen mit als auch solche ohne Unterhaltungscharakter subsumiert sind. So sind etwa die »Muppets Show« und »Die Sendung mit der Maus« beides Kindersendungen, aber während die eine rein unterhaltenden Charakter hat, enthält die andere auch ausgeprägte bildende bzw. informierende Elemente. Auch Veränderungen innerhalb eines Sendungstypus, etwa hinsichtlich der Funktionen oder Darstellungsmittel, lassen sich mittels eines »starren« phänotypischen Kategoriensystems nicht abbilden.

Das synthetische Kategoriensystem abstrahiert die einzelnen Merkmale vom konkreten Sendungstypus, so dass etwa die Unterhaltungsfunktion über alle Sendungstypen hinweg analytisch betrachtet werden kann. Auch ein Rückbezug auf bestimmte Inhalte oder Darstellungsformen ist möglich. Durch die Merkmalskombination:

a) *Funktion*: Unterhaltung; b) *Darstellungsform*: Magazin; c) *Inhalt*: Politik lässt sich z.B. feststellen, wie viele politische Magazinsendungen unterhaltende Elemente enthalten. Ich kann darüber hinaus aber auch feststellen, welche Sendungsmerkmale besonders häufig gemeinsam auftreten. Dadurch ist es vielleicht möglich, neuen Sendungstypen auf die Spur zu kommen bzw. einen Wandel der Attribute besonders häufiger Sendungstypen (über V02: *Lfd. Nr. der Sendung* identifizierbar) zu erkennen.

2.3   Analyse impliziter (latenter) Bewertungen

Anhand eines weiteren konkreten Beispiels soll eine etwas anspruchsvollere Fragestellung bearbeitet werden. Noch immer wird die Kritik offenbar gerne wiederholt, die Siegfried KRACAUER (1952) im Disput mit Bernard BERELSON (1952) erstmals vorbrachte, dass nämlich die Inhaltsanalyse nur den platten, vordergründigen Inhalt erfassen könne. Die etwas subtileren Bedeutungen blieben ihrem Zugriff verschlossen. Berelson bestätigte zumindest teilweise diese Kritik, indem er den Gegenstand der Inhaltsanalyse auf den sog. »manifesten« Textinhalt eingrenzte. Er vertrat die Auffassung, die Inhaltsanalyse könne nur Mitteilungen beschreiben, die explizit und unvermittelt die gemeinte Bedeutung formulieren. Als Extrembeispiel nannte er den sachlichen Bericht über ein Zugunglück (BERELSON 1952, 19), in dem die gemeinte Bedeutung offen ausgesprochen ist und von jedem Leser gleich interpretiert wird. Die Bedeutungslatenz verschiedener Mitteilungstypen nimmt nun kontinuierlich zu bis zu dem anderen Extrempunkt, an dem Berelson »ein dunkles modernes Gedicht« lokalisiert. Er meint, die Anwendungsmöglichkeiten der Inhaltsanalyse seien auf dem Kontinuum schon sehr bald hinter dem Typus »Sachbericht« beendet.

Wie oben bereits ausführlich dargelegt, war dies jedoch sicherlich ein gravierender Irrtum, weil das Kriterium für die Codierbarkeit nicht die direkte, explizite Formulierung der gemeinten Bedeutung ist, sondern die Möglichkeit ihrer intersubjektiv hinreichend evidenten Beschreibung. Wenn verschiedene Leser (oder Codierer) dieselbe »latente«, d.h. implizite Tendenz eines Textes oder einer Äußerung erkennen, dann ist sie »manifest«, ob sie nun explizit ausformuliert war oder nicht.

Im folgenden Beispiel soll deshalb gezeigt werden, wie man auch das inhaltsanalytisch erfassen kann, was »zwischen den Zeilen steht«. Dabei soll die Inhaltsanalyse wiederum nicht in allen Details dargestellt werden. Erörtert werden vielmehr die sich speziell bei dieser Forschungsfrage stellenden Probleme.

FORSCHUNGSFRAGE

Unterscheidet sich die Berichterstattung deutscher Tageszeitungen in ihrer Tendenz
für oder gegen Kernkraft ein Jahr nach dem Reaktorunfall von Tschernobyl?[57]

Dieses Thema schien besonders gut geeignet zu sein, um latente Bewertungen
zu erfassen, denn erstens besteht bei einem Jahrestag für die Presse keine zwin-
gende Notwendigkeit, auf ein aktuelles Ereignis zu reagieren. Deshalb wird allein
die Tatsache, dass dieses Thema von einer Zeitung aufgegriffen wird, gemeinsam
mit dem Umfang und der Aufmachung, in der sie es darstellt, ein sicheres Indiz
für die zugeschriebene Bedeutsamkeit sein. Bedeutsame Themen lassen Stellungnahmen erwarten, dies insbesondere dann, wenn mit einigem zeitlichen Abstand
zu dem ungeheuerlichen Gau auch die Kernkraftbefürworter sich wieder lauter zu
Wort melden können, ohne befürchten zu müssen, ethische Grundempfindungen
zu verletzen. Zweitens ist ein Jahrestag vorhersehbar, so dass die Beiträge nicht
unter dem üblichen tagesaktuellen Zeitdruck verfasst werden mussten. Dies lässt
einerseits erwarten, dass geäußerte Meinungen längerfristigen, wohlüberlegten
Überzeugungen entsprechen und andererseits, dass mit spitzer Feder und stilisti-
scher Raffinesse die Meinung auch »zwischen die Zeilen« geschrieben wurde.

Ausblenden wollen wir die Bestimmung der Stichprobe, die Auswahl der relevanten Artikel, Definitionen von Umfang, Platzierung und Aufmachung usw.
sowie die Formulierung weiterer, spezifischer Hypothesen. Wir kommen vielmehr
sofort zum Kernproblem, der Definition und Erfassung von »Tendenz«.

TENDENZ

Zu einem kontrovers diskutierten Sachverhalt gibt es Argumente, die für bzw. ge-
gen diesen Sachverhalt sprechen; außerdem gibt es indifferente Äußerungen zum
Sachverhalt, die also weder pro noch kontra argumentieren. Überwiegen in einem
Argumentationszusammenhang (oder einer größeren, festzulegenden Mitteilungs-

---

57 Das Projekt wurde im Rahmen eines Forschungsseminars am Institut für Kommunika-
tionswissenschaft der Universität München durchgeführt. Wesentliche Aspekte haben die
Seminarteilnehmer/-innen Andrea Eiber, Christine Ehrl, Peter Gaßner, Robert Haller, Patricia
Hallstein, Thomas Knieper und Peter Kronfeld beigetragen. Hier werden nur teils stark gekürzte
Auszuge aus dem Gesamtprojekt dargestellt.

menge) die Pro- oder die Kontra-Argumente nach Anzahl und Gewicht, so ist eine Tendenz gegeben.

Damit ist auch bereits die Codiereinheit »Argument« festgelegt. Allerdings sind dazu noch einige Worte zu sagen. Es gibt eine Menge von Aussagen zum Thema »Kernkraft«. Einige davon nehmen explizit für, andere explizit gegen Kernkraft Stellung. Diese Äußerungen nennen wir *explizite Argumente (Argumentebene)*. Daneben gibt es jedoch auch formal neutrale Äußerungen, denen jedoch durch eine bestimmte stilistische Formulierung, durch formale Darstellungsmittel oder Interpunktion eine Tendenz in die eine oder andere Richtung verliehen wird. Wir nennen sie *implizite Argumente (Stilmittelebene)*. Explizite und implizite Argumente können sich wechselseitig beeinflussen, und zwar verstärken, abschwächen oder neutralisieren. Alle neutralen oder neutralisierten Äußerungen zum Thema nennen wir der Einfachheit halber *neutrale Argumente* (obwohl dies dem Wortsinn nach ein Widerspruch in sich selbst ist). Auch Argumente derselben Klasse können sich untereinander beeinflussen; so etwa wenn in einem Fazit alle eindeutig genannten Gegenargumente ebenso explizit entkräftet werden. Insgesamt erhalten wir so neben der absoluten Zahl von Pro- und Kontra-Argumenten auch die Anzahl der »gültigen«, d.h. im Sinne einer Tendenz wirksamen Pro- und Kontra-Argumente. Sie errechnet sich als Anzahl der insgesamt vorgebrachten Argumente abzüglich der Zahl der neutralisierten Argumente. In der oben formulierten Tendenz-Definition sind entsprechend nur die »aktiven« Argumente gemeint. Identifiziert werden müssen zunächst jedoch alle Äußerungen zum Thema, weil jedem von ihnen ja indirekt noch über die genannten Mechanismen eine Tendenz verliehen werden kann. Argumente sind hier relativ »weit« definiert als semantisch eigenständige Aussagen zu eindeutig identifizierbaren bzw. klar abgrenzbaren Teilaspekten des Themas Kernkraft mit implizit oder explizit bewertendem Charakter. Die Teilaspekte bzw. ihr Abstraktionsgrad sind durch das Kategoriensystem näher beschrieben.

VORGEHENSWEISE

Nachdem in einem ersten Arbeitsschritt eine Äußerung zum Thema identifiziert ist, wird in einem zweiten Arbeitsschritt geprüft, ob sie eine manifeste oder latente Stellungnahme zum Thema Kernkraft zum Ausdruck bringen. Weiter wird geprüft, ob sie durch unmittelbar darauf bezogene Gegenargumente wieder ganz oder teilweise entkräftet werden. Nur wenn in diesem Sinne ein Rest von argumentativem Gewicht pro oder kontra Kernkraft verbleibt, werden die Argumente codiert. Ausnahmen davon regelt das Kategoriensystem.

CODIERREGELN

Jeder Argumentwechsel stellt eine neu zu codierende Einheit dar. Somit wird die Codierung eines Arguments solange als eine einzige Nennung beibehalten, wie der durch die Kategorie definierte Sinnbezug gleich bleibt. Unmittelbar aufeinander folgende synonyme Äußerungen werden also nur einmal codiert (jedoch über die Kategorie 09: »Wiederholung sinngleicher Aussagen« erfasst; siehe unten). Wird das Argument von einer Textpassage unterbrochen, die nicht länger als ein Satz sein darf, dann gilt das Argument als fortgeführt. Erneut codiert wird ein Argument jedoch dann, wenn sein Handlungsträger wechselt.

Mit diesen Regelungen soll einerseits eine systematische, nach präzisen Vorgaben einheitliche Codierung der Argumente erreicht werden. Dies ist deshalb außerordentlich wichtig, weil durch eine beliebige Handhabung die Zahl der codierten Argumente leicht vervielfacht oder auch drastisch reduziert werden kann. Die auf diesem Wege ermittelte Argumentverteilung würde dann weniger die Tendenz der Texte als vielmehr die Handhabung der Argumentdefinitionen durch die Codierer beschreiben. Andererseits sollen diese Regelungen sicherstellen, dass Verzerrungen aufgrund unterschiedlicher Schreibstile vermieden werden. Es sollte nicht vorkommen, dass ein weitschweifig formulierter Text mit inhaltlich redundanten, formal-sprachlich jedoch unterschiedlich formulierten Argumenten gegenüber einer präzisen und deshalb auch kurzen Darstellung überbewertet wird. Allerdings sollen (als Option) dieselben Argumente, wenn sie in verschiedenen Sachzusammenhängen geäußert werden, auch mehrfach in die Codierung eingehen.

CODIERMODUS

Richtung und Intensität der Argumente sollen auf einer Ordinalskala abgebildet werden mit den Rangstufen 1 bis 7. Da eine valide absolute Gewichtung der manifesten Argumente untereinander mit einem vertretbaren Aufwand kaum möglich sein dürfte, werden alle manifesten negativen Argumente auf Rang 2, alle manifesten positiven Argumente auf Rang 6 gesetzt. Wird ein solches Argument durch latente Wertungen verstärkt, so verändert es sich um eine Position in Richtung des jeweiligen Extrempols (Rang 1 bzw. Rang 7). Wird ein manifestes positives oder negatives Argument durch ein latentes Argument abgeschwächt, so verliert es einen Rang in Richtung der neutralen Position. Wird es durch mehrere latente Argumente abgeschwächt, dann gilt es als neutralisiert (Rang 4). Ebenso gelten manifeste Argumente als neutralisiert, wenn ein anderes manifestes Gegenargument sprachlich direkt darauf bezogen wird. (Abbildung 9)

Abb. 9: Skala mit Verstärkung und Abschwächung

Ein Schwachpunkt dieser Argumentgewichtung ist die undifferenzierte Einstufung der expliziten Argumente. Es gibt sicherlich stärkere und schwächere Argumente. Doch hängt ihre Einstufung so stark von der subjektiven Position ab, dass

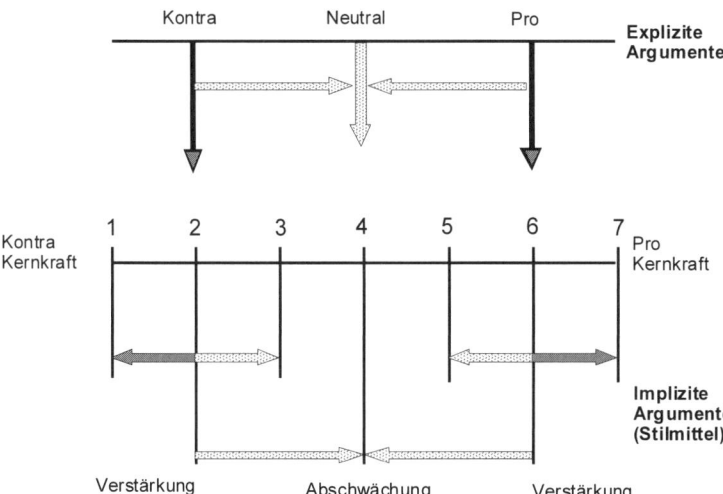

viele wahrscheinlich gar nicht intersubjektiv gültig eingestuft werden können. Sie müssten wohl nahezu vollständig in einer aufwendigen Vorstudie aufgelistet werden, um die Codierer durch Schulung zu einer übereinstimmenden Einstufung zu veranlassen. Doch auch dann wäre nur das Reliabilitäts-, nicht aber das Validitätsproblem gelöst. Die Diskussion würde sich nur auf die Kriterien der Schulung verlagern. Wir meinen jedoch, dass das vorgeschlagene einfachere Verfahren vor allem aus drei Gründen auch ausreicht, um gültige Ergebnisse zu liefern. Erstens wird die Gewichtung nur vorsichtig als Rangskala und nicht als Intervallskala interpretiert. Zweitens wird bei einem stärkeren Argument eine Verstärkung oder Abschwächung auch eine relativ stärkere oder schwächere Wirkung entfalten, so dass die relative Position auf der Rangskala kaum betroffen sein wird; betroffen sind dann nur noch die beiden unmodifizierten Positionen 2 und 5. Drittens schließlich werden sich möglicherweise störende Einflüsse bei allen Argumenten über die ganze Skalenbreite bemerkbar machen, so dass eine einseitige Verzerrung der Pro- oder der Kontra-Seite nicht zu befürchten ist. Interpretiert werden insgesamt ja nicht einzelne Skalenpositionen, sondern generelle Tendenzen in Richtung des einen oder des anderen Pols.

Dies ist jedoch nur das rechnerische Gewichtungsverfahren, das zwar sehr wichtig ist, aber jederzeit nach Belieben modifiziert werden kann. Um flexibel zu bleiben, empfiehlt es sich deshalb auch, die Gewichtungen nicht bereits bei der Codierung, sondern erst bei der Auswertung vorzunehmen. Sind manifeste und latente Tendenz der Argumente getrennt codiert, so kann man später ggf. auch noch mit modifizierten theoretischen Prämissen einen zweiten, alternativen Verrechnungsmodus wählen und die Ergebnisse miteinander vergleichen. Nicht reversibel ist jedoch die Erhebung der Daten, d.h. die Codierung der manifesten und latenten Argumente.

Hier kann man wieder zwei grundsätzlich verschiedene Strategien verfolgen: Entweder man codiert auf höchstem Abstraktionsniveau nur jeweils Pro-, Kontra- und neutrale Argumente, oder man interessiert sich zusätzlich auch noch inhaltlich dafür, um welche konkreten Argumente es sich dabei handelt. Wir wollen uns hier mit dem informationsreicheren und wohl auch häufigeren zweiten Anwendungsfall beschäftigen. Allerdings soll bei den expliziten Kategorien nur das Prinzip erläutert und eine kurze Übersicht geboten werden. Ausführlicher behandelt werden dann die hier besonders interessierenden impliziten Bewertungen.

EXPLIZITE ARGUMENTE

Die Zahl der Argumente im Zusammenhang mit Kernkraft ist so groß, dass es sich schon allein der Übersichtlichkeit wegen anbietet, sie nach größeren Themen- oder Sachbereichen zu gliedern. Die theorie- und empiriegeleitete Kategorienbildung legt 10 solcher Themenbereiche nahe. Sie sind wiederum in mehrere Unterkategorien aufgegliedert, in denen jeweils ein Bündel inhaltlich sehr ähnlicher konkreter Argumente zusammengefasst ist. Nach unserer Definition sind »Argumente« zunächst einmal alle Äußerungen zum Thema. Wir erwähnten bereits, dass nur ein Teil davon eine Richtung pro oder kontra Kernkraft aufweisen wird, bei einem anderen Teil wird es sich um lediglich neutrale Aussagen handeln. Da wir Tendenzen erfassen wollen, interessieren nur die gerichteten, »wirksamen« Argumente. Dennoch müssen zunächst alle Äußerungen zum Thema erfasst werden, da in zwei Arbeitsgängen codiert wird und im Prinzip jede neutrale Äußerung durch implizit wertende Stilmittel eine Pro- oder Kontra-Tendenz erhalten kann. In unserem Kategoriensystem betrifft dies vor allem die Kategorie 01: »Rekapitulation des Unglückshergangs und jetzige Situation am Unglücksort« und Kategorie 02: »Schilderung anderer Unfälle / Störfälle«.

Übersicht der Argumentkategorien

1. Rekapitulation des Unglücksherganges und jetzige Situation am Unglücksort

2. Schilderung anderer Unfälle / Störfälle

3. Schilderung geplanter oder tatsächlicher Aktionen für oder gegen Kernkraft

1	pro
2	kontra
3	neutral

4. Sicherheit: Technologischer Aspekt

01	Allgemein wertende Aussagen zur Sicherheit (Kernkraft ist sicher etc.)
02	Sicherheitsstandards zur Vermeidung von Störfällen (allgemein)
03	Funktionssicherheit bundesdeutscher Reaktoren
04	Funktionssicherheit ausländischer Reaktoren
05	Sicherheit bei äußerer Gewalteinwirkung (Terroranschlag, Flugzeugabsturz etc.)
06	Menschlicher Faktor (Zuverlässigkeit, Ausbildungsstand, Aufmerksamkeit etc.)
07	Sicherheitsrisiken durch Folgeprobleme (Entsorgung, Abbruch alter Reaktoren etc.)
08	Aussagekraft modelltheoretischer Risikostudien
09	Geplante Maßnahmen zur Schadensbegrenzung nach einem »denkbaren Unfall« (Evakuierungspläne etc.); Schadensvorsorge.
10	Sonstige Aussagen zum technologischen Aspekt der Sicherheit (Notieren!)

5. Sicherheit: Militärischer Aspekt
   weitere Unterkategorien
6. Politische Aspekte der Kernkraftnutzung
   weitere Unterkategorien

7. **Wirtschaftliche Aspekte der Kernkraftnutzung**
weitere Unterkategorien

8. **Gesundheit der Bevölkerung**
weitere Unterkategorien

9. **Auswirkungen auf die Umwelt**
weitere Unterkategorien

10. **Sonstige Argumente zur Kernkraft**
Codierer: Mit Fundstelle notieren!

Kategoriendefinitionen (Auswahl)

Alle Kategorien sind nunmehr wieder in der oben mehrfach beschriebenen Weise präzise zu definieren. Außerdem sind jeweils die Kriterien anzugeben, anhand derer entschieden werden kann, wann ein Argument eine pro- oder eine kontra-Tendenz zum Ausdruck bringt.

Beispiel:
Hauptkategorie 08: Gesundheit Der Bevölkerung

Pro Kernkraft:

Nominaldefinition

> Eine gesundheitliche (physische und psychische) Belastung oder Schädigung der Bevölkerung durch den regulären Betrieb von Kernkraftwerken wird ausgeschlossen oder als vertretbar gering dargestellt. Eingetretene oder prognostizierte gesundheitliche Belastungen der Bevölkerung durch den Reaktorunfall von Tschernobyl werden als relativ geringfügig dargestellt, oder es wird behauptet, sie seien nicht eingetreten.

Beispiele (Listendefinition):

- Belastung liegt im Rahmen der Schwankung der natürlichen Strahlung
- Die rechnerische Erhöhung des Krebsrisikos ist klein im Verhältnis zur zeitlichen und regionalen Variation der Krebshäufigkeit

- Das Krebsrisiko wird durch Rauchen stärker erhöht als durch Kernenergie
- Bisher sind in der BRD noch keine Todesfälle bekannt geworden, die direkt auf Tschernobyl zurückgehen

Kontra Kernkraft:

Nominaldefinition:

Die gesundheitliche (physische und psychische) Belastung oder Schädigung der Bevölkerung durch den regulären Betrieb von Kernkraftwerken und durch mögliche Störfälle wird als nicht vertretbar dargestellt. Die eingetretenen und prognostizierten gesundheitlichen Belastungen der Bevölkerung durch den Reaktorunfall von Tschernobyl werden als gravierend und nicht vertretbar dargestellt, ebenso die Folgen für die Bevölkerung der BRD.

Beispiele (Listendefinition):

- Die Strahlenbelastung in der Umgebung von Kernkraftwerken liegt über der natürlichen Strahlung
- Mögliche Störfälle auch kleinerer Art beinhalten ein nicht zu vertretendes Risiko für die Gesundheit
- Der Unfall von Tschernobyl kann zu gesundheitlichen Schädigungen führen, z.B. zur Erhöhung des Krebsrisikos
- Die Angst vor der eingetretenen Schädigung des damals noch ungeborenen Lebens bleibt uns noch mindestens eine Generation erhalten.

Nach der Definition aller manifesten Haupt- und Unterkategorien wird in gleicher Weise mit den Kategorien der latenten Tendenzbestimmung verfahren. Der Übersichtlichkeit wegen will ich diesen Kategorienkatalog mit seinen Definitionen zunächst unkommentiert darstellen.

KATEGORIEN DER IMPLIZITEN TENDENZEN (STILMITTEL)

Allgemeine Regeln

Pro Argument können bis zu vier Stilmittel codiert werden. Die Richtung der Stilmittel kann aber für alle Codierungen nur einmal einheitlich erfasst werden. Widersprechen sich die Richtungen der eingesetzten Stilmittel innerhalb einer

Codiereinheit, so werden zwar alle eingesetzten Stilmittel erfasst, die damit verbundene Richtung jedoch als »inkonsistent« codiert.

Die Codierung von Tendenz-Stilmitteln kann zu drei möglichen Modifikationen der Ausgangscodierung (Pro-/Kontra-Argumentation, neutraler Bericht) führen:

- Werden die Tendenz-Stilmittel in ursprünglich neutralen Berichten (Sonderfall) codiert, so führt dies zu einer Ausrichtung des Berichts in latente Pro- oder Kontra-Stellungnahmen zur Kernkraft.

- Werden die Tendenz-Stilmittel bei bereits vorliegenden manifesten Argumentausprägungen codiert, so werden die darauf bezogenen Argumente in ihrer explizit vorgegebenen Ausrichtung *verstärkt* oder *abgeschwächt*.

- Die Stilmittel *Ironisierung* und *Präsuppositionen* beeinflussen die Codierung auf der Argumentebene direkt: In beiden Fällen wird das jeweils konträre Argument codiert; eine zusätzliche Codierung auf Stilmittelebene im Sinne einer Verstärkung oder Abschwächung erfolgt nicht, jedoch sind die ironisierten resp. präsupponierten Argumente auf Argumentebene durch eine entsprechende Codierung kenntlich zu machen.

Codiert werden stets nur eindeutige Fälle. Argumente, deren implizite Tendenz zweifelhaft erscheint, sind zu notieren und mit den anderen Codierern und dem Projektleiter zu diskutieren. Gegebenenfalls werden sie als »Grenzfälle« in die jeweilige Kategoriendefinition aufgenommen.

Ironisierung

Konstruktumschreibung / Nominaldefinition:

Mit Hilfe der Ironie wird durch den Journalisten eine Aussage erkennbar in Frage gestellt, wobei der Leser zu einer Wertung veranlasst werden soll, die zu dem vordergründigen Bedeutungsgehalt genau konträr ist. Die Ironisierung kann sich auf einzelne Textbestandteile wie auch auf den Gesamttext beziehen. Bei der Ironisierung von einzelnen Textbestandteilen muss die ironische Bedeutung am Artikelkontext evaluiert werden. Um eine Ironisierung des Gesamttextes feststellen zu können, muss unter Umständen auch auf textexternes Wissen zurückgegriffen werden; deshalb sind in solchen Fällen die Codierungen stets mit allen Codierern und Codiererinnen sowie dem Projektleiter abzustimmen.

Operationale Definition:

Für eine Messung der ironischen Verwendung sowohl einzelner Textbestandteile wie auch des Gesamttextes gelten gleichermaßen folgende *»Kann-Indikatoren«*:

– Distanzierung durch Statusabwertung der Quelle (s. dort)
– Distanzierung durch redundante Zitatzeichensetzung:
  – bei ohnehin in indirekter Rede stehenden Satzteilen:
  Beispiel: »Herr M. sagte, es habe einen ›kleinen Störfall‹ gegeben«;
  – durch gezielt selektive Zitatzeichensetzung, deren grammatikalische Funktion zwar gerechtfertigt sein mag, die aber primär der erkennbar expliziten Kenntlichmachung einer der eigenen Überzeugung widersprechenden Fremdstellungnahme dient;
  Beispiel: »Natürlich setzen die Atomstrombefürworter dieser Argumentation gewichtige Argumente entgegen: Atomstrom ist billig, fördert das Wirtschaftswachstum, dient einer autarken Energieversorgung und ist natürlich *absolut sicher*«.
– Wortwahl, die durch ihren ausdrücklichen Gültigkeitsanspruch in erkennbarem Widerspruch zur offensichtlichen Umstrittenheit eines Arguments steht; Indikatoren: »*wie immer*«; »*natürlich*«; »*wie sollte es auch anders sein, …*« usw.

»Muss«-Indikatoren, das heißt notwendige, aber nicht hinreichende Bedingungen für die Ironisierung
a) einzelner Textbestandteile:
– Die der Ironisierung unterworfenen Textbestandteile müssen in deutlichem Widerspruch zum Informationscharakter des übrigen Artikelkontextes stehen
Beispiel:»Wie Staatsminister Meier erklärte, sei es zu einem *kleinen Störfall* gekommen. Bei dem Unfall traten fünfzehn Milligramm xy pro Kubikmeter aus, eine Substanz, die schon in Verbindung mit Luftfeuchtigkeit zur Freisetzung von *hochgiftigen* Gasen führt.«
b) des Gesamttextes:
– Der Artikel ist erkennbar einer kommentierenden Textgattung zuzurechnen;
– Aussagen, die der Einstellung des Autors (der Autorin) widersprechen, werden ironisiert durch absichtlich erzeugte oder bewusst offengelegte Widersprüchlichkeit der Argumentation;
  die Widersprüchlichkeit der Argumentation kann offengelegt werden, indem (historische) Fakten mit damit unvereinbaren Schlussfolgerungen oder Handlungskonzepten in Verbindung gebracht werden; dabei können die (historischen) Fakten
  – explizit genannt oder
  – als textexternes Allgemeinwissen vorausgesetzt sein.
  (Achtung: Ironie wird nur in absolut eindeutigen Fällen codiert; Absprache ist notwendig.)

Beispiel: »Zurecht verweisen die Kernkraft-Anhänger darauf, dass ja auch der GAU von Tschernobyl demonstriert hat, wie *sicher* die Kernkraftnutzung ist, da ja (...)«

Codieranweisung:

Das Stilmittel Ironisierung führt zur Codierung des Gegenarguments; zusätzlich erfolgt keine Codierung des Arguments als Verstärkung oder Abschwächung.

Präsuppositionen / Inferenz

Konstruktumschreibung / Nominaldefinition

»Selbstverständliche (implizite) Sinnvoraussetzungen sprachlicher Ausdrücke bzw. Äußerungen« (BUSSMANN 1983, 402). Solche Präsuppositionen können den vordergründigen Bedeutungsgehalt der Textoberfläche umkehren. Codiert wird das Gegenargument.

Operationale Definition:

- Es wird ein Ziel- oder Sollzustand genannt, dessen notwendige Voraussetzungen derzeit nicht erfüllt und/oder nach menschlichem Ermessen auch nicht erfüllbar sind (explizit genannt oder als bekannt vorausgesetzt). Dadurch erscheint die Erreichung des Ziel- oder Sollzustands unmöglich.
Beispiel: »Kernkraft ist sicher, wenn der menschliche Faktor *ausgeschlossen* werden kann.«
Da die genannte Voraussetzung für Sicherheit derzeit nicht gegeben ist und/oder nach menschlichem Ermessen nicht erreicht werden kann, muss Kernkraft als unsicher gelten.
⇒ Präsupponiert ist: Kernkraft ist unsicher.
Beispiel: »Sichere Kernkraftnutzung bedarf einer regelmäßigen und *verantwortungsbewussteren* Kontrollüberwachung wirklich aller technischer Einzelkomponenten.«
⇒ Da die genannte Notwendigkeit für einen sicheren Kernenergiebetrieb zwar möglich sein mag, derzeit aber – wie aus dem Komparativ ersichtlich – nicht verwirklicht ist, muss die Kernenergienutzung heute als unsichere Technik gelten.
⇒ Präsupponiert ist: Kernkraft ist unsicher.

Codieranweisung:

Wenn die Voraussetzungen für die Erreichung eines gegenwärtigen oder zukünftigen Sollzustands als irreal erkannt werden, wird als Präsupposition das umgekehrte Argument codiert und als präsupponiert gekennzeichnet. Dabei soll immer konservativ interpretiert werden, also im Zweifelsfall für die Erreichbarkeit. Die codiertechnische Behandlung entspricht damit der des Stilmittels »Ironisierung«.

Emotionalisierung:
Konnotative Bewertung durch Vor- und Nachsilben

Konstruktumschreibung / Nominaldefinition:

Der Bedeutungsgehalt einer Aussage wird durch betont emotionalisierende Wortwahl entsachlicht, indem der emotionalisierende Ausdruck entweder eine affektive Kommentierung der sonst sachlichen Aussage darstellt oder bereits vorhandene Bewertungstendenzen verstärkt.

Operationale Definition:

– Gebrauch von Worten, die über den sachlichen Bedeutungsgehalt eines Wortes (Denotatbereich) hinaus ein eindeutig *negatives Assoziationsumfeld* (Konnotatbereich) besitzen und somit die Bewertung des damit in Verbindung stehenden Arguments vorprägen.
 Indikatoren, Beispielliste:
 »*Bulle*« (Polizist), »*Krawallmacher*« (Demonstranten), »*Umweltverseuchung*« (Umweltbelastung), »*Atom-Koloss*« (Atomkraftwerk), Entscheidungen »*durchboxen*« (treffen);
– Euphemismen: Sachverhalte, die nach allgemeinem Verständnis negativ bewertet werden, sind im Artikel durch beschönigende Worte bezeichnet;
 Indikatoren, Beispielliste für Euphemismen:
 »*Entsorgungspark*« (Zwischen- oder Endlager), »*Bagatelle*« (Unfall oder Störfall);
– Abwertende Suffix-Wortbildungen: Gebrauch von Nachsilben, sofern sie abwertende Wortableitungen bestehender »neutraler« Ausdrücke darstellen.
 Indikatoren: -ler, -er, -ei, -ling, -isch ...u.ä.
 Beispielliste: »*Intelligenzler*« (Intellektuelle, Intelligente); »*Schreiberling*« (Schreiber, Journalist); »*Demonstriererei*« (Demonstrieren, Demonstration);

– Partikel, Adverbien, Komparative oder Superlative, die der Bekräftigung einer bereits vorgegeben Bewertungsrichtung dienen:
Beispiel: »Es kam zu einem *unbedenklich* kleinen Störfall«;
»Es muss mit *sehr* tiefgreifenden Folgeschäden gerechnet werden«;
»Verwirklichung *höchster* Sicherheitsstandards«;
»*absolut* unbedenklich«;
»*alternativlos* angewiesen sein auf«.

Codieranweisung:

Der Stilmitteleffekt (verstärkend oder abschwächend) von Euphemismen und pejorativen Wortableitungen ist in seiner Richtung nicht festgelegt und unterliegt keinen generalisierbaren Regeln. Entscheidend ist, ob das Stilmittel im konkreten Kontext zur Untermauerung oder Abschwächung der Argumentation eingesetzt wird. So kann beispielsweise eine pejorative Wortableitung in Kontra-Argumentationen sowohl einen verstärkenden wie auch abschwächenden Stilmitteleffekt bewirken:
Beispiel: »... kam es erneut zu einer Demonstration gegen Kernkraft. Die *Krawallmacher* zogen vom Marienplatz aus ...
⇒ Codierung Kategorie 03, contra (Argumentebene)
⇒ Codierung Kategorie 04, abgeschwächt (Stilmittelebene)
Beispiel: »Die Notwendigkeit, an der Kernenergie aus Wirtschaflichkeitsgründen festzuhalten, wird heute nur noch in *reaktionären* Kreisen als schlüssiges Argument anerkannt.«
⇒ Codierung Kategorie 08, contra (Argumentebene)
⇒ Codierung Kategorie 04, verstärkt (Stilmittelebene)

Herabsetzung der Glaubwürdigkeit der Quelle

Konstruktumschreibung / Nominaldefinition:

Der Handlungsträger wird durch negativ besetzte Attribute oder durch den Verweis auf die enge Bindung an eine Interessenvertretung abqualifiziert. Es ist dabei unerheblich, ob die personenqualifizierenden Merkmale in sachlogischem Zusammenhang mit der Argumentation stehen oder nicht.

Operationale Definition:

– Ausweisung einer Quelle als voreingenommener Interessenvertreter mit eingeschränkten Möglichkeiten zur sachlichen Urteilsfindung;
Beispiel: »Heinz K. von der *Kernforschungsanlage Jülich* ...«
– Ausweisung einer Quelle als inkompetenten oder unqualifizierten Laien, wobei die Berechtigung dieser Qualifizierung nicht zur Diskussion steht.
Beispiel: »Der *gemeine Bürger* freilich sieht in der Sonnenenergie die Patentlösung ...«
Beispiel: »Prof. Grob-Rille, der nicht zuletzt wegen seiner *umstrittenen* und mittlerweile *widerlegten* Stellungnahmen zur Grenzbelastbarkeit des Menschen durch Strahlenschädigung in die Schlagzeilen gekommen war, vertritt hingegen nach wie vor die Meinung, ...«

Codieranweisung:

Eine Parteilichkeit bzw. Abhängigkeit von Interessengruppen kann nur dann codiert werden, wenn die Quelle/der Handlungsträger oder die ihr/ihm zugeordnete Interessengruppe eine eindeutige Position für oder gegen Kernkraft öffentlich vertritt. Eine Statusabwertung der Quelle führt stets zur Abschwächung des damit in Verbindung stehenden Arguments.

Statusaufwertung

Konstruktumschreibung / Nominaldefinition:

Der Handlungsträger wird durch das Hinzufügen positiv besetzter Attribute aufgewertet. Es ist unerheblich, ob die personenqualifizierenden Merkmale der Quelle/des Handlungsträgers in sachlogischem Zusammenhang mit der Argumentation stehen oder nicht.

Operationale Definition:

– Zuschreibung von Glaubwürdigkeit durch Hinzufügen generell qualifizierender Merkmale (wie akademische Grade):
Beispiel: Dr., Prof., Dipl.-, ...
– Zuschreibung von Glaubwürdigkeit durch Ausweisung als Experten für die referierte Argumentation;

Beispiel: »Energiewirtschafts*experte* der EG-Kommission ...«;
Beispiel: »Der US-Strahlen*spezialist* XY sprach von ...«

Codieranweisung:

Eine Statusaufwertung der Quelle führt stets zur Verstärkung des damit in Verbindung stehenden Arguments.

Relativierung durch Gegenüberstellung

Konstruktumschreibung / Nominaldefinition:

Mindestens zwei zueinander in Beziehung gesetzte, konträre Argumente zur Kernenergienutzung erhalten dadurch eine Tendenz, dass zwar die prinzipielle Gültigkeit der entsprechenden Pro- und Kontra-Argumentation nicht geleugnet wird, jedoch durch eine vergleichende Gegenüberstellung die eine Argumentationsseite gegenüber der anderen eine größere Relevanz erhält. Dies kann sich auf die Gegenüberstellung von Einzelargumenten, von Argumentationsblöcken oder eine Kombination aus beiden beziehen. Argumentationsblöcke sind eine Aneinanderreihung von (auf Argument- und Stilmittelebene) tendenzgleichen Einzelargumenten.

Operationale Definition:

– Vergleichende Verknüpfung von Argumenten, Argumentationsblöcken oder einer Kombination aus beiden durch gewichtende Konjunktionen, die eine eindeutige Präferenz für eine Pro- oder Kontra-Argumentation erkennen lassen. Betroffen sind somit insbesondere kontrastive und konzessive Argumentverknüpfungen.
– Beispielliste, Indikatoren:
»obwohl ..., so muss doch ...«; »zwar ... aber«; »trotzdem«; »jedoch«; »dennoch ist ... «

Codieranweisung:

Werden mindestens zwei Argumente auf oben geschilderte Weise miteinander verknüpft, so wird das relativierte Argument als *abgeschwächt* codiert, das präferierte Argument als *verstärkt*. Es erfolgt also stets eine zweifache Codierung, wenn ein Pro- und ein Kontra-Argument in Beziehung gesetzt werden. Analog dazu wird bei der Verknüpfung von Argumentationsblöcken jedes genannte Argument einzeln codiert.

Beispiel: »Atomenergie ist zwar billig und begünstigt eine autarke Energieversorgung, dennoch bleibt ihre Nutzung unter dem Gesichtspunkt der ungelösten Entsorgung fragwürdig.«

⇒ Gewichtende Verknüpfung eines Argumentationsblocks mit einem Einzelargument;

Zweimalige Codierung »Abschwächung«:

– Pro-Argument »Preisvorteil der Kernenergie«
– Pro-Argument »Importunabhängigkeit bei Primärenergieversorgung«
Einfache Codierung »Verstärkung«:
– Kontra-Argument »Ungelöste Entsorgung«.

Suggerieren von Faktensicherheit

Konstruktumschreibung / Nominaldefinition:

Eine noch strittig diskutierte Aussage zur Kernenergie wird vom Autor als gesicherte Erkenntnis dargestellt. Dies geschieht, indem ein Argumentationspol durch Verallgemeinerung des Satzsubjekts oder durch geeignete Passivkonstruktionen als generell gültig vorgegeben wird.

Operationale Definition:

– Gebrauch der Kollektivperson *man* oder *wir* als legitimierende Referenz für eine bestimmte Position in der kontroversen Diskussion.
Beispiel: »Heute muss *man* die Kernenergienutzung als nur gering störanfällige Energiequelle betrachten«.
Beispiel: »*Wir* können heute die Kernenergienutzung als nur geringfügig störanfällige Energiequelle betrachten.«
– Passivkonstruktionen, durch die suggeriert werden soll, dass eine bestimmte Position in der kontroversen Diskussion allgemeingültig sei.
Beispiel: »Die Kernenergienutzung *wird* heute als nur gering störanfällige Energiequelle betrachtet«.

Codieranweisung:

Wird ein umstrittenes Pro- oder Kontra-Argument als faktisch gegeben oder allgemein anerkannt dargestellt, so dient das Stilmittel jeweils zur Verstärkung.

Wiederholung sinngleicher Aussagen

Konstruktumschreibung / Nominaldefinition:

Der Autor schreibt einer Aussage dadurch besondere Bedeutung zu, dass er eine Aussage wörtlich oder sinngemäß wiederholt.

Operationale Definition:

– Wiederholung formal identischer oder variierter Aussagen mit jeweils gleichbleibendem Bedeutungsgehalt innerhalb einer unmittelbar zusammenhängenden Satzfolge.
  Beispiel: »Die Nutzung von Kernkraft ist *umweltgefährdend, umweltbelastend,* ja *umweltzerstörend.*«
  ⇒ Codierung auf Argumentebene: Einmal
  ⇒ Codierung auf Stilmittelebene: »Wiederholung sinngleicher Aussagen«;

Codieranweisung:

Die Stilmittel-Kategorie »Wiederholen sinngleicher Aussagen« führt stets zur Verstärkung der betreffenden Aussage. Sie kann nur dann angewendet werden, wenn die Wiederholung der Aussage durch keine andere, sinnverschiedene Aussage unterbrochen wird. Ist jedoch eine sinnverschiedene Aussage dazwischengeschoben, so wird das entsprechende Argument zweimal codiert. Auf der Stilmittelebene erfolgt dann keine Codierung.
  Beispiel: »Kernkraftnutzung ist sicherheitstechnisch nach wie vor *gefährlich.* Sicherlich dient sie unter wirtschaftlichen Gesichtspunkten der *Wettbewerbsfähigkeit* unseres Landes, aber dennoch: Die Nutzung von Kernkraft bleibt angesichts der ungelösten Sicherheitsproblematik *unverantwortlich.*«
  ⇒ Drei Aussagen zur Kernkraftnutzung, davon zwei identische *(Kernkraft ist gefährlich),* die durch ein sinnverschiedenes Argument *(Wettbewerbsfähigkeit)* getrennt sind.

⇒ Codierung auf Argumentebene:
zweimal »Sicherheit«
einmal »Wettbewerbsfähigkeit«

⇒ Codierung auf Stilmittelebene:
Nicht »Wiederholung sinngleicher Aussagen«, aber »Relativierung durch Gegenüberstellung«, Indikator: *dennoch*
Präferiertes (verstärktes) Argument: *»Ungelöste Sicherheitsproblematik«*
Relativiertes (abgeschwächtes) Argument: *»Wettbewerbsfähigkeit«*
Außerdem Codierung auf Stilmittelebene:
»Negatives Signalwort«: *»unverantwortlich«*

Aufzeigen von Argumentationsmängeln

Konstruktumschreibung / Nominaldefinition:

Durch gezielte Zusatzinformationen, die für das Verständnis der jeweiligen Textpassage nicht notwendig sind, werden durch den Autor Aspekte offengelegt, die von der zitierten Person nicht mitgedacht oder bewusst nicht genannt wurden. Dieses Stilmittel ist nicht bei der journalistischen Textgattung »Kommentar« zu codieren, in der derart kritisch-beschreibende Formulierungen erwartet werden dürfen. Das vordergründig sachlich-beschreibende Aufzeigen von Argumentationsmängeln in Meldungen und Berichten kann jedoch als implizite Kommentierung gesehen werden.

Operationale Definition:

– Aufzeigen von Argumentationslücken der zitierten Person/Quelle durch Hinzufügen eines Tatbestandes, der die Richtigkeit der ursprünglichen Argumentation zwar nicht in Frage stellt, jedoch noch tatsächlich oder vorgeblich vorliegende Mängel hinsichtlich der Logik oder der Folgen des Arguments aufdeckt. Diese zusätzliche Information muss vom Autor hinzugefügt sein, darf also nicht bereits durch die zitierte Quelle selbst genannt (und damit als Mangel eingestanden) werden.
Beispiel: »Die SPD verlangte, alle Staaten sollten einen Vertrag über den Ausstieg aus der zivilen Nutzung der Kernenergie schließen. *Eine Frist für den Ausstieg wird in dem SPD-Papier nicht genannt.*«
– Zusätzliche Nennung eines Tatbestandes, der für das Verständnis der ursprünglichen Information unerheblich ist, jedoch eine Informationslücke oder Inkonsequenz in der Argumentation aufdeckt/unterstellt).

Sonstige Stilmittel:

Erkennt ein Codierer anderweitige Stilmittel, die in dem vorliegenden Kategoriensystem noch nicht erfasst wurden, so erfolgt eine Codierung mit zusätzlichem Vermerk des Stilmittels auf einem Extrablatt. Auch die Codierung der Richtung ist innerhalb der Kategorie (12) »Sonstige Stilmittel« notwendig.

Schlussbemerkung

Auch hier sollte keine komplette inhaltsanalytische Strategie, sondern lediglich eine Anwendungsmöglichkeit der Inhaltsanalyse exemplarisch aufgezeigt werden. Wir beschränkten uns auf *implizite Bewertungen*, die durch *stilistische Mittel* in die Argumentation einfließen. Darüber hinaus wird es sicherlich noch andere implizite Bewertungsstrategien geben, und selbst in Bezug auf die Stilmittel erheben wir keinen Anspruch auf Vollständigkeit. Gezeigt werden sollte lediglich ein Prinzip, nämlich die Art und Weise, wie man inhaltsanalytisch auch jene Bedeutungen erfassen kann, die nur »*zwischen den Zeilen stehen*« und meist als »*latente*« Bedeutungen aus dem Anwendungsbereich der Inhaltsanalyse heraus definiert werden. Eine Codiererübereinstimmung, die sich bei den oben genannten Kategorien zwischen CR = .65 und CR = .82 bewegte zeigt, dass die anvisierten impliziten Bedeutungen »*manifest*« genug waren, um sie inhaltsanalytisch erfassen zu können. Besonders deutlich geworden ist an dem Beispiel auch, dass die kontrollierte *Sprachkompetenz der Codierer ein konstituierender Bestandteil der Methode* ist, Codierer also nicht als mechanistische Abzähler und Registrierer betrachtet werden dürfen, denen die Inhaltsanalyse das Denken untersagt.

2.4   Mehrdeutigkeiten in offenen Antworten

Angenommen es interessiere dieselbe Frage wie sie oben bereits behandelt wurde, jedoch statt auf die Presseberichterstattung nunmehr auf die Bevölkerungsmeinung bezogen: *Hat das Thema »Umweltschutz« zwischen 1970 und 1980 im Bewusstsein der bundesdeutschen Bevölkerung an Bedeutung zugenommen?* In jedem Jahr dieser Dekade wird deshalb ein repräsentativer Querschnitt der Bevölkerung offen befragt, »was nach ihrer Meinung die wichtigsten Probleme der Bundesrepublik Deutschland seien«. Mehrere Nachfragen sollen eine möglichst sorgfältige und umfassende Beantwortung sicherstellen. Erfahrungsgemäß wird es dennoch sehr knappe, einsilbige Antworten, aber auch ausführliche Schilderungen bzw. Erläuterungen geben, nicht selten ergänzt durch persönliche Erfahrungen. Es ist evident, dass eine individuelle interpretative Analyse von 10 mal ca. 2000 Antworttexten allein schon wegen des Aufwandes nicht möglich ist. Als angemessene Methode bietet sich die Inhaltsanalyse an. Wir wollen anhand dieses Themas die oben bereits ausführlich erläuterten Standards der Inhaltsanalyse auf kritische Weise so beschreiben, dass einige häufig vorkommende praktische Probleme ersichtlich werden. Zunächst formulieren wir eine Nullhypothese[58] die auf inhaltsanalytischem Wege falsifiziert werden soll:

H_0 : Das Umweltschutzproblem hat zwischen 1970 und 1980 im Bewusstsein der Bevölkerung nicht an Bedeutung zugenommen.

Der erste Schritt zur Entwicklung des Kategoriensystems besteht darin, die in der Hypothese enthaltenen Konstrukte bzw. Bedeutungsdimensionen zu definieren. Der Analytiker muss explizit erläutern, was unter »Umweltschutzproblem«, »Bewusstsein der Bevölkerung« und »Bedeutungszunahme« zu verstehen ist. Die Bestimmung von Untersuchungszeitraum, Grundgesamtheit und Stichprobe seien hier einmal ausgeklammert. Eine Definition des Begriffs »Problem« ist überflüssig, weil aufgrund der Fragestellung bereits alle Antworten durch die Befragten selbst als Probleme identifiziert wurden. Als definitionsbedürftige Konstrukte verbleiben also noch »Umweltschutz« und »Bedeutungszunahme«.

Da »Bedeutungszunahme« aus guten Gründen nicht direkt erfragt wird (z.B. »Hat Ihrer Meinung nach in den letzten Jahren das Umweltschutzproblem an Bedeutung zugenommen?«), sind Indikatoren zu benennen. Der zweifellos naheliegendste Indikator für eine kollektive Bedeutungszunahme ist die relative Häufigkeit, mit der das Thema zu jedem Messzeitpunkt als wichtigstes Problem genannt wird. Doch was ist eine Nennung? Oft bestehen ja die Antworten aus relativ komplexen Schilderungen wie: »Wenn das stimmt mit diesen Giftstoffen in Spanplatten und dem Essen und überhaupt allem und mit dem Krebs und so, dann ...«. Der Befragte sieht das Thema »Umweltschutz« nur dann als Problem,

---

58 Die Formulierung einer Nullhypothese ist natürlich nur vor dem Hintergrund einer entsprechenden wissenschaftstheoretischen Position notwendig. Die Hypothesen müssen auch keine prüfbaren Kausalzusammenhänge behaupten, sondern können ebenso gut deskriptiver Natur sein. Allerdings ist eine rein explorative Deskription nicht möglich. Die Exploration muss in die Vor- und Entwicklungsarbeiten zum Kategoriensystem eingebracht werden. Da die Inhaltsanalyse eine Suchstrategie ist, muss zu Beginn der Codierarbeiten immer bereits feststehen, wonach gesucht werden soll. Für die Hypothesen gilt als fundamentale Bedingung deshalb nur, dass das gesuchte Konstrukt dort präzise formuliert ist. Die Angabe weiterer Bedingungen ist möglich und üblich, trägt in unserem Zusammenhang aber nichts zur Sache bei. Demonstriert werden sollen lediglich die logischen Schritte, die unter allen Bedingungen im Prinzip ähnlich wären.

wenn bestimmte Bedingungen zutreffen. Außerdem werden konkrete Aspekte genannt, die für ihn offenbar den Umweltschutz in besonderer Weise definieren. Eine andere Zielperson könnte stattdessen Autoabgase, Waldsterben und Kernkraftwerke spontan mit dem Thema »Umweltschutz« assoziieren. An dieser Stelle wie an vielen anderen ist eine Entscheidung des Analytikers gefordert, die sich allein an seinem Forschungsinteresse orientiert. Will er diese unterschiedlichen, informationsreichen inhaltlichen Bestimmungen des Themas »Umweltschutz« durch die Versuchsperson erhalten, dann sind entsprechende Unterkategorien im Kategoriensystem vorzusehen; interessieren sie ihn nicht, dann bedeutet ein Verzicht auch keinen Informationsverlust. Bei Bevölkerungsumfragen empfiehlt es sich oft, solche qualitativen Aspekte eines Konstrukts festzuhalten, weil nicht selten von den Befragten Inhalte assoziiert werden, die nach dem eigenen Verständnis des Forschers »falsch« sind. So könnte z.B. für einige Personen die Bekämpfung des Borkenkäfers oder ein Tempolimit auf Autobahnen identisch sein mit »Umweltschutz«, andere assoziieren die Erhaltung historischer Ortsbilder und wieder andere denken spontan an eine Verkehrsberuhigung vor Schulen und Kindergärten. Erfasst der Analytiker diese Informationen, dann gewinnt er damit eine gewisse theoretische Flexibilität: Er kann bei der späteren Analyse entweder den theoretischen Standpunkt vertreten, dass es dem Befragten überlassen bleiben soll, wie er das Thema »Umweltschutz« definiert und deshalb grundsätzlich alle geäußerten Auffassungen gültig sind; oder er geht von einer theoretisch abgeleiteten Umweltdefinition aus, was dann zur Folge hat, dass einige (oder ggf. auch alle) der oben beispielhaft genannten Antworten anderen Themen zugeordnet werden, obwohl der Befragte selbst glaubte, vom Thema »Umweltschutz« zu sprechen. Unter dieser zweiten theoretischen Perspektive ist es auch möglich, einige Antworten ganz auszublenden, weil sie keine sinnvolle Antwort auf die gestellte Frage darstellen.

Doch auch dann, wenn man die erste theoretische Perspektive wählt und alle Antworten als gültig (und sinnvoll) ansieht, kommt der Analytiker bereits bei der Codierung um eine weitere Entscheidung nicht umhin: Da längst nicht alle Befragten auf dem erwarteten Abstraktionsniveau mit den »passenden« Stichworten reagieren, ist es notwendig, dass der Forscher das Konstrukt »Umweltschutz« inhaltlich näher bestimmt bzw. genauer umschreibt. In all jenen Fällen, in denen die Befragten »Geschichten erzählen«, konkrete Beispiele nennen oder eigene Erfahrungen schildern, muss den Codierern eine Definition an die Hand gegeben werden, die klärt, ob z.B. Abrüstung und Denkmalschutz auch dann zum Thema »Umweltschutz« gehören, wenn das Stichwort »Umweltschutz« im gleichen Kontext nicht explizit erwähnt wird.

In diesem Zusammenhang stellt sich meist ein weiteres grundsätzliches Problem, nämlich die *Eindeutigkeit* der Antworten. Die Bedeutung sprachlicher Äußerungen ist selten vollständig determiniert, sonst bedürfte es beispielsweise zur Auslegung der Bibel, literarischer Kunstwerke oder von Gesetzestexten keiner Spezialisten. Wenn sogar Gesetzestexte nicht völlig eindeutig sind, um wie viel mehr wird dies dann auf spontan gesprochene Sprache zutreffen! Hier ist erneut die einfühlende, aber kontrollierte Interpretationsleistung des Codierers gefordert. Oft werden Unklarheiten und Mehrdeutigkeiten durch den Kontext disambiguiert bzw. monosemiert. Den Kontext konstituiert dabei nicht nur der gesamte Antworttext, sondern auch die Frageformulierung und ggf. die Antworten zu voran stehenden und folgenden Fragen, sofern sie zum selben Themenbereich gehören. Die Codierer nutzen also, wie jeder andere Interpret auch, alle verfügbaren Informationen, um die Bedeutung der Äußerungen zu klären. Allerdings wird diese Interpretationsleistung im Sinne eines systematischen und intersubjektiv weitgehend nachvollziehbaren Vorgehens kontrolliert: Durch Codierregeln wird dem Codierer vorgegeben, welche Kontextinformationen er in unklaren Fällen prüfen muss, bevor er eine Codierentscheidung fällt; weiter sind ihm mehr oder weniger allgemeine Entscheidungskriterien vorgegeben, die er zwar fallbezogen jeweils unterschiedlich gewichten kann, aber niemals nach eigenem Gutdünken entweder ignorieren oder anwenden darf. Dennoch können solche Vorgaben meist nur relativ allgemeine Interpretationshilfen bzw. Orientierungen sein, die dem Codierer immer noch einen begrenzten Interpretationsspielraum offen lassen. Wie groß dieser Spielraum ist und ob er sich in den methodisch gewünschten bzw. tolerierbaren Grenzen bewegt, kann der Reliabilitätstest[59] prüfen. Wenn verschiedene, auch außenstehende (d.h. nicht zum Forschungsteam zählende) Codierer anhand der Codierregeln am selben Material zu denselben Ergebnissen kommen, dann kann der Interpretationsspielraum als hinreichend kontrolliert gelten. Jedoch ist eine völlige Übereinstimmung in der Regel eine kaum erreichbare Zielvorstellung, weil viele Äußerungen trotz aller Recherchen noch immer mehrere plausible Interpretationen zulassen. Dies drückt sich dann in einem Reliabilitätskoeffizienten aus, der entsprechend weit unter dem Maximalwert liegt. Hier hat der Analytiker erneut zwei Entscheidungen zu treffen.

Erstens muss er entscheiden, wie *eindeutig* die Codierentscheidungen sein sollen, d.h. formal gesprochen, wie hoch der tolerierbare Reliabilitätskoeffizient sein

---

59 Es gibt sicher eine ganze Reihe unterschiedlicher Reliabilitätskoeffizienten (vgl. z.B KRIPPEN-DORFF 1980, 129 ff.), die hier aber nicht dargestellt werden müssen. Die wichtigsten wurden im Kap. II, 1.3.3 kurz beschrieben. Es geht erneut nur um das Prinzip, nämlich den Nachweis der intersubjektiven Neutralität (»Objektivität«) der Methode, der zwar auf unterschiedliche Art, aber grundsätzlich doch von jedem Reliabilitätstest geführt wird.

muss. Dies wird je nach Art der Kategorie verschieden sein. Wie oben erläutert, wird man bei abstrakten bzw. latenten Themen, die nicht durch allgemein bekannte Schlagworte etikettiert sind, vermutlich viele potenziell zutreffende Äußerungen verfehlen, wenn man zu hohe Reliabilitätsanforderungen stellt. Allerdings darf die Reliabilität zugunsten einer besseren Validität auch nicht zu sehr zurückgenommen werden, weil die Codierung sich sonst irgendwann einer zufälligen Zuordnung nähert.

Die zweite Entscheidung des Analytikers betrifft die Frage, ob die Eindeutigkeit der Äußerung *als eigenes Faktum* für ihn ein relevanter Forschungsaspekt ist. Will er diese Information erhalten, so muss er ein inhaltsanalytisches Prinzip durchbrechen: Unklarheiten und Mehrdeutigkeiten in Texten werden durch die Inhaltsanalyse eliminiert; nach der Codierung sind die betreffenden Inhalte entweder wegen ihrer totalen Diffusität ausgeblendet oder durch die Zuordnung zu einer bestimmten Kategorie »vereindeutigt«. Dies ist sicherlich ein Nachteil, wenn – wie z.B. in künstlerischen Texten – Mehrdeutigkeiten und bewusst diffuse Andeutungen die für das Kunstwerk konstituierenden Texteigenschaften sind. Auch bei einer Bevölkerungsumfrage kann man sich auf den Standpunkt stellen, dass die Befragten in der Regel gar keine so klaren und eindeutigen Vorstellungen über den erfragten Gegenstand besitzen. Hier kann man neben den bisher besprochenen diffusen, unklaren Äußerungen noch zusätzlich die Fälle unterscheiden, in denen die Befragten selbst explizit angeben, ihnen sei der erfragte Sachverhalt nicht so ganz klar, sie seien unsicher und ähnliche relativierende Formulierungen. Es wäre deshalb angemessen, durch die Analysemethode solche Informationen über die Eindeutigkeit der Antworten zu erhalten und bewusste wie unbewusste Unsicherheiten, Unklarheiten oder Mehrdeutigkeiten nicht zu verwischen. (Was allerdings bereits eine entsprechende Instruktion an den Interviewer oder sogar authentische Tonaufzeichnungen der Antworten erforderlich macht!)

Auch dies ist auf inhaltsanalytischem Wege möglich, sofern man bereit ist, einen entsprechenden Aufwand zu akzeptieren. Die einfachste Lösung ist eine Trennung in »harte« und »weiche« Indikatoren. (siehe Kap. I, 3.5) Jede Kategorie des Kategoriensystems wird also aufgespalten in je eine »harte« und eine »weiche« Unterkategorie. Die »harte« Unterkategorie erfasst nur völlig eindeutige Äußerungen, in denen der gemeinte Sachverhalt explizit und zweifelsfrei formuliert ist; die »weiche« Unterkategorie bezieht sich dagegen auf Formulierungen, in denen der gemeinte Sachverhalt zwar offensichtlich gemeint ist, aber keine so eindeutigen Indikatoren vorliegen, dass eine Alternativerklärung völlig ausgeschlossen wäre. Bei der Auswertung steht es dem Analytiker frei, ob er sich nur auf die »harten« Indikatoren verlassen oder ob er beide Unterkategorien zusammenfassen will, um so – möglicherweise – die Validität seiner Untersuchung zu erhöhen. Sicher ist diese Validitätsverbesserung freilich nicht, weil beim »Lesen zwischen den Zeilen« zwar einerseits viele zutreffende implizite Inhalte zusätzlich erfasst werden, aber andererseits auch die Gefahr besteht, viele unzutreffende Inhalte fälschlicherweise einer bestimmten Kategorie zuzuordnen.

Eine weitere Möglichkeit, das Problem der Mehrdeutigkeit zu bewältigen, ist die Verwendung »synthetischer Codes«. (s. Kap. II, 2.2) Unter kommunikativer Perspektive trägt jede Äußerung gleichzeitig mehrere Merkmalsdimensionen. Geläufig sind z.B. die semiotischen Unterscheidungen von syntaktischer, semantischer und pragmatischer Bedeutung. So kann eine Äußerung mit einem bestimmten Inhalt gleichzeitig etwa als Aufforderung, Frage, Warnung, Erklärung, Rechtfertigung usw. gemeint sein. In unserem Beispiel geht es viel einfacher nur um drei Dimensionen, nämlich erstens den *Inhalt*, zweitens die *Eindeutigkeit/Bestimmtheit, mit der er geäußert wird* und drittens die *Eindeutigkeit/Bestimmtheit, mit der er identifizierbar ist*. Jede Äußerung wird so immer gleichzeitig nach drei Aspekten eingestuft, das heißt, die Codierungen setzen sich immer aus drei Kennziffern zusammen. Die Bestandteile eines solchen synthetischen Codes kann man zwar beliebig fein ausdifferenzieren, und man kann im Prinzip auch beliebig viele Dimensionen zu einem synthetischen Code integrieren, aber aus Gründen der Praktikabilität wird man die Grenzen der Komplexität bald erkennen. Erfahrungsgemäß sind bei der Analyse von Interviewantworten höchstens 4-5 Dimensionen gleichzeitig am selben Objekt codierbar; Aufwand bzw. Übersichtlichkeit der späteren EDV-Auswertung setzen dieser Komplexität eher noch engere Grenzen.

2.5 Kommunikations- und Interaktionsanalysen

Die Inhaltsanalyse arbeitet in ihrer Standardversion elementaristisch, d.h. es werden mehr oder weniger komplexe Einheiten definiert und deren Vorkommen im Untersuchungsmaterial ermittelt. Zusammenhänge und Strukturen kann man nur entweder als ganze komplexe Einheiten oder als Kontingenzen, d.h. als gemeinsames Vorkommen der codierten Elemente in größeren Analyseeinheiten feststellen. Es lässt sich so durch Kontingenz z.B. feststellen, dass in Zeitungsartikeln, in denen der Bundeskanzler als Hauptakteur erscheint, überwiegend negative Bewertungen oder ein bestimmter anderer Akteur vorkommen. Will man daraus schließen, dass der Bundeskanzler im ersten Fall sehr negativ bewertet wird oder im zweiten Fall mit dem betreffenden anderen Akteur häufig interagiert, dann sind diese auf Kontingenz beruhenden Behauptungen nicht sonderlich gut gesichert. Man kann zwar die Analyseeinheiten möglichst klein wählen, so dass die Kontingenz immer plausibler im Sinne einer Bewertung, Interaktion oder in sonstiger Weise inhaltlich eindeutig interpretiert werden kann, aber eine gewisse Unsicherheit bleibt immer. Wenn man Zusammenhänge wirklich valide erfassen will, muss man sie auch direkt messen. Dies hat zudem den Vorteil, dass sie sich dann in vielfältiger Weise weiter spezifizieren lassen.

Angenommen wir wollten Interaktionsstrukturen in Medienbeiträgen aufdecken. Wir interessieren uns also dafür, wer mit wem worüber redet oder was sie miteinander (oder gegeneinander) tun, in welcher Weise sie interagieren und wie sie sich gegenseitig beurteilen. Mittels dimensionaler Analyse können wir daraus bereits einige Hauptkategorien entnehmen:

1) Akteur (als Handelnder)

2) Akteur (als Betroffener/Partner)

3) Interaktionsmodalität

4) Thema

5) Bewertung

Wir haben damit folgende Struktur vorliegen, die wir inhaltsanalytisch abbilden müssen: Ein Akteur A interagiert in irgend einer Weise (I) mit einem anderen Akteur (B), wobei diese Interaktion sich auf ein bestimmtes Thema bezieht (T) und eine Wertung (W) enthalten kann, die sich wiederum auf die eigene Person, den Interaktionspartner (Akteur B), das Thema oder eine dritte, externe Person beziehen kann.

Formal wird dies wie folgt umgesetzt: Da uns nur Interaktionsbeziehungen interessieren, entfallen alle formalen Merkmale der Beiträge und auch alle Aussagen, die sich allein auf Themen beziehen. Codiereinheit ist demnach eine Interaktionskomponente, die sich dadurch konstituiert, dass zwei (oder mehr) Akteure interagieren und die genannten Elemente Akteur, Interaktionsmodalität, Betroffener/Partner, Thema oder Wertung invariant bleiben. Diese Codiereinheit beschreibt einen Gegenstand, der sich aus mehreren Merkmalen zusammensetzt, so dass nach der formalen Struktur eine synthetische Codierung (siehe oben) angemessen ist. Die Funktion bzw. Beziehungen der Merkmale untereinander wird durch die Position definiert, an der sie codiert werden. Als »Fall« dient die Interaktionskomponente (IK). Jede der Hauptkategorien hat als Variable ihren fest definierten Platz innerhalb eines Falles. Damit ist es möglich, mit Kategorienmodulen zu arbeiten, die für mehrere Variablen benutzt werden können. So kann z.B. eine ausdifferenzierte Hauptkategorie »Akteur« entwickelt werden, die sowohl bei der Variablen »Akteur als Handelnder« als auch bei »Akteur als Betroffener / Partner« angewandt werden kann. Wenn z.B. derselbe Code bei Akteur als Handelnder und »Thema«

vergeben wird, heißt das, dass die Person über sich selbst spricht oder in anderer Weise mit sich selbst beschäftigt ist. Auf diese Weise können wir bei der Auswertung feststellen, welches Element in welcher Ausprägung auf welches andere bezogen ist und wie häufig dies vorkommt.

Über Ausprägungen haben wir allerdings bisher noch nicht gesprochen, weil keine konkrete Forschungsfrage formuliert wurde, aus der sich bestimmte Ausdifferenzierungen herleiten würden. Wir schlagen deshalb *zu Demonstrationszwecken eine relativ abstrakte Minimalversion* vor, die je nach Forschungsinteresse bei der Anwendung flexibel modifiziert werden kann.

HAUPTKATEGORIEN

K01   Akteur aktiv
K02   Akteur passiv (Betroffener, Partner)
K02   Interaktionsmodalität
K02   Thema
K03   Wertung Sachthema
K03   Wertung eigene Person
K04   Wertung Partner
K05   Wertung dritte Person

MODUL 1: AKTEUR

Betrifft die Kategorien K01: Akteur aktiv; K02: Akteur passiv (Betroffener/Partner)
01-nn   Akteursliste namentlich oder nach Funktion etc.

Bereich, dem der Akteur zuzuordnen ist
01   Politik
02   Wirtschaft / Finanzen
03   Recht und Sicherheit
03   Kultur / Unterhaltung
04   Medien
05   Sport
06   Bildung / Wissenschaft
07   Religion
08   Privat
09   Sonstige Bereiche

MODUL 2: INTERAKTIONSMODALITÄT

Handlungen

01 Handlung kooperativ

02 Handlung konfrontativ

03 Handlung indifferent (zögern, irritiert sein etc.)

Kommunikation

neutral

10 berichten, erzählen

11 ankündigen

12 fragen

13 meinen/glauben

19 sonstige neutrale Äußerungen

negativ

20 drohen

21 kritisieren

22 klagen

23 verbieten

24 ablehnen

25 befürchten

26 Ärger formulieren

29 sonstige negative Äußerungen

positiv

30 versprechen

31 empfehlen

32 loben, anerkennen

33 wünschen, hoffen

34 zufrieden sein / Freude ausdrücken

39 sonstige positive Äußerungen

MODUL 3: THEMA

Sach- / Personalthema: Bereich, dem das Thema zuzuordnen ist

01 Politik

02 Wirtschaft / Finanzen

03	Recht und Sicherheit
03	Kultur / Unterhaltung
04	Medien
05	Sport
06	Bildung / Wissenschaft
07	Religion
08	Privat (Dritte)
09	eigene Person
10	Interaktionspartner
19	sonstige Bereiche

MODUL 4: WERTUNG

Betrifft die Kategorien:
- – Wertung Sachthema
- – Wertung eigene Person
- – Wertung Partner
- – Wertung dritte (externe) Person

Tendenz der Wertung
1	positiv
2	negativ
3	gemischt

(ggf. als weitere Komponente *Stärke der Wertung*)

Jedes Modul kann je nach Erfordernis auch mit stärkerer Spezialisierung, konkreter gefassten Kategorien oder ausführlicher gestaltet werden. Man kann also je nach Forschungsinteresse auch konkrete Personennamen auf die Akteursliste schreiben oder ganz bestimmte Ereignisse bzw. Themen wie BSE-Krise, Rentenreform etc. als Themenkategorien benutzen. Die Bewertungen lassen sich ebenso in Charakterisierungen wie faul, unfähig, kriminell, leichtfertig, verständnisvoll etc. flexibel ausdifferenzieren. Was die hier vorgeschlagene Grundstruktur einer inhaltsanalytischen Interaktionsanalyse lediglich sicher stellen soll ist die *inhaltlich spezifizierte Vernetzung inhaltsanalytisch erhobener Einheiten*. Sie erlaubt eine qualitativ eindeutige und gehaltvolle Strukturanalyse auf Aggregatebene, die zwar vom konkreten Einzelfall gelöst, aber dennoch direkt auf ihn bezogen ist. Damit geht sie in Informationsgehalt und Beweischarakter weit über die Aussagekraft einer Kontingenzanalyse hinaus. Allerdings dürfte unmittelbar erkennbar sein, dass diese Art der Inhaltsanalyse, die einer Netzwerkanalyse gleichkommt, einen relativ großen Aufwand erfordert, so dass sie in Studien mit einigen Tausend Texten wohl kaum noch anzuwenden sein wird. Man kann deshalb auch den Anspruch reduzieren und die Forschungsfrage auf die Interaktionskontakte einer kleinen Anzahl von Akteuren nach Art (aktiv – passiv) und Häufigkeit beschränken. Dann müsste man nur die anderen Kategorien aus dem vorgeschlagenen Grundmodell streichen.

2.6 Strukturen, Dynamik und multiple Bedeutungsebenen – Semantische Struktur- und Inhaltsanalyse (SSI)

Ein weiteres, über das im voranstehenden Kapitel hinausgehende Problem entsteht oft erst bei der Analyse von längeren Texten, also z.b. Leitfadengesprächen, Schilderungen oder auch sonstigen Darstellungen aus den Medien. Einzelne Begriffe, Aussagen oder noch größere Bedeutungseinheiten können wechselseitig so aufeinander bezogen sein, dass neue Bedeutungseinheiten entstehen. Einfache und geläufige Formen sind etwa Ursache-Folge-Beziehungen oder die Äußerung einer Meinung und deren Begründung. Komplexere Sinnstrukturen liegen vor, wenn etwa eine zunächst neutrale und sachliche Schilderung zunehmend emotionalisiert und mit subjektiven Erlebnissen assoziiert wird. Dynamische Strukturveränderungen formaler Art mit vermutlich großem Informationsgehalt liegen vor, wenn eine insgesamt eher zusammenhanglose Schilderung an bestimmten inhaltlichen Kristallisationspunkten besonders dicht und zusammenhängend wird. Man könnte noch viele Beispiele anführen die zeigen, dass strukturelle Zusammenhänge in Texten interessante Informationen enthalten, die durchaus zum Gegenstand wissenschaftlichen Interesses gemacht werden können.

Die Inhaltsanalyse ist in ihrer traditionellen Form nur begrenzt dafür geeignet, solche strukturellen Beziehungen in Texten abzubilden. Sie ist eben eine Suchstrategie, die auf bestimmte Textmerkmale zielt. Sicher kann man diese Textmerkmale auch beliebig komplex definieren: Man kann z.B. eine Liste mit differenzierten Argumenten (als Beispiele für minimale Strukturen) als Codiereinheiten definieren und die Texte danach absuchen. Verändern sich diese Argumente jedoch in ihrer Binnenstruktur oder werden die »Argumentbausteine« variabel zu immer neuen Konstellationen kombiniert, relativiert oder ergänzt, so wird eine inhaltsanalytische Erfassung sehr umständlich, ja fast unmöglich. Es müssten alle denkbaren Kombinationen, Argumentvarianten und Strukturkonstellationen als eigenständige Kategorien ausgewiesen werden, um die Texte danach absuchen zu können. Die Inhaltsanalyse ist hier also zwar nicht ungeeignet, aber schlicht unpraktisch.

Eine gewisse Hilfskonstruktion zur Lösung dieser Misere ist die bereits beschriebene synthetische Codierung, weil hier jeder codierten Texteinheit zusätzlich zu ihrem Inhalt auch eine Funktionsbeziehung zu anderen Einheiten zugeordnet werden kann. Die Auswertung bleibt aber elementorientiert und kann mehrgliedrige Sequenzen nicht abbilden. Ein deutlicher Schritt in diese Richtung gelang KEPPLINGER & MATHES (1988) mit ihrer »Modultechnik« bzw. MATHES (1989) mit der »Netzwerktechnik«. Vor allem beim letztgenannten Verfahren können vorab definierte Textbausteine durch eine begrenzte Zahl von Funktionen untereinander kombiniert werden. Doch das auf diese Weise handhabbare Inventar von Bedeutungseinheiten und Funktionsbeziehungen bleibt aus Gründen der Überschaubarkeit beschränkt, und dynamische Strukturveränderungen lassen sich auch damit kaum abbilden.

Sofern das wissenschaftliche Erkenntnisinteresse auch die geschilderten Sachverhalte einbezieht, und sofern man die konventionellen Lösungen als unzureichend empfindet, müssen neue textanalytische Methoden entwickelt werden, die zumindest teilweise einen prinzipiell anderen Charakter haben. Sie müssen zusätzlich zu den bekannten inhaltsanalytischen Standards insbesondere berücksichtigen, dass sprachliche Äußerungen erstens simultan Bedeutungen auf mehreren Ebenen tragen sowie zusätzlich durch weitere (formale; textexterne) Merkmale charakterisiert sein können und dass zweitens Bedeutungen sich oft erst durch ein bestimmtes sequenzielles Arrangement ergeben oder dynamisch verändern. Dies sind Sichtweisen und Erkenntnisinteressen, die häufig von Forschern mit »qualitativer« Orientierung vertreten werden. Man kann sie wie folgt systematisieren:

Simultane Aspekte

Ein Text enthält immer verschiedene Bedeutungsdimensionen und – bei längeren Texten – verschiedene Abstraktionsniveaus auf unterschiedlichen Ebenen der Allgemeinheit. (van DIJK 1980)
Beispiele:
a) Bedeutungsdimensionen
  Semantische Bedeutung (außersprachliche Referenz; Bewertung etc.); sprachpragmatische Bedeutung (Warnung, Aufforderung etc.); syntaktische Bedeutung; formale Textmerkmale und ggf. deren Bedeutung.
b) Bedeutungsebenen / Abstraktionsniveaus
  Wort / Begriff; Aussage / Proposition; Argument / Aussagennetz; Text.
  Außerdem sollten die diversen Bedeutungseinheiten durch textexterne Merkmale oder kommentierende Informationen des Forschers näher bestimmt werden

können. Bedeutungseinheiten können einzelne Begriffe, Aussagen, Sinnkomplexe wie z.b. Argumentationszusammenhänge oder ganze, sinnkohärente Texte sein. Alle diese Aspekte sind simultan vorhanden und in komplexer Weise miteinander verschränkt. Damit ist eine *transaktionale* Beziehung gemeint, d.h. im selben Maße, in dem sich die einzelnen Bedeutungsebenen als selbständige Größen gegenseitig beeinflussen, entfalten und konstituieren sie sich teilweise erst selbst. Während sich das dynamische, wechselseitige Beziehungsgeflecht am besten durch den Begriff Transaktion (vgl. FRÜH 1991, 1994; FRÜH & SCHÖNBACH 1982; SCHÖNBACH & FRÜH 1984; FRÜH & WIRTH 1991) bezeichnen lässt, wird für die simultane Überlagerung der verschiedenen Bedeutungsebenen auch der Begriff »Bedeutungspartitur« verwendet.

Beispiele:
Textexterne kommentierende Informationen: Text/Aussage ist unwahr oder weicht von einem anderen Text ab/stimmt überein; Aussage fällt der Zielperson sichtlich schwer; Aussage ist mehrdeutig, mit Verweis auf alternative Bedeutungsvarianten usw.. Außerdem alle relevanten Persönlichkeitsmerkmale dauerhafter wie situativer Art der jeweiligen Zielperson.

Sequenzielle Aspekte

Aufeinander folgende Textelemente können funktional oder logisch miteinander verknüpft sein (z.b. Ursache-Wirkung; Behauptung-Begründung usw.). Außerdem können sich bei längeren Texten inhaltliche und strukturelle Merkmale über die Textlänge unterschiedlich verteilen bzw. dynamisch verändern. (Je nachdem, ob man einen Text als statischen Bedeutungskomplex oder als dynamische Bedeutungssequenz betrachtet. (Vgl. FRÜH 1983; 1989; 1990; 1991; 1994; SCHNOTZ 1988)

Beispiele:
- Eine anfangs aufgestellte Behauptung wird später mehr und mehr zurückgenommen.
- Ein zunächst neutral/sachlich geschilderter Sachverhalt wird zunehmend emotionalisiert und mit subjektiven Erlebnissen in Verbindung gebracht.
- Eine anfangs diffuse und vage Schilderung wird zusehends präziser und detaillierter.
- Eine insgesamt eher zusammenhanglose Schilderung wird an bestimmten Punkten besonders dicht und zusammenhängend.

Eine Methode zur Textanalyse, die sowohl diese hier nur grob umrissenen statischen und sequenziellen Strukturinformationen erfasst – und damit dem »qualitativen« Erkenntnisinteresse entgegenkommt – als auch den bekannten Standards »quantitativer« Methoden genügen kann, müsste also folgendes leisten:

a) Auf Mikro- und Makroebene gleichermaßen operieren, d.h. hinreichende Aussagekraft sowohl hinsichtlich kleinerer Fallzahlen oder gar Einzelfällen besitzen als auch relevante Informationen über größere Aggregate/Populationen liefern;

b) eine integrierte Beschreibung von Inhalten und Bedeutungsstrukturen zulassen;

c) Textbedeutungen nicht nur statisch, sondern auch als Produkte einer sequenziell-dynamischen Informationsanordnung beschreiben;

d) maschinenlesbar formalisiert sein;

e) Kennwerte erzeugen, die einer weiteren statistischen Analyse leicht zugänglich sind;

f) auf verschiedenen Bedeutungsebenen flexibel mit beliebigen anderen, textexternen Informationen kombinierbar sein.

Mit der »Semantischen Struktur- und Inhaltsanalyse« (SSI) wurde eine Methode entwickelt und auch bereits erprobt, die diesen Ansprüchen gerecht werden kann und so ein Schritt in Richtung einer Konvergenz »quantitativer« und »qualitativer« Methoden darstellt. Sicherlich wird eine Methode, die gleichermaßen auf Mikro- und Makroebene operieren will, nach beiden Seiten Kompromisse eingehen müssen; sie betreffen insbesondere den Aufwand und die Differenziertheit, mit der Bedeutungsnuancen unterschieden werden. Allerdings ist das methodische Paradigma der SSI so flexibel angelegt, dass sowohl mit einer reduzierten oder globalen Variante gearbeitet als auch die hier vorgeschlagene Differenzierung noch viel weiter getrieben werden kann, ohne das System prinzipiell verändern zu müssen.

Die Semantische Struktur- und Inhaltsanalyse (SSI)[60]

Der SSI liegt eine Kombination textlinguistischer und inhaltsanalytischer Prinzipien zugrunde. Sprachtheoretisch wird Bezug genommen auf Charles J. Fillmores »Kasusgrammatik«. (FILLMORE 1968) Dies geschieht in der Absicht, zur Beschreibung von Kommunikationsvorgängen psychologisch relevante Analyseeinheiten zu benutzen. Fillmore geht davon aus, dass die kleinsten Kommunikationseinheiten Aussagen sind, die sich um ein Handlungs- bzw. Zustandskonzept

---

60 Die Methode wurde mit finanzieller Unterstützung der Deutschen Forschungsgemeinschaft (DFG) und des Zentrums für Umfragen, Methoden und Analysen (ZUMA) entwickelt und erprobt.

gruppieren und deren Umfang durch die »Valenzen« dieses Konzepts begrenzt wird. Valenzen sind obligatorische oder mögliche Ergänzungen des Handlungskonzepts, wie z.B. Antworten auf die Fragen: Wer tat etwas? Wann geschah etwas? Wer oder was war betroffen? usw. Fillmore betrachtet diese Aspekte als quasi elementare Universalien des menschlichen Geistes, Grundmuster der Orientierung und der sinnvollen Ordnung subjektiver Wahrnehmung. Damit handelt es sich bei diesen molaren Sinnkomplexen auch um die Grundeinheiten menschlicher Kommunikation. Kommuniziert wird in handlungs- oder zustandszentrierten Aussagen, nicht in einzelnen Begriffen. Den so flexibel definierten Rahmen einer Kommunikationseinheit nenne ich »kommunikative Proposition«(kP).[61] Sie bildet die Analyseeinheit der SSI. Die Methode soll in erster Linie die in den Texten zum Ausdruck gebrachten Bedeutungen und Bedeutungsbeziehungen außersprachlicher Sachverhalte erfassen und bezieht sich deshalb strikt auf die semantische Textbasis. Nur wenn sichergestellt ist, dass sich die Codierung nicht an den stilistischen und grammatikalischen Besonderheiten der jeweiligen Formulierung orientiert, sondern die zugrundeliegende Bedeutung erfasst, lassen sich mit der

---

61 Die Bezeichnung »kommunikative Proposition« wurde einerseits in Anlehnung, andererseits als Abgrenzung zu propositionalen Textmodellen in der Psycholinguistik gewählt, die gleiche sprachtheoretische Referenzen benutzen, den Propositionsbegriff jedoch wesentlich enger fassen. W. KINTSCH (1974) etwa zählt zu einer Proposition nur das Handlungskonzept und seine obligatorischen Ergänzungen. Außerdem ist das, was wir im Folgenden als Relationen zwischen Propositionen erfassen, für ihn ein besonderer Propositionstyp, den er konnektive Proposition nennt. Die teilweise Abkehr vom derzeit wohl bekanntesten Propositionsmodell erfolgt sowohl aus pragmatischen als auch aus theoretischen Überlegungen. Pragmatisch sind die Argumente, dass das Kintsch-Modell Daten vermehrt, statt sie zu reduzieren; d.h. die propositionale Darstellung von Texten ist wesentlich umfangreicher als die Originaltexte. So würde z.B. der Satz: »Das auffällige, grün-weiße Auto bremst« in vier Propositionen codiert, wobei der Begriff ›Auto‹ vervierfacht würde (Auto, auffällig) (Auto, grün) usw.. Bei statistischen Auswertungen dieser Daten würde dies zu schwer interpretierbaren Häufigkeitsverteilungen führen. Außerdem ist die Notation der Kintsch-Propositionslisten nicht maschinenlesbar, so dass eine statistische Weiterverarbeitung nicht möglich ist. Theoretisch ist der Einwand, dass das Kintsch-Modell nicht die einzige und nicht einmal die zwingendste Version ist, die die Valenztheorie bzw. Fillmores Kasusgrammatik zulässt. Selbst die empirischen Belege für eine psychologische Realität seines Propositionskonzepts, die Kintsch anführt (KINTSCH & GLASS 1974) beweisen m.E. nicht, dass seine Propositionsvariante als abgeschlossene kognitive Einheit *in dieser* Form existiert. Möglich wären auch mehr oder weniger weite und flexiblere Propositionsgrenzen, welche nicht allein durch die Valenzen des isolierten Verbs, sondern auch durch dessen jeweilige kommunikative Verwendung im Kontext bestimmt werden. Möglich wäre also durchaus, dass die obligatorischen Argumente des Verbs im kommunikativen Zusammenhang durch jeweils relevante, kontextspezifische Argumente ergänzt werden, die für das isolierte Verb allenfalls eine akzidentelle Valenz besitzen (siehe Fillmores elementare Fragen: Wer tat etwas? Wer oder was ist betroffen? Wann tat er/sie etwas? usw.). Es entstehen so im konkreten Kontext komplexere Propositionen etwa im Sinne unserer kommunikativen Propositionen, wobei freilich auch deren psychologische Realität noch empirisch nachzuweisen ist.

SSI Texte verschiedener Modalität (z.B. gesprochene und geschriebene Sprache, Zeitungsmeldungen und Zeitungskommentare, Antworten in Interviews usw.) miteinander vergleichen. Gleiche Bedeutungen und Bedeutungszusammenhänge werden identisch codiert, auch wenn sie an der Textoberfläche völlig verschieden formuliert sind. Insbesondere grammatikalische Funktionen sind nicht mit semantischen Funktionen identisch, auch wenn sie oft als Indikatoren dienen können, da mit ihrer Hilfe eine semantische Bedeutung sprachlich angezeigt wird.

Vorgehensweise (vgl. auch FRÜH 1989 und 1994)

Die Texte werden zunächst von Codierern in eine formale Metasprache überführt, die dann mit Hilfe spezieller Computer-Software ausgewertet wird. Die formale Metasprache besteht aus zwei Komponenten: einem alphanumerischen Teil, der in Form von Buchstabenkombinationen und Klammerausdrücken die semantischen Bedeutungsbeziehungen angibt, und einem numerischen Teil, der auf inhaltsanalytischem Wege die Bedeutungen durch eine Kennziffer näher bestimmt.

Beispiel: A916   A   =   Akteur → (propositionsinterne Funktion)

            916   =   Peter → (inhaltsanalytische Kategorie)

     E916   E   =   Erfahrender

            916   =   Peter

Welche dieser Elemente miteinander in Beziehung stehen, wird durch Klammern gekennzeichnet. Eine Klammer schließt in der Regel[62] immer eine k-Proposition ein. Texte werden als komplex vernetzte Propositionsmengen aufgefasst und deshalb als integrierte Liste solcher Grundaussagen dargestellt. Eine k-Proposition besteht aus einem Relationskonzept und einem oder mehreren so genannten Argumentkonzepten:

Beispiel: »Hans besucht Karl«   besuchen   –   Relationskonzept

                              Hans   –   Argumentkonzept

                              Karl   –   Argumentkonzept

---

62 Ausnahme: Modifizierende Ergänzungen von Argument- bzw. Relationskonzept, deren Bezug auch durch Klammern definiert ist, die aber nicht als Propositionen zählen. Zur Klärung in Bezug auf später dargestellte komplexere Klammerstrukturen: Gemeint ist hier immer die innere Klammer.

Bei der Notation wird das Relationskonzept zur besseren Orientierung vorangestellt und ebenso wie die Argumentkonzepte (hier: Akteur und Erfahrender) durch frei wählbare, zwei- bis vierstellige inhaltsanalytische Kennziffern näher bestimmt.

Beispiel: *(V130 A036 E045)   Hans besucht Karl*
            (V130 A045 E036)   Karl besucht Hans

V = Handlungs-/Zustandskonzept   130 = besuchen
A = Akteur   036 = Hans
E = Erfahrender (siehe Anhang)   045 = Karl

Diese ganz einfache Proposition kann durch einige andere Argumentkonzepte erweitert werden, wie z.b. Orts- und Zeitangaben, die Nennung eines Mittels oder Instruments, die Bezeichnung eines Begriffs, einer Sache oder eines Themas usw. (siehe Abbildung 10) Außerdem kann jedes dieser Relations- und Argumentkonzepte durch je zwei Modifizierungen näher beschrieben werden.

Beispiel: Der kräftige Hans schlägt Karl heftig mit einem Stock.
            [(V150 MA333) (A036 MA175) E045 I522]

150 = schlagen; 333 = heftig; 036 = Hans; 175 = kräftig; 045 = Karl; 522 = Stock; - MA = Attribut; I = Instrument (siehe Abbildung 10)

Je zwei dieser einfachen Propositionen lassen sich zu komplexen Argumentationsfiguren verbinden, wobei zwei Typen unterschieden werden:

a)   **Konnektive Relationen (Kx)**
      Verbindung zweier k-Propositionen in Form einer quasi »logischen« Relation (kausal, final, adversativ etc.; siehe Anhang)
b)   **Referate bzw. referatähnliche Relationen (RA/RB)**
      Verbindung zweier k-Propositionen, wobei die erste die Kommunikationshandlung (oder einen kognitiven Akt wie z.B. ›nachdenken‹), die zweite den referierten Sachverhalt ausdrückt.

Beispiel: Konnektive Relation (kausal) KB

»Weil Hans sorgfältig gearbeitet hat, lobt ihn sein Chef.«

oder:

»Hans wird von seinem Chef gelobt, weil er sorgfältig gearbeitet hat.«

> [KB   ((VA021 MA222) A036) (VB333 E036 (A055 MP036))]
> (—— Ursache ——) (——— Wirkung ———)

021 = arbeiten; 222 = sorgfältig; 036 = Hans; 333 = loben; 055 = Chef

Beispiel: Referate (RA)

»Petra erzählt Hans, dass Karl sie besucht hat.«

> [RA   (VB011 A008 E036) (VA130 A045 E008)]
> (kommunikativer /   (referierter
> kognitiver Akt ——) Sachverhalt ——)

011 = erzählen; 008 = Petra; 036 = Hans; 130 = besuchen; 045 = Karl

Beispiele für »kognitive Akte« wären: »Hans überlegte, ob...«, »Petra merkte, dass...«

Referatähnliche Relationen (RB) unterscheiden sich von den Referaten dadurch, dass keine natürliche Person als Referent vorhanden ist, wie etwa in dem Satz: »Die Umstände zeigen, dass Hans gelogen hat«.

Die einzelnen Typen dieser komplexen Argumentationsfiguren können nun untereinander oder zusammen mit einfachen k-Propositionen weiter systematisch kombiniert werden. Dazu als Beispiel ein Originalsatz aus einer Zeitung:

Beispiel: Verbindung von zwei Referaten (RA) durch eine
konzessive Relation (KD) (vgl. auch Abb.11)

»Die Arbeitgeber lehnten heute in Stuttgart die Forderungen der Gewerkschaft nach der 35-Stundenwoche ab, obwohl ihr Präsident Esser gestern noch vor der Presse behauptet hat, die 35-Stundenwoche fördere die Produktivität.«

Abb. 10: Übersicht über das alphanumerische Kategoriensystem (semantische Funktionskategorien)

Prädikative Relationen	Argumenttypen	Modifizierungen	k-Relationen	R-Relationen
VA Verb in der Vergangenheitsform	A Akteur	MA Attribute	KA Disjunkte Rel. (oder)	RA Referat
VB Verb in der Gegenwartsform	E Erfahrender I	MB Möglichkeit (kann)	KB Kausale Rel. (weil, da, denn)	RB Referatähnliche Konstruktion
VC Verb in der Zukunft	D Erfahrender II	MC Notwendigkeit (muß)	KC Intentionale Rel. (um zu, damit)	
	P Person (neutral)	MD Wunsch, Absicht, Bereitschaft (weit)	KD Konzessive Rel. (obwohl, obgleich)	**UND-Relationen**
	I Instrument	ME Frage: wie	KE Kontrastive Rel. (anders als, komparativ)	UK Additive Komplexion von Propositionen zu neuer semantischer Einheit
	B Begriff, Sache, Thema, Objekt	MF Frage: warum	KF Konditionale Rel. (wenn...dann, außer...wenn)	
	L Ort	MP Personale Bestimmung	KG Temporale Rel. (nachdem, bevor)	
	Zeitangaben:	ML Relative Ortsbestimmung	KH Lokative Rel. (davor, dahinter)	
	TA Vorzeitigkeit		KK Modale Rel. (ebenso wie, so...wie)	
	TB Gleichzeitigkeit			
	TC Nachzeitigkeit			
	TD Zeitintervalle			
	TT Unbestimmte Zeitangaben			

```
{ KD      [ RA (Spr.akt) (ref.Sachverh.) ]        [ RA (Spr.akt) (ref.Sachverh.)]}
          [—— Einschränkung ——]        [eingeschränkter Sachverhalt]
{ KD      [ RA (VA112 (A562 MA536 MA521) TA003 E576)(VA138 B202)]
          [ RA (VA121 A536 TB003  (L861 ML800))  (VB391 A526 B723) ]}
```

Funktionskürzel: siehe Abbildung 10

112 = behaupten	562 = Esser	521 = Präsident
003 = gestern	576 = Presse	138 = fördern
202 = Produktivität	121 = ablehnen	536 = Arbeitgeber
003 = heute	861 = Stuttgart	800 = in
391 = fordern	526 = Gewerkschaft	723 = 35-Std.Woche

Abb. 11: Satzstruktur als Baumgraph

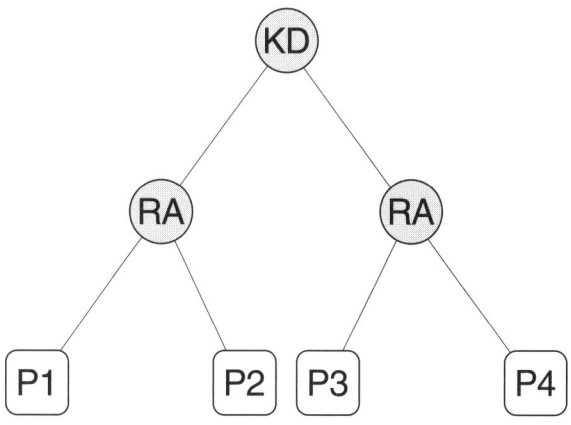

Gehen wir noch einen Schritt weiter. Es gibt semantische Textstrukturen, die in ihrer Komplexität noch weit über solche Argumentationsfiguren hinausgehen, so z.B. bei Zusammenfassungen oder Schlussfolgerungen, die sich aus einer ganzen Anzahl von Argumenten herleiten. Hinsichtlich dieser Makrostrukturen wurde die Codierung entlastet. Es werden nicht die gesamten Strukturkomplexe ausgeschrieben, sondern einzelne Argumentationsfiguren mit Verweisangaben notiert. Die komplexe Vernetzung erfolgt dann durch den Computer.

Die Zahl 999 definiert die folgenden Ziffern als Propositionsnummern. Ihr ganzer Inhalt (nicht wie im Beispiel nur deren lfd. Nr.!) wird nun maschinell an dieser Stelle als komplexe Ursache eingesetzt, und die eingesetzten Propositionen werden durch die UND-Relation miteinander verbunden. Hier wählten wir der Übersichtlichkeit wegen einen sehr einfachen Fall. Tatsächlich kam es bei unseren Analysen schon häufig vor, dass auf diesem Wege 50 und mehr teilweise selbst schon vernetzte k-Propositionen in rekursiven Einsetzungen zu komplexen semantischen Strukturen verbunden wurden.

Beispiel:

Satz- Nr.	Propos.- Nr.	Text
001	001	Die Gewerkschaften stellen unannehmbare Forderungen.
002	002	Die Arbeitgeber sperren die Arbeiter aus.
003	003	Appelle von Politikern an die Tarifpartner waren vergeblich.
004	004	Deshalb wird ein unabhängiger Schlichter eingesetzt.

Codierung:

001	001	[(VBnn MAnn) Ann]
002	002	(VBnn Ann Enn)
003	003	[(VAnn MAnn) Ann Enn]
004	004	{KB [999 001 002 003] [VBnn (Enn MAnn)]}

wird eingesetzt zu:

004	004	{KB [UND(kP001)(kP002)(kP003)] [VBnn (Enn MAnn)]}
		[——— Ursache ———] [——Wirkung—]

Die parallel zu den Propositionsnummern codierten Satznummern geben die Referenz zum Originaltext an. Dadurch ist es auch bei der späteren statistischen Analyse bis zu einem bestimmten Zeitpunkt jederzeit möglich, von den codierten Daten aus wieder zu den zugrundeliegenden Originalaussagen zurückzufinden. Sind die Originaltexte mit Satznummern maschinenlesbar erfasst, dann kann dieser rekursiv-selektive Zugriff auch EDV-gestützt erfolgen.

Zusatzinformationen:
Die bisher dargestellte Codierung erfasste nur die semantische Bedeutung. Wie oben beschrieben, überlagern sich in einem Text jedoch immer simultan verschie-

dene Bedeutungsebenen. Wir unterschieden oben die Ebenen der Begriffe, der Propositionen, der Argumente/Aussagennetze (evtl. zusätzlich der Sinnabschnitte) und die Ebene der ganzen Texte. Auf jeder Bedeutungsebene existieren zwei prinzipiell verschiedene Informationsqualitäten:

1. Aggregierte Informationen der hierarchisch tieferliegenden Bedeutungsebenen, d.h. Informationen, die die hierarchisch höhere Bedeutungseinheit als Summe ihrer Teile beschreiben.
2. Neue Informationen (ggf. Bedeutungsdimensionen), die auf dieser Bedeutungsebene erstmals sinnvoll sind und/oder erstmals auftreten können. Dies sind Informationen, die die Einheit als Ganzes betreffen und über die Summe der Einzelinformationen hinausgehen.

Abbildung 12 zeigt die beiden Informationsqualitäten und die jeweiligen Bedeutungsdimensionen auf jeder einzelnen Bedeutungsebene. Was in dieser Grafik aus darstellungstechnischen Gründen nicht so klar zum Ausdruck kommt ist die Tatsache, dass alle Bedeutungsebenen nicht nur simultan nebeneinander existieren (»Bedeutungspartitur«), sondern dass sie erstens ineinander eingebettet sind, sich teilweise wechselseitig bedingen und mit konstituieren (transagieren; siehe oben) und dass sie zweitens in einem dynamischen Beziehungsgeflecht sequenziell und rekursiv untereinander verbunden sind. Diesen Aspekt derselben Sache versuchen wir in Abbildung 13 hervor zu heben. (Abb.12 und Abb.13)

Auf der untersten Bedeutungsebene lassen sich *Begriffe* nach ihrem semantischen (»inhaltlichen«) Gehalt und ihrer strukturellen Funktion innerhalb der Aussage beschreiben bzw. kategorisieren. Dazu dient eine Buchstaben/Zahlenkombination (siehe oben). Die aggregierte Information entfällt hier noch, da die Begriffsebene die niedrigste Bedeutungsebene ist.

Propositionen bestehen aus einer Anzahl verbundener Begriffe. Darüber hinaus können sie inhaltliche und strukturelle Bestandteile größerer Argumentationszusammenhänge sein. Inhalt und Funktion der in Propositionen enthaltenen Begriffe werden durch Aggregation bestimmt. Daneben kann die strukturelle Funktion der Proposition als Ganzes festgehalten werden (z.B. erster Teil / Ursache einer Kausalrelation KB etc.). Schließlich können stilistische oder formale Merkmale (Nominalstil, aktiv / passiv etc.), sprachpragmatische Information (Kritik, Aufforderung, Beleidigung etc.) sowie weitere Informationen und Kommentare, die sich auf dieser Ebene erstmals sinnvoll interpretieren lassen, festgehalten werden. Während vom SSI-Programm sowohl die Aggregation durchgeführt als auch die strukturelle Funktion der Proposition erkannt werden kann, müssen

Abb. 12: Textaufbau (»Bedeutungspartitur«) – Darstellung 1

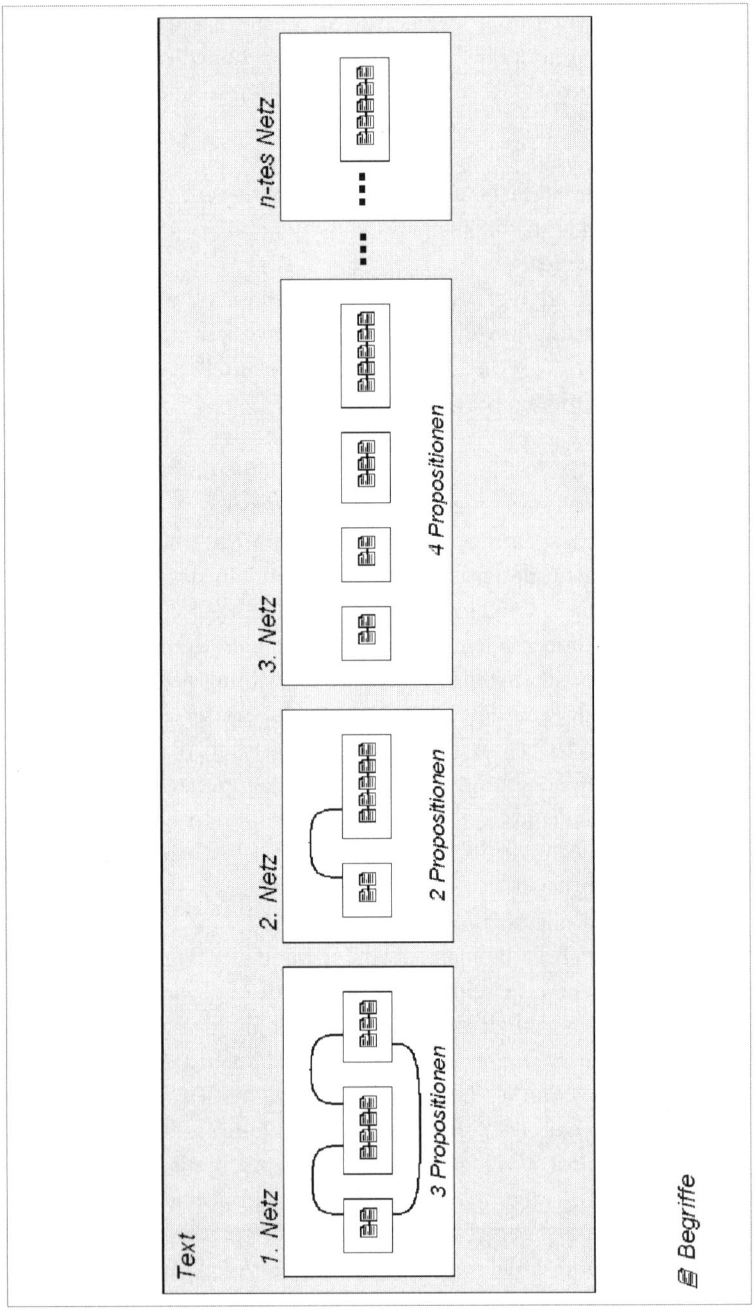

Abb. 13: Textaufbau »Bedeutungspartitur« – Darstellung 2

Ebene	Strukturinformation / Funktion	Semantische Information	Strukturelle Information	Stilistische/formale Merkmale	Sprachpragmatische Information	Zusatzinformation / Kommentare
Text (4. Bedeutungsebene)	Strukturinformation / Funktion (Summe aller Informationen auf Begriffsebene)	Semantische Information (Summe aller Informationen auf Begriffsebene)	Strukturelle Information (Umfang, Dichte, Kohärenz)	Stilistische/formale Merkmale (Summe der prop. Information)	Sprachpragmatische Information	Zusatzinformation / Kommentare
Netz (3. Bedeutungsebene)	Strukturinformation / Funktion (Summe aller Informationen auf Begriffsebene)	Semantische Information (Summe aller Informationen auf Begriffsebene)	Strukturelle Information (Summe Inform. Netzebene) / Strukturelle Information (Dichte, Kohärenz etc.)	Stilistische/formale Merkmale (Summe der prop. Information) / Stilistische/formale Merkmale (Nominalstil, aktiv/passiv etc.)	Sprachpragmatische Information	Zusatzinformation / Kommentare
Proposition (2. Bedeutungsebene)	Strukturinformation / Funktion (Summe aller Informationen auf Begriffsebene)	Semantische Information (Summe aller Informationen auf Begriffsebene)	Strukturelle Information (Summe der prop. Information) / Strukturelle Information (Teil einer Relation, Tiefenstufe)	Stilistische/formale Merkmale (Summe der prop. Information) / Stilistische/formale Merkmale (Nominalstil, aktiv/passiv etc.)	Sprachpragmatische Information	Zusatzinformation / Kommentare
Begriff (1. Bedeutungsebene)	Strukturinformation / Funktion (z.B. Akteur, Handlung, Zeit)	Semantische Information (inhaltsanal. Kategorien)				

283

die anderen erwähnten Informationen vom Codierer erfasst werden. Vorgesehen ist, jede Proposition vom Codierer mit einem zweistelligen alphanumerischen und einem dreistelligen numerischen Code zusätzlich kennzeichnen zu lassen.

Beispiel:

XA001, XA002, XA003	Stilistische Merkmale
XB001, XB002, XB003	Sprachpragmatische Information
XC001, XC002, XC003	Zusatzinformation, Kommentare
usw. ..... usw.	

Codierung:
(XA003 XF046 VA790 A325 E038)

Die mit X eingeleiteten Codierungen werden vom SSI-Programm als Informationen erkannt, die die Proposition als Ganzes qualifizieren und als solche entsprechend weiterverarbeitet. Ab VAnn folgen Codierung und Auswertung dann wieder den bereits beschriebenen Regeln.

Argumentationsnetze, oder kurz: *Netze* bestehen aus Propositionen, die mit Hilfe von Relationskonzepten untereinander, nicht jedoch mit Propositionen außerhalb des Netzes verknüpft sind, mindestens jedoch aus einer unverbundenen Proposition. Auf dieser Ebene sind die aggregierten Informationen aller enthaltenen Begriffe und Propositionen zu erstellen sowie gewisse strukturelle Kennwerte zu errechnen (wie Dichte, Kohärenz etc.). Die Berechnungen werden von speziellen SSI-Programmen durchgeführt. Das Netz als Ganzes betreffende, zusätzliche Informationen müssen vom Codierer auf einer eigenen Codierzeile festgehalten werden.

Auf *Textebene* schließlich können die Informationen sämtlicher untergeordneten Ebenen aggregiert sowie neue, textbezogene Kenn- und Strukturwerte berechnet werden. Diese (mechanische) Arbeit wird wiederum von SSI-Software übernommen. Darüber hinaus gibt es Informationen, die den Text als Ganzes betreffen: Etwa die Stilrichtung, die dominierende Texttendenz, sprachpragmatische Informationen (z.B. Beschreibung, Ankündigung, Kommentar etc.), Informationen über den Autor (z.B. Vorwissen, Bildung, Interesse) und Informationen über formale Merkmale eines Textes (z.B. Publikationsmedium, Aufmachung, Platzierung, Erscheinungsort und -tag etc.) Diese Informationen müssen wiederum vom Codierer vermerkt werden.

284

Datenaufbereitung und Analyse

Die Codierung war der erste Analyseschritt, bei der die Originaltexte in eine formale Metasprache überführt wurden. Im zweiten Analyseschritt sind diese Zeichenketten so zu bearbeiten, dass sie sich mit Statistik-Programmpaketen (SPSS) auswerten lassen. Als Zwischenschritt benötigt man dazu ein eigens für diesen Zweck geschriebenes Computerprogramm.[63] **Es leistet drei Dinge:**

1) Prüfung der Rohdaten auf unzulässige Codierungen und Syntax (Klammersetzung).

2) Überführung der Rohdaten in ein fixes Variablenformat. Jede k-Proposition ist in einem Block mit 56 Variablen verzeichnet, wobei jede besetzte Variable die jeweilige inhaltsanalytische Kennziffer erhält. In gesonderten Kennungsfeldern sind die codierten Zusatzinformationen und die Art der Vernetzung mit anderen k-Propositionen vermerkt.

3) Analyse: Beschreibung und Vergleich von Texten hinsichtlich Struktur und Inhalt, und zwar wahlweise unter dynamischen (Texte als sukzessiver Aufbau mentaler Bedeutungsstrukturen) oder statischen (Text als Resultat einer Bedeutungs(re)konstruktion) Gesichtspunkten.

Es werden eine Reihe von Ausgaben erzeugt, die wir an dieser Stelle nicht darstellen können. Einige exemplarische Auswertungsmöglichkeiten in FRÜH (1989a; 1990; 1994) und FRÜH & WIRTH (1991).

Um alle beschriebenen prinzipiellen Analysemöglichkeiten in die Praxis umsetzen und die Informationen für die Forschung verwerten zu können, sind (neben präzisen Codierregeln) zwei Voraussetzungen zu erfüllen:

1. Die vom Codierer / Forscher vorzunehmenden Codierungen müssen so erfolgen, dass die Zuordnung zu den jeweiligen Bedeutungebenen des Textes jederzeit möglich und eindeutig ist.

2. Nach den Auszählungen und Auswertungen der SSI-Programme für jede Bedeutungsebene müssen auch spezielle Ausgabedateien für jede Ebene erstellt werden, d.h. Ausgabedateien, deren Fallstruktur sich nach den einzelnen Abstraktionsniveaus richtet. Die Ausgabedateien enthalten

a) Daten auf Nominalniveau (ganzheitliche, qualitative Information)

b) Daten auf Intervallniveau (Aggregationsdaten);
diese setzen sich wiederum aus zwei Blöcken zusammen:
b1) Summierungen (Häufigkeiten)
b2) Kennwerte (Anteile, Strukturparameter).

---

63 Programmierung: Tobias Brückner

2.7 Computerunterstützte Inhaltsanalyse (CUI)

Die Inhaltsanalyse ist eine Methode zur Bearbeitung von Textmengen. Es erstaunt deshalb kaum, dass bereits in den Sechzigerjahren, als der Computer sich als wissenschaftliches Hilfsmittel mehr und mehr zu verbreiten begann, erste Versuche unternommen wurden, ihn zur Beschleunigung der Codierung und der Bewältigung noch größerer Textmengen einzusetzen (insbesondere STONE et al. 1966 ff.). Doch standen einem schnellen Siegeszug der elektronischen oder automatischen Inhaltsanalyse zunächst einige ganz praktische Probleme im Wege. Erstens waren die meisten Computer noch nicht so leistungsfähig, dass sie mit sehr großen Datenmengen schnell und flexibel umgehen konnten, zweitens gab es noch kaum Software, und wenn es sie gab, war sie meist an bestimmte Computersysteme und Programmiersprachen gebunden, drittens schließlich gab es kaum Texte, die als Analysematerial bereits in maschinenlesbarer Form vorlagen. Die beiden ersten Hindernisgründe sind mittlerweile längst entfallen, und der dritte wird gerade mit großer Dynamik beseitigt: Zeitungen publizieren häufig bereits neben der gedruckten auch eine elektronische Variante, universelle Nachschlagewerke und spezielle Wissensbestände sind auf DVD erhältlich, im Internet stehen eine nahezu unbegrenzte Zahl maschinenlesbarer Texte zur Verfügung und große Bibliotheken sind dabei, ihre riesigen Bestände nach und nach auf Datenträger zu bringen; und wenn dennoch diese Vorbedingung noch nicht gegeben sein sollte, kann man zumindest gedruckte Texte mittels eines Scanners eingeben. Damit haben wir es quantitativ mit einer anderen Dimension von Analysematerial zu tun. Wenn qualitative Textanalysen sich meist auf einige wenige Texte, die coderbasierte »konventionelle« Inhaltsanalyse auf einige Hundert oder einige Tausend Texte bezieht, so kann es jetzt um Zehntausende oder noch mehr Texte gehen, die analysiert werden sollen. Schon diese Größenordnung macht klar, dass hier nicht mehr mit den konventionellen Methoden vorgegangen werden kann. Wo es keine Alternative gibt, entsteht auch kein Entscheidungszwang und damit keine Konkurrenzsituation.

Doch wäre das quantitativ-praktische Argument irreführend, wollte man damit den einzigen Unterschied kennzeichnen. Wenn es für bestimmte Anwendungsbereiche keine Alternativen gibt, heißt das noch lange nicht, dass die Leistungsfähigkeit und damit auch das mögliche Entdeckungspotenzial bei coderbasierter und elektronischer oder besser: computerunterstützter Inhaltsanalyse identisch wäre. Neben einigen gemeinsamen Standards wie Objektivität, Quantifizierung und Systematik der Vorgehensweise sowie Exklusivität, Trennschärfe und Eindimensionalität der Kategorien, gibt es auch deutliche Unterschiede. Um dies zu zeigen, soll zunächst einmal die Vorgehensweise der CUI kurz beschrieben werden. In den letzten drei Jahrzehnten wurden eine Reihe mehr oder weniger komplexer Softwarepakete entwickelt, die in ihrer Leistungsfähigkeit differieren (ALEXA & ZÜLL 1999; ZÜLL & ALEXA 2001), alle aber im Wesentlichen dieselben Arbeitsschritte vorgeben. Das in Deutschland derzeit am weitesten verbreitete Programmpaket ist TEXTPACK. (ZÜLL & MOHLER 1992)

Vorarbeiten

1. Bestimmung von Grundgesamtheit und Stichprobe
2. Das Untersuchungsmaterial sollte maschinenlesbar vorliegen oder muss eingescannt bzw. eingegeben werden. (Korpus)
3. Es muss ein Wörterbuch vorliegen oder aus dem Korpus erstellt werden, d.h. eine Wortliste mit allen verschiedenen Worten (einschließlich diverser Endungen oder Vorsilben), ggf. mit Häufigkeiten Inhaltsanalyse.
4. Forschungsfrage mit Hypothesen
5. Nominale Definition der Dimensionen, die die Hauptkategorien des Kategoriensystems bilden
6. Erstellen des Diktionärs: Operationalisierung der Hauptkategorien durch Erstellen von bedeutungskohärenten Wortlisten als Indikatoren anhand des Wörterbuchs und ggf. Ausdifferenzierung von Unterkategorien. Zuweisung von Kategorienkennziffern zu den Wortlisten bzw. Indikatoren-Sets.
7. Codierung des Korpus
8. Manuelle Nachbearbeitung nicht eindeutiger Fälle (Disambiguierung) oder ggf. automatische Disambiguierungsroutinen
9. Ausgabe von Häufigkeitsverteilungen der Kategorien
10. Auswertung mit statistischer Software (SPSS)
11. Ergebnispräsentation (anschließend Interpretation)

Einige Arbeitsschritte sind identisch mit jenen bei der »konventionellen« Inhaltsanalyse, weshalb wir uns auf die abweichenden Punkte konzentrieren wollen. Das Wörterbuch (3) erfordert gegenwärtig meist noch eine Wortliste mit allen Flexionsformen (sitzen, saß, setzte, gesetzt etc.). Es gibt aber auch schon Programme, die nur mit Wortstämmen arbeiten. Dieser Arbeitsschritt läuft weitgehend vollautomatisch ab. Er bildet die Vorarbeit für die spätere Entwicklung des Diktionärs (Kategoriensystems). Sofern die Bemühungen um universelle Standarddiktionäre erfolgreich sein sollten, kann dieser Arbeitsschritt auch entfallen.

Wesentlich aufwendiger ist dagegen die Erstellung des Diktionärs, also die Entwicklung und operationale Definition der Kategorien (4). Die aus Forschungsfrage bzw. Hypothesen extrahierten Dimensionen (die zunächst in der Codierung zu den Hauptkategorien, in der Auswertung dann zu den Variablen werden), sind in Form einer Nominaldefinition gemäß des gemeinten Bedeutungsgehalts definiert. Zu ihrer Operationalisierung hat man aber nicht wie bei der coderbasierten Inhaltsanalyse die Wahl zwischen einer formal-syntaktischen und einer semantischen Definition (siehe Kap. I, 3.3), sondern ist auf eine formal-syntaktische Operationalisierung beschränkt. Die Bedeutung der Kategorien ist als Wortliste (incl. Wortkombinationen), oder genauer: als Liste von Zeichenfolgen zu repräsentieren. Jeder Wortliste wird eine Codeziffer zugeordnet.

Die Anwendung auf das Untersuchungsmaterial (Korpus) erfolgt dann in einem ersten Schritt wieder vollautomatisch. Das Programm sucht den Korpus nach Worten ab, die in einer der Kategoriendefinitionen enthalten sind und ordnet dann die entsprechende Kategorienkennziffer zu. Da jedoch nicht alle Begriffe eindeutig und exklusiv sind, also allein die betreffende Kategorie repräsentieren, müssen Zweifelsfälle manuell nachbearbeitet und korrigiert werden. Dazu können die Schlüsselwörter gemeinsam mit ihrem Kontext ausgegeben werden, d.h. der Forscher sieht das Schlüsselwort und eine begrenzte Zahl von Worten, die an der Original-Fundstelle vor und nach dem Schlüsselwort standen. Anhand dieser Kontextinformation kann er dann in der Art einer »konventionellen« Inhaltsanalyse das Wort einer bestimmten Kategorie zuordnen oder die Codierung ganz eliminieren. Als zusätzliche Hilfestellung kann das Programm bei möglichen Mehrfachzuordnungen die verschiedenen Möglichkeiten als Codiervorschläge mit Kontext anzeigen, so dass die richtige nur ausgewählt werden muss. Auf diese Weise entstehen als Ausgabe letztlich Häufigkeiten für das Vorkommen der einzelnen Kategorien, die dann mit Hilfe statistischer Auswertungsverfahren (SPSS) gemäß den Hypothesen analysiert werden können.

Der grundlegende Unterschied zwischen CUI und »konventioneller« Inhaltsanalyse besteht also darin, dass die CUI nicht auf die Sprachkompetenz von Codierern zurückgreifen kann. Viele Operationen, die für einen sprachkompetenten Leser völlig trivial erscheinen, stellen sich plötzlich als tiefgreifendes Problem dar, für das man erst Schritt für Schritt Lösungen suchen muss. So sind Homonyme für den Computer nicht zu erkennen. Ist in einem Text beispielsweise die Zeichenfolge »Schuss« enthalten, ist nicht unterscheidbar, ob der Schuss von einem Soldaten oder einem Fußballspieler abgefeuert wird oder gar nur der Barkeeper einen Schuss Rum in den Cocktail mixt. Vor allem in den USA hat man jedoch schon mehrere Arten von automatischen Disambiguierungsroutinen entwickelt.

So sucht der »General Inquirer« von Ph. Stone und seinen Mitarbeitern das Umfeld eines Begriffs nach anderen Schlüsselwörtern ab. (KELLY & STONE 1975) Je nach dem ob sie nun in unserem Beispiel dem Bereich Sport oder dem Bereich Krieg/Militär zuzuordnen sind, würde die Zeichenfolge »Schuss« anders zugeordnet. Es gibt auch weniger plausible, weil weniger an der Semantik orientierte Disambiguierungsversuche. Sie ordnen über die relative Auftretenswahrscheinlichkeit der Schlüsselbegriffe in idealerweise repräsentativen (nach Textsorte und Themenbereich) Textkorpora die Begriffe einer bestimmten Kategorie zu. (HART 1985; McTAVISH 1997) Angenommen der Begriff »Schuss« kommt im sportlichen Sinne doppelt so häufig vor als im militärischen Sinne, dann werden unklare Begriffsverwendungen proportional den relevanten Kategorien zugeordnet. Ob aber diese automatischen Disambiguierungsroutinen auch valide sind, also die Begriffe tatsächlich richtig »interpretieren« und zuordnen, ist noch kaum erforscht.

Ein anderes Problem sind alle sog. Proformen, deren wichtigste Gruppe die Pronomina sind. Welcher Inhalt mit »er«, dieses« oder »es« gemeint ist, kann per Listendefinition und automatischer Codierung nicht erkannt werden. Aber auch hier gibt es ein wenigstens partielles Gegenargument. Bei sehr großen Textmengen wird man in der Regel auch große Codier- und Analyseeinheiten wählen. Nimmt man Sätze bzw. Aussagen als relativ kleine Codiereinheiten, dann erhält man mit der CUI ein tatsächlich unlösbares Proform-Problem. Wählt man jedoch ganze Texte, dann spielt diese Unschärfe kaum noch eine Rolle, denn in jedem Text wird der Inhalt, auf den sich eine Proform bezieht, wenigstens einmal genannt sein, so dass er auch vollautomatisch erfasst werden kann; weitere erfassbare oder nicht erfassbare Nennungen spielen dann keine Rolle mehr.

Neben den Homonymen und Proformen sind auch Synonyme schwierig zu erfassen. Synonyme im eigentlichen Sinne, also bedeutungsgleiche Worte, kann man noch relativ problemlos in den Diktionär aufnehmen, da es Synonymwörterbücher gibt. »Synonyme« im weiteren Sinne, bei denen die Bedeutung eines Begriffs mit Wortkombinationen oder gar mit ganzen Phrasen umschrieben wird, sind jedoch nicht in gleicher Weise zu handhaben, da die Paraphrasierungsmöglichkeiten eine offene und damit unbestimmte Kategorie sind. Der Forscher kann im Voraus nicht wissen, was sich die Verfasser der zu untersuchenden Texte an stilistischen Feinheiten alles haben einfallen lassen.

Auch alle komplexeren Fragestellungen bereiten generell Schwierigkeiten, also Fragestellungen, die sich nicht auf einzelne Elemente, sondern auf semantische Strukturen in Texten beziehen. Obwohl gerade in der Computerlinguistik Bemühungen in dieser Richtung laufen, gibt es noch keine Möglichkeit, Kommunikationsstrukturen oder Argumentationszusammenhänge direkt und damit valide zu identifizieren und abzubilden. Möglich sind Kontingenzanalysen, d.h. man ermittelt das gemeinsame Vorkommen bestimmter Kategorien in definierten Texteinheiten und interpretiert diese Kontingenz dann als semantische Beziehungen bestimmter Art (mit allen oben beschriebenen Unschärfen). Auch pragmatische und affektive Textbedeutungen lassen sich über Wortlisten kaum definieren. Ob der Ausdruck »stehen bleiben« im Kontext als Aufforderung, Beschreibung oder Prognose gemeint war, ob er mit Bedauern oder eher erleichtert geäußert wurde, kann vom Computer nicht identifiziert werden.

Es zeigt sich also, dass die CUI zum Teil vor ähnlichen Problemen steht, wie die »konventionelle« Inhaltsanalyse vor einigen Jahrzehnten auch. Ob es möglich sein wird, diese vor dem Hintergrund teilweise grundlegend unterschiedlicher Voraussetzungen ähnlich zufriedenstellend zu lösen, ist derzeit noch nicht in vollem Umfang abzusehen. Die Bemühungen zur Verbesserung der Leistungsfähigkeit kann man grob in zwei Gruppen gliedern. Eine Richtung setzt auf komfortabel unterstützte Schnittstellen, an denen man interaktiv Sprachkompetenz einschleusen kann. Dies ist faktisch eine Kombination maschineller und konventioneller (coderbasierter) Inhaltsanalyse und liegt als Idee auch der Bezeichnung »computerunterstützte Inhaltsanalyse« (CUI) zugrunde.

Die zweite Richtung setzt zumindest bei der Codierung ganz auf das automatisierte Vorgehen. Bei der Entwicklung des Kategoriensystems dagegen gibt es bisher nur vereinzelt solche Bemühungen. So hat man z.B. versucht, durch Clusterung oder Faktorenanalysen häufig gemeinsam auftretende Worte als Kategorien zu definieren. Welche Aussagekraft solche Kategorien jedoch haben sollen und nach welcher Logik sie in konkreten Forschungsprojekten benutzt werden können, bleibt ungeklärt. Viel häufiger sind jedoch die Bemühungen zur Validitätsverbesserung bei vollautomatischer Codierung. Das Problem besteht hier darin, von einer nur zu kleinen Teilen identifizierten formalen Textoberflächenstruktur auf eine möglichst komplexe Texttiefenstruktur schließen zu können, ohne auch nur unterstützend (wie in der ersten Richtung) auf menschliche Sprachkompetenz zurückzugreifen. Hier kann man nicht mehr am konkreten Einzelfall validieren, sondern muss statistisch argumentieren. Es werden Verfahren entwickelt (z.B. zur Disambiguierung), die formale Indikatoren benutzen, die erfahrungsgemäß häufig eine bestimmte Bedeutung anzeigen (z.B. kann man anhand typischer Endungen deutsche Ortsnamen relativ gut identifizieren, wertende Bezeichnungen jedoch nicht). In Evaluationsstudien lässt sich dann feststellen, wie häufig die gemeinte Bedeutung über diese formale Routine tatsächlich erfasst wird. Da nicht am Einzelfall entschieden wird, kann es eine vollständige Trefferrate kaum geben. Die Aussage nach der Evaluation heißt dann: »Mit einer Treffergenauigkeit von vermutlich xy% wurden die gesuchten Bedeutungen erfasst«. Dann kann man selbst entscheiden, ob man mit einer Fehlerquote von 10, 20 oder 30% zufrieden sein kann oder ob man dies inakzeptabel findet. Bei größeren Textmengen dürften solche Einschränkungen zwar ein Problem, aber nicht das zentrale Problem darstellen, weil dort oft nicht absolute, sondern relative Häufigkeiten, also Merkmalsverteilungen und ihre Relationen untereinander eine Rolle spielen. Deshalb ist die Einschränkung »*vermutlich* xy% Fehlerquote« bedeutsamer. Die Evaluierung kann im günstigsten Fall immer nur an einem repräsentativen Querschnitt aller Textsorten und Themenbereiche vorgenommen werden. Das heißt, die angegebene Fehlerrate benennt nur einen Durchschnitt. Es kann sein, dass die von mir gerade analysierte Textsorte oder mein Untersuchungsthema eine sehr viel größere Fehlerrate aufweist. Außerdem wird die Fehlerrate auch bei verschiedenen Kategorien ganz unterschiedlich ausfallen. Damit werden aber die Relationen zwischen den Kategorienhäufigkeiten verzerrt, was im schlimmsten Falle dann sogar zu unbemerkten Artefakten führen kann. (Ganz davon abgesehen, dass bei einem großen Ambiguitätsanteil, die Befunde mehr und mehr zum Mittelwert einer abstrakten »Repräsentativstichprobe« tendieren, was jedes originäre, auf das vorliegende Textmaterial bezogene Ergebnis verwässert oder gar verfälscht.) Ob diese zweite Richtung, die Bedeutungen mit formalen Routinen sozusagen automatisch schätzt, generell die Fehlerrate bzw. den Schätzfehler hinreichend valide minimieren kann, müssen Evaluationsstudien zeigen, die es bisher nur vereinzelt gibt.

Ich vermute, dass die menschliche Sprachkompetenz nur teilweise mit kontrollierbaren und befriedigenden Fehlertoleranzen substituiert werden kann. Dies wird bei relativ kleinen Textmengen und bestimmten Fragestellungen und/oder Textsorten intolerabel, bei größeren Textmengen und anderen Fragestellungen und/oder Textsorten aber weitgehend unerheblich für das Ergebnis sein. Um dies einschätzen zu können, muss man aber die differenzierten Evaluationswerte kennen (sofern sie überhaupt erst einmal ermittelt sind). Fragestellungen mit Kategorien, die weitgehend vollständig und trennscharf mit vorab bestimmbaren Wortlisten und Wortkombinationen operationalisiert werden können (z.B. Eigennamen, Berufsbezeichnungen, Fachbegriffe etc.) sind mit der CUI in jedem Falle besser zu bearbeiten, weil der Aufwand meist geringer und die Codierung immer reliabler ist als bei der »konventionellen« Inhaltsanalyse. Die Einschränkung »meist« betrifft die zu bewältigende Textmenge. Je größer sie ist, um so schneller amortisiert sich der hier bei der CUI auch nicht unerhebliche Entwicklungsaufwand. Ihn über die Entwicklung standardisierter und universell anwendbarer Kategoriensysteme reduzieren zu wollen, halte ich für unrealistisch. Selbst wenn es für bestimmte Inhalte wie z.B. »Politik« oder »Sport« gelingen sollte, Diktionäre valide zu definieren, wären diese Wortlisten so umfangreich, dass spezifische und damit inhaltlich begrenzte Fragestellungen mit einem so großen Apparat an Unterkategorien (und auch möglicher Fehlcodierungen) umgehen müsste, dass der eingesparte Entwicklungsaufwand schnell aufgezehrt wäre. Schwerwiegender erscheint mit aber ein anderer Einwand. Vordefinierte Universaldiktionäre sind inflexibel; sie definieren einen bestimmten Gegenstandsbereich anhand des Status quo. Inhalte und Auffassungen beispielsweise von Politik können sich aber ebenso ändern wie deren Erscheinungsformen in der Realität oder gar der Sprachgebrauch zur Beschreibung derselben. Hätten wir vor 50 Jahren einen Universaldiktionär für den Gegenstandsbereich »Politik« entwickelt und würden wir damit die heutige Berichterstattung über die zeitgenössischen Erscheinungsformen analysieren, wäre das nicht sehr aussagekräftig. Was für eine Zeitspanne von fünfzig Jahren aber plausibel erscheint, gilt für kürzere Zeitspannen prinzipiell in gleicher Weise. Wir können zwar versuchen, über die theoretische Definition des Begriffs »Politik« Einvernehmen zu erzielen (was schon schwierig genug sein dürfte), die operationale Definition muss aber flexibel bleiben. Allenfalls könnte man versuchen, »Traditionen« zu etablieren, d.h. eine Kernbedeutung wird als aktueller Standard definiert und operationalisiert, der hinsichtlich spezifischer Fragestellungen und im Zeitwandel begrenzte Modifikationen zulässt. Diese theoriebedingten Veränderungen und Updatings müssen aber immer in Bezug auf die Kernbedeutung begründet werden. Da eine solche Lösung jedoch Konsens, Selbstdisziplin und Selbstorganisation in einem inkohärenten Forschungsfeld erfordert, stehen die Chancen für wissenschaftlich brauchbare Universaldiktionäre denkbar schlecht. Darüber hinaus müssen solche Universalkategorien notwendigerweise auf einem relativ hohen Abstraktionsniveau definiert werden, was für viele Fragestellungen zu unspezifisch und zu allgemein ist. (Wie sollte man damit z.B. den politischen Umgang mit dem BSE-Problem oder der Nahost-Krise informativ abbilden können?). Damit ist eine erhoffte Möglichkeit der Arbeitsersparnis bei der CUI zumindest sehr reduziert. Zwar ist die Diskussion um Standard-Kategoriensysteme nicht exklusiv für die CUI, aber sie wurde und wird hier erneut intensiv geführt, weil man sich von der CUI eine Maximierung der Schnelligkeit bei einer gleichzeitigen Minimierung des Aufwandes verspricht.

Als Fazit können wir feststellen: Erstens werden wir wegen der in Zukunft vor allem im Internet immens großen digital gespeicherten Textmengen auf jeden Fall verstärkt mit der CUI arbeiten müssen, weil eine Analyse auf anderem Wege gar nicht möglich ist. Zweitens wird die CUI grundsätzlich kein vollständiger Ersatz für die »konventionelle« codiererbasierte Inhaltsanalyse sein, aber es wird zunehmend mehr Teilbereiche geben, auf denen beide konkurrieren oder sich substituieren. Die CUI wird dabei ihre Stärken um so besser entfalten können, je größer die Textmengen sind und je eindeutiger die Kategorien über Merkmale der Textoberfläche (gegenwärtig meist Worte oder Wortverbindungen) definiert werden können. Weitgehend unbrauchbar dürfte sie auf absehbare Zeit bei der Analyse textinterner Bedeutungsstrukturen, latenter Bedeutungen und pragmatischer Textinformationen sein, weil hier Sprachkompetenz für implizite oder »uneigentliche« Bedeutungen wie z.B. Metaphern, Ironie etc. erforderlich ist. Außerdem sind alle nichtsprachlich kodifizierten Bedeutungen wie Mimik, Gestik oder allgemein Bildinformationen der CUI nicht zugänglich. Insofern dürfte es nicht nur die zukünftige Aufgabe sein, die formalen Computerroutinen zur Bedeutungserkennung in Texten zu evaluieren, sondern auch die optimalen Einsatzgebiete von CUI und »konventioneller« Inhaltsanalyse gegeneinander abzugrenzen.

2.8 Zusammenfassung und Schlussfolgerung

Indem wir einige wichtige Probleme aufzeigten, die sich bei der inhaltsanalytischen Analyse sprachlicher Daten in Umfragen stellen, wollten wir an der Art ihrer Lösung klarmachen, dass die Inhaltsanalyse keine Methode ist, die irgendeinem wissenschaftstheoretischen »Lager« zuzuordnen wäre. »Qualitativ« oder »quantitativ« ist nicht die zentrale Frage – ja bei sorgfältiger Arbeitsweise und genauerem Nachdenken steht der Forscher nicht einmal vor einer entscheidbaren Alternative: Er muss immer das eine tun, ohne das andere zu lassen. Das zentrale und viel allgemeinere Problem (das sich trotz seiner großen Schwierigkeit fast wie eine Platitüde anhört) besteht schlicht darin, für das jeweilige Forschungsproblem die jeweils angemessene Methode zu finden bzw. zu entwickeln. Die Inhaltsanalyse ist lediglich ein methodisches Paradigma mit einer großen Palette möglicher Varianten. Die problembezogene aktuelle Konkretisierung dieses Paradigmas kann nun gemäß der eigenen Orientierung des Forschers eher die »qualitativen« oder eher die »quantitativen« Arbeitsschritte akzentuieren, ein starres »Muster« ist nicht vorgegeben. Dies gilt sogar – wie wir zeigen konnten – auch für die Analyse offener Antworten in Bevölkerungsumfragen, obwohl hier wegen der außerordentlich großen Textmengen und des meist sehr spezifischen Erkenntnisinteresses eine ausgeprägt analytisch-quantifizierende Behandlung nicht nur angemessen, sondern auch unumgänglich ist.

Aber auch die Flexibilität der Inhaltsanalyse hat ihre Grenzen. Aufgrund ihrer sozialwissenschaftlichen Herkunft liegen ihre Stärken zweifellos in der Erfassung von Aggregatdaten. Dennoch lassen sich auch eher individualwissenschaftliche

Fragestellungen durch eine entsprechende Modifizierung der Methode angemessen bearbeiten. Neben den oben beschriebenen kleineren Maßnahmen sind hier vor allem die Einführung synthetischer und relationaler Kategoriensysteme zu nennen. Freilich wird dadurch die Anwendung zunehmend aufwendig, ja oft sogar umständlich, und irgendwann sind auch die Grenzen der traditionellen Inhaltsanalyse erreicht. Dann muss man auf der Grundlage der sozialwissenschaftlichen Inhaltsanalyse und individualwissenschaftlicher Methoden zur Textanalyse neue Messinstrumente entwickeln, die auch konzeptionell für eine integrierte »qualitativ/quantitative« Analyse konstruiert sind. Eine konkrete Möglichkeit derart konvergenter Methodenentwicklung wurde mit der SSI vorgestellt.

Was folgt aus diesen Überlegungen? Dass mit der Anwendung quantifizierender Methoden zwar ein Anspruch auf richtige, nicht jedoch auf wahre Ergebnisse verbunden sein kann, ist eine Binsenweisheit. Wie jedoch mehrere tausend Jahre Geistesgeschichte zeigen, hatte bisher jeder Weg der Erkenntnis seine besonderen Schwierigkeiten mit der Wahrheit, so dass dies gewiss kein Spezifikum sog. »quantitativer« Methoden ist. Im Forschungsprozess müssen bei jeder Vorgehensweise eine Vielzahl subjektiver Entscheidungen getroffen werden, die einen nachhaltigen Einfluss auf die Ergebnisse haben können. Nach unserem Wissenschaftsverständnis steht und fällt der Wert wissenschaftlicher Ergebnisse mit der Transparenz und Nachvollziehbarkeit solcher analyserelevanter Entscheidungen. Der Unterschied zwischen qualitativen und quantitativen Methoden besteht dabei lediglich darin, dass bei fallbezogenen qualitativen Analysen konkrete Belegstellen zitiert werden können, während bei der Analyse großer Textmengen solche Belege notwendig abstrakter und allgemeiner in Kategoriendefinitionen und Codierregeln formuliert werden müssen. Systematisches Vorgehen ist nicht gleichbedeutend mit formalistischem Vorgehen. Bei der Identifikation bestimmter inhaltlicher Merkmale kann sicherlich auch der »quantitative« Analytiker alle verfügbaren Informationen adäquat nutzen, er kann seine Beurteilungskriterien sogar fallbezogen anpassen bzw. auslegen, nur auswechseln oder selektiv anwenden darf er sie nicht. Ob dies jedoch als Vor- oder als Nachteil zu sehen ist, entscheidet sich erneut an der Frage, ob das Erkenntnisinteresse auf einzelne Texte bzw. Individuen oder auf Textmengen bzw. Populationen gerichtet ist. Zum Verständnis von Kollektiven benötigt man z.T. andere Informationen als zum Verstehen von Individuen. Insofern ist weder eine »qualitative« noch eine »quantitative« Vorgehensweise generell besser oder schlechter. Wie ich an einigen Beispielen zeigen wollte, besteht die große Schwierigkeit bei der Analyse verbaler Daten für jede Methode viel eher darin, verlässliche und flexibel vernetzbare Daten zu gewinnen. Verlässlichkeit meint hier nicht statistische Reliabilität, sondern die sichere Rekonstruktion von Bedeutungen aus einem teilweise vagen, mehrdeutigen oder gar widersprüchlichen Zeichenmuster. Flexibel vernetzbar meint den Anspruch, verbale Daten als simultanen und sequenziellen Bedeutungs- bzw. Informationskomplex zu begreifen, dessen zunächst fallbezogene komplexe Abbildung erst das aggregierfähige Datum darstellt. Die EDV-gemäße Formalisierung derart komplexer »qualitativer« Strukturen ist dabei nicht als »Sündenfall«, sondern als Fortschritt in Richtung einer zusätzlichen präzisen Analysemöglichkeit der Daten auf Aggregatebene zu sehen. Ein Mensch ist eben nicht nur ein originäres Individuum, sondern auch ein soziales Wesen, das in kollektive Strukturen eingebunden ist und viele individuelle Merkmale und Merkmalskombinationen mit anderen Individuen teilt bzw. sich darin von wieder anderen Individuen unterscheidet. Insofern konkurrieren Analysen auf Individual- und Aggregatebene nicht miteinander, sondern sie ergänzen sich und erweitern so den Erkenntnishorizont.

Wir sollten überlegen, ob nicht Methoden intensiver fortentwickelt werden könnten, die solche Ambiguitäten, Inkonsistenzen, Transaktionen und strukturellen Vernetzungen als essenzielle Merkmale geistiger Konstrukte erfassen, anstatt sie als Fehler zu eliminieren. Eine integrierte Bearbeitung individualwissenschaftlicher und sozialwissenschaftlicher Fragestellungen kann nur eine Bereicherung sein, während kleinliches Gezänk noch selten Pate des Fortschritts war. Dabei steht bereits eine Weiterentwicklung der Inhaltsanalyse in eine ganz andere Richtung längst auf der Tagesordnung. Es gibt textanalytische Anforderungen, die weder mit einer »konventionellen« coderbasierten Inhaltsanalyse, einschließlich der beschriebenen Weiterentwicklungen, und noch viel weniger mit einer »qualitativen« Inhaltsanalyse zu bewältigen sind. Textmengen, wie sie beispielsweise im Internet präsent sind, erfordern ganz andere, nämlich computergestützte oder gar vollautomatische Zugangsweisen.

Übungsfragen

1. Zu welchem Zweck wird eine Medienresonanzanalyse (MERA) durchgeführt?
2. Früh unterscheidet zwischen MERA 1 und MERA 2. Beschreiben Sie deren Unterschiede.
3. Warum handelt es sich bei der MERA nicht um eine eigenständige Variante (»Typus«) der Inhaltsanalyse?
4. Was würden Sie einem Auftraggeber antworten, der eine MERA in Auftrag geben will, um die Bekanntheit seines Unternehmens in der Bevölkerung zu ermitteln?
5. Warum wird i.d.R. eine vorgefertigte, voll standardisierte MERA nicht besonders gut brauchbar sein?
6. Was versteht man in der Praxis unter
   a) Langzeit Clip Tracking-Analyse?
   b) Ad hoc-Auswertung?
   c) Taktisch orientierte Analyse?
   d) Umfeldanalyse?
   e) Online Datenbank gestützte-Analyse?
7. Klassifizieren Sie die MERA-Anwendungsformen (s: Frage 6 a-e) nach analytischen Kriterien.
8. Was ist ein »Synthetisches Kategoriensystem« und bei welcher Problemlage setzt man es ein?
9. Was sind explizite und implizite Bewertungen (oder Bewertungstendenzen bei ganzen Beiträgen)? Nennen Sie jeweils zwei Beispiele.
10. Erläutern Sie die Aussage: Die Inhaltsanalyse arbeitet in ihrer Standardform elementaristisch.
11. Was versteht man unter einer »Kontingenzanalyse«? Welche Vor- und Nachteile besitzt sie?
12. In welcher Hinsicht geht die Semantische Struktur- und Inhaltsanalyse über eine »normale« Inhaltsanalyse hinaus? Nennen Sie konkrete Anwendungsbeispiele.
13. Was versteht man unter einer »Proposition«?
14. Nenne Sie die Hauptkomponenten (-kategorien) für die Minimalversion einer Kommunikations-/ Interaktionsanalyse.
15. Beschreiben Sie den Hauptunterschied einer Kommunikations-/ Interaktionsanalyse zu einer »normalen« Inhaltsanalyse (Standardform).
16. Vergleichen und diskutieren Sie den früher häufig verwendeten Begriff »automatische Inhaltsanalyse« mit dem heute vorherrschenden Begriff »computerunterstützte Inhaltsanalyse«
17. Wo liegen die Stärken, wo die Schwächen der computerunterstützten Inhaltsanalyse (CUI)?
18. Worin besteht der grundlegende Unterschied zwischen konventioneller (coderbasierter) und computerunterstützter Inhaltsanalyse hinsichtlich der Indikatoren bzw. Codierweise?

Literatur

Alexa, M. & C. Zuell (1999): A Review of Software for Text Analysis. ZUMA Nachrichten-Spezial, Band 5. Mannheim.

Allport, F. H. (1955): Theories of Perception and the Concept of Structure. New York.

Atkinson. J.W. (Hrsg.)(1958): Motives in fantasy, action und society. Princeton.

Atteslander, P. (1975): Methoden der empirischen Sozialforschung. Berlin, New York. 4. Aufl

Austin, J.L. (1962): How to do things with words. Oxford.

Bales, R.F., (1950): Interaction process analysis. Cambridge, Mass.

Ballstaedt, S.-P., H. Mandl, W. Schnotz & Sigmar-Olaf Tergan (1981): Texte verstehen, Texte gestalten. München u.a.

Barcus, F.E. (1959): Communications content: Analysis of the research 1900 – 1958. Diss. University of Illinois.

Bentele, G. (Hrsg.)(1981): Semiotik und Massenmedien. München.

Berelson, B. (1952): Content analysis in communications research. Glencoe, Ill.

Berelson, B. & P.F. Lazarsfeld (1952): Die Bedeutungsanalyse von Kommunikations-materialien. In: R. König (Hrsg.): Praktische Sozialforschung. Dortmund, Zürich, S. 141 – 168.

Berghaus, M. (1974): Inhaltsanalyse von Fernsehsendungen. Rundfunk und Fernsehen 22, S. 330 – 357.

Bessler, H. (1972): Aussagenanalyse. Düsseldorf. 2. Aufl.

Bock, M. (1978): Wort-, Satz-, Textverarbeitung. Stuttgart u.a.

Bortz, J. (1999): Statistik für Sozialwissenschaftler, Berlin, Heidelberg. 5. Aufl.

Brecht, B. (1967): Gesammelte Werke, Bd. 9 (Werkausgabe in 20 Bänden. Edition Suhrkamp). Frankfurt / Main.

Broedling, L.A. (1974): On more Reliably Employing the Concept of »Reliability«. Public Opinion Quarterly 38, S. 372 – 378.

Bruner, J.S. (1957): On perceptual readiness. Psychological Review 64, 123 – 152.

Bühler, K. (1934): Sprachtheorie. Jena.

Bünting, K.-D. (1975): Einführung in die Linguistik. Frankfurt/Main. 6., erw.Aufl.

Burger, H.O. (1967): Methodische Probleme der Interpretation. In: H. Enders (Hrsg.): Die Werkinterpretation. Darmstadt, S. 198 – 213.

Bußmann, H. (1983): Lexikon der Sprachwissenschaft. Stuttgart.

Cartwright, D.P. (1953): Analysis of qualitative material. In: L. Festinger & D. Katz (Hrsg.): Research methods in the behavioral sciences. New York, S. 421 – 470.

Cohen, J. (1960): A coefficient of agreement for nominal scales, Educational and Psychological Measurement 20, S. 37–46.

Craig, Robert T. (1981): Generalization of Scott's Index of Intercoder Agreement. Public Opinion Quarterly 45, S. 260 – 264.

Crittenden, K.S. & R.J. Hill (1971): Coding Reliability and Validity of Interview Data. American Sociological Review 36, S. 1073 – 1080.

Deichsel, A. (1975): Elektronische Inhaltsanalyse. Zur quantitativen Beobachtung sprachlichen Handelns. Berlin.

DeWeese III, C.L. (1976): Computer content analysis of printed media. Public Opinion Quarterly 40, S. 92 – 100.

Dovring, K. (1954): Quantitative semantics in 18th century Sweden. Public Opinion Quarterly 18, S. 389 – 394.

Eisenberg, P. (Hrsg.)(1976): Maschinelle Sprachanalyse. Berlin.

Eisenberg, P. (Hrsg.)(1977): Semantik und künstliche Intelligenz. Berlin.

Enders, H. (Hrsg.)(1967): Die Werkinterpretation. Darmstadt.

Farr, J.N., J.J. Jenkins & D.G. Paterson (1951): Simplification of Flesch reading ease formula. Journal of Applied Psychology 53, S. 333 – 337.

Fillmore, Ch. J. (1968): The Case for Case. In: E. Bach & R.T. Harms (Hrsg.): Universals in Linguistic Theory, London/New York, S.1 – 88.

Flesch, R.F.(1948): A new readability yardstick. Journal of Applied Psychology 32, S. 221 – 233.

Friedrichs, J. (1977): Methoden empirischer Sozialforschung. Reinbek bei Hamburg. 6. Aufl.

Frisbie, B. & S. Sudman (1968): The use of computers in coding free responses. Public Opinion Quarterly 32, S. 216 – 232.

Früh, W. (1980): Lesen, Verstehen, Urteilen. Untersuchungen über den Zusammenhang von Textgestaltung und Textwirkung. München, Freiburg.

Früh, W. (1981a): Inhaltsanalyse und Semiotik. In: G. Bentele (Hrsg.): Semiotik und Massenmedien. München, S. 149 – 154.

Früh, W. (1981b): Inhaltsanalyse und strukturale Textanalyse. Analyse & Kritik 3, S. 93 – 116.

Früh, W. (1983): Inhaltsanalyse und Validität. Ein empirischer Vergleich von Inhaltsanalyse und Rezeptionsanalyse. Siegener Periodicum zur internationalen empirischen Literaturwissenschaft (SPIEL) 2, S. 315 – 350.

Früh, W.(1983a): Der aktive Rezipient – neu besehen. Zur Konstruktion faktischer Information bei der Zeitungslektüre. Publizistik 28, 327 – 342.

Früh, W. (1984), Konventionelle und maschinelle Inhaltsanalyse im Vergleich: Zur Evaluierung computerunterstützter Bewertungsanalysen. In: H. D. Klingemann (Hrsg.): Computerunterstützte Inhaltsanalyse in der empirischen Sozialforschung. Frankfurt/Main, New York, S. 35 – 53.

Früh, W. (1989a): Semantische Struktur- und Inhaltsanalyse (SSI). Eine Methode zur Analyse von Textinhalten und Textstrukturen und ihre Anwendung in der Rezeptionsanalyse. In: M. Kaase & W. Schulz (Hrsg.): Massenkommunikation. Theorien, Methoden, Befunde, Opladen, S.490 – 507. (KZfSS, Sonderheft 30/1989)

Früh, W. (1989b): Inhaltsanalyse. In: G. Endruweit & G. Trommsdorff (Hrsg.): Wörterbuch der Soziologie. Bd. 2. Stuttgart, S. 301 – 305.

Früh, W. (1990): Strukturierung themenbezogenen Wissens bei Massenmedien und Publikum. In: K. Böhme-Dürr, J. Emig & N.M. Seel (Hrsg.): Wissensveränderung durch Medien. Theoretische Grundlagen und empirische Analysen. München u.a., S. 151 – 170.

Früh, W. (1992a): Analyse sprachlicher Daten. Zur konvergenten Entwicklung »qualitativer« und »quantitativer« Methoden. In: J. Hoffmeyer-Zlotnik (Hrsg.): Analyse verbaler Daten. Über den Umgang mit qualitativen Daten. Opladen, S. 59 – 89.

Früh, W. (1991): Medienwirkungen: Das dynamisch-transaktionale Modell. Theorie und empirische Forschung. Opladen.

Früh, W. (1994): Realitätsvermittlung durch Massenmedien. Die permanente Transformation der Wirklichkeit. Opladen.

Früh, W. & W. Wirth (1991): Dynamik der Informationsverarbeitung suggestibler Rezipienten. Transaktionen von Suggestibilität, Aktivation und Medieninformation. In: W. Früh: Medienwirkungen: Das dynamisch-transaktionale Modell. Theorie und empirische Forschung. Opladen S. 271 – 303.

Früh, W. (2001a): Der dynamisch-transaktionale Ansatz. Ein integratives Paradigma für Medienrezeption und Medienwirkungen. In: P. Rössler, U. Hasebrink & M. Jäckel (Hrsg.): Theoretische Perspektiven der Rezeptionsforschung. München, S.11 – 34.

Früh, W. (2001b): Kategorienexploration bei der Inhaltsanalyse. Basiswissengeleitete offene Kategorienfindung (BoK). In: W. Wirth & E. Lauf (Hrsg.): Inhaltsanalyse: Perspektiven, Probleme, Potentiale. Köln.

Früh, W. (2001): Gewaltpotentiale des Fernsehangebots. Programmangebot und zielgruppenspezifische Interpretation. Wiesbaden.

Früh, W. (2005): Fortschritte bei der Inhaltsanalyse. In: Wilke, Jürgen (Hrsg.): Die Aktualität der Anfänge. Köln, S. 115-124.

Fühlau, I.(1978): Untersucht die Inhaltsanalyse eigentlich Inhalt? In: Publizistik 23, S.7 – 18.

Funkhouser, G.R. & E.B. Parker (1968): Analyzing coding reliability: The random-systematic error coefficient. Public Opinion Quarterly 32, S.122 – 128.

Gadamer, H.G. (1955): Wahrheit und Methode. Tübingen.

Gehrau, V., Fretwurst, B., Krause, B.; Daschmann, G. (Hrsg.) (2005): Auswahlverfahren in der Kommunikationswissenschaft. Köln.

George, Alexander L. (1959): Quantitative and qualitative approaches to content analysis. In: I. de Sola Pool (Hrsg.): Trends in content analysis. Urbana, S. 7 – 32.

Gerbner, G., O. Holsti, K. Krippendorff, W.J. Paisley & Ph. J. Stone (Hrsg.)(1969): The analysis of communication content. Development in scientific theories and computer-techniques. New York.

Glinz, Hans (1973): Textanalyse und Verstehenstheorie I. Frankfurt/Main.

Gottschalk, Louis A. (1979): The content analysis of verbal behavior. New York, Toronto, London.

Greimas, A.J. (1971): Strukturale Semantik. Methodologische Untersuchungen. Braunschweig. (Orig.: Semantique structurale. Recherche de methode. Paris 1966).

Greimas, A.J. (1974): Die Isotopie der Rede. In: W. Kallmeyer, et al. (Hrsg.): Lektürekolleg zur Textlinguistik. Bd. 2: Reader. Frankfurt/Main, S. 126 – 152.

Groth, O. (1915): Die politische Presse Württembergs. Stuttgart.

Gunter, B. (1985): Dimensions of television violence. Aldershot.

Habermas, J. (1971): Zu Gadamers »Wahrheit und Methode«. In: K.-O. Apel u.a.: Hermeneutik und Ideologiekritik. Frankfurt/Main.

Hammann, P. & B. Erichson (1990): Marktforschung. Stuttgart, New York.

Harder, Th. (1974): Werkzeug der Sozialforschung. München.

Hart, R.P. (1985): Systemic analysis of political discourse: The development of DICTION. In: Sanders et al.(Hrsg.): Political Communication Yearbook 1984. Carbondale, Ill., S. 97 – 134.

Hartmann, P. & H. Rieser (Hrsg.)(1974): Angewandte Textlinguistik. Hamburg.

Harweg, R. (1968): Die Rundfunknachrichten. Poetica 2, S. 1 – 14.

Herkner, W. (1974): Inhaltsanalyse. In: J. van Koolwijk & M. Wieken-Mayser (Hrsg.): Techniken der empirischen Sozialforschung, Bd. 3, Erhebungsmethoden: Beobachtung und Analyse von Kommunikation. München, Wien, S. 158 – 191.

Hijmans, E. (1996): The Logic of Qualitative Media Content Analysis: A Typology. Communications 1/96, S. 93 – 108.

Hirsch, E. D. (1972): Prinzipien der Interpretation. München.

Holsti, O.R. (1968): Content analysis. In: G. Lindzey & E. Aronson (Hrsg.): The handbook of social psychology. Bd. 2. Reading, Mass. 2. Aufl., S. 596 – 692.

Holsti, O.R. (1969): Content analysis for the social sciences and humanities. Reading, Mass.

Husserl, E.(1974): Formale und transzendentale Logik. Versuch einer Kritik der logischen Vernunft. Mit ergänzenden Texten hrsgg. von Paul Janssen. Den Haag.

Iser, W. (1976): Der Akt des Lesens. Theorie ästhetischer Wirkung. München.

Jandura, G.; Jandura, O.; Kuhlmann, Ch. (2005): Stichprobenziehung in der Inhaltsanalyse. Gegen den Mythos der künstlichen Woche. In: Gehrau, V. et al. (Hrsg.): Auswahlverfahren in der Kommunikationswissenschaft. Köln, S. 71–116.

Kallmeyer, W. et al. (1974, 2 Bde.): Lektürekolleg zur Textlinguistik. Bd. 1: Einführung, Bd. 2: Reader. Frankfurt/M.

Kelly, E. & P.J. Stone (1975): Computer recognition of english word senses. Amsterdam.

Kepplinger, H.M. & R. Mathes (1988): Künstliche Horizonte. In: J. Scharioth & H. Uhl (Hrsg.): Medien und Technikakzeptanz. München.

Kerlinger, F.N. (1975): Grundlagen der Sozialwissenschaften, Bd. 1. Weinheim, Basel (Orig.: Foundations of Behavioral Research 1964).

Kintsch, W. (1974): The representation of meaning in memory. Hillsdale, N.J.

Kintsch, W. & G. Glass (1974): Effects of propositional structure upon sentence recall. In: W. Kintsch (Hrsg.)(1974): The representation of meaning in memory, Hillsdale, N.J., S. 140 – 151.

Kintsch, W. (1982): Gedächtnis und Kognition. Berlin u.a.

Klingemann, H.D. (1984)(Hrsg.): Computerunterstützte Inhaltsanalyse in der empirischen Sozialforschung. Königstein/Ts.

Kolb, S. (2004): Verlässlichkeit von Inhaltsanalysedaten. Medien & Kommunikation, 3, S. 335-354.

Kops, M. (1977): Auswahlverfahren in der Inhaltsanalyse. Meisenheim.

Kracauer, S.(1952): The challenge of qualitative content analysis. Public Opinion Quarterly 16, S. 631 – 641.

Kracauer, S. (1972): Für eine qualitative Inhaltsanalyse. Ästhetik und Kommunikation 7, S. 53 – 58.

Krippendorff, K. (1971): Reliability of recording instructions: Multivariate agreement for nominal data. Behavioral Science 16, S. 228 – 235.

Krippendorff, K. (1980): Content analysis. An introduction to its methodology. Beverly Hills. (Neuauflage: Krippendorff, K. (2004). Content analysis: An introduction to its methodology. Thousand Oaks.

Kriz, J. (1981): Pragmatische und handlungstheoretische Aspekte in der Inhaltsanalyse. In: G. Bentele (Hrsg.): Semiotik und Massenmedien, München, S. 155 – 169.

Kuttner, H.G. (1981): Zur Relevanz text- und inhaltsanalytischer Verfahrensweisen für die empirische Forschung. Überlegungen zum theoretischen Bezugsrahmen der Inhaltsanalyse. Frankfurt/Main, Bern.

Langridge, D.W. (1994): Inhaltsanalyse. München.

Lasswell, H.D. (1927): Propaganda technique in the world war. New York.

Lasswell, H.D. (1941): World attention survey. Public Opinion Quarterly 5, S. 456 – 462.

Lasswell, H.D., D. Lerner & I. de Sola Pool (1952): The comparative study of symbols. An introduction. Stanford.

Lisch, R. & J. Kriz (1978): Grundlagen und Modelle der Inhaltsanalyse. Reinbek.

Lisch, R. (1979): Assoziationsstrukturenanalyse (ASA). Ein Vorschlag zur Weiterentwicklung der Inhaltsanalyse. Publizistik 24, S. 65 – 83.

Lisch, R.(1981): Einige methodische Probleme inhaltsanalytischer Modelle am Beispiel der Bewertungsanalyse. In: G. Bentele (Hrsg.): Semiotik und Massenmedien. München.

Mahl, G.F. (1959): Exploring emotional states by content analysis. In: I. de Sola Pool (Hrsg.): Trends in content analysis, Urbana, S. 89 – 130.

Maletzke, G. (1972): Psychologie der Massenkommunikation. Hamburg , S. 53 – 76.

Mathes, R. (1989): Modulsystem und Netzwerktechnik – neuere inhaltsanalytische Verfahren zur Analyse von Kommunikationsinhalten. ZUMA-Arbeitsbericht Nr. 89/13 (Masch. schr.).

Maturana, H.R. (1981): Erkennen: Die Organisation und Verkörperung von Wirklichkeit. Braunschweig, Wiesbaden.

Mayntz, R., K. Holm, K. & P. Hübner (1974): Einführung in die Methoden der empirischen Soziologie. Opladen, 4. Aufl.

Mayring, Ph. (1993): Qualitative Inhaltsanalyse. Weinheim. 4. Aufl.

McTavish, D.G. (1997): A Computer Content Analysis Approach. In: Social Science Computer Review 15,2, S. 379 – 393.

Mead, George Herbert (1934): Mind, Self, and Society, Chicago.

Merten, K. (²1995): Inhaltsanalyse. Einführung in Theorie, Methode und Praxis. Opladen.

Merten, K. (1996): Reactivity in Content Analysis. Communications 1/96, S. 65 – 76.

Merten, K. & G. Ruhrmann (1982): Die Entwicklung der inhaltsanalytischen Methode. Kölner Zeitschrift für Soziologie und Sozialpsychologie 34, S. 696 – 716.

Merten, K. & B. Großmann (1995): Möglichkeiten und Grenzen der Inhaltsanalyse. Rundfunk und Fernsehen 43.

Mochmann, E. & N. Immer (1979): Forschungsarbeiten zur quantitativen Inhaltsanalyse in der Bundesrepublik Deutschland. In: R. Mackensen & F. Sagebiel (Hrsg.): Soziologische Analysen. Referate aus den Veranstaltungen der Sektionen der Deutschen Gesellschaft für Soziologie und der ad-hoc Gruppen beim 19. Deutschen Soziologentag (Berlin 17. – 20. April 1979). TUB-Dokumentation Kongresse und Tagungen, Berlin, S. 723 – 736.

Montgomery, A.C. & K.S. Crittenden (1977): Improving coding reliability for open-ended questions. Public Opinion Quarterly 41, S. 235 – 243.

Moritz, K. (1972): Deutsche Balladen. Analysen für den Deutschunterricht. Paderborn.

Neisser, U. (1974): Kognitive Psychologie. Stuttgart (engl. Cognitive Psychology. New York, 1967).

Norman, D.A. & D.A. Rumelhart (1978): Strukturen des Wissens. Stuttgart (Orig.: Explorations in cognition. San Francisco: Freeman, 1975).

Opp, K.-D. (1976): Methodologie der Sozialwissenschaften. Einführung in Probleme ihrer Theoriebildung. Reinbek bei Hamburg. Durchgr. revid. u. erw. Neuausg.

Orth, B. (1974): Einführung in die Theorie des Messens. Stuttgart u.a.

Osgood, Ch.E., S. Saporta & J.C. Nunnally (1956): Evaluative assertion analysis. Litera 3, S. 47 – 102.

Osgood, Ch.E. & E.G. Walker (1959): Motivation and language behavior: A content analysis of suicide notes. Journal of Abnormal and Social Psychology 59, S. 58 – 67.

Pool, I. de Sola (Hrsg.)(1959): Trends in content analysis. Urbana.

Popper, K. R. (1974): Objektive Erkenntnis. Ein evolutionärer Entwurf (2. Aufl.). Hamburg.

Postman, L.(1951): Toward a General Theory of Cognition. In: J.H. Rohrer & M. Sherif (Hrsg.): Social Psychology at the Crossroads. New York, S. 242 – 272.

Riffe, D. & A. Freitag (1997): A content analysis of content analysis: Twenty-five years of Journalism Quarterly. In: Journalism & Mass Communication Quarterly, 74, S.515-524.

Ritsert J. (1972): Vorbemerkungen zu Siegfried Kracauer »The challenge of qualitative content analysis«. Ästhetik und Kommunikation 7, S. 49 – 52.

Ritsert, J. (1975): Inhaltsanalyse und Ideologiekritik. Ein Versuch über kritische Sozialforschung. Frankfurt/M., 2. Aufl.

Rosengren, I. (1972): Ein Frequenzwörterbuch der deutschen Zeitungssprache. Die Welt, Süddeutsche Zeitung, Bd. 1. Lund.

Rosengren, E. (Hrsg.)(1981): Advances in content analysis. Beverly Hills, London.

Rühl, M. (1976): Vom Gegenstand der Inhaltsanalyse. Rundfunk und Fernsehen 24, S. 367 – 378.

Rust, H.(1980a): Qualitative Inhaltsanalyse – begriffslose Willkür oder wissenschaftliche Methode? Ein theoretischer Entwurf. Publizistik 25, S. 5 – 23.

Rust, H. (1980b): Struktur und Bedeutung. Studien zur qualitativen Inhaltsanalyse. Berlin.

Rust, H. (1981): Methoden und Probleme der Inhaltsanalyse. Tübingen.

Rustemeyer, R. (1992): Praktisch-methodische Schritte der Inhaltsanalyse. Eine Einführung am Beispiel der Analyse von Interviewtexten. Münster.

Schmidt, S.J. (Hrsg.) (1990): Der Diskurs des Radikalen Konstruktivismus. Frankfurt/Main.

Schmidt, S.J. (1975): Literaturwissenschaft als argumentierende Wissenschaft. Zur Grundlegung einer rationalen Literaturwissenschaft. München.

Schnell, R., P.B. Hill & E. Esser (1999): Methoden der empirischen Sozialforschung. München, Wien. 6.Aufl.

Schnotz, W. (1988): Textverstehen als Aufbau mentaler Modelle. In: H. Mandl & H. Spada (Hrsg.): Wissenspsychologie. München, Weinheim, S.299 – 330.

Schönbach, K. (1979): Elektronische Inhaltsanalyse in der Publizistikwissenschaft. Publizistik 4, S. 449 – 457.

Schönbach, K. & W. Früh (1984): Der dynamisch-transaktionale Ansatz II: Konsequenzen. In: Rundfunk und Fernsehen 32, Heft 3, S.314 – 329.

Schrott, P.R. & D.J. Lanoue (1994): Trends and Perspectives in Content Analysis. In: I. Borg & P.Ph. Mohler (Hrsg.): Trends and Perspectives in Empirical Social Research. Berlin, New York, S. 327 – 346.

Schulz, W. (1976): Die Konstruktion von Realität in den Nachrichtenmedien. Analyse der aktuellen Berichterstattung. Freiburg, München.

Schulz, W. (1986): Medienanalyse (Inhaltsanalyse) und Wirkungsforschung. In: W. Schulz (Hrsg.): Medienwirkungsforschung in der Bundesrepublik Deutschland, Teil I: Berichte und Empfehlungen. Weinheim, S. 111 – 116.

Schulz, W. (1994): Inhaltsanalyse. In: E. Noelle-Neumann, W. Schulz & J. Wilke (Hrsg.): Fischer Lexikon Publizistik Massenkommunikation. Frankfurt/Main, S. 41 – 63.

Scott, W.A. (1955): Reliability of content analysis: The case of nominal scale coding. Public Opinion Quarterly 19, S. 321 – 325.

Searle, J.R. (1971): What is a speech-act? In: Ders. (Hrsg.): The philosophy of language. Oxford, S. 39 – 53.

Silbermann, A. (1962): Systematische Inhaltsanalyse. In: R. König (Hrsg.): Handbuch der Empirischen Sozialforschung. Bd. 1. Stuttgart, S. 570 – 600.

Staiger, E. (1955): Die Kunst der Interpretation. Zürich.

Stegmüller, W. (1070): Probleme und Resultate der Wissenschaftstheorie und Analytischen Philosophie. Bd. 2: Theorie und Erfahrung. Berlin.

Stevens, S.S. (1951): Mathematics, measurement, and psychophysics. In: Ders. (Hrsg.): Handbook of experimental psychology. New York, S. 1 – 49.

Stone, Ph. J. et al.(1966): The General Inquirer: A computer approach to content analysis. Cambridge, Mass.

Suppes, P. & J.L. Zinnes (1963): Basic measurement theory. In: R.D. Luce, R.R. Bush & E. Galanter (Hrsg.): Handbook of mathematical psychology, Bd. 1. New York usw., S. 3 – 76.

Tholen, Toni (1999): Erfahrung und Interpretation: der Streit zwischen Hermeneutik und Dekonstruktion. Heidelberg.

Thorndike, E.L. & J. Lorge (1944): The teacher's wordbook of 30.000 words. New York.

Titzmann, M. (1977): Strukturale Textanalyse. München.

Titzmann, M.(1981): Zur Beziehung von »Inhaltsanalyse« und »Strukturaler Textanalyse«. In: G. Bentele (Hrsg.): Semiotik und Massenmedien. München, S. 218 – 234.

van Dijk, T.A. (1980): Textwissenschaft. Tübingen.

Wersig, G. (1968): Inhaltsanalyse. Berlin.

Wirth, W. (2001): Der Codierprozess als gelenkte Rezeption. Bausteine für eine Theorie des Codierens. In: Wirth, W. & E. Lauf (Hrsg.): Inhaltsanalyse: Perspektiven, Probleme, Potentiale. Köln, S. 157-182.

Wirth, W. & E. Lauf (Hrsg.) (2001): Inhaltsanalyse: Perspektiven, Probleme, Potentiale. Köln.

Züll, C. & P.Ph. Mohler (1992): Textanalyse. Anwendungen der Computerunterstützten Inhaltsanalyse. Opladen.

Züll, C. & M. Alexa (2001): Automatisches Codieren von Textdaten. Ein Überblick über neuere Entwicklungen. In: W. Wirth & E. Lauf (Hrsg.): Inhaltsanalyse: Perspektiven, Probleme, Potentiale. Köln, S. 303-317.

Sachregister

A

Abstraktionsinteresse 53, 62

Abstraktionsniveau 161, 240, 246, 262, 271, 285

Aggregatdaten 63, 65, 138, 200, 206

Ambiguität 46, 136, 295
  Disambiguität 60, 113, 121, 135, 263, 287

Analyse
  Analyseeinheit 82, 95 f., 106 f., 110, 154, 167, 172, 176, 200 f., 217 ff., 222, 226, 228, 265, 273
  Argumentanalyse 144, 213
  Qualitative Analyse *siehe* Qualitativ
  Quantitative Analyse 11, 27, 37 f., 67–70, 133, 138 f., 184, 273

Artefakt 39, 97

B

Bedeutung
  Bedeutungsdimensionen 56, 59, 135, 261, 271, 281
  Bedeutungsebenen 270–273, 281, 285
  Bedeutungsrekonstruktion 13, 44, 46, 60, 124 f., 136
  Latente Bedeutung 123, 140
  Manifeste Bedeutung 27, 44, 119, 123, 125 ff., 133, 241, 244, 246, 249 f., 260

Begründungszusammenhang 97 f.

Behaviorismus 11 f., 27, 52, 133

Bewertung 39, 51, 81, 84, 86, 95 f., 115 f., 128, 155, 214, 216 f., 221 ff., 241, 246, 253, 260, 265 f., 269, 271
  Bewertungsanalyse 221, 223 f.
  Implizite Bewertung 242
  Implizite Tendenz 241, 249 f.

Bewertungsanalyse *siehe* Bewertung

C

Codieren
  Codebuch 40, 172 f., 184
  Codieranweisung 28, 40, 94, 110, 119, 126 f., 166–170, 172, 175, 185, 188, 194, 196, 252–256, 258
  Codierbogen 185–188, 190 f., 194, 199–202
  Codiereinheit 84, 91–97, 164 f., 189, 191, 217, 227 f., 243, 250, 266, 270
  Codierereinflüsse 86, 94, 185, 198
  Codierer (Lernvorgang) 199
  Codiererschulung 52, 103, 126 f., 158, 170, 184, 188, 193
  Codierregeln 45 f., 91, 93, 96, 103, 109, 117, 119, 129, 137, 184 f., 188, 199, 217, 244, 263, 285

D

Daten 14, 28, 30 f., 33–36, 40 ff., 47 ff., 63 f., 68, 70, 81 f., 84, 87 f., 92, 96, 103, 120, 122, 126, 128, 133, 136, 138 f., 152, 155 f., 159, 185, 196 f.,

pro Studium

Ralf Adelmann u. a. (Hg.)
Grundlagentexte zur
Fernsehwissenschaft
Theorie – Geschichte – Analyse
2002, 512 Seiten, broschiert
UTB 2357
ISBN 978-3-8252-2357-1

Nils Borstnar, Eckhard Pabst,
Hans Jürgen Wulff
Einführung in die Film-
und Fernsehwissenschaft
2002, 230 Seiten, broschiert
UTB 2362
ISBN 978-3-8252-2362-5

Andrea Beyer, Petra Carl
Einführung in die Medienökonomie
2004, 216 Seiten, broschiert
UTB 2574
ISBN 978-3-8252-2574-2

Konrad Dussel
Deutsche Rundfunkgeschichte
2004, 320 Seiten, broschiert
UTB 2573
ISBN 978-3-8252-2573-5

Heinz Bonfadelli
Medieninhaltsforschung
Grundlagen, Methoden,
Anwendungen
2002, 212 Seiten, broschiert
UTB 2354
ISBN 978-3-8252-2354-0

Andreas Hepp
Transkulturelle Kommunikation
2006, 342 Seiten, broschiert
UTB 2746
ISBN 978-3-8252-2746-3

Andreas Hepp,
Martin Löffelholz (Hg.)
Grundlagentexte zur
transkulturellen Kommunikation
2002, 898 Seiten, broschiert
UTB 2371
ISBN 978-3-8252-2371-7

Heinz Bonfadelli
Medienwirkungsforschung I
Grundlagen und theoretische
Perspektiven
2004, 300 Seiten, broschiert
ISBN 978-3-8252-2502-5

Heinz Bonfadelli
Medienwirkungsforschung II
Anwendungen in Politik, Wirtschaft
und Kultur
2004, 328 Seiten, broschiert
UTB 2615
ISBN 978-3-8252-2615-2

pro Studium

Bernd Klammer
Empirische Sozialforschung
Eine Einführung für Kommunikations-
wissenschaftler und Journalisten
2005, 346 Seiten, broschiert
UTB 2642
ISBN 978-3-8252-2642-8

Helmut Küchenhoff,
Thomas Knieper, Wolfgang Eichhorn,
Harald Mathes, Kurt Watzka
**Statistik für
Kommunikationswissenschaftler**
2., überarbeitete Auflage
2006, 384 Seiten, broschiert
UTB 2832
ISBN 978-3-8252-2832-3

Michael Meyen
Mediennutzung
Mediaforschung, Medienfunktionen,
Nutzungsmuster
2004, 302 Seiten, broschiert
UTB 2621
ISBN 978-3-8252-2621-3

Lothar Mikos
Film- und Fernsehanalyse
2003, 368 Seiten, broschiert
UTB 2415
ISBN 978-3-8252-2415-8

Lothar Mikos, Claudia Wegener (Hg.)
Qualitative Medienforschung
Ein Handbuch
2005, 616 Seiten, gebunden
UTB 8314
ISBN 978-3-8252-8314-8

Sabina Misoch
Online-Kommunikation
2006, 220 Seiten, broschiert
UTB 2835
ISBN 978-3-8252-2835-4

Marion G. Müller
**Grundlagen der visuellen
Kommunikation**
Theorieansätze und Analysemethoden
2003, 304 Seiten, broschiert
UTB 2414
ISBN 978-3-8252-2414-1

Irene Neverla, Elke Grittmann,
Monika Pater (Hg.)
Grundlagentexte zur Journalistik
2002, 774 Seiten, broschiert
UTB 2356
ISBN 978-3-8252-2356-4

pro Studium

Daniel Perrin
Medienlinguistik
Inklusive CD-ROM
2006, 240 Seiten, broschiert
UTB 2503
ISBN 978-3-8252-2503-2

Stephan Porombka
Kritiken schreiben
Ein Trainingsbuch
2006, 270 Seiten, broschiert
UTB 2776
ISBN 978-3-8252-2776-0

Manuel Puppis
Einführung in die Medienpolitik
2007, 366 Seiten, broschiert
UTB 2881
ISBN 978-3-8252-2881-1

Heinz Pürer
**Publizistik- und
Kommunikationswissenschaft**
Ein Handbuch
2003, 598 Seiten, gebunden
UTB 8249
ISBN 978-3-8252-8249-3

Patrick Rössler
Inhaltsanalyse
2005, 300 Seiten, broschiert
UTB 2671
ISBN 978-3-8252-2671-8

Armin Scholl
Die Befragung
Sozialwissenschaftliche Methode und
kommunikationswissenschaftliche
Anwendung
2003, 384 Seiten, broschiert
UTB 2413
ISBN 978-3-8252-2413-4

Rudolf Stöber
Deutsche Pressegeschichte
Von den Anfängen bis zur Gegenwart
2., überarbeitete Auflage
2005, 396 Seiten, broschiert
UTB 2716
ISBN 978-3-8252-2716-6

Jan Tonnemacher
**Kommunikationspolitik
in Deutschland**
Eine Einführung
2003, 384 Seiten, broschiert
UTB 2416
ISBN 978-3-8252-2416-5

Stefan Weber (Hg.)
Theorien der Medien
Von der Kulturkritik
bis zum Konstruktivismus
2003, 360 Seiten, broschiert
UTB 2424
ISBN 978-3-8252-2424-0